普通高等学校地理与城乡规划类专业教材

四明山南区地学野外调查及案例研究

Geographical Field Survey and Case Study of Siming Mountain Area in Zhejiang Province

李加林　马仁锋
徐　皓　高　超　等 编著

ZHEJIANG UNIVERSITY PRESS
浙江大学出版社

前　言

尽管地球是浩瀚宇宙中的“沧海一粟”，但却是人类在宇宙中能生存发展的唯一家园。因此，珍爱地球、珍爱自己的家园是地球人的共同愿望与行动。然后，随着经济社会的发展及科学技术的进步，人类对地球的开发利用程度日益加强，地球受到人类活动的影响也日益加剧。资源短缺、环境污染、人口爆炸、生态破坏等问题层出不穷。

地理学是一门古老而又现代的科学，汉语中的“地理”一词最早见于《周易·系辞》：仰以观于天文，俯以察于地理，是故知幽明之故。在现代地理学中，“地”是指地球表层。“理”是指事理、规律，或者是事物规律性的内在联系。地理学是研究地理要素或者地理综合体的空间分布规律、时间演变过程和区域特征的一门学科。地理学作为一门研究人地关系的学科，具有综合性、交叉性和区域性的特点。地理学从建立之初就强调自然科学和人文科学的交叉。作为一门经世致用的学科，地理学的综合性体现为地理学研究具有多维、动态的视角。以人地关系作为主线来开展地理学综合研究，其综合性和动态性主要包括三个方面：一是以地表环境、地球环境动态变化为主的动态研究，即环境动态研究；二是以人类社会发展为主体的人类社会动态研究，聚焦环境和社会动态之间的关系；三是对区域、流域等研究区域的综合分析。

地理学是研究地球表层系统的科学，地理学作为一级学科，在教育部最新发布的《普通高等学校本科专业目录》中，包括地理科学、自然地理与资源环境、人文地理与城乡规划、地理信息科学等 4 个专业。地理学知识和理论体系的建立依赖于对地理环境与人地关系观察与研究的不断深入。地理学的教学不仅包括课堂上的基础知识和基本理论的学习，还应包括大量的野外调查与实习。相对于课堂教学，地理学的野外调查与实习教学更具直观性、实践性、综合性和创新性，对培养学生的地理思维能力与科学创新能力具有重要意义。野外调查与实习不仅可以使学生课堂理论知识得到验证，巩固和加深理论学习的内容，还可以使学生掌握地理学的野外调查方法、技能，培养地理学的科学研究与思维能力，为以后从事地理学的相关研究打下扎实的基础。因此，以地理学的野外调查为核心的实践性教学环节就成为地理学类相关专业课程体系的重要组成部分。

宁波大学地理科学与旅游文化学院地理与空间信息技术系（原宁波师范学院

地理学系)创办之初就十分重视地理学的野外调查与实践教学。自然地理、人文地理、地图学、遥感、地理信息系统等各类课程均包含相应的课堂实验和野外调查等实践教学内容。针对各门课程的课堂实验(实习)教学,地理与空间信息技术系专门编写了课堂实验教学指导书,以满足地理科学、资源环境与城乡规划管理、人文地理与城乡规划等专业地理相关课程的课堂实验需要。针对各门课程的野外调查与实习,我们专门组织相关专业教师建设了相关课程的野外实习基地。在1980年代,先后建立了杭州地质、西天目山土壤地理和植物地理、普陀山海岸地貌、奉化亭下水库水文、宁波天童森林公园植物地理、余姚区域地理、厦门区域地理、苏州城市规划、宁波镇海勤勇乡村地理等野外调查与实习基地,编写了相应的野外调查与实习指导书用于实践教学。到1980年代后期,为解决各课程单独开展野外调查与实习所带来的对自然地理环境整体性认识不足问题,开辟了具有地域特色的宁波四明山南区自然地理综合野外实习基地,并编写了《四明山南区自然地理概况》和《四明山南区自然地理综合野外实习指导书》,供自然地理野外调查与实习使用。杭州地质野外调查与实习和宁波四明山南区自然地理综合野外调查与实习教学成果获得浙江省优秀教学成果奖,其中"杭州地质学基础野外实习基地建设"获得第一届(1989年)浙江省优秀教学成果奖二等奖。

此后,随着地理学科的发展和区域地理资料的不断积累完善,对原来内部使用的实践教学材料的内容进行充实提高也就势在必行。在宁波大学"浙江省十二五重点学科——地理学"的资助下,我们于2016年至2018年在浙江大学出版社出版了《现代自然地理学实验与实习指导》(童亿勤、李加林、杨晓平等编著)、《人文地理学野外实习方法指导与案例研究》(乔观民、李伟芳、马仁锋、叶持跃等著)和《地方综合性大学地理科学专业教师教育实践指导》(马仁锋、李加林、徐皓、袁海红编著)。这三本教材被省内外高校地理科学类专业作为实践教材广泛使用,产生了积极影响。

四明山位于浙江省东部,四明山脉横跨慈溪、余姚、鄞州、奉化、嵊州、上虞六市区,呈东西向狭长形分布,典型的地壳弯曲变形抬升形成的褶皱山。四明山区域山峰起伏,岗峦层叠,海拔在400~900米,主峰金钟山海拔1018米,位于浙江嵊州市境内。四明山区域森林覆盖率高达72%以上,是宁波最重要的绿色生态屏障,有"浙东绿肺"之称。四明山区域旅游资源整体分布均匀,高级别旅游资源单体相对集中,通达性好,可进入性强。区域内深谷幽山、层峦叠嶂、溪流湖泊、雪雾云雨、旭日朝阳、夕霞晚照等自然风光奇特优美、清新宜人,历史文化、古迹旧址、红色经典等人文景观亦独具一格、别有特色,自然景观和人文景观配比得当、交相辉映,是浙东旅游资源最富集区域之一。四明山区域高山特色农业主导成型。区域目前已形成以竹笋、茶叶、水果、花木为主导的高山特色农业发展格局。除杨梅、水蜜桃等传统的特色水果产业继续优质高效发展外，近年来蓝莓等高价值水果种植逐步扩大，花木种植品种逐步向高价值观赏类品种调整，花木种植区域加快从禁止开发区域向适宜种植区域以及市外区域拓展。乡镇特色工业集聚发展。区域“一乡（镇）一品”“一村一品”块状经济特色明显，乡镇工业呈现向生态工业区块集聚发展态势。

四明山典型的自然地理特征及具有区域特色的社会经济发展模式是地理学调查与实习研究的优良区域。宁波大学地理与空间信息技术系师生立足四明山区，随着实践教学及区域调查与研究的深入，在浙东四明山区域的地理调查研究不断取得新的成果。在李加林主持的2018年度宁波市哲学社会科学规划课题（教育）：“十三五”时期研究生专业能力提升方法与实践研究——以地理学为例（G18JY-01），2019年度浙江省教育科学规划课题：面向“十三五”新任务的研究生专业思维与创新能力培养——以地理学为例（2019SCG093），以及宁波大学“宁波市十三五A类重点学科——地理学”的资助下，我们对四明山地理调查与实习内容进行了总结，形成了适合自然地理、人文地理、遥感应用等课程群实践教学的综合性地理科学类专业野外调查实践教材，力争在地理学领域对四明山这个“麻雀”进行细致的解剖。

本教材由李加林负责拟定提纲，李加林与马仁锋组织研讨。李加林、马仁锋、徐皓、高超参与全书的编写工作，最后由李加林完成全书的统稿工作。本教材的主体内容是宁波大学地理与空间信息技术系相关专业教师在历届实践教学中完成的，并精选了历届学生的部分调查研究成果。本教材内容分为三部分，第一部分为四明山南区自然地理要素特征与实习设计，包括四明山自然地理要素特征、四明山南区地貌、土壤地理学、水文与水资源、气象气候、植物地理学、自然地理综合调查与实习设计。第二部分为四明山南区人文地理要素特征与实习设计，包括四明山南区旅游资源调查与评价、土地资源利用调查与评价、城乡居民点调查与评价、民宿旅游发展调查与评价等。第三部分为四明山地学野外调查成果案例，精选了历届学生四明山野外调查与研究的相关成果，涉及自然地理野外调查与实习报告、流域地貌提取及其与构造活动的响应关系、景观格局调控、农村聚落空间格局及影响因素、生态功能区生态保护效益分析、土地利用变化特征分析、小城镇城乡建设用地变化及驱动力、古村落旅游合作发展等方面。

显然，本教材是集体成果的结晶，没有前辈同仁的艰辛创业、没有全系教师通力合作是无法完成本项工作的。在此，特别感谢自20世纪80年代以来为开拓四明山自然地理野外实习基地付出艰辛劳动的张希聪、杨晓平、马敬峰、童亿勤、叶明等宁波大学地理与空间信息技术系（原宁波师范学院地理系）前辈，并对已退休及在职的全系教师的努力表示由衷的敬意。此外，感谢刘瑞清、杨凯杰、周子靖、童晨等硕士研究生参与部分章节文字编录和图表绘制工作。本书引用的参考文献除列于书末之外，由于年代久远、核查不便，有一些篇目未能标出，在此深表歉意，并向文献作者表示衷心感谢。然而不无遗憾的是，因编著者专业水平、精力和时间的限制，本书仍存在不足之处，敬请同行专家、学者和读者的谅解和批评指正。

编著者

2020年2月22日

目　　录

第一部分　四明山南区自然地理要素特征与实习设计

第三部分　四明山地学野外调查成果案例

第一部分

四明山南区自然地理要素特征与实习设计

第一章 四明山南区自然地理要素特征

四明山，又名句余山，位于浙东南火山喷发带宁波—仙居喷发亚带上，为仙霞岭北支山脉，系曹娥江、奉化江分水岭。山脉由嵊州的东北方向分二支入宁波西部，向北东—北北东绵延于余姚市、奉化区和鄞州区境内构成低山丘陵区，故其统称为四明山区。四明山区有山峰280余座，山体主要由侏罗系火山岩类及白垩系沉积碎屑岩类构成，局部有玄武岩覆盖。山脉主体走向北东—北北东，但因受北西西、北西向阶状大断裂切错影响，故在其主脉两侧及北端则另有北西西、北西向支脉发育。北东—北北东向主脉位于嵊州许宅至余姚晓岭、新昌竹岸至鄞州樟水一线，海拔多在700m以上，最高的主峰依次有海拔979m的余姚大长山、海拔978m的奉化黄泥浆岗、海拔915.5m的鄞州奶部山等。而调查与实习地区则系四明山的南区(北纬29°39′18″～29°44′20″；东经121°06′54″～121°18′50″)，即北起黄泥浆岗——奶部山，南止奉化董村乡，西迄余姚四明山镇(黎州)，东达奉化溪口镇一带，属奉化江主流剡江流域(图1-1)。调查与实习区呈自西北向东南倾斜的地势，并逐渐与东南部的冲积平原接壤。

第一节 地质基础

宁波市的大地构造位置处于中生代环太平洋构造带西岸的中段，其构造基底是“华夏古陆”，盖层构造由中、新生界组成。侏罗纪、白垩纪时宁波市处于大陆边缘活动阶段，构造运动频繁，地层间形成多次不整合和火山喷发的超覆接触关系，因此在地层及构造划分中，上侏罗统和下白垩统是两个最主要的地质构造层，它们组成的厚度大，最厚可达12899m，分布广，占全市基岩出露面积的98.2%，是构成宁波市地质构造的基础(表1-1)。因此，在四明山南区地层及构造划分中，上侏罗统和下白垩统也是两个最主要的地质构造层。

一、地层

本区所出露的地层主要为白垩系下统火山—沉积岩系，次为侏罗系上统火山岩系。此外，在剡江等河流沿岸及山麓地带广泛分布有第四系松散沉积物。现按其新老顺序叙述如下。

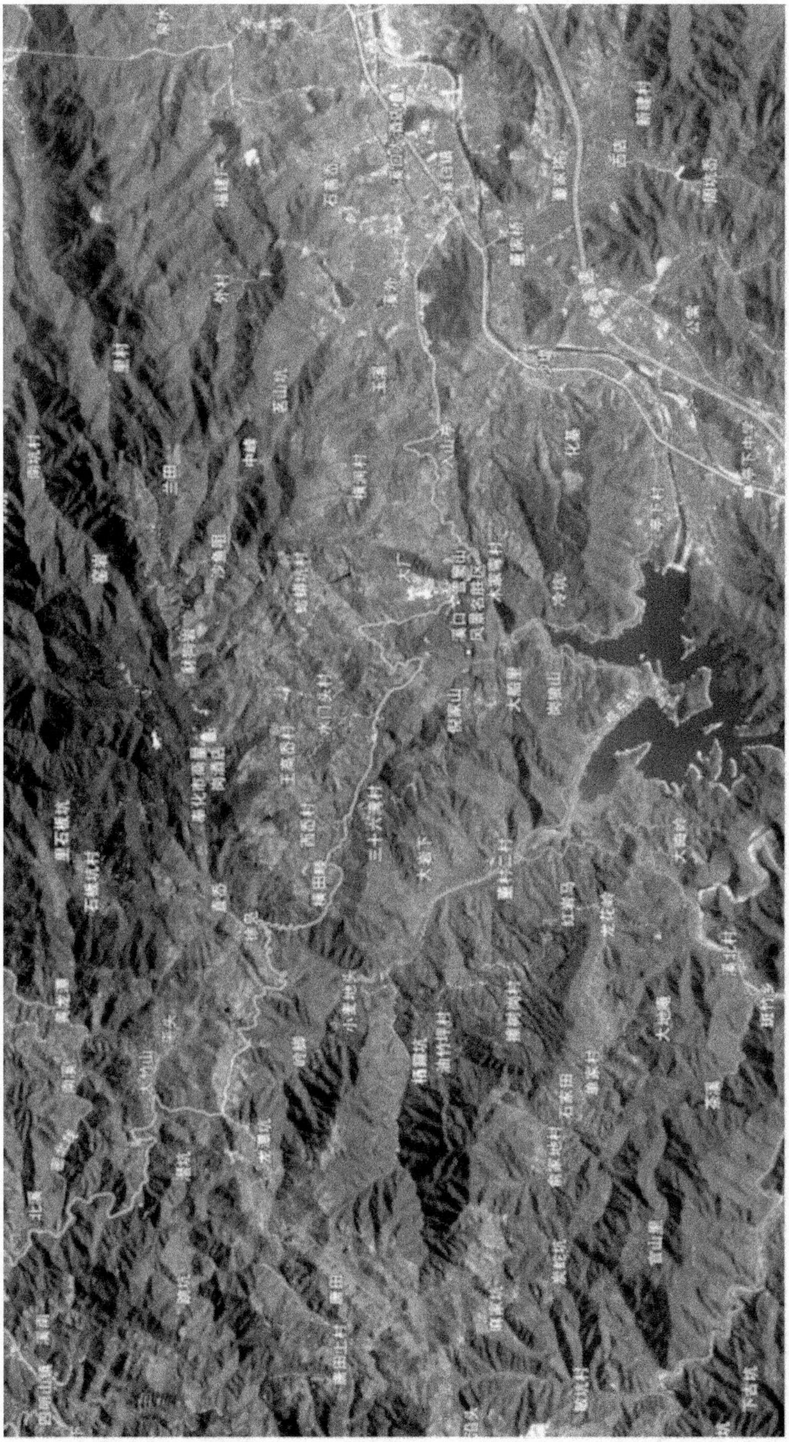

图1-1 四明山南区（调查与实习区）遥感影像图

表 1-1　宁波市主要地层及构造层划分

<table>
<tr><th colspan="7">地层划分</th><th rowspan="2">构造层划分</th></tr>
<tr><th>界</th><th>系</th><th>统</th><th>群、组</th><th>代号</th><th>厚度/m</th><th>岩性</th></tr>
<tr><td rowspan="3">新生界</td><td>第四系</td><td></td><td></td><td>Q</td><td>179</td><td>松散碎屑沉积物</td><td>喜马拉雅第二亚构造层
（第四系构造层）
～～～喜马拉雅运动～～～</td></tr>
<tr><td rowspan="2">第三系</td><td>上统</td><td>嵊县群</td><td>N_{2sh}</td><td>193</td><td>玄武岩夹砂岩、泥岩</td><td rowspan="2">喜马拉雅第一亚构造层
（第三系构造层）
～～～晚期燕山运动～～～</td></tr>
<tr><td>下统</td><td>长河群</td><td>E_{ch}</td><td>1421</td><td>青灰、灰绿、灰黑色泥岩与粉砂质泥岩</td></tr>
<tr><td rowspan="11">中生界</td><td rowspan="4">白垩系</td><td>上统</td><td>金华组</td><td>K_{2j}</td><td>1800</td><td>紫红色砂岩、泥岩</td><td>燕山第四亚构造层</td></tr>
<tr><td rowspan="3">下统</td><td>方岩组</td><td>K_{1f}</td><td>1734</td><td>紫红色巨厚层块状砾岩</td><td rowspan="3">燕山第三亚构造层
（下白垩统永康群构造层）</td></tr>
<tr><td>朝川组</td><td>K_{1c}</td><td>700</td><td>紫红色碎屑沉积岩夹少量火山岩</td></tr>
<tr><td>馆头组</td><td>K_{1g}</td><td>830</td><td>杂色碎屑沉积岩夹少量火山岩</td></tr>
<tr><td rowspan="7">侏罗系</td><td rowspan="6">上统</td><td>祝村组</td><td>J_{3z}</td><td>1500</td><td>中、酸性火山碎屑岩间夹沉积岩</td><td>～～～中期燕山运动～～～</td></tr>
<tr><td>九里坪组</td><td>J_{3j}</td><td>1475</td><td>酸性熔岩</td><td rowspan="5">燕山第二亚构造层
（上侏罗统麻石山群构造层）</td></tr>
<tr><td>茶湾组</td><td>J_{3c}</td><td>1500</td><td>沉积岩间夹中、酸性火山碎屑岩</td></tr>
<tr><td>西山头组</td><td>J_{3x}</td><td>2150</td><td>流纹质熔结凝灰岩间夹沉凝灰岩</td></tr>
<tr><td>高坞组</td><td>J_{3g}</td><td>1000</td><td>流纹质或英安质熔结凝灰岩</td></tr>
<tr><td>大爽组</td><td>J_{3d}</td><td>2000</td><td>中、酸性火山碎屑岩间夹沉积岩</td></tr>
<tr><td>下统</td><td>枫坪组</td><td>J_{2f}</td><td>797</td><td>不同变质程度的碎屑岩韵律层</td><td>～～～早期燕山运动～～～
燕山第一亚构造层
～～～～～印支运动～～～～</td></tr>
<tr><td>元古界</td><td>前震旦系</td><td></td><td>陈蔡群</td><td>AnZ</td><td>4600</td><td>副变质岩系</td><td>晋宁构造层
（前震旦系构造层）</td></tr>
</table>

注：第四系无分布。

(一)侏罗系上统(J_3)

上侏罗统广泛分布于宁波四明山区,总厚度达4276～14078m,整套地层通称麻石山群。根据其岩性组合、沉积间断,可将该群自下而上划分为大爽组(J_{3d})、高坞组(J_{3g})、西山头组(J_{3x})、茶湾组(J_{3c})、九里坪组(J_{3j})、祝村组(J_{3z})等六个岩性段。但在四明山南区出露的仅有高坞组(J_{3g})、西山头组(J_{3x})、九里坪组(J_{3j})三段。

1. 高坞组(J_{3g})

主要分布于调查与实习区西北剡江上游的唐田—坪头一带。主体岩性为灰、灰紫色流纹质或英安质晶屑玻屑熔结凝灰岩,晶屑粗大,局部含集块角砾及岩屑或夹凝灰岩、凝灰质砂岩、粉砂质泥岩,一般夹层厚0.5～2m,最厚可达30m。该地层在区内的厚度为645～1000m。

2. 西山头组(J_{3x})

出露于区内奉化溪口镇的剡江南岸及调查与实习区西端余姚北溪、四明山镇等处。西山头组为一套岩性复杂的火山—沉积岩系,主要由酸性火山碎屑岩组成,间夹沉积岩,属喷发—沉积相,是晚侏罗纪火山活动第Ⅰ旋回晚期的产物,分布面广,岩性杂,成层性好,横向变化大。岩性主要为浅绿色至浅紫色流纹质玻屑凝灰岩、流纹质角砾玻屑凝灰岩、流纹质含角砾玻屑弱熔结凝灰岩,间夹凝灰岩、凝灰质砂岩、粉砂质泥岩等沉积岩。本区沉积岩夹层累计厚度超过100m,总厚度约为835～2151m。本段与下伏上侏罗统高坞组(J_{3g})呈整合接触。

3. 九里坪组(J_{3j})

主要分布在本区西南亭下水库及其上游一带、调查与实习区北端的黄泥浆岗与奶部山等处。此外,在溪口镇附近也有零星出露。九里坪组(J_{3j})系晚侏罗纪火山活动第Ⅱ旋回晚期的产物,具有较为单一的酸性熔岩特征。主要岩性为灰色、灰紫色至浅灰绿色流纹(斑)岩夹流纹质角砾熔岩,局部地段夹有沉凝灰岩、流纹质玻屑凝灰岩或熔结凝灰岩,总厚度约1475m。本组地层与下伏地层西山头组(J_{3x})呈火山喷发不整合接触,有时呈侵入—喷溢不整合关系。

(二)白垩系下统(K_1)

白垩系下统均赋存于新华夏系构造控制的盆地或山间拗陷中,在本区亦广有分布。它是一套以沉积岩为主的火山—沉积岩系,而火山岩则反映了燕山晚期火山活动的一个完整旋回。该套地层通称永康群,其自下而上分为:馆头组(K_{1g})、朝川组(K_{1c})、方岩组(K_{1f}),在本区均有出露。

1. 馆头组(K_{1g})

该组地层厚度横向变化很大,主要出露于调查与实习区的西南部即直岙—东岙—雪窦山一线之西南区域。其底部岩性为紫灰色砾岩、沙砾岩、长石砂岩;下部为深灰色玄武岩与朱红色不等粒岩屑砂岩间互;中部为浅灰绿色至浅紫色流纹质角砾玻屑凝灰岩、玻屑弱熔结凝灰岩与沉凝灰岩、凝灰质砂岩、含沙粉砂质泥岩互层;上部为浅灰紫色流纹质玻屑强熔结凝灰岩,局部过渡为流纹斑岩。总厚度约为560～831m。本组地层常超覆不整合于九里坪组(J_{3j})、西山头组(J_{3x})之上。

2. 朝川组(K_{1c})

朝川组(K_{1c})在本区分布最广,但主要出露在调查与实习区的中、东部即商量岗—直岙—东岙—雪窦山—溪口镇一带。主要岩性为赫红色夹灰绿色、浅灰色的泥质砂粉岩和含钙质结核粉砂岩,间夹3～4层流纹质玻屑凝灰岩及流纹质角砾玻屑弱熔结凝灰岩。底部为沉凝灰岩及含砾凝灰质砂岩;中上部以砾岩式巨砾岩为主,且其砾岩与粉砂岩互层产出。总厚度约697～949m。本组与下伏馆头组(K_{1g})呈整合式平行不整合接触。

3. 方岩组(K_{1f})

方岩组原称方岩砾岩,其岩性主要为紫红色厚层至块状砾岩,夹沙砾岩、砂岩,偶夹火山岩。方岩组砾岩常形成丹霞地貌,往往成为奇特的风景胜地。本区主要分布于东北部外村、状元岙、清秀岭一带即溪口至江口间。其下部岩性为厚层灰紫色砂岩、砾岩夹紫红色粉砂岩;中部以灰紫色中细粒砂岩、粉细砂岩、泥质粉砂岩为主,夹沙砾岩及少量薄层状凝灰岩、沉凝灰岩及泥灰岩透镜体。其厚度大于1734m。方岩组一般与下伏朝川组(K_{1c})为整合或连续过渡关系,局部地段可超覆不整合于上侏罗统不同层位。

(三)第四系(Q)

第四系发育主要受地貌、新构造运动和海面变化所控制。山地丘陵区为以冲积、洪积为主的陆相地层,沉积厚度不大,不同时代地层的宏观特征明显,彼此叠置关系清楚。第四系的松散沉积物在本区的分布也比较广泛,其厚度变化大、成因类型复杂。

1. 中更新统之江组(Q_{2Z})

该地层在区内仅见于溪口上白村附近有零星分布,主要由坡—洪积物(dl-pl)构成。其上部为棕红色亚粘土,具灰白色网纹构造;下部为棕红色砾石层,含砾60%以上,粒径以5～10cm居多,呈次棱角—次圆状,成分主要为酸性火山岩,一般均遭风化,具蠕虫状网纹构造。

2. 上更新统莲花组(Q_{3l})

该地层多见于山麓地带,主要由坡—洪积物(dl-pl)构成,常形成冲出锥、洪积扇及坡积裙等地貌形态。其上部,一般为棕红色亚粘土,间夹砾石透镜体;下部为粘土砾石层,含砾60%以上,平均粒径约10cm,大者可达30cm以上,呈次棱角状,成分主要为酸性火山岩,一般均遭风化,较大砾石可见深达1cm的风化圈,在堆积物的底部偶见有灰褐色与黄色相间的"假网纹构造"。

3. 全新统鄞江桥组(Q_{4y})

该地层主要由冲积物构成,多见于河流沿岸,构成多级的河流阶地或河漫滩等地貌形态。其厚度变化在4～15m。沉积物由松散的砾石层和黏土等组成。砾石大都呈浑圆状或次浑圆状，大小不一，65%以上砾径大于10cm，最大者超过40cm，小者2～3cm，成分以火山岩为主。

二、构造

四明山区位于华南褶皱系浙东南隆起区之丽水—宁波隆起带，北北东向（早期为北东向）丽水—余姚深断裂纵贯全境，北西向孝丰—三门湾大断裂、北西西向长兴—奉化大断裂和昌化—普陀大断裂则分别从南端、中部与北部横穿全区。显然，北东向、北北东向、北西向、北西西向构造奠定了四明山区基本构造格局。北北东向（早期为北东向）构造始于晚侏罗纪，其形迹主要表现为断裂，强度由东向西逐渐减弱。这一体系在以后的构造运动中依然十分强烈，对整个四明山区的地形轮廓起着控制作用。而直接影响本调查与实习区的这一构造体系的清晰形迹主要为四明山—澥浦构造带。此外，尚有形迹不甚明显的隆起地块或凹陷盆地，通常表现为一些宽缓的褶皱。

（一）褶皱构造

1. 发育于上侏罗统（磨石山群）构造层中的褶皱构造

上侏罗统构造层因以往认为主要分布的是火山岩，故褶皱构造不发育。现根据对该构造层的地层分布、产状分析，发现仍发育有舒缓宽展型的短轴背、向斜和穹隆构造。上侏罗统构造层形成的主要褶皱构造轴向为北东40°～50°，自西北向东南依次命名为：四明山短轴向斜、红溪短轴背斜、鄞奉构造盆地。

（1）四明山短轴向斜

轴部位于四明山脊，轴向北东，核部由西山头组（J_{3x}）组成，长40km，宽15km，自核部西山头组向外的两翼地层为较老的高坞组（J_{3g}），出露于四明山东西两坡。该向斜的东南翼倾向北西，倾角45°；西北翼倾向南东，倾角相对较缓为25°；两翼高坞组（J_{3g}）地层向东北围合于四明湖、陆埠水库和皎口水库一带，走向渐变为近东西，倾角变缓。自高坞组（J_{3g}）向外，西翼在上虞市捉鹿山和北部围合端余姚市陆埠东西一线出露更老的大爽组（J_{3d}）地层。

四明山短轴向斜的东北和西南围合端分别被姚江断层和仙岩—沙溪断层所截，其中部被白垩系构造层不整合所覆盖。

（2）红溪短轴背斜

轴部位于四明山东坡南段余姚、奉化两市间的亭下水库支流红溪附近，轴向北东38°，核部为上侏罗统高坞组（J_{3d}）地层，并被燕山晚期花岗岩所侵入。两翼由西山头组（J_{3x}）组成，其西北翼即四明山短轴向斜之东南翼，倾向北西，倾角45°；东南翼倾向南东，倾角20°。

红溪短轴背斜在亭下水库及其以北被上侏罗统九里坪组（J_{3j}）亚构造层和下白

垩统构造层不整合所覆盖，并为多条北北东向、北东向断层所截，背斜的西南端则被北西向的仙岩—沙溪断层所截。

(3)鄞奉构造盆地

位于鄞州、奉化一带，略成四边形，走向北东，大部分下伏于宁波白垩系构造盆地。鄞奉构造盆地的西南边缘位于奉化城东西一线，地层倾向北东，倾角15°；盆地的东北边缘见于宝幢—五乡镇以北老鹰山南麓，该处地层产状稳定，倾向南南西，倾角20°。该构造盆地地层分布自中心向外缘在西南、东北、东南均为由新到老，依次为九里坪组(J_{3j})、茶湾组(J_{3c})和西山头组(J_{3x})，并且其产状均倾向中心。为区别于叠置其上由下白垩统构造层组成的宁波构造盆地，因而命名为鄞奉构造盆地。鄞奉构造盆地的西部全部被下白垩统构造层覆盖，根据北东走向的剡江断层两盘升降情况分析，西北盘即鄞奉构造盆地的西部因在侏罗、白垩纪间的中期燕山运动后有较大幅度的上升剥蚀，故该处近构造盆地中心的九里坪组(J_{3j})、茶湾组(J_{3c})地层保存不多。中期燕山运动后剥蚀残存的鄞奉构造盆地主要分布在奉化江、剡江以东，宝幢梧山以西，长45km，宽约25km。

2. 发育于下白垩统(永康群)构造层中的褶皱构造

本区的下白垩统构造层厚约5000m，主要分布在宁波盆地和四明山中段，其形成的褶皱构造均不整合地叠置在上侏罗统构造层形成的构造上，主要有宁波构造盆地、丁家畈构造盆地。

(1)宁波构造盆地

发育于本区的东南部，侏罗纪末形成盆地基底，因受半铺镇—邱隘北西向断裂的切错，向斜分成南北两段，故前人分别称宁南向斜与宁北向斜。该褶曲长轴总体呈北东50°，西南起自奉化亭下水库，向东北经宁波老市区、贵驷潜入灰鳖洋，不远即围合，褶曲长70km；短轴西北起自鄞州樟村，向东南至东钱湖，褶曲宽30km。宁波构造盆地之地理位置大致与宁波盆地一致，它叠置在由上侏罗统构造层构成的鄞奉构造盆地之上，其中部和东北部大部分被第四系海积层所覆盖。白垩系地层主要出露在宁波构造盆地西南边缘的凤岙、鄞江、雪岙一线和亭下、溪口、奉化城区一带。自构造盆地边缘至中心，地层分布由老到新依次出露下白垩统的馆头组(K_{1g})、朝川组(K_{1c})和方岩组(K_{1f})，地层产状均倾向构造盆地中心。构造盆地的东南边缘大部为第四系覆盖，仅在宝幢与东吴间以及东钱湖西岸有零星的馆头组(K_{1g})出露。宁波构造盆地的产状，中心部分倾角平缓为0°～10°，外围的地层倾向构造盆地中心，倾角15°～25°。构造盆地西部边缘樟村一带因受断层影响，局部地层呈直立、倒转。

(2)丁家畈构造盆地

位于四明山山脊中段即调查与实习区西北侧，叠置在四明山短轴向斜轴部的中北部。自构造盆地边缘至中心，地层由老到新依次为下白垩统馆头组(K_{1g})、朝川组(K_{1c})。丁家畈构造盆地长轴方向与四明山短轴向斜的长轴方向基本一致,盆地长轴北起余姚鹿亭,南至黎洲芦山,长 27km,短轴长 14km。此外,垂直丁家畈构造盆地长轴方向,在北部鹿亭和南部华山各有一条近东西向的横断层——鹿亭断层、华山断层,均为北盘下降,南盘上升。鹿亭断层北盘下降,使丁家畈构造盆地北端核部馆头组(K_{1g})地层分布明显变宽。华山断层南盘上升,使丁家畈构造盆地南端上升剥蚀后,残留成另一孤立的小构造盆地——芦山构造盆地。丁家畈构造盆地的西部边界被燕山晚期梁弄杂岩体所侵入,东部边界被北东向和北北东向断层所截切后上升剥蚀。

(三)断裂构造

调查与实习区内上侏罗统和下白垩统构造层中的断裂构造因受北北东向(早期为北东向)主构造体系影响,故主要发育以北东向、北北东向的压性或压扭性断裂及与其伴生的北西西向、北西向张性断裂。

1. 北东、北北东向断裂构造

(1)四明山—澥浦构造带

四明山—澥浦构造带,宽约 16km,北西以上虞陈溪口—余姚解家为界,东南大致以北溪—大隐—澥浦一线为界,长度大于 70km,呈北东方向断续延伸至嵊泗、马鞍列岛一带。构造组成主要为密集的压性或扭性断裂等。而该带的一部分则发育在本区的北部,其主要形迹表现为直岙—大枫岭断裂。该断裂发育在上朱罗统和下白垩统之间,很可能受北西西向构造影响而呈向南突出的弧形走向 50°～65°,延长约 8km。断面倾向北西,倾角 60°～80°。破碎带宽 10 余米,由糜棱岩及构造透镜体组成,其长轴在平面上与断面平行。由此,在直岙附近可见馆头组(K_{1g})凝灰岩及砂岩组成的直立岩带,在地貌上反映出陡崖和峭壁。

(2)沙溪—康岭断裂

从新昌沙溪向北东伸入区内水碓头、班溪,并继续向北切入溪口一带,长约 30km,是一规模较大之断裂。该断层断面波状舒缓,倾向 125°,倾角 65°左右,班溪以南切割上侏罗统西山头组(J_{3x})地层,班溪附近切割九里坪组(J_{3j}),至溪口一带则切入下白垩统地层,形成较宽阔平整的山间谷地,发育了剡源、剡江。

(3)岩坑断裂

位于斑竹—岩坑—栖霞坑一带,由多条互相平行的断层构成,发育于上侏罗统高坞组(J_{3d})—下白垩统馆头组(K_{1g})之中。断层走向 30°左右,长约 10～20km,断面近直立,强烈挤压造成密集的节理及构造透镜体。

2. 北西、北西西向断裂构造

数量较多但规模均较小,而剡江的 1、2 级溪流大多沿此发育。其中影响较大的是董村—千丈岩断裂构造,延伸长约 10km,断层切入下白垩统馆头组(K_{1g}),断面陡峭;因受风化侵蚀,沿节理面往往发生重力崩塌,形成倒石堆。

第二节　地　貌

调查与实习区地貌主要是在内外营力长期相互作用下生成和发展的，地质构造和岩石性质是其形成的物质基础，故地貌的发育具有继承性和方向性，它的发育历史与地壳运动的演变过程有着极为密切的关系，而现代地貌过程则愈来愈受到人类活动的影响。因此，域内地貌形态的差异可从构造、岩性、营力、历史或阶段等方面得到解释。

一、区域地貌特征及其成因

本区属于浙东、南构造侵蚀中低山区，四明山—天台山构造侵蚀低山丘岭亚区。由于其处在新构造运动强烈上升（浙南）与下降（浙北）的过渡地带受构造运动及季风气候降水量多、降水强度大等内外营力双重作用的影响，地势起伏跌宕，切割强烈，地形破碎，水系发达。境内 500m 以上的山峰连绵不绝，地面峡谷深切，切割深度为 200～500m，局部可达 500m 以上。全区除狭窄的河谷地带外，平原面积很少，地形十分崎岖。

晚第三纪以来发生的地壳运动对本区地貌发育有着重大意义，它明显地控制了区内地貌的形成以及侵蚀、堆积作用的分化与强度。首先表现在大幅度差异性升降变化：调查与实习区处于新构造运动强烈上升与下沉的过渡地带之断块山地，上升量达数百米，被抬升一侧的断层崖历历可睹，如四明山南麓，崖壁相对高差达 700m 以上，山地则广泛分布着经准平原化的地面，但由于后期破坏，遗迹分布较零星；而外围平原因长期下沉，使其堆积了百米以上的第四纪沉积物，最终则形成调查与实习区整个地势由北西向南东逐渐降低这一特征。其次是这种升降变化表现为间歇性：在境内山地广泛分布数级剥夷面，形成层状地形；而沿河两岸则发育了多级阶地。

影响境内地貌发育的构造因素主要为褶皱和断裂。燕山运动后，境内形成一系列断裂构造，而新构造运动使老的断裂带复活，这对地貌发育有着巨大的影响。反映为一系列条带状的山脉、较大河谷盆地其走向和主构造线基本一致，断陷盆地、水系的形状及发育主要受交叉断裂构造控制。如剡江干流及其河谷盆地主要沿北东向断裂带发育，其所属的支流基本沿北北东向、北西西及北西向断裂带发育。而新构造运动复活的断裂带则发育了一系列构造地貌，如断层谷、断层三角面、断层崖等。

岩石性质也是影响域内地貌发育的一个重要因素。构成境内山体的岩石主要为以熔结凝灰岩为主的酸性、中酸性火山碎屑岩和以熔岩为主的酸性喷出岩；其次是断陷盆地沉积的紫红色砂页岩、沙砾岩等。由于前者的抗风化侵蚀能力较强，一般多形成较高的山地和陡峻的山坡；而后者则在流水侵蚀和强烈风化剥蚀作用下，地面切割十分破碎，以和缓起伏的丘陵地形为主要特征，相对高度大多在500m以下，在交叉垂直节理发育和岩层产状近乎水平的地段，常发育成以“顶平、身陡、麓缓”为主要特征的丹霞地貌(图1-2)。如调查与实习区东端卖柴岙水库、清秀岭一带因处在宁波构造盆地核部，白垩系方岩组(K_{1f})紫红色砂页岩、沙砾岩产状近乎水平，且北北东、北西西向交叉断裂构造发育，经流水侵蚀切割及重力崩塌则形成周围峭壁挺立，顶部浑圆平坦的堡垒状地形——丹霞地貌。

图1-2 以“顶平、身陡、麓缓”为主要特征的丹霞地貌(大西岭)

调查与实习区塑造地貌最活跃的外营力主要为流水的侵蚀和堆积作用。本区处于中亚热带湿润地区，降水丰富，流水作用十分活跃。区内水系支流繁多，沟壑密布，地面切割十分破碎；因大多河流源短流急，比降甚大，侵蚀力强，河谷纵剖面上多瀑布、急滩；在断陷盆地和岩性软弱地段，河谷开阔，常发育河漫滩和阶地；山麓地带及沟谷出口处由于水流流速骤减则往往形成洪积扇和洪积、冲积平原。

二、主要地貌类型

调查与实习区呈现的地貌基本可归为构造地貌、流水地貌两大系列。

(一)构造地貌

1. 四明山断块隆起山地

如上所述，本区的新构造运动是在老断裂构造的基础上，由活动性构造带表现出来的间歇性不等量升降运动，这些断裂及其活动明显地控制了区域地貌的发育。主要表现为：境内一系列条带状的山脉、较大盆地多沿一定方向呈折线展布，其走向和主构造线一致，而水系的发育则受主断裂带控制，其性质属于断块山地。本区发育的北东向、北北东向、北西西向、北西向这四组断裂构造中，就发育程度、延伸规模以及对流域地貌的控制作用而论，以北东向断裂构造最为突出、最具决定性意义。它为贯穿整个剡江流域的主干断裂带，严格控制着同方向的断块山地、剡江水系、断裂谷地和盆地的形成与发育。境内断块山地的发育过程主要是受该断裂带的控制，故山脉总体走向与主构造线方向一致，基本呈北东向；后期则因受北北东向、北西西向、北西向断层错动的影响，山弧不甚连续而呈锯齿状；转折处诸多高峰的形成主要受后二组断裂操纵，它们一般都具有明显的断块山标志，如断层崖、平直的山区边线和不对称的山体。断块山的最大上升量在境内可达 1000m 以上，由于降水量充沛，流水侵蚀作用强烈，从而形成了切割深度较大的低山丘陵。

2. 剥蚀夷平面

同时，本区的上升运动具有不均衡的翘起性和间歇性。因此，在自南东向北西递高的地势上，广泛发育了数级剥蚀夷平面（图 1-3，图 1-4，图 1-5，图 1-6，图 1-7，图 1-8）。反之，剥蚀夷平面的存在，也正是断块分异升降运动而使统一的夷平面被解体的遗迹。这些遗迹清晰可见，如地形起伏和缓、平坦的山顶以及小块台地等。这些剥蚀夷平面主要由侏罗系火山岩、白垩系沉积岩组成，自西北部的黄泥浆岗—奶部山向东南溪口镇方向逐级下降，并依次位于一定的高度上：

Ⅰ级（P_1）：位于海拔高度 830～900m；第Ⅱ级（P_2）：位于海拔高度 680～750m；

Ⅲ级（P_3）：位于海拔高度 480～550m；第Ⅳ级（P_4）：位于海拔高度 300～350m；

Ⅴ级（P_5）：位于海拔高度 170～250m。

图 1-3　Ⅰ级剥蚀夷平面（马家山）

图 1-4　Ⅱ级剥蚀夷平面（豺狗岩）

图 1-5 Ⅲ级剥夷面上的风化壳(商量岗林场)

图 1-6 Ⅳ级剥蚀夷平面上的断裂谷地(雪窦山)

图 1-7 Ⅴ级剥蚀夷平面(亭下)

在剥蚀夷平面上,由于长期受风化作用影响,风化壳发育较普遍、残积层较厚(最大厚度达 30m)。如在第Ⅲ级剥蚀夷平面以上,尚可见由白垩系沉积岩为母岩的风化壳完整剖面。

3. 断层崖

调查与实习区内发育较普遍,在地貌上反映出陡崖、峭壁,大多由流纹质强熔结凝灰岩构成。境内众多溪流主要沿断裂构造发育,故在两组交叉断裂构造处断层崖往往形成跌水、瀑布。如直岙附近由馆头组(K_{1g})流纹质强熔结凝灰岩构成的直立岩带(断层崖)景观,令人叹为观止,其主要形成于北东向、北西向两组交叉断裂构造处。

图 1-8　第Ⅲ级剥蚀夷平面上的直立岩带(徐凫岩)

(二)流水侵蚀、堆积地貌

影响本区地貌发育的外营力主要是流水作用，由于降水丰富，流水侵蚀、堆积地貌乃是本区的特色。

这类地貌，除了由于面状水流的侵蚀、堆积作用，而在平缓的山坡上断续披覆着坡积裙的地貌形态外，还广泛发育了由线状水流所形成的地貌形态。

1. 沟谷水流形成的地貌

这里的水流，从持续性而言，往往是暂时性的线状水流。其形成的地貌形态在本区广为发育，且从上至下的三段结构完整：

集水盆——即为沟谷上游的呈小型盆状的集水洼地。盆底受长期流水的冲刷、切割，常有小型侵蚀沟发育，因此在坡面径流、股流和重力作用下，可使集水点的周壁不断后退，盆形也随之扩大，成为平缓、宽浅的谷地。较典型的集水盆见于直岙、西岙、东岙、西坑及雪窦山等地(图 1-9)。

沟谷主干——常由冲沟或切沟组成。它常是集水盆所汇集的水及碎屑的通道。发育于山地的斜坡上。当在洪流的作用下时，沟谷受到强烈的冲刷，可使沟床下切，因此其谷坡较陡峻，沟头跌水时有所见。如果沟谷源头溯源侵蚀的速度较快，则可使上游的集水盆不清晰，甚至消失。相反地，若水动力条件改变，则沟床停止下切，谷坡宽缓，主干常以沟的形态存在。

扇形地——洪积扇或冲出锥。即为沟谷主干水流所挟带的碎屑物质堆积地带，位于沟口的山麓部位上，呈扇形或半圆锥形。这类地貌类型在本区亦广泛发育，有的被开辟为村民点，有的则与坡积物连成一片，成为坡积裙(图 1-10)。

图 1-9 位于第Ⅲ级剥夷面上的集水盆地(东岙)

图 1-10 建在扇形地上的美龄山庄(溪南)

2. 河流地貌

由于本区河流可分山区谷地和山前地带河流，因此，流水作用对地貌发育的影响有所不同。

境内水系的平面变化大多循着一定方向进行。剡江主流(山前地带河流)总体流向与主构造线方向一致，即沿北东向断裂带发育；而众支流的分布则与二级线性构造相适应，或者说，它们是受北西西向、北西向、北北东向活动性断裂带控制。但在局部河段，河流存在明显拐点，其流向突然转向，这些控制水系平面变化的拐点(汇流点、改流点)往往处在几组活动断裂交汇的复杂地带。因此，通过这些控制点，水系的平面形态与河道级别甚至河型都明显发生重大变化。如：拐点的上游河段(3 级以下河道)往往处在新构造运动的强烈上升区，尽管基岩的抗侵蚀能力较强，但因受交叉活动性断裂构造影响，垂直剪切节理发育，促使河流下蚀、深切而呈现出峡谷、深切河曲的刻蚀地貌特征。而拐点的下游河段(3 级及其以上河道)则通常处在新构造运动显著上升与沉降的交接地带，河流主要沿主控断裂带发育故较顺直，由于河流以侧蚀作用为主，河谷已呈成形河谷特征，而河漫滩、阶地主要发育在上升侧。

前者以雪窦溪为代表。雪窦溪的流向受北北东向的构造控制，河床的基岩由流纹质强熔结凝灰岩所组成，抵抗侵蚀的能力很强。但雪窦山又为新构造运动的上升区，所以在河谷的横向必然受极大的制约，而在纵向上仍促使河流下蚀、深切，于是发育了横向剖面上呈现为窄“V”形的峡谷；而局部河段，由于板柱状节理发育，在下切侵蚀时，沿节理面往往发生重力崩塌，使河谷的横剖面呈现为窄“U”形的嶂谷(箱谷、巷谷)(图 1-11)。另外，在溯源上限附近的谷底常是一级或数级跌水(发育于雪窦溪上的另一溪流——“三隐潭”为三级跌水)，著名的“千丈岩”瀑布就发育于此，这类河谷的堆积地貌为不稳定的岩滩。

图 1-11　第Ⅲ级剥蚀夷平面上的“V”形河谷(徐凫溪)与窄“U”形河谷(三隐潭)

后者以奉化江主流剡江为代表。剡江溪口河段位于山前地带，由南西向北东从山区河流向平原河流过渡。由于沿岸汇集了许多支流，流量大增，但河床的纵比降不大，故流速远小于山区河流。另外，因处在新构造运动显著上升与沉降的交接地带，河流主要顺沿北东向断裂发育，流水侵蚀作用以旁蚀为主。这样，摆动于两岸的河床，就显得凹岸更凹，凸岸更凸，“河曲”雏形清晰可见，在凸岸及河心广泛发育了“河曲河漫滩”与“心滩”“江心洲”。然两岸石矶的对称挑流则使“河曲”伸展空间受限而不能进一步发展。河漫滩的组成物质具二元结构，下部为全新统砾石层，上部为全新统棕黄色河漫滩相的中砂、细砂及粘土层。上、下两部分均为河流冲积物。此外，在河漫滩地貌形态之上的滨河床砂坝、河心砂坝等微地貌形态及其组合亦清晰可辨。河漫滩在新构造上升运动微弱影响下，在剡江的溪口河段也发育了多级堆积阶地或高河漫滩，然而在同一横剖面上南、北岸阶地级数及相应高程均有明显差异，如北岸的近岸地带为一级堆积阶地，南岸则为高河漫滩(图 1-12)。这又成为本区的新构造运动具有不均衡的翘起性的佐证，即由于新构造运动造成的断裂带两侧不均衡抬升导致河谷出现倾斜，以及两侧阶地的不对称性，而河漫滩、阶地则主要发育在上升侧。

综上所述，本区的地貌发育具有继承性，在特定的内外动力作用下，具有方向性。而且，可从其发育的历史，体现出其与地壳运动的演变过程有着密切的关系。

图 1-12　剡江沿岸发育的河漫滩与一级堆积阶地(溪口河段)

三、地貌发育的演替过程

在地质历史上，地处浙江东部的四明山区被认为是属于华夏古陆的一部分。其陆壳基底形成于前震旦纪(距今 9 亿～20 亿年)，但当时整个区域处在活动大陆边缘的构造位置，属于滨海—浅海沉积环境。志留纪末期，因受加里东造山运动影响，全区开始褶皱回返，逐渐处于长期稳定隆起剥蚀状态。中三叠世末，以强烈断褶为主要形式的印支运动将整个浙江大地都卷入了北东向构造范畴，境内则主要表现为剧烈的断块活动，形成了一系列北东向线型断陷盆地。印支运动后，我国东部整体地开始了濒西太平洋大陆边缘活动的新时期，本区陆域基底的演化由此也进入了一个主要阶段。这期间包括曾先后经历了燕山、喜马拉雅等两次大的造山运动，并表现出剧烈的多幕次断块活动及强烈的多旋回岩浆活动的特征。

燕山运动早期的构造活动，主要表现为挤压体制以及相伴随的局部拉张。境内除北东向断裂活动以外，北西西向的断裂也开始形成并不断强化。晚侏罗纪，由于太平洋板块对欧亚板块俯冲速度加剧，整个浙江大陆边缘处于主压应力轴为北西—南东向强烈挤压体制之中，在北东向基底断裂的强烈活动下，境内岩浆活动达到了全盛时期，著名的燕山期火山活动此时才真正拉开序幕。这一时期的火山活动具有明显的旋回性，即由间歇性中性岩浆喷发到中酸性—中性岩浆持续强烈爆发，再演变为间歇性酸性岩浆喷发，形成了厚近万米的磨石山群地层。至此，本区的陆域基底已基本奠定。

燕山运动晚期（白垩纪），境内的区域应力转入了引张体制，此时除北西西、北西向的断裂仍继续活动以外，又出现了北北东向大断裂。至此，境内主要断裂带已基本发育成形，同时形成了一系列断隆地块及断陷盆地。四明山断块山地与宁波、丁家畈盆地构造骨架也呈现雏形。由于当时的气候已转为干燥炎热，且随着盆地的陷落与断块活动，常伴有间歇性火山喷发及多次岩浆侵入活动，因而使盆地堆积了一套以河湖相紫红色碎屑岩建造为主，相间基性—酸性火山岩的火山—沉积岩系即永康群地层。

进入新生代后（距今 0.65 亿年），在喜马拉雅运动的主宰下，中生代的断块运动此时已逐渐收敛，而代之以全面的差异性和振荡性升降为主的构造运动。早第三纪，境内开始全面间歇性隆升，其中原白垩纪时处于明显下沉的断陷盆地亦不例外，全区普遍遭受不同程度的侵蚀剥蚀作用。至此，一个统一的夷平面雏形在山地内侧基本形成。晚第三纪，新构造运动之差异性垂直运动渐趋明显，区内现存的夷平面遗迹均是在这一时期的间歇性不等量隆升过程中相应产生的夷平面解体与下切作用所形成，使得统一的夷平面转化为不同高度的剥蚀夷平面。至此，现境内北西高南东低之倾斜式地貌骨架也已形成。

第四纪时期，以差异性和振荡式升降活动为主要特征的新构造运动在境内日趋活跃。早更新世，本区仍普遍处于上升状态，地面切割强烈，堆积物极为罕见。至中更新世，在湿热的气候条件下，频繁的间歇性水流在山间或山麓谷口广泛发育了洪积扇。晚更新世，本区仍处于上升过程，但其上升量已远不如早更新世之大，而早成的中更新世扇形地，有的已成了洪积台地。此时，区内较大的河流剡江已具雏形，但仍带有山溪性河流的特性，其在下游开阔地段进行侵蚀夷平的同时，发育了洪积—冲积相堆积物。进入全新世以后，境内剡江水系逐渐发育成现状，河流沿岸构成多级的河流阶地或河漫滩等地貌形态。

第三节 气 候

四明山南区位于北亚热带湿润型季风气候区，受太平洋季风影响，气候温和湿润，四季分明，冬夏季风交替明显，雨量丰沛。本区特定的地理位置和特殊的地形特征，受到大陆气团和海洋环流的共同影响，从而形成了天气复杂多变、气候类型多样、气候资源丰富、灾害天气种类多且发生频繁的特点。由于境内地势西北高、东南低，所以垂直方向上的气候变化也比较大。

一、四季

在对四季进行划分时，一般以候平均气温为划分依据。候平均气温 10～22℃为春季，高于 22℃为夏季，22～10℃为秋季，小于 10℃为冬季。

本区四季分明，春秋比较凉爽，夏季炎热，冬季较冷。境内四季起讫时间和天数因受海拔高度影响差值颇大；海拔每升高 100m，夏季要缩短 4～5 天，冬季要延长 2～3 天；春、秋则相差甚小（表 1-2）。夏季平均气温山前河谷平原地区为 25.6℃，山区为 23.6℃；冬季平均气温前者为 7.6℃，后者为 5.5℃；两者温差均为 2℃左右。

本区的春季是冬季风转向夏季风的过渡季节，天气变化多端，时晴时雨，时冷时热，多绵绵细雨和偏南风。春季常年为 3 月底、4 月初至 6 月中、下旬。

区内夏季常年为 6 月中、下旬至 9 月初、中旬。夏季盛行东南季风，雨量较多。季初的梅雨和季末的台风雨是全年两大降水高峰期，季中则晴热少雨。梅雨期一般从 6 月 15 日开始，最早出现在 6 月 6 日，通常持续 20 天左右，天气闷热、湿度大、气温高、阴雨绵绵。梅雨期的平均降水量占全年的 15％左右。1983 年梅雨期的降水量最多，占全年的 30％；1961 年最少，降水不到 70mm，出现“空梅”。在梅雨期结束后，进入盛夏期。本区 7、8 月受副热带高压控制，往往出现伏旱天气，气温高、蒸发量大、炎热少雨。8、9 月，由于受到西太平洋台风的影响，常出现狂风伴有暴雨、大暴雨或特大暴雨，导致山洪暴发、江河泛滥等现象。

秋季是夏季风转向冬季风的过渡季节，本区的秋季常年为 9 月初、中旬至 11 月中旬。秋季北方冷空气南下次数增多，并伴有西北大风天高气爽，昼热夜凉，云量少，日照充足。如果在秋季形成静止锋，则出现秋雨连绵的现象。

表 1-2　四季起讫时间和天数

	春季	夏季	秋季	冬季
起日	平原/山区	平原/山区	平原/山区	平原/山区
讫日	3 月 29 日/4 月 6 日	6 月 14 日/6 月 26 日	9 月 19 日/9 月 5 日	11 月 20 日/11 月 12 日
	6 月 13 日/6 月 25 日	9 月 18 日/9 月 4 日	11 月 19 日/11 月 11 日	3 月 28 日/4 月 5 日
天数	77/81	97/71	62/68	129/145

注：资料来源于奉化市气象站，山区测站为东岙（海拔 476m）。

冬季常年为11月中、下旬至翌年3月底、4月初。境内冬季受北方冷空气侵袭,特别是受到寒潮侵袭时降温幅度大,持续时间长,并伴有雨(雪)、大风、低温等天气,同时出现霜冻现象。

二、日照

本区的年日照总时数为1836.2h。2、3月的日照百分率最小,只有33%;8月的日照百分率最大,为58%。总体而言,夏季的日照时数和日照百分率最大。5～9月的月辐射总量相对较大,特别是7、8月的月辐射总量明显多于其他各月。12月和1月的月辐射总量在全年各月中相对较少(表1-3)。

区内的年日照总时数1963年最多为2161.9h,1981年最少为1511.0h。不同地区年日照总时数略有不同。平原地区的年日照总时数相对较多,山区的年日照总时数相对较少。

表1-3　年平均和各月平均太阳辐射和日照时数统计

月份	1月	2月	3月	4月	5月	6月	7月	8月	9月	10月	11月	12月	全年
辐射总量($4.2\times10^3J/cm^2$)	5.8	6.0	8.0	9.0	9.9	9.7	13.6	13.5	9.9	8.2	6.3	5.6	105.5
日照时数(h)	124.3	103.1	120.4	137.6	149.8	141.7	234.2	234.6	157.6	154.1	137.4	142.9	1836.2
日照百分率(%)	38	33	33	36	36	34	55	58	43	43	43	45	42

注:资料来源于奉化市气象站。

三、气温

本区西北部山顶的年平均气温为11.2℃,东南山麓的年平均气温为16.5℃。区内最热月份是7月,山顶和山麓的月平均气温各为22.8℃、28.6℃,最冷月是1月,山顶和山麓的月平均气温各为－0.5℃和4.4℃,而年极端最低气温在上述两处各为－9.4℃、－15.0℃。全区气温随海拔高度的变化,可从表1-4反映。

由表1-4可知:

(1)1月、7月和年平均气温是随着海拔高度的增大而降低的。其中,年平均气温每上升百米而下降约0.54℃——用递减率表示为0.54℃/100m,1月气温递减率为0.4℃/100m。

(2)气温的垂直递减呈“夏大冬小”型。此外,在四明山南区普遍存在着地形逆温现象,尤以冬季反映更为明显,其频率可达50%,这就是说,在冬季的每两天将出现一次逆温现象。上述两种现象可能与夏季的暖流控制、降水时空分布规律及冬季受地形的阻挡有关。

表 1-4 各高度气温值(℃)

平均高度(m)	1月	7月	年均
100	4.0	28.2	16.1
200	3.6	27.6	15.5
300	3.1	27.0	15.0
400	2.6	26.4	14.5
500	2.1	25.8	14.0
600	1.6	25.3	13.4
700	1.1	24.6	12.9
800	0.6	24.1	12.4
900	0.1	23.5	11.8
1000	−0.4	22.9	11.3

注:资料来源于浙江省四明山区农业气候资源与区划。

本区的年均无霜期为233天。初霜一般在11月14日后,最早出现在10月22日。终霜一般在3月25日前,最迟为4月11日。平均有霜期为132天,其中1月的有霜期最多。

因为气温随海拔的升高而降低,所以地形、海拔高度不同,热量的分布也不同。如境内全年≥10℃的年平均活动积温一般为4400～5100℃;山区(东岙、岩头)因地势较高,≥10℃的年平均活动积温一般为4400～4600℃,平均持续天数在220天左右,80%的保证率为4280～4490℃;而海拔高度较低的班溪、董村等地≥10℃的年平均活动积温则在5000℃以上,持续天数在235～240天,与初、终霜期基本一致,80%的保证率为4900～4950℃。

四、降水

调查与实习区域的降水量相当充沛。海拔200m以上的山地,年平均降水量为1500～2000mm,降水日数可达160～180天。在多雨年份,降水量可达2000～2400mm,降水日在200天以上。在少雨年份,降水量也在1000mm以上,降水日数约达130天。此外,域内降水量还具有随海拔升高而增大的特点。如在海拔20m的溪口镇年降水量约为1391mm,海拔高度为476m的东岙乡年降水量约为1544mm,而在海拔更高的奶部山迎风坡面年降水量可达2000mm。本区降水量的年内变化特征呈现“双峰型”(图1-13)。年降水量的最高峰出现在每年的8、9月,次高峰在5、6月。其中3～9月的月平均降水量都在100mm以上,其降水总量约占全年的79%,说明本区降水集中,季节分配不均。

8、9月份出现降水最高峰主要是由于在夏秋季节,本区常受到台风的影响。

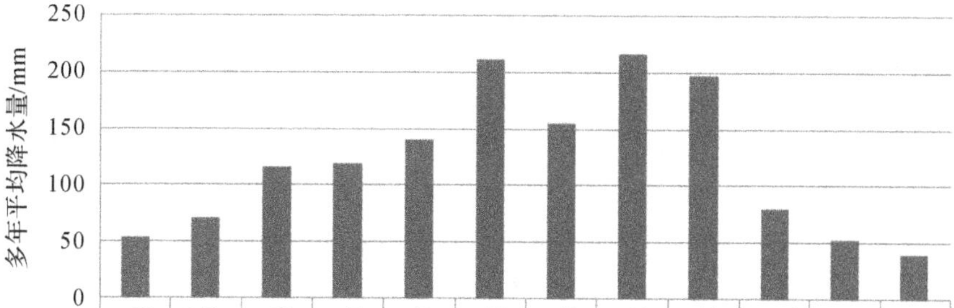

	1月	2月	3月	4月	5月	6月	7月	8月	9月	10月	11月	12月
降水量	54.7	71.6	116.9	119.1	140.2	211.6	155.5	217	197.7	80.1	53.7	39.9

图 1-13 溪口站多年平均降水量月统计

据统计，一次台风登陆，降雨中心一天中可降下 100～300mm 的雨水，有时甚至达 500～800mm。域内 5、6 月份的次高峰主要是此时正值春夏之交，由于江淮准静止锋的影响造成长时间连续性降水(梅雨)，其降水量约占全年的 24.1%。虽然上述两个时间段内，降水量都较多，但是两者的降水变率却相差较大。梅雨时节的降水变率相对较小，一般在 25%左右，而台风雨期变率较大，可达 45%。7 月份位于两个高峰之间，处于相对的低谷，称为“伏旱”。这主要是由于 7 月长江流域受副热带高气压带控制，盛行下沉气流，降水少。但是偶有台风雨或局部阵雨，所以其常年平均月降水量还是在 150mm 以上。

10 月至翌年 2 月，受冷高压控制，盛行干燥的变性极地大陆气团，降水稀少，是一年中降水量最少的时期。5 个月平均降水量总和为 300mm，仅占全年的 20.6%。

本区降水的年际变幅在 200m 以上的山地，其相对变率仅在 15%以下，河谷平原地区则在 20%以上。区内降水年际变幅最大的是溪口镇，其变差系数 C_V 值为 0.21，最大降水量出现在 1990 年，年降水量为 2050.1mm，最小降水量为 1967 年的 702.3mm，最大年降水量是最小年降水量的 2.919 倍。

第四节 水 文

本区发育于山前平原的主干河流由于受原始地形的制约，河谷形态的纵向变化不大，呈楔形，比降为 3%，因而水流并不湍急。河谷最宽不过 2000m 左右，两岸多为上侏罗统的火山岩。除了一些不连续的基座阶地外，在河流凸岸广泛分布着不对称的曲流堆积阶地，是山区最重要的农业基地，主要乡镇也都坐落于此。然而作为其支流的 10 余条溪流，则是河床狭窄，比降大，水流湍急，水位变化幅度大，侵蚀作用强烈，河床纵剖面呈阶梯状，多急流瀑布，水量不稳定等特征。

一、主要河流及水系分布

发育于本区南部的剡江为奉化江主流，也是区内河系的唯一干流，年均流量每秒 $10.6m^3$。剡江发育于奉化市斑竹乡与余姚市交界的秀尖山东麓，自源头向南东流至班溪乡公棠村（称西晦溪），并由此折向北东经亭下、溪口、萧王庙、江口等重镇而中止于奉化市方桥镇三江口，全长 75.5km，自然落差 494.5m。剡江在这里与东来的东江、县江汇合，始称奉化江；此后河流向北至横涨附近与西来的鄞江汇合，成为奉化江的上游。纵观剡江主干流的流向，以北东至北北东方向蜿蜒于谷地，与宁南向斜的轴向一致，也与邻近的镇海—奉化断裂带走向呈平行排列（图 1-14）。

本区西北部的黄泥浆岗、奶部山与其间的商量岗，是四明山脉的一条山脊线，海拔均在 500m 以上，成为余姚、奉化和鄞州的区域分界线，又是剡江与鄞江的分水线。其南坡的较大的溪流分别汇聚于剡江，构成了该水系 4 级河道系统的主体一翼。剡江水系属钳状沟头树枝状水系，这类水系总体也呈树枝状，但 1 级水道往往成对出现，近于平行，在其交汇处形成虎钳状沟头，它的形成需要特定的气候（温暖多雨）、地质条件（中新生代沙砾岩层及酸性火山岩类发育地区）。剡江流域的形状呈一西窄而东稍宽的狭长条带，流域面积 $454km^2$（图 1-14）。

境内河流为山溪型，其上、下游河谷形态特征差异明显。上游河谷较窄，基本无横向分径，落差大，底多巨石；中游河床渐宽，多浅滩，底为浑圆形砾石；下游河床宽阔，水量增大，河底多泥沙。因受新构造运动影响及活动性断裂带控制，流程仅 75.5km 的剡江其上、下游河道的横向变化也十分显著。其可分为两段。第一段从斑竹乡到亭下即西晦溪，全长 38km，河流发育主要受控于北西向断裂构造，属于拐点的上游河段，处在新构造运动的强烈上升区。河流两岸以基岩为主，不易被侵蚀，但因受交叉活动性断裂构造影响，垂直剪切节理发育，促使河流下蚀、深切而呈现出峡谷、深切河曲的刻蚀地貌特征。其河谷受基岩严格控制，河槽很窄，最窄处的宽度小于 2m，且河道蜿蜒曲折。第二段从亭下镇到江口镇，属于拐点的下游河段，处在新构造运动显著上升与沉降的交接地带。河流主要沿北东向断裂带发育，河槽较宽而河道顺直微弯，由于比降平缓，河流以侧蚀作用为主，河谷已呈成形河谷特征，河流两岸普遍发育有河漫滩、阶地。

剡江支流众多，水源丰富，然均为山溪型河流，源短流急，季节变化明显。其相对较大的支流共 12 条（图 1-14），其中流经区内的主要有：

左溪：源于斑竹乡南端的撞天岗山，它自西南向东北流至驻岭，汇入西晦溪。左溪长 12km，集雨面积为 $32.6km^2$，是剡江的重要支流之一。

茶坑溪：源于董村乡倪家山，它自北向南经斑竹村汇入西晦溪，长 7km。

筠溪：源于余姚市白岩头山，自西向东流至董村乡姚家，与三折岭、黄泥浆岗水

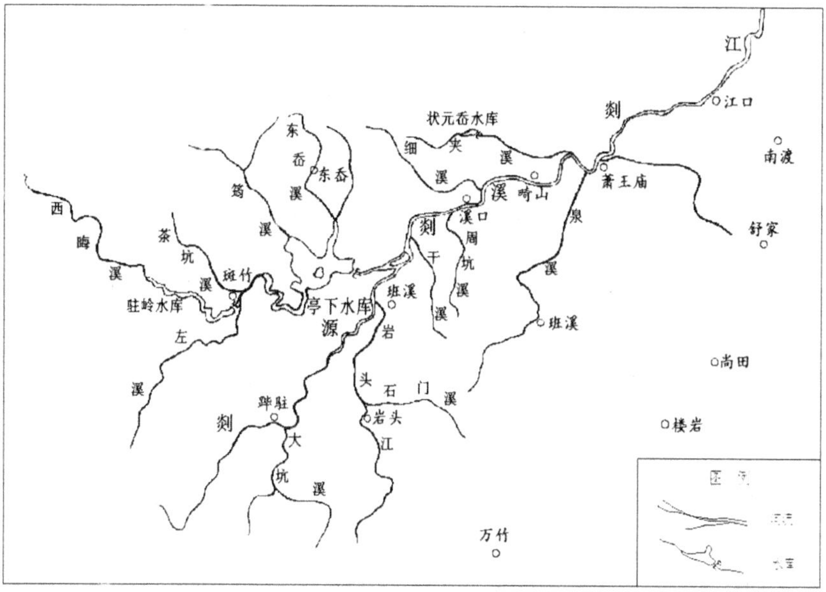

图 1-14　四明山南区剡江水系分布示意图

汇合，经董村注入亭下水库。篘溪长 8km，集雨面积为 26.6km^2。

东岙溪：源于东岙商量岗，自北向南经东岙村、隐潭至妙高峰麓附近，合千丈岩瀑布水，入亭下水库。东岙溪长 7.5km，集雨面积为 17km^2。

剡源：又称三石江，它源于新昌县老庵基山，自西向东北流经跸驻乡，在公棠村与西晦溪汇合后流入剡溪。剡源长 25.5km，集雨面积为 79.8km^2。剡江曾经以剡源为主流，有“剡源九曲”胜景。

岩头江：又称班溪，它源于岩头乡南端的乌头尖脑山，自南向北经过岩头村，与石门溪汇合后流入班溪乡，至康岭村汇入剡源。岩头江长 16km，集雨面积为 51.7km^2。

干溪：源于班溪乡小溪岭，流经小溪岙村，在赤泥岭西汇入剡溪。干溪长为 6km，是剡江的重要支流之一。

周坑溪：源于溪口镇南部的提灯山，自南向北经新建、上山村汇入剡溪。周坑溪长 6.5km。

细溪：又称名山溪。细溪源于东岙乡豺狗岩，自西北向东南流经上白、玉婆桥村，汇入剡溪。细溪长 10km。

夹溪：又称状元岙溪。夹溪源于溪口镇清明山，自西向东流经畸山乡状元岙、大张村，汇入剡溪。夹溪长 11.5km，集雨面积为 13.9km^2。

二、径流补给特征和径流变化

本区因处于亚热带季风气候区，故境内河流的补给水源主要来自大气降水，雨水对形成洪峰径流起着主导作用。河流径流量的季节变化和年际变化基本与降水变化相一致。

境内河流一年有两次汛期：夏汛和秋汛，故径流的年内分配呈现“双峰”型，基本与降雨变化曲线的形态一致(图 1-15)。年内月径流量 1 月至 6 月呈逐月增大趋势，至 6 月中、下旬开始出现第一个高峰值，主要是由于梅雨季节带来的连续性降雨。7 月中、下旬至 8 月上旬，受伏旱天气影响，出现径流量的第一个低谷期，称“伏旱期”。但是，由于这段时期偶尔受台风、热雷雨的影响，年平均降水量较大，所以河流径流量仍较高，只是处于两个高峰的相对低谷期。8 月中下旬至 9 月中旬，域内常受到台风、热雷雨的影响，出现强降水，径流量出现第二个高值期—台风期。10 月开始，径流量逐月骤降，10 月至次年 3 月，是径流低值期，即枯水期。

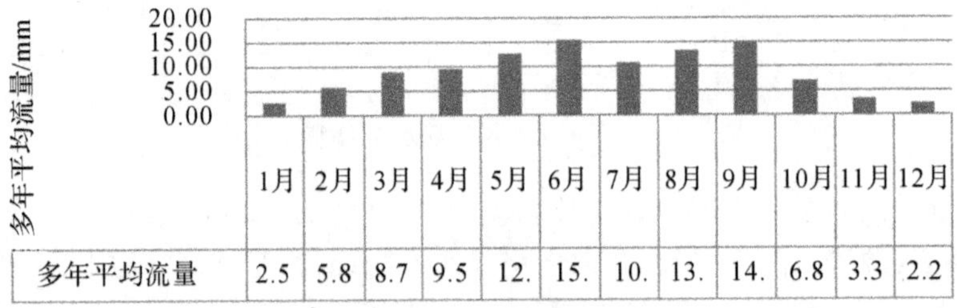

图 1-15 溪口站多年平均流量月统计

根据溪口水文站的径流特征统计(资料年限为 1957—1985 年)，剡江溪口站多年平均径流量为 $2.897\times10^8 m^3$，最大年径流量达 $4.260\times10^8 m^3$，最小值为 $1.230\times10^8 m^3$。年际径流量最大值与最小值之比为 3.46。剡江溪口站多年平均年径流深为 852mm，最大的年份达到 1252.9mm，最小的年份为 361.8mm。变差系数 C_V 值为 0.36。

三、泥沙

河流的含沙量主要与流域内的降水强度、地面物质结构、地形坡度以及植被状况等因素有关。

降水强度对含沙量有着至关重要的影响。降水强度越大，导致河流径流量越大，水流带走的泥沙越多。所以，一年中流域含沙量最多的时节一般在夏秋季节。经实测计算，溪口水文站的多年平均输沙量为 $4.35\times10^4 t$，最大年输沙量为 1963 年的 $1.41\times10^5 t$；多年平均侵蚀模数为 $128t/km^2$，最大的年侵蚀模数为 $415t/km^2$，也是出现在1963年，主要是由于1963年9月出现台风暴雨，导致河流水位暴涨，出现洪峰，带走河流两岸大量的泥沙。

从地形角度来说，从斑竹乡到亭下镇，河流两岸以基岩为主，含沙量小；从亭下镇至江口镇，河床宽阔，河道平直，同时地势起伏较小，这决定了剡江的流速不大，水流含沙量较小。

两岸的植被状况也会对河流的含沙量有重要的影响。四明山南区以低山丘陵为主，植被茂密，亚热带常绿阔叶林为典型的地带性植被。加上该地风景优美，旅游业发达，目前山区丘陵上的树木多为次生或人工营造，这也是剡江流域河流含沙量小的重要原因。

此外，由于亭下水库的建设，水库对于径流的调蓄作用，对减少下游泥沙含量也有一定的影响。

四、主要水利工程

亭下水库是域内唯一一座大型水库，建在亭下村与高岙村之间的晦溪上，工程始建于1978年，1985年5月竣工。控制集水面积176km^2，总库容1.5×10^{8}m^3。拦水坝高76.5m，长319m，为混凝土重力坝。坝身中部设有宽60m、高64.5m的堰顶溢洪道；坝底设有长64.6m，高、宽各3m的防空洞；以及长63.5m、直径6m的输水发电管道，出口处为一座4000kW的水电站。该水库为下游4.5×10^{7}m^{2}农田灌溉提供补充水源，为宁波市区提供部分生活用水；并具有保护下游5.3×10^{7}m^{2}农田免受洪灾、减轻2.67×10^{8}m^{2}农田的洪灾的功能。亭下水库是一座以防洪、灌溉为主，结合供水、发电、旅游、养殖等综合利用的国家大(二)型水利工程。下游灌区包括奉化鄞州与北仑区33个乡镇，设有专用总干渠24km和萧王庙镇活动堰、进水闸，东江过江倒虹吸管道和育王岭隧道枢纽建筑工程。

水库拥有山林面积13498亩，即约9×10^{6}m^2。大部分为生态涵养林。水库建成20多年来，充分发挥了拦洪滞洪、调节径流、削减洪峰的作用，已拦蓄洪水30多次，抗干旱10多次，对下游社会经济发展起到重要作用。

水库建成以来，经受历次洪水考验，其中较大洪水有1988年、1992年2次、1997年，共4次，共拦滞洪水1.7661×10^{8}m^3，对下游河流的流量产生重要的影响(表1-5)。

水库除了在汛期时有削峰的作用，在河流枯水期也发挥重要的作用。建库以来，出现过灌区需放水灌溉年为12年，曾出现4次较大的旱情，即1990年、1994年、1995年和2003年。1984年至2003年底，水库共供水1.985×10^{9}m^3，年平均供水9.925×10^{7}m^3。枯水期，水库供水，不仅确保了水库下游农田的灌溉，而且对下游河流起到补枯的作用。

表 1-5　水库历年较大洪水调洪成果表

发生时间及洪水台风年号	洪峰流量(m^3/s)				水位蓄水量($\times 10^4 m^3$)				洪水量($\times 10^4 m^3$)		
					起调		最高				
	入库流量(m^3/s)	出库流量(m^3/s)	削减洪峰流量(m^3/s)	削减洪峰中入库洪流量(%)	水位/m	蓄容量 $10^4 m^3$	水位/m	蓄容量 $10^4 m^3$	洪水总量 $10^4 m^3$	滞洪量 $10^4 m^3$	滞洪占总洪量(%)
1988 年 7.30	1772	0	1772	100	75.54	6796	83.77	10600	3967	3967	100
1992 年 9216	984	95.6	888.4	90.3	69.91	4683	85.11	11309	6988	6284.4	89.9
1992 年 9219	1172	168	1004	85.7	82.30	9850	85.97	11774	3422	1463	42.8
1997 年 9711	824.5	46.4	778.1	94.4	79.15	8350	85.55	11539	3284	3101	94.4

(注:资料来源于亭下水库志。7.30 为 1988 年 7 月 30 日洪灾。)

第五节　土　壤

本区因处于亚热带季风气候区,气温和降水为红壤、黄壤的发育提供了条件。境内丘陵山地的土壤以红壤、紫色土加黄壤分布较广,仅在丘陵处有零星的粗骨土。而在剡江及其支流两岸有水稻土分布,另有潮土和新积土(清水砂土)散布其间(图 1-16)。

一、山地土壤

境内山地地带性土壤主要为黄壤和红壤;非地带性土壤以紫色土为主,在丘陵陡坡处或侵蚀地有粗骨土分布,但覆盖面积不大,有大量的类风化母岩碎片,剖面发育差,土层仅 10～20cm,植被发育也差(图 1-17)。

(一)红壤

主要分布在海拔 680m 以下的酸性火山岩低山丘陵上,在水温条件特佳的山麓缓坡上,也有零星分布的典型红壤,余者均为黄红壤。红壤系本区地带性土壤类型,它是在温热气候条件下,由母岩遭受深度风化的矿质土壤。在母质中占绝对优势的铝—硅酸盐的原生矿物。经过连续的且较彻底的水解作用,其水解物内的盐分和硅酸部分,大都被淋溶损失,而铝、铁氧化物及其水解物则显示相对的积累,形成了具有 A[B]C 型发生剖面形态。土体深厚,呈红至黄红色,酸性反应,pH 值在 5.3 左右,粘粒含量较高,本身持水能力强,有机质含量不高。多种植毛竹、松、杉或阔叶林,坡缓处多植桃、柑橘、茶等。

(二)黄壤

主要分布在海拔 680m 以上由火山岩和紫红色沙砾岩构成的低山丘陵上。因

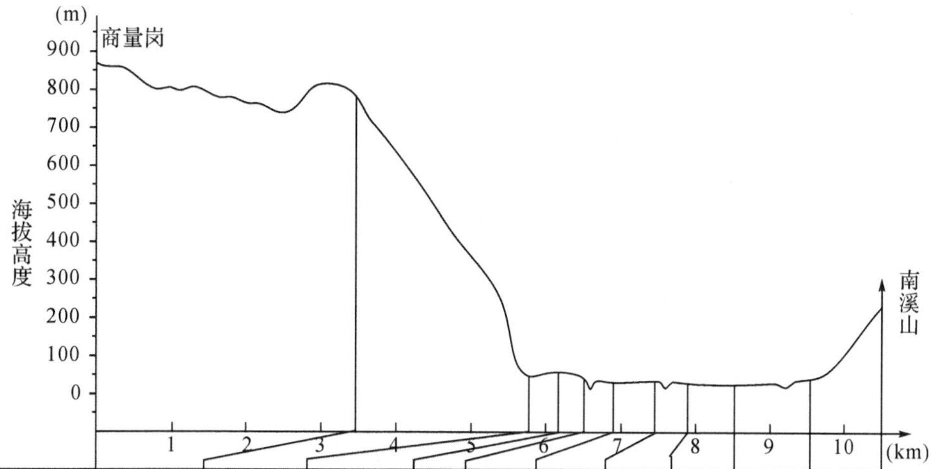

土壤类型	山低黄泥土	酸性紫色土	红泥土	黄泥土	洪积泥砂田	黄泥砂田	泥砂田	墙泥砂土	墙泥砂田	红泥土
植被或利用现状	温性针叶林	落叶阔叶林 暖性针叶林	常绿阔叶林 常绿阔叶和落叶阔叶混交林	农田	农田	农田	农田	农田	农田	常绿阔叶林

图 1-16　溪口南溪山至商量岗土壤剖面示意图

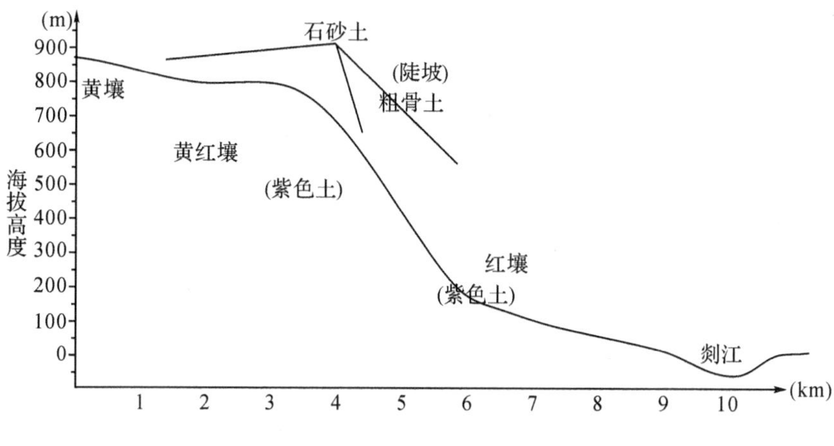

图 1-17　南区奶部山—溪口山地土壤剖面示意图

黄壤所处的海拔高，气温低，降水量大，其富铝化过程明显，粘粒部分的硅铁率比红壤稍大。由于大气和土壤的湿度较高，这里又无明显的旱季，故土体中铁的氢氧化物的脱水程度低，呈黄或棕黄色，土体呈酸性反应，pH 值在 5.5 左右。表土中有机质积累量较大，具有厚达 10～20cm 的腐殖质层，且保存着较多的植被落叶层，因此剖面发生层为 $H_{00}A_0A_1[B]C$ 型。植被以灌木、茅草为主，种植金钱松、杉、茶、日本扁柏等。

(三)紫色土(酸性紫色土)

紫色土(酸性紫色土)是本区分布较广的一种土壤类型。主要分布在东岙、直岙的低山丘陵及董村、溪口的残丘上,土壤地带性表现微弱。其成土母质是紫红色砂页岩、砾岩等风化体。因其岩性疏松,物理风化作用强烈,故土体的砾性较重,结持性差,砂粘比 0.7,较易遭冲刷。全面无明显的分层发生,土层浅薄,常不足 30cm,因处在新风化状态,成土作用又弱,故土体仍保持母岩原有的色泽。全剖面呈均一而鲜艳的红色和紫红色,土壤显示酸性反应,pH 值在 5.0 左右,有机质、全氮含量低,质地中壤至重壤土。多种植经济林木及旱农作物,产量高。

(四)粗骨土

分布在受强侵蚀的丘陵山地中上部陡坡处,出露面积不大。母质为各种岩石的风化残积体,含有大量的砾石及半风化母岩碎片,可超过 30%。土体中母质特征突出,石质性强,剖面发育差,淋溶淀积作用不明显,[B]受侵蚀而缺失,故剖面呈 AC 型。土层浅,仅为 10~20cm,土色浅淡,多呈棕黄色。大多为荒山或疏林,以灌木为主。

二、河谷土壤

河谷地区主要发育的土壤有水稻土、潮土和新积土(图 1-18)。

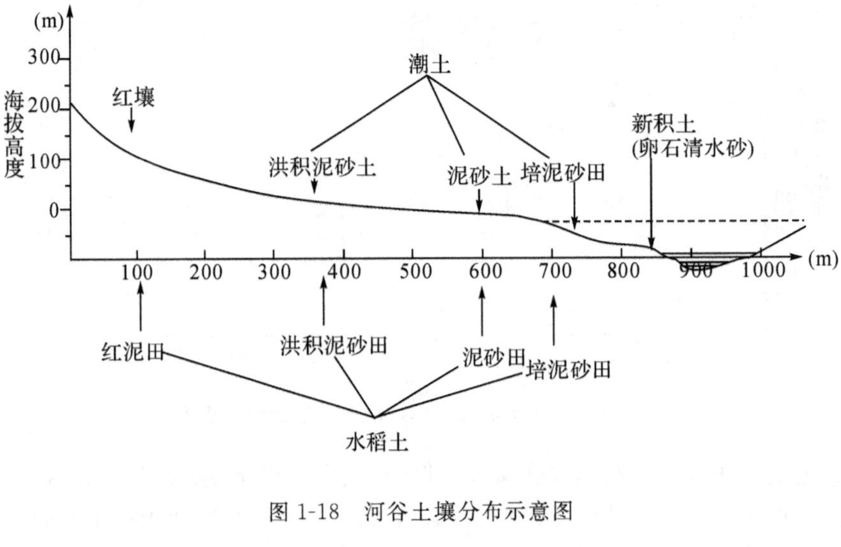

图 1-18 河谷土壤分布示意图

(一)新积土(清水砂土)

分布于剡江两岸侧凸的河漫滩上，成土母质为全新统河流冲积物。因经常受深水的影响，成土年龄短，熟化度也低，多是荒滩景观。剖面无发生层次，无明显的腐殖质表土层，全土层结构松散，然而土粒的分选性和沉积层理清晰。质地以砂壤轻壤为主，并夹有较多的卵石，未见铁、锰斑淀现象。

(二)潮土

分布在剡江及支流的河漫滩的内侧，目前有时还仍受大洪水所淹，处在不断堆积过程中。土壤发育受地下水及人类活动的影响较深，全土层深厚，常达 1m 以上，母质层次较好，质地为轻壤至重壤土，呈微酸性反应。由于间歇性喷水影响而产生的铁锰斑出现在土体中，剖面发育度弱，大致由腐殖质层(耕作层)—氧化还原层(铁锰斑淀层)—母质层所组成，亦即是 A[B]C 型。

(三)水稻土

水稻土是经长期水耕熟化而形成的一种耕作土壤。境内广布于剡江两岸的多为渗育型水稻土(培泥砂田)，分布面积较大。而在山前洪积扇上所发育的则为潴育型水稻土。在上述的两个土壤亚类交接带(在洪积扇前缘的潜水溢出带)为潜育型水稻土。潴育型和潜育型水稻土多布于山坡，系红壤和紫色土改造而成。

综上所述，本区土壤类型虽然复杂多样，但在地域分布上却具有一定的规律性。

第六节　植被类型及其分布情况

四明山南区开发历史悠久，自然植被多受改造，原始地带性植被(中亚热带常绿阔叶林)不复再生，现山地丘陵上的林木大多为次生或人工营造。在河谷平原、山麓缓坡及山间空地已被垦为农田或茶果园、花圃等。

山地植被的分布受山体的高低、坡向、土壤等自然因素的影响。尤其是海拔高度引起的气候因子——水、热因子，是影响植被垂直分布的主要生态因子，它直接导致植被的垂直分布从山麓至山顶有规律地变更(称为植被分布的垂直带谱)。境内分布于低丘红壤上的主要植被类型有：常绿阔叶林、常绿阔叶和落叶阔叶混交林。分布于山体黄壤和紫色土的植被类型有：落叶阔叶林、暖性针叶林、温性针叶林、毛竹林和灌草丛。现就植物群落的外貌等总类分述如下。

一、常绿阔叶林

常绿阔叶林是本区地带性的典型植被类型，但因受人类活动的深刻影响，故现仅存于丘陵陡坡或交通不便的狭窄山沟内。主要分布于海拔 100～200m 山体的红壤中，组成群落的树种为青冈栎，木荷、绵槠、红楣等。此外，伴生有黄牛奶子、岩青冈及木考属等。

二、常绿阔叶和落叶阔叶混交林

这类混交林亦是本区的一种地带性植被类型，是常绿阔叶与落叶阔叶林之间的过渡类型。上层以落叶阔叶树为主，中下层以常绿阔叶乔灌木为主，混有各种不同比重的落叶乔木。它广泛分布于海拔高度较低的低山丘陵上(海拔 200m 左右红壤处)。其中，常绿树种主要有木荷、绵槠、青冈栎和花楠等，而落叶树种多为青钱柳、黄檀、枫香、浙江柿等。由于人类不断砍伐，其覆盖度差，林相复杂不整齐，而呈斑块状分布于马尾松林之间。

三、落叶阔叶林

这类阔叶林是当常绿阔叶林和上述的混交林遭受严重破坏后，植物群落以逆向演替的中间产物，属次生林。大都分布于海拔 700～800m 以下的向阳坡。组成落叶阔叶林群落的优势树种有：喜阳的百栎、木色枫香、茅栗、栓皮栎等。

四、暖性针叶林

暖性针叶林的主要树种为马尾松，多是人工营造，广布于本区 500～800m 以下山地，尤以阳坡为多。这是区内分布面积最广的一种植被类型，多生长在酸性紫色土壤之上。这类植物主要分布在亚热带低山、丘陵和平地，建群种喜温暖湿润的气候条件，又称为亚热带针叶林。但是它的生境一般比常绿阔叶林的要差，土壤较为干燥、瘠薄，属于次生类型。

五、温性针叶林

分布于海拔 750～800m 以上的山坡，其中多见于向阳坡。主要树种有黄山松、杉木等，可独立成林。在商量岗林场一带的杉木林均系人工营造，林相整齐，长势良好。黄山松林局限于我国东部亚热带中山垂直带上，是我国东部亚热带中山垂直带上很有特色的代表群落，是这些山地植被划带时的一个很好的依据。

六、毛竹林

毛竹林也由人工培育而成。除山顶因风势较大而不利生长，其他地方均有分布。其中，尤以坡度平缓、土层深厚的谷坡所栽培的毛竹集中成林。因而，四明山南区是奉化大毛笋的主要产地之一。

七、灌草丛

在四明山南区海拔800～900m以上的山顶，由于风势过大、气温较低及人为破坏等原因，仅有灌草丛分布；而在低海拔的丘陵山地上，也因长期受人类活动的影响，有些地段的常绿阔叶林也逆向演替为灌草丛植被。组成这类植被类型的主要群落种类有：大叶胡子枝、映山红、小果南烛、榉木、铁黑汉条、马银花、算盘子、湖北山楂以及芸、白茅等禾本科草类植物。

第二章　四明山南区地貌调查与实习设计

第一节　地貌野外调查方法

地貌是地球表层系统的重要组成要素之一，地貌形态和成因复杂多变。实际的地貌形态往往是多种因素相互作用的产物，其形态特征及成因类型错综复杂。因此，野外调查与实习可以将抽象的地貌理论与实际的地貌形态结合起来，起到真正理解课堂理论知识的作用。

地貌野外调查是课堂知识与具体的实际地貌现象相结合的过程，是培养实际地貌工作能力、训练如何发现和提出问题并形成新认识的有效途径。地学专业的本科生和研究生必须十分认真、严肃地对待野外调查与实习工作，把它作为学习地貌学的重要内容，作为课堂理论学习的有效延伸。在一个地区进行地貌调查时，必须收集大量有关资料，了解调查区域的地质、地貌基本特征，并通过实际野外工作查明地貌的形态特征、成因和发育历史，填绘地貌图，以利于真正掌握地貌学的基本理论，并能够很好地运用到生产实践中去。

一、地貌野外调查的基本步骤

（一）室内准备

地貌野外调查前的准备工作主要是为了明确调查的基本任务和相关要求，在大量、系统地搜集和研究前人的相关资料基础上，制定野外调查工作计划，做好组织上、物质上和生活上的必要准备。室内准备工作的重点应放在调查与实习区的资料收集上。尽可能全面地检索前人在该区所取得的地貌、第四纪地质和其他自然地理要素的相关文献、图件资料，当然也应该包括航片和卫星图像资料，并尽可能利用大比例尺地形图及其他地貌信息绘制研究区的地貌草图，为能在野外更准确地填绘和勾画出各种地貌界限，提高工作效率提供基础信息。在吸收前人成果时，还要分析前人成果中存在的不足和遗留问题，以便在野外工作时着重观察并加以解决，促进该区域地貌研究的发展。

（二）野外调查

地貌野外调查是在野外按照预先制定的典型地貌调查点、调查线路，进行地貌和第四纪地质等自然现象的观测、记录、填绘各种图件及采集标本等工作。野外调查一般可分为初步踏勘和全面勘查两个阶段。初步踏勘要在较短时间内，从各个方向穿越工作区中地貌、沉积物等有代表性的地区，以便掌握该区的基本情况，找出调查中的关键地段和工作重点，布置下阶段全面野外观测的线路，提出具体工作方法。全面勘查则是在初步踏勘的基础上，按初步踏勘后获取的信息设置的观测点和观测线，进行全面的地貌调查。

1．调查线路设置原则

调查线路的设置有方格状、放射状、鱼骨状或环状等。在实际安排调查线路时需要遵循以下几个原则：(1)尽可能地穿越研究区所有的地貌单元，并追索各类地貌单元的界限。(2)涉及每个地貌单元之中不同的地貌类型，追索每个地貌类型之间的界限。(3)穿越前人野外工作中发现的典型剖面或地点。(4)调查线路要切过有意义的地质带和地貌点的基岩露头、采石场、钻孔井位等。(5)尽量多地切过各种不同的地貌类型。同时要适当安排顺地貌走向的线路，如沿河谷、冲沟、海岸线进行的线路调查。(6)切过阐明调查区地貌割据和结构最有意义的部位，如山顶、谷底等。

2．调查线路设置需注意的问题

由于调查工作中，调查线路的长度、密度和方向的确定受多种自然和人为因素的影响，因此，调查线路设置时主要需要考虑以下几个问题：(1)地貌调查的尺度。由于地貌调查的研究成果的应用领域不同，其所要求的地貌调查的尺度也不尽相同，工作详细程度也有很大差异。大型工程建设、滑坡与泥石流防治、铁路选线、引水工程等，都需要大尺度地貌调查和绘制大比例尺地貌成果图。以评价地基稳定性、判断活动断层、查明物质来源区为目的的地貌调查，要准确地确定有关地貌类型的界限，因此需要布置较密的调查线路以保证调查结果的精度。地貌调查与实习一般都属于大尺度地貌调查，但范围较小。土地资源调查、水土保持、水系变迁等方面的调查研究，通常需要中、小比例尺度的地貌图，调查线路相应也稀疏一些。(2)地貌结构的复杂程度。对于地貌结构简单区，构成地貌的沉积物往往在长距离内基本一致。通过一个调查点和一条调查线路，就可以了解大范围内的地貌形态和结构特征。因此，在地貌结构简单区，地貌野外调查线路布置可相对稀疏。对于地貌结构中等复杂区，其构造运动一般比较活跃，可能历经几个侵蚀旋回，形成多种地貌类型，其调查线路应适当加密。对于地貌结构复杂区，往往是经过多次侵蚀旋回或气候变迁形成的复杂的地貌类型，古水文网经过多次变化，冰川反复进退或湖泊与河流频繁交替。这些地区古(原始)地貌类型保存差，往往不易辨别，它们的分布界限也可能难于查清，地貌调查的难度较大，需要安排较密的调查线路。(3)航片、卫星图像解译程度。目前航片、卫星图像普遍应用于各类地貌调查中，但不同地区，航片、卫星图像可以解译的程度有很大差异，大体上可分为解译程度高的地区、解译程度中等的地区和解译程度差的地区。在遥感解译程度高的地区，如果已经对地貌进行了详细解译，布置较少的调查线路即可查明该区域典型的地貌结构和特征。解译程度较差的地区，需要布置较密的调查线路。在解译程度较高的地区，地貌类型一般也比较复杂多变，地形起伏比较大；而解译程度较低的地区一般地形平坦，地貌类型单调，多属于地貌类型简单区。在布置调查线路时，要考虑地貌复杂程度和遥感解译程度两个方面，根据具体情况确定调查线路的密度。(4)露头出露程度。露头出露良好的地区，如切割强烈的山地、构造抬升盆地以及植被不发育的地区，几乎任何调查线路都可以找到较好的剖面和地貌观察点。反之，露头出露不好的地区，如平原区或热带雨林覆盖的地区，往往很难找到良好露头，以致需要安排较多的调查线路才能弄清地貌类型和结构。(5)交通情况。交通条件对线路的布置有很大的影响。有时切割强烈的地区露头较好，但交通极为不便，甚至不能布置直接穿过河谷的剖面，给调查工作带来许多困难。切割不太强烈、地形起伏不大、交通便利的地区，可以比较理想地安排所需的调查线路。

3. 观察点的选择

调查线路确定以后，每条调查线路上的观察点可以大体根据地形图或航片确定。地貌观察点的选择通常要注意下述几点：(1)地貌类型典型的地方；(2)地貌类型变化的部位；(3)露头和剖面出露完好的地方，特别是一些有现成的人工开挖的剖面；(4)对前人调查线路中观察过的地貌类型、地貌现象，也应加以观察，以作比较；(5)能观察大范围地貌景观的控制高点以及说明地貌特征的地形转折点，如山顶、分水岭、山脊、河谷和湖岸等；(6)前人工作过的典型剖面或地点，如已有的钻孔、探坑、发掘坑等；(7)航片、卫星图像上发现的不能解释或有意义的特殊地貌现象。

观察点的选择在地貌调查中十分重要，一个好的观察点，特别是那些能观察到调查区具有代表性地貌结构的观察点最有意义。根据这些观察点绘制的典型地貌剖面可以明确地说明该区的地貌发育历史。许多重要的地貌研究成果都是以完好的典型地貌剖面为依据的，往往几十年前一些著名学者所做的地貌剖面图，现在仍有重要价值。所以，在野外工作中要特别注意观察，寻找好的观察点。

实际野外工作中，每天出发之前，要根据地形图、航片等资料，大体上确定观察点的位置。实际工作中，可能在预定的观察点观察不到理想的地貌现象，需要在附近地区进一步寻找。有时在未选定的地方可能发现较好的观察点。所以野外调查中，无论步行或坐车，都必须随时注意观察周围地貌情况，寻找到较好的观察点。观察点的数量(密度)与调查线路一样，取决于许多因素，包括调查的比例尺、地貌类型的复杂程度、露头的好坏、遥感图像的解译程度和交通情况等(表 2-1)。

表 2-1　地貌调查线路长度(km/km^2)与观测点密度(点数/km^2)

地貌测量比例尺	地貌复杂程度	配合遥感图像解译的调查工作						没有遥感图像解译	配合的地貌调查
		解译程度高的地区		解译程度中等的地区		解译程度差的地区			
		观测点数目	观测线路长度	观测点数目	观测线路长度	观测点数目	观测线路长度	观测点数目	观测线路长度
1/20 万	简单的	0.17	0.17	0.25	0.25	0.35	0.35	0.40	0.40
	中等的	0.25	0.25	0.35	0.30	0.50	0.40	0.55	0.50
	复杂的	0.50	0.30	0.70	0.40	0.80	0.50	0.80	0.60
1/10 万	简单的	0.35	0.30	0.50	0.50	0.75	0.70	0.90	0.80
	中等的	0.60	0.50	0.70	0.60	1.10	0.90	1.20	1.00
	复杂的	1.00	0.60	1.40	0.80	1.70	1.10	1.80	1.20
1/5 万	简单的	0.70	0.70	1.00	1.00	1.50	1.50	1.60	1.60
	中等的	1.20	1.00	1.40	1.30	2.30	1.80	2.50	2.00
	复杂的	2.20	1.20	2.80	1.60	4.30	2.20	4.50	2.40
1/2 万	简单的	3.00	2.00	4.50	2.50	5.50	3.50	6.00	4.00
	中等的	4.50	2.50	6.60	3.50	8.40	4.50	9.00	5.00
	复杂的	6.60	3.50	8.40	4.50	13.00	5.50	14.00	6.00

资料来源：袁宝印，李容全，张虎男，等. 地貌研究方法与实习指南[M]. 北京：高等教育出版社，1991.

(三)室内整理

对野外搜集到的资料进行分类、复核、系统整理、综合、分析，并在此基础上编写地貌调查与实习报告，报告一般包括下列主要内容：(1)区域自然地理概况：包括地理位置、范围、地势、水系、气候、水文和土壤植被等主要特征。(2)区域地质概况：简述本区所在的大地构造单元；地层的分布、岩性和厚度变化等情况；地质构造特征等。(3)地貌类型：按照地貌的成因类型、从大到小(或从高到低)分别叙述其形态和分布规律，物质组成和结构特点，形成时代、发育过程和地貌组合特征等。(4)结论：通过对前述地貌调查的分析，得出研究区地貌特征的基本结论。

二、野外地貌观测的内容与方法

(一)野外地貌观测的内容

1. 地貌形态的测量与描述

地貌形态要从定性和定量(即形态描述和测量)两方面进行观测和记录，包括几何形状(扇形、U 形、三角形、锥形等等)，体积或面积大小、空间分布，表面起伏变化(如坡形、坡度等)，切割深度和密度等，有的数据可直接从地形图和航片中量得，记录的顺序往往是先整体后局部。

2. 地貌物质组成的观测与描述

找到地貌物质组成的好露头，一般都是由上而下，由表及里逐层观测和描述。特别是要查明岩性，地质构造形态和构造线在地貌上反映，观测的项目如下：(1)基岩：查明地貌与岩性、构造的关系。(2)沉积物：对沉积物分析，可以确定其构成的堆积地貌及相关的剥蚀地貌的成因和时代。

沉积物的观测包括沉积物的沉积部位和沉积分层。沉积物的沉积部位观测包括沉积物构成的地貌类型，所在点的地貌部位及高度。沉积物的分层则根据沉积物的成分、结构、颜色等确定，然后自上而下地逐层观测记录。记录内容包括每层的厚度；沉积物颜色(应以干燥沉积物的新鲜面为准)；沉积物的岩性(包括砾石的岩性和风化程度，充填或胶结物的成分和固结)；沉积物的结构(指颗粒的粒度、组合和形状)；沉积物的构造(指沉积物的层理、韵律、夹层、层间接触关系及断裂和褶皱构造等)；沉积物的成因类型；沉积物的时代(一般仍用四分法，即早更新世 Q_1、中更新世 Q_2、晚更新世 Q_3 和全新世 Q_4)。

颗粒粒度的分级方法很多，常用的是以 2mm 作砾和砂的分界，0.5mm 作砂与粉砂的分界，0.005mm 为粉砂与粘土的分界。但在野外很难准确估计沉积物中各粒级的数量和定名，常根据沉积物中的主要粒径情况分为：巨砾、粗砾、中砾、细砾、粗砂、中砂、细砂、粉砂和粘土(表 2-2)。而对于粘土的野外鉴别一般根据用手捻时感觉、湿润时用刀切、湿润搓条情况、粘着程度、干土性状等进行划分(表 2-3)。

表 2-2 沉积物颗粒的粒度分级表

	粒级	粒径(mm)(十进位)	粒径(mm)(常用分类)
砾石	巨砾	>1000	>1000
	粗砾	1000—100	1000—100
	中砾	100—10	100—10
	细砾	10—1	10—2
	粗砂	1—0.5	2—0.5
	中砂	0.5—0.25	0.5—0.25
	细砂	0.25—0.1	0.25—0.05
粉砂		0.1—0.01	0.05—0.005
粘土		<0.01	<0.005

表 2-3　粘性土野外鉴别方法

鉴别方法	粘土	亚粘土	亚砂土
用手捻时感觉	湿土捻时粘手，有滑腻感，甚细、均匀，无颗粒感。	湿土细捻有少量细颗粒感，稍有滑腻和粘感	湿土一捻有颗粒感，无粘带或轻微粘滞感。
湿润时用刀切	切面非常光滑，无砂粒。	切面稍有光滑感，能见砂粒。	切面无光滑，比较粗糙砂粒多。
湿润搓条情况	能搓成小于 0.5mm 的细土条、变曲不易折断。	能搓 0.5～2mm 的土条，弯曲易断裂。	能搓 2～3mm 的土条，很易断裂。
粘着程度	湿土极易粘着物体，干后不易剥去，须用水洗。	能粘着物体，干后较易剥去。	不易粘着物体，干后一碰就掉。
干土的性状	成硬块、不易击成粉末，能画出细小明亮的条痕。	土块用锤击或手按都易碎，能画出粗宽无亮的条痕。	土块极易碎，画不出条痕。

沉积物的颗粒形状常分为四大类：球状、扁平状、椭球状和不规则状。

磨圆度在野外一般按哈巴科夫滚圆等级表分五级：0 级即棱角状，几乎无磨圆痕迹；1 级即次棱角状，棱角形状保持，但角和棱边有轻微滚圆；2 级即次圆状，棱角稍微展平，其原始形状尚可辨认；3 级为圆状，棱角均磨圆，仅局部还残存原来的外形痕迹；4 级为极圆状，呈蛋或球形，原始形状无法辨认。

3. 地貌成因

对于观测到的地貌类型的成因分析主要从四方面进行分析。首先是从地貌形态特征，分析地貌形成与内动力（地壳升降、断裂岩浆活动等）、外动力（河流、冰川、风等）的关系。其次，分析基岩岩性、第四纪沉积物和构造等与地貌发育的关系。第三，分析侵蚀地貌与其相关沉积的关系。第四，地貌的空间分布规律和地貌类型组合。

（二）野外地貌观测的方法

地貌野外记录是最宝贵的原始资料，是分析、研究地貌问题的依据，也是地貌野外考察的重要成果。所以记录的内容必须客观地反映实际，记录要尽可能全面、详细、准确、图文并茂。

野外地貌记录的内容包括如下几个方面：(1)调查地点、日期、天气情况；(2)观测点的位置（如观测点多，则应编号）；(3)该点观测的对象；(4)观察的内容，这是观测记录的主要部分，应把观测到的内容一项项记录清楚；(5)地貌剖面图、平面示意图和素描图。

如该观测点的堆积物杂乱无章，需要测量砾石的特征（表 2-4）。应选择有代表性的地点，在一平方米的水平面上用罗盘量出该面积内多数砾石（即具代表性）的长轴倾向方位角。砾石的粒径应为 1～10cm。块数最好 100～300 块，最少不少于 50 块。底碛冰碛物中砾石的长轴倾向能反映出动力状况。例如冰碛物砾石中长轴总是顺着冰川运动方向，如堆积物为冲积物，则应测出砾石扁平面的倾向，因为扁平面总是倾向河流上游。根据所测出的砾石产状可作出玫瑰图或柱状图，用以推断冰流或水流方向。

表 2-4　各轴长度长轴产状扁平面产状磨圆度

编号	砾石成分	各轴长度长轴产状扁平面产状磨圆度												砾石形状	风化程度	$\frac{a+b}{c}$ 扁平系数	$\sqrt[3]{\frac{abc}{a}}$（球度）
		a	b	c	倾向	倾向	倾向	倾向	0	1	2	3	4				

在记录中常用的沉积物成因类型代号如下：

残积——el　　坡积——dl

崩积——c　　滑坡堆积——del

洪积——pl　　冲积——al

湖积——l　　冰川沉积——gl

冰水沉积——fgl　　风积——eol

海相堆积——m　　化学沉积——ch

冲积—洪积——al—pl　　未定沉积——pr

它们常常写在沉积物时代代号的右上角，如中更新世冰川沉积写作 Q_2^{gl}，全新世冲积物写作 Q_4^{al}。

三、地貌图件的绘制

区域地貌研究既是地貌研究的基础性工作，也是服务社会经济建设进行区域规划的前提，而地貌分类与地貌制图又是深入区域地貌研究的基础。因此地貌学十分重视区域地貌与地貌制图研究。地貌图是以地形图为底图表示一个地区地貌类型、组合特征、空间分布、时代等内容的专门图件。大比例尺和中比例尺的地貌图都需要在野外填绘，小比例尺地貌图可在室内编绘。地貌图直观反映调查区地貌类型的分布和组合关系，图中所反映的内容体现了调查者对一个个地区地貌成因、发育历史的理解和结论，它是地貌调查需要最后完成的主要成果之一。有时地貌调查本身就是完成一个地区一定比例尺的地貌图。地貌图一般上可分为普通地貌图、部门地貌图、专门地貌图和地貌区划图等类型。地貌调查中常见的地貌图件包括地貌类型图、地貌剖面图、地貌平面草图和地景素描图。

（一）地貌类型图

这是地貌图中最基本的一种，在生产中也很有用，它将各种地貌类型及其成因反映在一定比例尺的地形图上，绘制这种图件最关键的问题是要制定不同等级的地貌类型的科学分类系统。目前国际国内尚无一个较成熟的地貌分类系统，所以各用图单位都根据各自的工作要求初步制定。我国于 1983 年提出讨论“中国 1：100 万地貌图”的制图规范。它的分类系统是以形态成因为原则，采用分析组合方法，依分布规模，先宏观后微观，先群体后个体地进行五级分类。野外地貌调查时，一般填制的是大比例尺地貌类型图，不需要太多的分类等级。但应该反映出两种现象：①地貌的形态，这往往用颜色或各种线条表示；②地貌的成因，常用符号或注记表示。但要指出的是重要的微地貌形态（如悬崖、冰斗、冲积锥、冰碛等）也常用符号表示。

（二）地貌剖面图

地貌剖面图指表示地貌形态、构成物质、地貌类型、地貌组合、成因、时代等信息的图件，用于揭示地貌外部形态和组成物质或地质构造间的关系，是编写地貌报告和论文时经常应用的方法。地貌剖面图的作法如下：(1)目测观察对象的大小，确定适当的比例尺，一般垂直比例尺要放大些。(2)先勾出地形轮廓，然后画出层间界线。(3)把基岩、沉积物等填绘在剖面上，填绘时，沉积物的类型、特征、相互间的顺序和关系应和客观实际情况一致，但其中的砾石大小和相互距离则不一定很准确。(4)注明图名、图例、方向、地物标志和高程等。地貌剖面图主要包括地貌剖面示意图、实测地貌剖面图、综合地貌剖面图、地貌块状图等，其中常用的是地貌剖面示意图、实测地貌剖面图、综合地貌剖面图。

（三）地貌平面草图

地貌平面草图一般指徒手画的地貌平面图。这里主要介绍洞穴平面图和纵剖面图的测绘方法。这种测量的工具是罗盘、水准仪、皮尺或测绳（如无手持水准仪，也可用可测倾角的罗盘代替）。测量时，把测绳从洞的一壁拉向另一壁，使绳子成锯齿状钉在洞壁上。然后测出绳子每一段的方位角、长度和倾角。这一基线每段的长度、方位角、倾角分别用 L_K、α_K、β_K 表示。然后从洞壁转弯处到基线作垂线，并测出每条垂线和该垂线足到该段基线起点的距离（为了避免混乱，每段基线及其垂线可分别用注明长度的比例线段记录）。根据这些资料就可作洞穴平面图。应该注意，在画平面图时，基线必须按下式换算成水平度。

$$L'=L_K \cdot \cos\beta_K$$

根据这条基线作洞穴纵剖面时，应进行垂直距离的测量——向上测到洞顶，向下测到洞底，这种测量最好要用活动皮尺，或用肉眼估计。最后还要把基线和地面相联系。

(四)地景素描图

地景素描图是运用绘画技法，以线条为主要表现形式，有目的有重点地描绘典型地貌现象的一种图件，其一般绘制步骤为：第一，确定主题和取景。首先要明确想要表现什么和达到的目的，然后选择表现主题的最佳角度，再确定画面的范围。这是在动笔前必做的准备工作。第二，控制比例，画出大体轮廓，确定素描对象在图上的位置。控制比例的方法一般是用右手拿住铅笔的一端，并将手臂伸直，用铅笔量素描对象的高、宽、和斜度，并不断与适当确定的标准长度作比较。比例控制得当，所表现对象的外形就不会失真。第三，进行块面分割，初步充实画面。块面是构成形体的基本单位。不管地貌形态如何千变万化，我们仍可把它们的各组成部分设想为由各种块面组成的几何体，使复杂的地形简化。在分析块面时，要注意从整体入手，块面大致可分为：平面、竖面、不同斜度的斜面、弧面和曲面。第四，突出主体，逐步刻画细部。一幅素描有了主体才有中心。特征是反映本质的，所以与主题有关的内容必须重点描绘，使特征明显。同时，在素描任何一细部时，要注意它在整体中的位置和与其他细部的比例，画时应先大后小，先主后次，先近后远。进行这一步骤时，要力求取舍得当，线条简明，富有立体感。最后，检查整饬、加写注记。把素描和实际地貌核对一下，看看有无错误之处；擦去多余的线条，有时还要加上标志物。注明各主要景物、绘图地点、方向、作者和日期等。如在观察点的时间较短，则在野外可用铅笔作一简描。回到室内再用钢笔作精描。

四、室内整理及地貌调查与实习报告的编写

野外地貌调查结束后，对调查资料应及时整理，采集的样品送交实验室进行分析测定，绘制各种图件。所有材料齐备以后，应立即分析、综合、编写地貌调查报告。这是调查工作最重要的阶段，完成报告以后，整个地貌调查任务才全部结束。

(一)地貌调查室内整理

调查与实习报告编写前期的室内整理工作包括以下步骤。

首先，整理野外资料和样品。整理野外调查获得的各种资料，分类编排资料号码，检查缺少哪些资料，要及时补充。照片、素描图写好说明。底片编号，注明拍摄内容后放入底片夹中。标本进行分类并送交有关实验室测定。

其次，编制图件。根据野外资料，正式绘制报告中需要的各种图件，包括实际材料图/地貌剖面图、实测地貌剖面图、综合地貌剖面图、普通地貌图、专门地貌图、地貌区划图等。编写报告之前必须把主要图件都绘制完毕。

第三，实验数据分析。实验室各项测定工作完成后，首先判别实验室测定结果的可信度，检验样品是否被污染或测定误差过大。对可信的测定结果进行充分分析，说明它们反映的地貌过程、地貌形成环境和地貌年龄等。此外要绘制相应的图件。

第四，地貌过程分析。根据野外测量和观察的资料、实验室数据、室内绘制的

各种图件以及收集的有关调查区自然环境的资料进行综合分析。这是资料整理中最关键的一步，分析的好坏决定地貌调查报告的水平。分析内容包括调查区地貌类型、地貌形态、分布、成因、时代及有关的生产实际问题。对分析的结果列出提纲，并选出报告中应用的地貌图件。

(二)报告编写

在室内整理工作结束后，则着手编写地貌调查报告。地貌调查报告可分两类，普通地貌调查报告和专门地貌调查报告。普通地貌调查报告是对一个地区进行全面地貌调查后，对该区总体地貌格局、类型、分布、成因、时代及发展历史归纳总结写出的报告。它并非专门强调哪一种地貌类型和过程，一般应用于区域国土整治、区域经济规划、区域地质测量等。专门地貌调查报告指为解决某种特定生产任务或特定地貌过程所做的地貌调查完成后提交的总结报告。其内容应着重于与任务有关的地貌现象和地貌过程，其他地貌类型可作为背景材料作一般叙述。所有章节安排应紧紧围绕调查任务应当阐明的问题，不可面面俱到。

地貌调查与实习报告是对调查与实习中各种地质现象加以综合、分析和概括，用逻辑化的书面语言表达出调查与实习主要认识成果的报告，属普通地貌调查报告。地貌调查与实习报告的内容主要包括以下几个方面。

1. 序言

首先应说明调查任务的来源、目的与任务、要求与方式、调查区范围，调查与实习时间、地点，前人工作的主要成果和结论，调查工作的组织情况，调查进行的过程和完成情况。

2. 区域自然环境和地理概况

区域自然环境和地理概况包括调查与实习地点的自然位置、地势、水文、气候、土壤、植被等主要特征、经济和交通概况。

首先应说明自然位置，包括调查与实习地点的区位及地理位置(该地点四周自然事物的分布情况)，地理坐标(经纬度)等。其次，对各种自然地理要素和社会经济要素进行阐述。(1)地势：通过分析四周山脉分布及海拔情况得出地势的高低情况。海拔 0～200m 为平原；海拔 0～500m，相对高度(起伏)不超过 200m 为丘陵；海拔 500m 以上，相对高度(起伏)不超过 200m 为山地；海拔 500m 以上，相对高度(起伏)超过 200 米为高原。(2)气候：调查与实习地点所属气候地带(温带、亚热带、寒带、热带)、气候类型、湿润状况(湿润、半湿润、干旱、半干旱)、降水量、气温变化情况。(3)水文：调查与实习地点河流、湖泊的分布情况。分析河流湖泊的水文情况可以从分析水情要素入手，包括水位、流量、流速、含沙量、水温与冰情。(4)土壤：说明调查与实习地土壤类型，根据土壤区划原则结合土壤颜色、质地、结构、土壤结持性、干湿度、孔隙状况、新生体和侵入体等得出。(5)植被：调查与实习地点主要分布的植被类型，另可说明在农业生产上该地主要种植的植物种类。(6)经济:简单介绍调查与实习地的经济发展状况及经济产业结构及各产业发展状况。(7)交通:简单介绍调查与实习地交通道路建设情况,交通运输方式的种类。(8)民族与人口:介绍调查与实习地民族与人口情况。

3. 第四纪沉积物与地层划分

先阐述区域构造分区、区域地层、岩性特点及分布等方面的总体情况,然后叙述调查区各种成因类型的第四纪沉积物,列举典型的沉积物剖面,说明它们的岩性特征、时代和分布,划分调查区第四纪地层。再次,描述第四纪地层时,要根据气候地层法的原则,对沉积物中的古生物化石、古人类活动遗迹、沉积物的岩性和岩相、新构造等特征进行综合全面分析。

4. 地貌类型及地貌过程

对调查区各种地貌类型进行全面阐述,以典型地貌剖面为骨架,描述全区各种地貌类型的成因、形态、物质组成和分布规律,总结该区地貌组合特征及形成过程。各种地貌描述都应包括地貌形态的几何轮廓(如扇形、锥形、阶梯、三角形)、分布的位置(绝对高度和相对高程)、形体或面积的大小(长、宽、高)、表面起伏变化(坡形、坡度)切割浓度和密度等,其中有的数据可根据地形图或航行测出和算出。

按照地貌地因类型,从大到小(或从高到低)分别叙述其形态、大小和分布的规律,物质组成和结构的特点,形成的时代,发育的过程,影响的因素,相互之间的关系和地貌组合的特征,以及地貌分区等。阐释地貌类型之间相互关系时,要注意各种地貌现象与其他自然现象之间、各种地貌类型之间、同一类型的各个地貌部分之间,以及地貌的不同要素之间的相互关系和纵横的变化。

5. 新构造运动特征

阐明新构造运动的主要表现形式,它们的性质、幅度和强度、区域构造应力场分析以及新构造运动对第四纪沉积和地貌发育的影响。应描述清楚在内营力作用下(地球内部的热能、化学能、重力能及地球旋转能等所产生的作用力),新构造期的地壳运动和断裂活动造成的各种地表形态,如褶皱、断层等,明晰现代地貌是如何形成的。

6. 区域地貌条件评价

地貌作为自然条件的重要内容之一,对调查区经济发展具有重要影响。评价区域地貌特点对该区经济发展的作用,分析其有利和不利的因素,提出利用地貌条件发展区域经济的措施和方向,如根据地貌形态与沉积物的分布规律,进行地貌区划、农业区划。

7. 后记

在大量实际资料的分析、研究基础上,阐明区域地貌与生产实践的关系,提出结论性的建议意见、自己参加调查与实习的心得体会、对调查与实习的改进意见等。

第二节　四明山南区地貌调查与实习内容及线路设计

一、四明山南区地貌概况

四明山南区属于浙东、南构造侵蚀中低山区，四明山—天台山构造侵蚀低山丘陵亚区。由于其处在新构造运动强烈上升（浙南）与下降（浙北）的过渡地带，受构造运动及季风气候降水量多、降水强度大等内外营力双重作用的影响，地势起伏跌宕，切割强烈，地形破碎，水系发达。晚第三纪以来发生的地壳运动对本区地貌发育有着重大意义，它明显地控制了区内地貌的形成以及侵蚀、堆积作用的分化与强度。首先表现在大幅度差异性升降变化，其次是这种升降变化表现为间歇性，在境内山地广泛分布数级剥夷面，形成层状地形；而沿河两岸则发育了多级阶地。

影响境内地貌发育的构造因素主要为褶皱和断裂。燕山运动后，境内形成一系列断裂构造，而新构造运动使老的断裂带复活，这对地貌发育有着巨大的影响。而新构造运动复活的断裂带则发育了一系列构造地貌，如断层谷、断层三角面、断层崖等。

岩石性质也是影响域内地貌发育的一个重要因素。构成境内山体的岩石主要为以熔结凝灰岩为主的酸性、中酸性火山碎屑岩和以熔岩为主的酸性喷出岩；其次是断陷盆地沉积的紫红色砂页岩、沙砾岩等。由于前者的抗风化侵蚀能力较强，一般多形成较高的山地和陡峻的山坡；而后者则在流水侵蚀和强烈风化剥蚀作用下，切割十分破碎，以和缓起伏的丘陵地形为主要特征，在交叉垂直节理发育和岩层产状近乎水平的地段，常发育成以“顶平、身陡、麓缓”为主要特征的“丹霞地貌”。

四明山南区塑造地貌最活跃的外营力作用主要为流水的侵蚀和堆积作用。本区处于中亚热带湿润地区，降水丰富，流水作用十分活跃。区内水系支流繁多，沟壑密布，地面切割十分破碎；因大多河流源短流急，比降甚大，侵蚀力强，河谷纵剖面上多瀑布、急滩；在断陷盆地和岩性软弱地段，河谷开阔，常发育河漫滩和阶地；山麓地带及沟谷出口处由于水流流速骤减则往往形成洪积扇和洪积、冲积平原。

二、四明山南区地貌调查与实习目的

地貌是在内外营力长期相互作用下生成和发展的，地质构造和岩石性质是其形成的物质基础，这使得地貌的发育具有继承性和方向性，它的发育历史与地壳运动的演变过程有着极为密切的关系，而现代地貌过程则愈来愈受到人类活动的影响。选择四明山南区进行地貌野外调查与实习，掌握地貌野外调查的基本方法，较全面地认识该区域的地貌形态特征及空间分布规律；掌握地貌发育演替过程及其影响因素,分析新构造运动特征及其对第四纪沉积和地貌发育的影响。

三、四明山南区地貌调查与实习内容

四明山南区地貌调查与实习的内容主要包括以下方面:(1)全面了解四明山南区的地质基础、第四纪沉积物特点、构造地貌、流水地貌类型及其基本特征。(2)掌握四明山断块隆起山地、剥蚀夷平面、断层崖、断层三角面、集水盆地、沟谷主干、洪积扇、冲出锥等主要地貌类型的构成与特点,分析各种地貌形成的影响因素及发育过程。(3)掌握四明山南区Ⅴ级剥蚀夷平面的岩石性质、分布高程与分布规律。(4)掌握风化壳与残积物、基岩的区别及关系,分析风化壳的母岩岩性及其厚度。(5)掌握丹霞地貌的基本特征及岩石性质对丹霞地貌发育的影响。(6)掌握河流不同发育阶段的纵剖面与横剖面形态特征及不同类型的河流地貌特征。(7)初步掌握地貌及沉积物野外观察、组构特征分析的能力。(8)熟悉对野外观察资料、数据的整理,编制相关图件、表格,最后编写书面调查报告。

四、四明山南区地貌调查与实习线路

野外地貌调查必须查明调查区内各种地貌单元、地貌类型的分布、地貌结构以及它们之间的相互关系,其最基本的方法是进行全区的线路调查。

地貌的野外调查工作往往在一个比较大的区域里进行。由于时间紧迫,内容繁多,初次接触者难免产生无从下手的感觉。其实,事情都有其自身的规律,循序渐进,纲举目张,工作就会慢慢走入正轨。地貌调查也不例外,既然目的是了解整个区域的概况,那么,不妨先将整个区域分割成若干个小块,逐个解剖,然后再将其拼合起来,形成一个整体。

地貌调查的基本思路就是:点—线—面—体—变。即,由单个观察(点)入手,将数个相关的观察点连成一条剖面(线),再以数条剖面控制一个区域(平面和立体空间),根据地貌形态、成因、组构、分布和时代的内在关联,分析区域地貌演化(变)过程。

线路一:溪口—商量岗—奶部山

主题:剥蚀夷平面、新构造运动、间歇性抬升、风化壳、岩性

内容:(1)沿程观测多级剥蚀夷平面的发育;(2) 组成剥蚀夷平面的岩石性质、分布高程;(3) 多级剥蚀夷平面的分布规律;(4) 风化壳与残积物、基岩的区别及关系;(5) 组成风化壳的母岩岩性及变化的厚度。

线路二:溪口—三隐潭—直岙

主题:直立岩带、断层崖、扇形地、构造裂点、河床纵剖面、河床横剖面

内容:(1) 直岙附近的直立岩带所构成的断层崖;(2) 分析徐凫岩与岩带的关系;(3) 扇形地的类型,从发育部位/物质组成及倾角等加以判定;(4) 三隐潭的构

造裂点及急流、瀑布和阶梯状的河床纵剖面；(5) 沟谷地貌的三段结构；(6)分析丘陵的切割程度并划定类型。

线路三：溪口—千丈岩

主题：河流形态、河流作用方式、溯源侵蚀、剥蚀平台、剥蚀夷平面

内容：(1) 初级阶段河流发育的形态特征(从纵横剖面考虑)；(2) 分析河流作用的方式；(3) 急流、瀑布、沟头跌水、裂点的关系；(4) 雪窦溪溯源侵蚀的下限；(5) 雪窦溪两岸的岩性、构造和沉积物特征；(6) 剥蚀平台与剥蚀夷平面。

线路四：剡江大桥—康岭铁桥

主题：石矶、挑流、河漫滩、心滩、江心滩、二元结构、砾石磨圆度、河流阶地

内容：(1) 两岸石矶的挑流及对"河曲"伸展空间的控制；(2) 凹凸岸以及流水对其不同的作用方式；(3) 河曲河漫滩("二元结构"、微地貌形态和组合形态的平面分布)；(4) 心滩—江心滩—岐流河漫滩；(5) 冲积物中的砾石磨圆度和偏平面朝向；(6) 河流阶地(类型、级数、高程)；(7) 两岸的不对称性；(8)对河谷发育比较成熟的地貌景观的初步印象。

五、四明山南区地貌调查与实习报告要求

题目：四明山南区地貌野外调查与实习报告

1. 前言

主要说明调查与实习地点、目的、意义、调查与实习内容及线路安排等。

2. 调查与实习区概况

主要包括调查与实习区的范围、地理位置、交通概况等(可附位置图)，调查与实习区地质概况(构造、地层)等、地形地势基本特点及成因、河流、气候，植被、土壤等概况，调查与实习区社会经济概况。

3. 具体调查与实习内容

主要包括四明山南区各种地貌类型、特征、分布规律，各种地貌营力对地貌形成的影响，区域地貌形成演化过程。可以按调查与实习线路为主线进行介绍，主要说明调查与实习点、调查与实习方法、内容、成因、结论。也可以按专题报告形式撰写。

4. 结束语

概括性地总结野外调查与实习的主要成果，自己的收获和体会；野外调查与实习方法上有哪些提高；哪一部分调查与实习收获最大；野外调查与实习对课堂知识的理解和将来参加工作的意义等。

第三章　四明山南区土壤地理调查与实习设计

第一节　土壤地理学野外调查方法

一、野外调查与实习的目的与任务

(一)目的

(1)理论联系实际,在实践中巩固和加深课堂理论知识,进而扩大知识面,促进思维,提高认识。

(2)通过学习,训练学生野外工作的基本技能与方法,培养学生观察问题,分析问题和独立解决实际问题的能力。

(二)任务

土壤地理野外调查与实习是教学过程中一个重要的教学环节,是学习土壤地理学的一个有机组成部分,主要任务有:

(1)学会观察环境,描述土壤形态,速测土壤性质和布点采样等方法与技能;

(2)调查研究实习区域内的土壤类型、特点和分布规律;

(3)调查研究实习区域内各成土因素对成土过程、土壤性质和分布的影响,以及它们之间的相互关系(包括农业活动与土壤之间的关系);

(4)确定调查与实习区域内各类土壤分布界线,绘制土壤图表,并写出土壤野外调查与实习报告。

二、调查与实习前的准备工作

(一)资料的收集、整理和复制

(1)详细阅读前人对调查与实习区域内已发表的土壤报告,并适当摘录或做成卡片,以便进一步了解调查与实习区域的土壤概况,做到心中有数;

(2)尽可能收集阅读调查与实习区域内现有的各成土因素的文字、图表、数据以及人为活动对这些因素的改造利用和影响等资料,以便对其地理环境有初步认识;

(3)收集调查与实习区域内的社会经济情况,如行政区划、面积、人口、交通、工业、农业、经济、风俗、生活水平等资料，以便对其社会历史与现状有全面认识。

(二)器材和工具的准备

(1)土壤剖面开掘与观测的用具：包括土铲、土钻、十字镐、取土刀、卷尺、放大镜等。

(2)标本采集用具：包括标本盒、布袋或塑料袋、标签、细绳等。

(3)化验用具：如 pH 测定器、土壤速测箱、土壤硬度计等。

(4)测绘用具：如罗盘、高度仪、望远镜、直尺、铅笔、彩色笔、橡皮等。

(5)记录用品：野外记录本、工作日记本、照相机及交卷等。

(6)旅行用品：背包、水壶、毛巾、爬山鞋、雨具及其他生活用品等。

(7)常用的医药用品。

(三)野外调查工作底图的准备

搜集调查与实习区域的大比例尺地形图、土壤类型图、山势水系图等工作底图。

三、野外调查工作

(一)调查与实习区域土壤形成因素的调查研究

1. 气候因素

(1)降水量：主要包括年、月平均降雨量；最高、最低年、月降雨量；一次最大降雨量及其强度、最大日降雨量；降雪日期、降雪量、年积雪日数、最大积雪厚度、初、终雪日期。

(2)温度：主要包括年、月平均气温；≥10℃的年积温及其延续日数；最高、最低气温及其出现日期和延续日数；地温的年、月、日变化情况。

(3)湿度：主要包括年、月相对平均湿度；极端相对湿度及其出现日期与延续日数。

(4)蒸发量：主要包括年、月平均蒸发量；极端蒸发量及其出现日期与延续日数。

(5)霜期：主要包括始、终霜日期、无霜期日数及其起讫时间。

(6)风向：主要包括风速及风力等。

(7)土壤冻结情况：主要包括始冻日期、解冻日期、年平均冻结日数、冻土层的厚度等。

2. 地形及地势

(1)山地：包括各种类型的山岭连续组成。山岭可分为山顶、山坡、山麓和山谷，应记明坡向、坡长和坡度。一般按坡角大小分为平坡(0°～5°)、缓坡(15°～30°)、陡坡(30°～45°)、峻坡(>45°)。

(2)丘陵地：主要由许多不大的山丘(一般 400～500m)组成，呈波状起伏。

(3)谷地：两山之间的长条形，微倾斜的低凹宽缓地貌。

(4)台地和阶地：注意其成因和物质组成。

(5)盆地和洼地：注意其规模、成因和分布。

3. 成土母质及基(母)岩

对母质要区分出残积物、坡积物、冲积物、洪积物、湖积物、海积物、风积物等不同类型以及它们之间的过渡类型，并作详细描述，对基(母)岩要区分出其成因类型及具体名称，它们的产状和风化情况(如风化的强度、厚度、粒度等)。

4. 地下水

测定其埋藏深度、矿化度以及运动状况和分布特点。

5. 植物

包括主要种、属、植被类型，生长情况及覆盖度，指示植物，地面残落的厚度和性质等。

6. 农业生产状况

主要是指土地开发利用的历史和现状。农业生产概况，如农业人口，土地面积，耕地面积，农田基本建设，水利灌排设施，水源水质，耕地制度，作物种类，施肥种类、数量和方法，作物单位面积产量，群众改土、用土的经验和效果以及自然灾害和当前存在的问题等等。

7. 土壤侵蚀

包括对侵蚀类型、程度、面积、原因和危害程度等方面的调查描述。

(1)面蚀(以表层土壤被侵蚀的程度分)

轻度侵蚀：表层土壤<20%被侵蚀；

中度侵蚀：表层土壤有20%～50%被侵蚀；

强度侵蚀：表层土壤有50%～80%被侵蚀；

极强度侵蚀：表层土壤几乎全部被侵蚀，裸露出新土或基岩风化壳。

(2)沟蚀(按地表被侵蚀刻画的深度分)

纹沟侵蚀：地表被侵蚀刻画成1～5cm深的细纹；

细沟侵蚀：地表被侵蚀刻画成5～20cm深的小沟；

浅沟侵蚀：地表被侵蚀刻画成20～100cm深的切沟；

深沟侵蚀：地表被侵蚀刻画成1～3m深的槽沟；

沟谷侵蚀：地表被侵蚀刻画成>2m深的谷沟。

(二)土壤剖面形态的观察和描述

1. 土壤剖面的分类

(1)自然剖面

自然剖面是由于兴修水利、土地平整、工程建设或修筑公路、开矿等原因而形成，土壤垂直裸露的现成土壤剖面，个别地方也有因山崩、滑坡以及河流切割等而造成的土壤剖面，这些不是按照土壤调查要求而出露的土壤垂直面，通常称为自然剖面。其优点是垂直面往往比较深，而且裸露面比较广，有利于研究土壤的分布规律。其缺点首先是它不能均匀地分布在各种土壤类型上，位置也不一定具有代表性，其次是由于自然剖面暴露在空气中后，环境因素有了变化，土壤性质也不可避免地会发生变异，而且暴露的时间越长，变化越大。因此，在野外研究土壤时以人工剖面为主，自然剖面只能起辅助作用。

(2)人工剖面

人工剖面是根据土壤调查工作的需要有计划地挖掘的剖面，一般称之为土坑。按照土壤剖面的用途和特点，又可分为主要剖面、检查剖面和定界剖面三种。

主要剖面也叫基本剖面，研究整个土体的形态特征，掌握土壤的发生、发育和演变过程，进而鉴别土壤属性，确定土壤类型，因此需要挖较大的土坑，一般是自地表向下挖至母质层或基岩为止，详细地观测各发生土层的形态及剖面结构的特点。

检查剖面又叫对照剖面，它是为检查主要剖面所观测的土壤属性的变化程度和稳定性而设置的。其作用是：第一，检查主要剖面所确定的土壤属性的变化程度，以便补充或修正主要剖面所鉴别的土壤类型的性状变化范围；第二，准确地确定土壤类型及其分布规律，为土壤定界提供依据。故检查剖面通常要比主要剖面的数量多而深度浅，只要挖到某类土壤的诊断层即可。如果发现土壤性状与主要剖面差别较大，则应将其挖到主要剖面。

定界剖面，有的也叫检查剖面，主要用途是确定土壤的分布线，故只要求挖至某种土壤即可。在野外通常用土钻代替挖坑，定界割面数量比检查剖面多。一般在大比例尺土壤制图时采用，中小比例尺土壤制图较少用。

主要剖面和定界剖面点都要精确地标注在野外工作底图上，其中主要剖面要做出野外统一编号与详细记录。

2. 土壤剖面点的设置

剖面点设置的好坏不仅直接关系到土壤调查质量的高低，而且将影响生产或造成损失，故应慎重对待。

剖面点的设置原则：首先要有代表性，应根据图比例尺、地形、地质、土地利用情况及土壤复杂程度等，在工作底图上布设剖面点；其次是典型性，每种土壤（制图单元）至少有一个主要剖面，其位置必须设置在每种土壤最典型的位置上；最后适当考虑剖面点的均匀性，以保证调查的精度。总之，代表性和典型性是问题的核心，成土因素是布点的依据。

3. 土壤剖面的数目

多大面积设置一个剖面，设置什么样的土壤剖面，是保证土壤质量的重要措施。调查区内剖面数目，主要是根据制图比例尺与地形切割、土壤复杂程度而定。此外，也与工作人员的经验有关。

4. 土壤剖面点的野外选择与挖掘

(1)剖面点的野外选择

土壤剖面点虽已预先在地形图上做了布设标志，但并非每个剖面都能挖在预先布设的地点上，这是因为野外许多具体情况的变化，在地形图上难以估计，因此，在野外实际工作时还需做具体的调查，其选择的原则是：

a. 要有一个比较稳定的土壤发育环境，否则土壤剖面缺乏代表性。

b. 不宜在路边、宅旁、沟渠等人为干扰很大的地方挖掘剖面，因为这些地方的土壤缺乏代表性。

c. 如果发现母质或人为熟化等预先在地形图上观察不出的因素使土壤发生变化时，则应改变剖面地点或重新设置。

(2)土壤剖面的挖掘

当剖面点选定后，即可进行挖掘，其规格，在研究自然土壤时，一般要宽×长×深＝1m×2m×2m，或挖至基石，对耕地土壤则为 0.8m×1.5m×1m。

在挖掘剖面时应注意以下几点：

a. 剖面观察面要垂直并向阳，以便观察描述。特殊情况例外。

b. 挖出的表土和心底土，要分别堆放在土坑的两侧，以便观察后分层顺序填面。

c. 观察面的上方不应堆土或走动，以免破坏表土层的形态。

d. 在水稻田中挖填土坑时，一定要把土坑下层土踏实后再填上耕层土壤，以免耕作时下陷发生事故。

上述挖坑的方式，对清晰地观察土壤层序及土壤形态是非常有利的。但这样做费时费力，影响工作进度。今后应利用器械，采取整段土柱观察研究，以代替或减少挖掘土坑，加快工作进度和提高工作精度。

5. 自然土壤剖面发生层的划分和命名

19 世纪末，俄国土壤学家道库恰耶夫把土壤剖面分为三个发生层，即腐殖质聚积层(A)、过渡层(B)和母质层(C)。1967 年国际土壤学会提出把土壤剖面划分为有机层(O)、腐殖质层(A)、淋溶层(E)、淀积层(B)、母质层(C)和母岩层(R)等六个主要发生层，如图 3-1。H 层为泥炭层，从属于 A 层。

一般将兼有两种主要发生层特性的土层称之为过渡层，如 AB 层、BC 层、BA 层、CB 层等，前一字母代表优势土层。

6. 耕作土壤耕作层的划分和命名

耕作土壤是长期受人为耕作、施肥、灌溉、管理和稳定性种植农作物的土壤。其剖面构造和自然土壤不同，基本上划分为耕作层(A_{11})、犁底层(A_{12})、心土层(C_1)和底土层(C_2)。

耕作层(表土层)属人为表土类，包括：(1)灌淤表土，长期引用富含泥沙的浑水

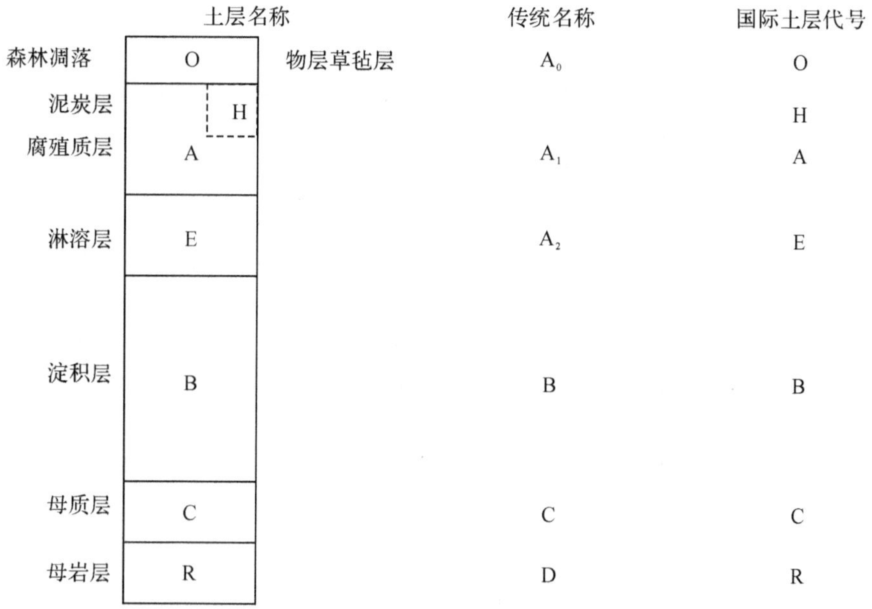

图 3-1 自然土壤剖面发生层的划分和命名

灌溉,泥沙淤积,并经人为耕作施肥,交叠混合形成的人为表土;(2)堆垫表土,长期施用土粪、土杂肥、河塘泥,经耕作熟化形成的人为表土;(3)肥熟表土,长期种植蔬菜,大量施用人畜粪肥、厩肥、有机肥和土杂肥,精耕细作和频繁灌溉形成的有机磷含量高的高熟化人为表土;(4)水耕表土,淹水、施肥耕作下形成的人为表土,包括水稻土发生层中的耕作层和犁底层。耕作表层是受耕作影响形成的耕作土壤表层,厚度在 15～25cm 之间,灌淤表层淤积与耕作交替进行,厚度可达 50cm 以上。耕作表层土性疏松,结构良好,有机质含量高,颜色较暗,土壤比较肥沃。

犁底层(亚表土层),在耕作层之下,厚度 10～20cm,经长期耕作压实,土壤呈层片状结构,紧实,腐殖质含量比上层减少。

心土层(生土层),在犁底层之下,受耕作影响较小,淀积作用明显,颜色较浅。

底土层(死土层),几乎未受耕作影响,根系少,为发育土壤,仍保留母质特征。

在观察研究土体耕型时,对障碍土层,要根据地区特点联系作物生长、常年产量,细加描述。例如,对于漂洗层,首先要注意它离耕作层的距离,离耕层越近越有害,其次再看它的厚度,越厚则越难改造。青泥层是在长期过湿的的气候条件下形成的,它越接近耕层,对水稻发根越为不利。结核层包括铁锰结核层、铁钙结核层、石灰结核层、石膏结核层等,由于其硬度大,既影响耕作活动,也阻碍根系的伸展。沙砾层既易损坏农具,又易漏水漏肥。盐积层由于易溶盐含量高,或碱度大,严重阻碍或限制作物生长。黏土层易造成土体上部滞水,使土壤糊化和通气不良。

7. 土壤形态要素的描述

(1)土壤颜色:是土壤的重要形态特征之一,它反映了土壤物质组成和内在性质的变化,既是划分土壤层次的依据,也是对比不同土壤判断和研究其成土条件、成土过程和肥力特征的依据。土壤颜色很复杂,变化多端,但是主要由黑、红、白三种基本颜色组成。红色主要是由铁的氧化物水化程度减少而成。即水化度低的为红色,水化度高的为黄色。黑色主要是土壤腐殖含量高而产生。此外黑色矿物多或有大量硫化亚铁存在也会使土色变暗。白色主要是硅酸、高岭土、碳酸盐等物质,其次石膏、氧化铝和易溶盐也能使土色变淡。

在野外工作时,首先要找出主色,再判别附色,然后按色泽表现程度冠以形容词。描述时通常采用附色前主色后,形容词放在颜色名称之首,如淡黄棕色。有时也可用比拟法描述,如:咖啡色、猪肝色、铁锈色、玫瑰色等。

(2)土壤质地:在野外鉴定土壤质地,通常采用目视—手测法,即在现场取土样少许放在手心,加水和至可塑程度,再用两手指捏搓,观察其反应,据此判断土壤的质地,即:

a. 砾质土:土样中有很少小石粒或石块,肉眼可鉴别,山地土壤中较为多见。

b. 砂土:干时疏松呈单粒状,湿时也难成球,手搓很感粗糙。

c. 砂壤土:湿时可捏成团,但不能搓成直径 3mm 的土条,即使勉强成土条,也一碰即断。手搓之有砂粒感觉。

d. 壤土:手搓之土粒较均匀,无沙砾摩擦感,湿时可搓成细土条,但弯曲时会断裂,干时能成土块,手捏之即碎。

e. 粘壤土:土粒匀细,干时土块不易碎,湿时可搓成细土条,弯曲时土条外侧有裂纹。

f. 粘土:土粒微细,湿时搓成细土条,弯曲不断不裂,干时成硬的土块,不易破碎。

(3)土壤结构:在野外工作时,主要根据结构体的形状和大小加以区分。

第一类,立方体状(沿三轴方向发展),下分为:

块状的,直径>20mm;

碎块的,直径 20~10mm。

这两种类型边面不明显,外貌不定型。

核状的,直径 10~5mm;

粒状的,直径 5~1mm;

屑粒的,直径<1mm。

这三种类型边面明显,外貌有定型。

第二类,柱状体(垂直轴发展快于水平轴),下分为:

拟柱状的,直径 30~50mm,边面不明显,无定型;

柱状的，直径 30～50mm，有较平整表面和尖锐棱角。

第三类，极片状提（水平轴发展快于垂直轴），下分为：

极状的，厚度＞5mm；

片状的，厚度 5～1mm；

鳞片状的，厚度 1～3mm，水平面不平整，稍有弯曲。

在野外描述土壤结构时应注意：

a. 每层土壤的结构往往不是单一的，而是呈混杂状态存在，故要先确定该土层的主要结构，再判断其他次要结构，并分别说明。

b. 对每种结构体的外部粗糙程度和色泽以及大小变化情况，都应尽可能描述。

c. ＜0.5mm 的土壤复合体属于微结构，在野外工作中可认为是无结构。

(4) 土壤新生体：它是土壤形成过程中的产物，在野外观察剖面时，应详细描述其原始形态、成分、数量和出现的部位。

根据新生体的物质来源，可分为化学来源和生物来源两种。

化学来源的新生体有：

a. 易溶盐类：为 NaCl、Na_2So_4、$MgCl_2$、$CaCl_2$ 等，常呈白色，表现为盐霜、结皮、脉纹和粉粒等，多见于盐渍土。

b. 石膏体（$CaSo_4 \cdot 2H_2O$）：白色或稍带黄色，常呈脉状、菌丝状或结核状等存在，多见于内陆干旱土壤中。

c. 石灰体（$CaCO_3$）：白色，常呈眼斑状、菌丝状、小管状、结核状等存在，多见于半干旱区的土壤中。

d. 锈斑与铁锰结核：为 $Fe_2O_3 \cdot nH_2O$、MnO_2、$AlPO_4$、$FePO_4$ 等的混合物，常呈锈棕色、褐色和黑色的斑点状、膜状、管状、结核（铁子）状出现，多见于灰化土、草甸土、水稻土、红壤等土体中。

e. 亚铁盐：主要是 $FeCO_3$、$Fe_3(PO_4)$ 及 FeS，前二者呈深蓝色或灰绿色的斑点和斑块状出现，后者可使土体呈青灰色，常见于沼泽土、水稻土新开的剖面中，在空气中暴露后逐渐氧化消失。

f. 二氧化硅（SiO_2）：白色，常呈粉末状，贴附于结构体表面，或形成白土层，多见于灰化土、碱土和部分水稻土中。

生物来源的新生体有：

a. 腐殖质，指自表土层向下渗入腐殖，在结构体表面呈黑色或暗棕色，有光泽的斑点、胶膜或舌状延伸物，多见于灰化土和碱土的下部土体中。

b. 粪粒，是蚯蚓或其他土壤动物的排泄物，呈粘结良好的小团粒状存在。

c. 鼠穴斑，常为圆形或椭圆形，其颜色和松紧度与周围土壤不同，草原土壤中较为常见。

d. 蠕虫洞，是蚯蚓或其他蠕虫的孔迹，被土壤充填后而形成的小管状新生体。

e. 根痕，见于各种土壤中，它是植物根腐烂后而呈暗色的条痕。

(5)土壤侵入体：是从外进入土壤中的特殊物质，如贝壳、骨骼、卵石、煤渣、砖块、瓦片、碎器皿等，它在一定程度上可说明土壤的形成和利用情况。

植物根系：观察描述时，要区分是木本根还是草本根，是活根还是死根、腐根，以及它们密集分布的深度，各土层中根系分布的多少。在野外通常用剖面比较法将其划分为多量（>10 条/cm^2），中量（>5 条/cm^2），少量（<5 条/cm^2）和无根系四级。

8. 土壤自然性状的观测

土壤自然性状较复杂，主要为土壤干湿度、孔隙度和松紧度三项，它们的共同特点是稳定性和再现性较差，极易受气候和耕作的影响而变动。

(1)土壤干湿度：在野外用手捏土壤，视挤出的水分情况而判别其各级特征。

一级干的，土样放在手中，无凉湿感觉，吹气时有尘土飞扬。

二级润的，土样放在手中，有凉湿感觉，吹气时无尘土飞扬。

三级湿润的，土样放在手中，有明显凉湿感觉，捏成土团时，手中有湿印。

四级潮润的，土样放在手中，能使手湿润，捏成土团时，水不流出，但掌纹内有水分。

五级湿的，土壤水分饱和，可以捏出水滴来。

(2)土壤孔隙度：在野外通常可按空隙大小和分布情况来区分。

按孔径大小分为：

细孔：孔径<1mm；中孔：孔径 1～3mm；大孔：孔径 3～5mm；穴孔：孔径>5mm。

按裂隙大小分为：

细裂隙：缝宽<5mm；中裂隙：缝宽 5～10mm；大裂隙：缝宽 10～20mm；巨裂隙：缝宽>20mm。

按孔隙分布状态分为：

少孔隙：孔隙间距 1.5～2cm，或<50 个/$10cm^2$；多孔隙：孔隙间距约为 1cm，或 51～200 个/$10cm^2$；极多孔隙：孔隙间距<0.5cm，或>200 个/$10cm^2$。

按孔隙形态分为：海绵状孔隙、蜂窝状孔隙、漏管状孔隙等。

(3)土壤松紧度：在野外，若没有仪器测定，通常可用取土刀在土壤剖面上试测，以其入土深度与用力大小来判断，各级特征是：

一级，疏松：不加压力，土钻可自行入土。

二级，松：稍用力就可将取土刀插入土体内几厘米深。

三级，紧：不用大力就可将取土刀插入土体内 2～3cm 深。

四级，紧实：要用较大力才能将取土刀插入土体内。

五级，坚实：用很大的力，也只能将刀插入土体内几毫米。

此外，对于地下水的出现深度和稳定深度，以及土壤动物的种类、数量等，调查时也应记录。

（三）土壤标本的采集：

土壤剖面形态经观测描述后，为了进一步研究土壤的理化性质，需要采集土壤样品以作分析鉴定的标本。土壤标本按其用途可分为：

1. 分析标本

按分析目的和要求又分为：

（1）全量分析标本：主要是研究土壤的发生、发育以及剖面中物质的迁移特点，采样时应首先将剖面表面土体修平，再根据划好的土层，在其典型部位，由下而上逐层取样，分别装袋，并挂上标签。样土重 500～1000g。

（2）农化性状分析标本：主要为了查清耕层土壤的养分状况，或绘制土壤农化图而取样分析。取样要求，一般只取耕作层和犁底层，并在同一种土壤上采集多点混合样品，而不是单点取样，所取样品最好立即化验分析，或及时摊开风干装袋。

（3）土壤物理性状标本：有一些土壤物理性质，野外不便测定，则需采集样品回实验室测定，这时的取样，一般是用专制的容器或特别的标本匣，力求保存原状土。

以上所取样品，除在当地测定的外，都应立即送实验室或在当地及时摊开风干，以免霉烂变质，同时要防止污染、弄乱。

2. 比样标本

又叫纸盒标本，它是为了土地分类及相互比较而采集的。一般是在土壤剖面上分层取样装入土盒中的相应格框里。取样时，要取该层土壤的典型部位，并尽量保持土壤的原样。标本取好后，要按土盒上的内容逐项记载清楚。对山地土壤最好取一小块基岩装入纸盒内。

3. 整段标本

又称木盒标本，它是为了教学、展览、交流和科普等的需要而采集的，因此，只选择代表性大或有特殊性的土壤剖面。通常是用长×宽×厚＝100cm×20cm×5cm 的木盒，直接套在剖面柱体上，盖上一面盖子，再将另一面的土体垂直向下切开，取下放平修饰后，钉上另一木盖，注明标号、土壤名称、采集地点和日期等。

（四）访问

这是提高工作效率和调查质量的行之有效的重要方法。在野外工作时，可以就地访问，以解决当时存在的问题或验证自己的看法，也可有组织地召开老农座谈会，有计划有目的收集材料。访问的内容按需要而定，主要是了解调查与实习区域的农事情况，群众辨土、用土和改土的经验，调查与实习区域土壤的种类和名称，土壤的分布情况，自然条件等等。

(五)土壤草图的绘制

野外工作时,通常多是利用空白地形图,在线路调查和分区、分片调查的过程中,实地勾绘土壤分布草图。

1. 确定工作底图和制图单元

工作底图的比例尺和上图的土壤单元,应视调查的目的、任务、自然地理条件和土壤复杂程度而定。其原则是:所用底图应比将要完成的土壤正式图的比例尺要大,如绘制百万分之一的土壤图,最好用二十万分之一的底图勾绘,绘制五万分之一的土壤图,则以万分之一的工作底图为宜。

2. 制图最小区界误差界限

制图的最小面积和土壤界限的允许误差,应根据比例尺大小,土壤界限明显程度来确定。

四、室内资料整理

野外所观察收集到的资料(包括各种记载表、标本、土壤草图等),每日或每一阶段,应该进行全面而系统地检查和整理。

(1)土壤标本与野外记载表的审查核对,是否完整、确切,有无受潮、污损或变质,若有,就应设法补救。

(2)编制土壤特性检索表,并进行土壤类别的归类与划分:

a. 比土:把各种土壤分布排队,剖面性质相似的排在一起,并选出代表剖面加以登记在统计表上。

b. 类土:在审查统计过程中,选择一定数量的典型剖面相互比较,并参考土壤生成环境和速测结果等,根据相似性与相异性原则,将所有土壤进行归类与划分。

c. 拟定土壤分类等级单位表:包括土壤名称及代号,各成土因素概况,代表剖面的特征,分析数据的平均值。

(3)土壤分布草图的整饰:

包括底图的拼接、土壤界限的核对、缩制与清绘土壤图,统计各种土壤的面积及主副剖面与钻孔的数目等。

五、编写土壤地理调查与实习报告

土壤地理调查与实习,在野外调查,室内整理及化验工作结束后,应及时编写调查与实习报告并制作各种图表,其大致内容包括下列各项:

(1)概况:包括调查与实习区域的地理位置、范围、面积、工作线路、工作时间和方法等。

(2)自然地理条件和人类活动的分析研究:包括气候、地质地貌、水文地理、植物和植被、农业生产情况等。

(3)土壤：

a. 土壤发生分类:包括分类原则和等级、命名根据和标准。

b. 土壤地理分布:包括环境与土壤分布的关系、分布的规律和分布的图式等。

c. 土壤各论:按各个土壤类别(土类、亚类、土种或变种)的生成和性态加以综合叙述。

d. 土壤利用、改良的意见:包括肥力现状的评价、存在的主要问题、解决办法和改良措施等。

(4)结论

第二节　四明山南区土壤地理调查与实习内容及线路设计

一、四明山南区土壤分布概况

四明山南区气候上属亚热带季风气候区,合适的气温和降水为红壤、黄壤的发育提供了条件。境内丘陵山地的土壤具有垂直地带性分布规律,仅在丘陵处有零星的粗骨土。而在剡江及其支流两岸有典型的河谷土壤分布,另有潮土和新积土(清水砂土)散布其间。

境内山地垂直地带性土壤主要为黄壤和红壤;非地带性土壤以紫色土为主,在丘陵陡坡处或侵蚀地有粗骨土分布,但覆盖面积不大。黄壤主要分布在海拔680m以上由火山岩和紫红色沙砾岩构成的低山丘陵上。红壤主要分布在海拔680m以下的酸性火山岩低山丘陵上,在水温条件特佳的山麓缓坡上,也有零星分布的典型红壤,余者均为黄红壤。粗骨土分布在受强侵蚀的丘陵山地中上部陡坡处,出露面积不大。土体中母质特征突出,石质性强,剖面发育差。紫色土是本区分布较广的一种土壤类型。主要分布在东岙、直岙的低山丘陵及董村、溪口的残丘上,土壤地带性表现微弱。其成土母质是紫红色砂页岩、砾岩等风化体。

河谷地区主要发育的土壤有水稻土、潮土和新积土。新积土(清水砂土)分布于剡江两岸侧凸的河漫滩上,成土母质为全新统河流冲积物。潮土分布在剡江及支流的河漫滩的内侧,目前有时还仍受大洪水所淹,处在不断堆积过程中。水稻土是经长期水耕熟化而形成的一种耕作土壤。

二、四明山南区土壤地理调查与实习目的

土壤是陆地表面由矿物、有机物质、水、空气和生物组成具有肥力能生长植物的疏松表层。土壤作为一个独立的自然体,是母岩、有机体、气候、陆地年龄和地形等成土因素综合作用的产物。四明山南区既有山地垂直地带性土壤分布,也有典

型的河谷土壤分布，进行四明山南区土壤地理野外调查与实习，旨在掌握土壤地理野外调查的基本方法，较全面地认识该区域不同类型的土壤特征及空间分布规律；掌握土壤形成的影响因素及人类活动对土壤演化的影响。

三、四明山南区土壤地理调查与实习内容

四明山南区土壤地理调查与实习的内容主要包括以下方面：(1)全面了解四明山南区土壤形成的地质地貌基础。(2)掌握野外土壤剖面挖掘、分层及土壤性状观察的基本方法。(3)能从海拔、地形、母质等方面分析各类土壤的发生和分布特征。(4)形成山地土壤垂直地带性分布的基本概念，掌握山地土壤垂直地带性分布规律。(5)掌握非地带性土壤形成的影响因素。(6)掌握人类活动，特别是人工培育的特殊成土作用对土壤剖面形成发育的影响。(7)掌握河谷土壤形成与地形部位、母质之间的联系。(8)掌握河谷土壤分布特征。(9)熟悉对土壤野外观察资料、数据的整理，编制相关图件、表格，最后编写书面调查报告。

四、四明山南区土壤地理调查与实习线路

土壤地理野外调查与实习必须查明调查区内各种土壤类型及其特征、掌握土壤分布与海拔、地形、母质、时间与人类活动等因素的关系。土壤地理野外调查最基本的方法是进行全线路调查。

四明山南区土壤地理野外调查的基本思路是从调查土壤剖面点开始，沿一定的线路进行。即由单个土壤剖面点入手，将数个相关的观察点连成一条剖面(线)，观测沿线的变化，从而分析各种成土要素对土壤空间分布的影响。

线路一：溪口—商量岗—奶部山

主题：成土因素与土壤发育、山地土壤垂直地带性、土壤类型过渡带、土壤剖面分层

内容：(1) 黄壤分布与地貌部位的关系；(2) 观察分析地貌部位、坡度及母质类型对红壤、黄壤剖面发育的影响；(3) 因海拔高度的变化而对气候、植被因素的影响，从而建立土壤类型随海拔高度而变化的“山地土壤垂直带”的概念；(4) 海拔680m以上的黄壤带与680m以下的红壤带的划分，但注意其逐渐过渡关系；(5)从各类(属)的土壤剖面特征，搞清红壤、黄壤和酸性紫色土的腐殖层A、铁铝残余积层[B]、母质层C的颜色、结构、质地的特征，[B]、C二层的颜色、结构、质地的差别，A层的沙化或粉沙化特点和B层的土壤粘化特点等。

线路二：溪口—三隐潭—直岙

主题：成土因素与土壤发育、山地土壤垂直地带性、土壤剖面构造特征

内容：(1)山地红壤形成的气候条件和母质；(2) 红壤分布的地带性；(3) 红壤或黄壤底层所见的红白网络与土壤发育史、水文状况的联系；(4) 红黄壤性水稻土

的剖面构造（土层排列等）特点，山谷梯田内测常见铁锈水渗出的原因；（5）天然植被类型与覆盖度同土壤剖面发育的关系。

线路三：溪口—千丈岩

主题：成土因素与土壤发育、山地土壤垂直地带性、母质影响下的非地带性土壤发育、土壤剖面层次缺失及原因

内容：（1）辨明从雪窦山脚到山顶的土类、亚类和土属特征：①红泥土土属（红壤亚类、红壤土类），②石砂土土属（粗骨土类），③黄泥土属（黄红壤亚类、红壤土类），④酸性紫色土属（紫色土类），此外，将上述各种土壤的形成因素和土壤典型剖面填绘在图表的相应位置上；（2）分辨酸性紫色土发育的母质，它从红壤土类中独立成为一个土类的依据；（3）若发现土壤剖面层次缺失[B]，而呈现"A—C"型时，判断其土壤类型，并注意其本区的分布特点和地理环境条件。

线路四：剡江大桥—康岭铁桥

主题：河谷土壤、人工培育的特殊成土作用、河谷土壤形成与地形部位、母质之间的联系。

内容：（1）对河谷的土壤母质的分布规律进行观察时，要求辨明：①在不同的地貌部位上，冲积物的物质组成、厚度、层理特性；②冲积体沉积年代和新老状况；③各类冲积体的粗略界线和不同高度的母质分布。（2）河谷地区各种土壤剖面的观察：主要观测 4 类土壤，分别为泥沙田土属（水稻土类、潴育型水稻土亚类）、培泥沙田土属（水稻土类、渗育型水稻土亚类）、培泥沙土属（潮土类）和清水沙土土属（新积土类、水成新积土亚类）。泥沙田土属（水稻土类、潴育型水稻土亚类）：①泥沙田的质地剖面之特点——不同层次间的质地差异、全剖面的机械组成情形（砾石的含量和匀细性等）；②泥沙田的地貌部位特点及其与泥沙田形成的关系；③进行观察后，对泥沙田剖面详细描述；培泥沙田土属（水稻土类、渗育型水稻土亚类）：①比较培泥沙田和泥沙田的新生体剖面和坚实度剖面的不同特点。注意二者犁底层（AP）和发育度；②比较上述两者耕作层（A）的颜色及结构。由于培泥沙田的底层土壤受地下水的影响虽出现了锈斑的现象，但受人为水耕的影响，全剖面的铁锰斑比泥沙田要少；③分析上述两者的生成年龄的早晚。培泥沙土属（潮土类）：①培泥沙土的剖面构成、各层次的特点；②铁、锰斑淀层的特点；③与培泥沙田相区别的最大特点；④对培泥土剖面进行观察后，作详细描述并归纳出生态特点。清水沙土土属（新积土类、水成新积土亚类）：①分析清水沙土全剖面缺乏发育土层的原因；②其分布范围、位置等与流水对凹凸两岸不同作用的密切关系。（3）将上述各类土壤的成土因素和剖面特点填绘在表 3-1 中。

表 3-1 土壤剖面性状观测研究记载表 **剖面田间编号**

年 月 日 室内编号

地点：________________ 调查人：________________

土壤名称 1. 当地名称 2. 野外命名 ________________

3. 室内定名

一、土壤剖面环境条件：________________

1. 地形________________
2. 母质________________
3. 植被________________
4. 侵蚀和排灌________________
5. 地下水位：出现深度____ 静止深度____

二、田间访问结果：

1. 当地土名的含义
2. 耕作制度
3. 常年产量 最高 最低
4. 土宜及作物生长反映

土壤剖面位置略图

5. 施肥及肥效

6. 耕作性状

7. 特殊情况及其他

三、土壤剖面性状观测

(1)剖面形状描述

土体构型			干湿度	颜色	质地	结构	紧实度	pH	亚铁泡沫反应	新生体		其他	剖面形态特征小结
简图	层次代号	深度(cm)								类别及形态	数量		

(2)理化性质简易测定(耕层为主)

四、土壤剖面综合评价

测定项目结束

五、四明山南区土壤地理调查与实习报告要求

题目:四明山南区土壤地理野外调查与实习报告

(1)前言

主要说明调查与实习地点、目的、意义、调查与实习内容及线路安排等。

(2)调查与实习区概况

主要包括调查与实习区的范围、地理位置、交通概况等(可附位置图),调查与实习区地质概况(构造、地层)、地形地势基本特点及成因、河流、气候,植被等概况,调查与实习区社会经济概况。

(3)具体调查与实习内容

主要包括四明山南区各种土壤类型、特征、分布规律,各种成土因素对土壤形成的影响,研究区土壤形成的影响因素及人类活动对土壤演化的影响。可以按调查与实习线路为主线进行介绍,主要说明调查与实习点、调查与实习方法、内容、成因、结论。也可以按山地垂直地带性土壤和河谷土壤专题报告形式撰写。

(4)结束语

概括性地总结野外调查与实习的主要成果,自己的收获和体会:分析野外调查与实习方法上有哪些提高,哪一部分调查与实习收获最大,野外调查与实习对课堂知识的理解和将来参加工作的意义等。

第四章　四明山南区水文与水资源调查与实习设计

第一节　水文与水资源野外调查方法

水文现象受气象、地理等多方面因素的影响，存在着地区性、不重复性及周期性的特点。要研究和掌握水文要素在不同时期、不同地区及不同条件下的变化规律，就需要进行水文观测与调查，收集水文信息，了解各种水文现象表现在量和质的情况如何，以及水文变化规律，以满足国民经济各部门的需要。水资源调查是水资源评价活动中的基础性工作，包括对水文、水文现象、水文地质等基本资料的统计、分析、系统整理、图表化等工作。通过水文站网进行定位观测是收集水文资料的主要途径。但是，由于定位观测受时间和空间的限制，有时并不能完全满足生产需要，故还需要通过水文与水资源野外调查加以补充。通过野外调查与实习可以将抽象的水文理论与具象的水文现象相结合，学习水文现象的调查方法与技能，实现对水文理论知识的深度理解与认识。

水文与水资源野外调查是将理论知识与具体的水文现象结合起来的工作，是培养水文工作与研究能力、提高理论认知素养的有效途径。水文野外调查是地学专业调查与实习中的重要一环，是水文学学习的重要内容，是课程理论学习的延伸与拓展，地理学专业的学生均需认真对待、高度重视，完成并掌握水文野外调查与实习的基本内容。

进行水文野外调查，是水文理论研究、自然地理环境研究和水文工作的基础，它包括各种水体的理化性质和运动要素的观测和调查，其任务主要有：水位、流量等水文要素，降水等气候特征，流域的地质、水系，河道情况，水利、水土保持等人类活动以及水旱灾情、社会经济状况等方面。另外，也可以组织专门的水文调查，例如洪水调查，主要是查清历史洪水的痕迹、发生的日期和情况以及河道情况、估算洪峰流量、洪水总量及发生的频率等。

一、水文与水资源野外调查的基本步骤

(一)准备工作

为使水文与水资源野外调查与实习取得预期效果,出发之前做好各项准备工作非常重要。水文野外调查前的准备工作主要是为了明确水文调查的基本目标、任务和相关要求,在大量、系统地搜集和研究前人的相关资料基础上,制定野外调查工作计划,做好组织上、物质上和生活上的必要准备。室内准备工作的重点应放在水文野外调查区的资料收集上。具体的准备工作有以下三步:

(1)指导教师要确定野外调查与实习的地点,预查和制定调查与实习计划,包括目的要求、调查与实习内容、方法、步骤、线路、日程安排、人员组织等方面的内容。

(2)向调查与实习人员介绍调查与实习地区的基本状况和主要调查与实习内容,指导学员收集、查阅调查与实习地区的有关地质、水文、气候以及人类社会经济活动状况的历史和现状等有关文献资料和图件,包括前人的水文与水资源调查报告、论文、专著、水系图等专业地图等;同时,准备好一套比较完整的野外调查底图,地形图是野外调查与实习的必需基础图件。让调查与实习人员对调查与实习地区的水文、水资源及相关地理情况有一个基本的了解,以便在水文野外调查实习过程中独立观察及判断。

(3)准备好必需的仪器用品和装备,如水尺、水位计、记录表、流速仪、秒表、浮标、船只或过河测流缆道、采样器、深水温度计、透明度板、水色计、地质罗盘、铅笔、笔记本以及背包、帽子、雨衣、胶鞋等生活用品。

(二)野外调查线路和观测点的选择

水文与水资源野外调查是在野外按照预定的典型水文观测点与野外调查线路,进行水文和水资源等水文现象的观测、测验、调查、记录及整编水文测验、水文调查资料等工作。水文野外调查与实习要尽可能多地对水文观测点(如水文站、水利枢纽、测验河段等)的典型地段及其水文现象进行观察记录。野外调查与实习最基本的方法是进行调查区的线路调查和代表点的观察与测验。

1. 野外调查线路设置原则

野外调查与实习线路布置可以为线状、网格状、环状、放射状等,在具体安排调查线路时需要遵循以下几点设置原则:

(1)尽可能不走重复路;(2)能穿过野外调查地区的所有水文观测点;(3)能尽量多地观察并检测到水文要素的多种类型,实现对尽可能多类型水文现象的调查;(4)线路中尽量囊括水文测验河段的选择、测验断面及基站的布设等水文调查与实习基础操作;(5)水文测站、定位观测、巡回测验、水文调查等水文调查与实习相关环节尽量设计在内。

2. 测验河段的选择

选择测验河段设立水文站，应先选择好测验河段。测验河段是野外进行各种水文测验的场所，它的选择必须符合以下原则：①应能满足测站的目的和要求。②便于施测和保证测验成果符合精度要求，有利于简化测验和资料整编工作。即所选测验河段，其水位流量关系能经常保持比较稳定的关系，便于以后由水位推求流量。例如，选择河道顺直，河床稳定，不生长水草，水流集中，便于布设测验设施的河段。

在河流上设水文测站，控制河段应满足如下具体条件：

(1)河段顺直段长度应不少于洪水时主河槽宽度的 3～5 倍，以避免非顺直段的影响；

(2)避开变动回水区、漩涡区，以保证主流尽量平顺；

(3)河床、河岸冲淤变化不明显；

(4)河段无严重漫滩和任意的分流；

(5)在结冰河流上，应避开冰塞和冰坝区域；

(6)便于布设测验设施的河段。

对于水文基本站，还应配合水文站网的设置密度等要求，选择确定控制河段或控制断面的具体位置。

3. 测验断面的布设

测验河段要求布设必要的测验断面，如图 4-1 所示。按照不同的用途，测验断面可分为基本水尺断面、流速仪测流断面、浮标测流断面和比降断面。基本水尺断面一般位于测验河段的中部，其上设立基本水尺，用来进行经常性的水位观测。流速仪测流断面应设置在测流条件良好的断面上，断面方向应垂直于该断面平均流向，并尽可能与基本水尺断面重合，以便简化测验与整编工作。浮标测流断面分上、中、下三个断面，中间断面一般与流速仪测流断面重合。上、下断面之间的距离不应太短，主要考虑计时测量的精度和浮标测得速度的代表性。比降断面是比降水尺所在的断面，分为上比降断面和下比降断面，用来观测河流的水面比降和分析河道的糙率。

4. 基站的布设

在测验河段上进行断面测量和水文测验时，用经纬仪、六分仪等以测角交会法推求测验垂线在断面上距基点的距离(称起点距)，因此需要在岸上布设基线，如图 4-1所示。基线宜垂直于测流断面，起点应在测流横断面线上。基线的长度不应小于河宽的 0.6 倍。此外，建站工作还应包括设置水准点，修建水位和流量的测验设备及各种测量标志。

(三)观察和调查记录

野外调查与实习是培养学生实践能力和技能的重要手段，为以后独立工作打

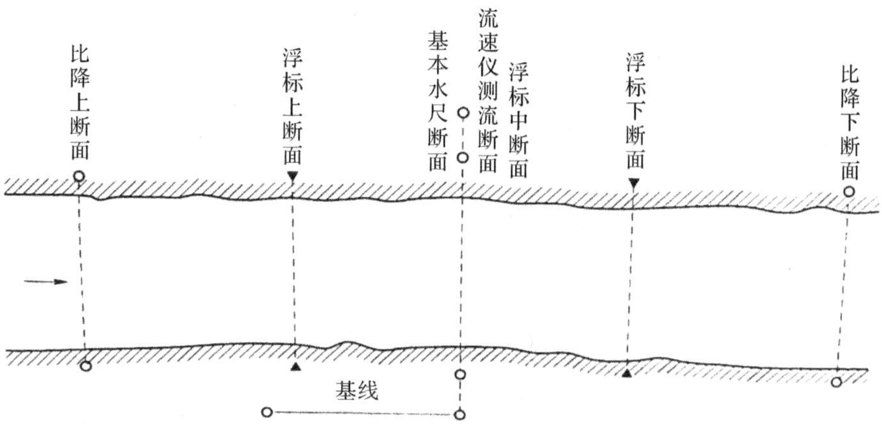

图 4-1 水文测站布设示意图

基础。因此，要求学生养成良好的沿途观察的习惯：一是腿要勤，多走一些路，多去探索周围自然环境及其与水文要素的关系，善于发现问题；二是脑要勤，多联系课堂学习的知识进行思考和比较；三是口要勤，多请教指导老师，多互相切磋。自然现象极其复杂且富于变化，对水文现象的观察不可能毫无遗漏，对它的认识也不可能绝对正确，为了认识得更准确，要多开展讨论，互相启发，取长补短，共同提高。

调查与实习记录是调查与实习的最基础成果，为编写调查与实习报告的基本依据，因此要及时真实地在调查与实习笔记上记录下观察到的现象。记录的内容有沿途观察和观测点的观察与描述。包括观测时间（年、月、日、时）、观测点编号、地点（观测点的具体位置）、天气状况、观察现象描述及制作观测剖面草图，并将观测点编号记录在调查与实习底图上。

观测点的观察与描述，是取得野外调查与实习资料的重要手段，从对观测点自然现象的观察取得认识、数据及一些基本事实的详细记录，可以成为调查与实习报告的第一手资料。观察记录的详细和准确，对调查与实习收获至关重要。观测点的自然地理环境特征、河流流量、流速、水位、降水以及水利枢纽状况、洪水（枯水）调查情况等等，都要尽可能全面地观察和描述记录。

注意，要求观测点位置记录具体、明确；描述现象力求准确、简要、少遗漏；观测点编号要统一，且要与图上的编号一致；要用铅笔记录，以防雨水浸湿、失效。

二、水文与水资源野外调查的内容与方法

（一）水文野外调查的内容

水文与水资源野外调查内容主要包括水文观测与水文调查两部分。水文观测是第一手水文资料的来源，水文调查是对水文观测资料的补充。水文观测包括降

水、蒸发、入渗、径流、水质、泥沙等诸多内容；对于未能系统、连续、有效观测的水文现象，常常以水文调查来补充。水文野外调查内容主要包括：水文要素（水位、流量、含沙量、土壤含量、下渗等），气候特征（降水、蒸发、气温、湿度、风等），流域自然地理（地形、地质、水系、分水线、土壤、植被等），河道情况（河宽、水深、弯道、建筑物等），人类活动（水利、水土保持措施、土地利用、工农业用水等）以及水旱灾情，社会经济状况等方面。另外，在某些情况下，为了专门的目的，也可以组织专门的水文调查，例如洪水调查。

1. 水文观测

水文观测是采集水体有关数据的一项工作，是获得水文信息、资料的最有效、最直接的方法，它是以江、河、湖、海的各种水文要素为主进行的观测。江河湖泊水文要素有水深、水位、流向、流速、流量、水温、冰情、比重、含沙量、降水量、蒸发量、水色、透明度、水的化学组成等；海洋水文要素有潮汐、潮流、波浪、海流、海水温度、盐度、海上气温、气压、风向、风速、浮游生物等。通常以一定条件在江河湖海的一定地点或断面上布设水文观测站，进行长期不间断的水文观测，各种水文观测资料经整理分析后，不仅是各种水文预报的依据，而且是研究海床、河床、河岸变迁、海流、径流规律和进行各种水利工程、海岸工程设计计算以及编写航路指南等的重要资料。

水文观测的项目很多，本节主要介绍水文野外调查与实习中普遍包括的水位、流量、河流泥沙含量、降水、水物理性质等的测定。

2. 水文调查

对于未能系统、连续、有效观测的水文现象，常常以水文调查来补充，水文调查包括历史洪水、枯水调查（洪水痕迹、石刻、文献资料等）、暴雨洪水现场调查、水量调查、枯水调查和其他专项水文调查的资料。这些调查资料经过严格审查考证，可与实测资料配合使用。水文调查是对水文资料进行收集、汇总和分析的主要方式。水文资料的收集以前主要依赖于观测资料和经验的积累，目前的主要途径是定位观测，由于定位观测受到时间、空间的限制，收集的资料往往不能满足生产需要，因此必须通过水文调查来补充定位观测的不足，使水文资料更加系统完整。

本节主要介绍洪水、暴雨及枯水等水文要素的调查。

(二)水文野外调查的方法

1. 水位观测

(1)直立式水尺观测水位

直立式水尺是应用最普遍的水尺形式（图 4-2）。多采用在水位年变幅不大、流冰、浮运、航运等对水尺危害不严重的河流上。这种水尺多用塑料或搪瓷等材料制成，安装在河谷边坡，打入地下的靠桩上。如河谷边坡陡，设一根水尺即可。河谷边坡缓，可分段设立若干水尺（图 4-3）。

水位是指河流某处的水面高程。因此，设立水尺时要先测出水尺的零点高程，每次观测水位时，水尺读数＋水尺零点高程＝水位。

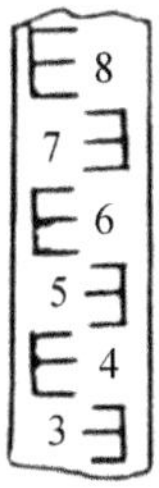

图 4-2　水尺

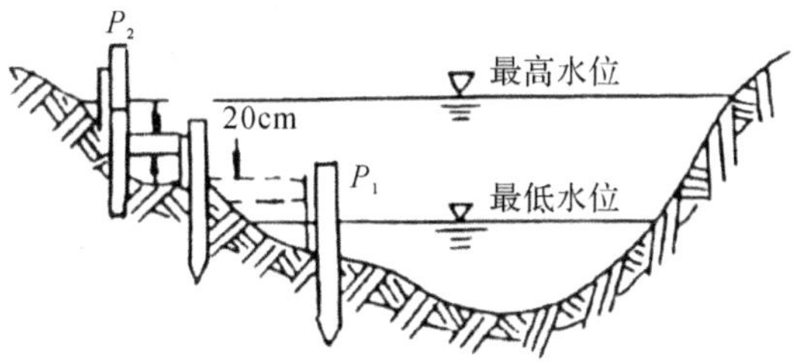

图 4-3　分段直立水尺的设立

用水尺观测时，应按要求的观测次数观读、记录水尺读数。观测次数，视河流及水位涨落变化情况而定，以能测得完整的水位变化过程，满足日平均水位计算的要求为原则。在水位平稳时，每日 08h 观测一次。水位变化缓慢时，每日 08h、20h 观测两次。水位变化较大时，每日 02h、08h、14h、20h 观测四次。洪水期或水位变化急剧时，要增加观测次数，以能测得各次峰谷和完整的水位变化过程为原则。

(2)自记水位计观测水位

自记水位计是能自动、连续记录水位变化过程的仪器，用它测水位具有观测方便、节省人力的特点。使用自记水位计观测水位时，要定时校测、换纸、调整仪器，并对自记记录进行订正、摘录。

自记水位计一般每日定时进行一次校测、检查和换纸。每日校测时，可在自记过程线的末端记上校测的准确时间和校核水尺水位，在记录纸时间坐标上划一竖线记号，以便进行时间和水位订正。每次换纸时，上紧自计钟，并将自记笔尖调整到当时的准自时间和水位的坐标上；在记录纸上记明换纸日期、时间和校核水尺水位。

自记水位计在进行订正前，对受风浪影响，自记线呈锯齿形变化的，需用红色铅笔通过中心的位置划一细线；由于浮筒触及井壁或其他原因，线段呈阶梯状时，应以红色铅笔按形成原因加以改正；一张记录纸连续使用数日，记录线彼此交叉者，需用不同的彩色铅笔分别描绘，以便区别。

订正：一日内时间误差超过 10 分钟且水位变化急剧时，应按时距比例作时间订正。当自记水位与校核水尺水位相差超过 2cm 时，需根据检查的原因，作水位订正。

水位订正后，进行水位记录的摘录。摘录的成果，应能反映水位变化的完整过程，满足准确计算日平均水位和推算流量的需要。具体要求在水位变化不大时，按等时距摘录；在水位变化急剧时，应摘录转折点，08h 及一日内峰、谷水位必须摘录。摘录的点次在记录线上逐一标出，并注明水位值。

(3)日平均水位的计算

一日内水位变化缓慢时，或水位变化虽较大，但属等时距观测或摘录时(如02h,08h,14h,20h4次等)，日平均水位的计算采用算术平均法求得；一日内水位变化较大，而且不等时距观测(摘录)时，采用面积包围法，即将0～24h内水位过程线所包围的面积，除以一日时间求得。受潮汐影响的河段，还需统计各次高、低潮位。

(4)操作步骤及注意事项

进行水位观测时的操作步骤如下：1) 在河谷边坡设置水尺或到附近水文站进行水位观测；2) 用肉眼直接读取水面截于水尺上的读数并记录；3) 自记水位计校测、换纸和调整；4) 计算水位、日平均水位或统计每日出现的各次高低潮位；5) 分析水位变化特征。

水位观测的注意事项有：1) 直接用肉眼读取水面截于水尺上的读数时，应注意折光的影响；在有风浪且无净水设备时，应读记波浪的峰顶和谷底在水尺上所截两个读数的均值，或以水面出现瞬间平静的读数为准，并应连续观读2～3次，取其均值。2)自记水位计的校测次数，当仪器性能良好、记录周期较长时，可适当减少校测和检查次数，水位涨落急剧或仪器性能较差时，应适当增加校测和检查次数。

2. 流量测验

(1)目的与要求

通过流量测验实习，掌握测验流量的最基本方法，学会根据流速和过水断面面积计算流量，为自然地理环境研究和水资源调查打基础。

(2)主要内容

测定河流过水断面面积和流速，根据公式计算出流量。

(3)仪器用品

流速仪、秒表、浮标若干个、船只或过河测流缆道、测验记录表、铅笔等。

(4)原理方法

目前国内外测流量的方法很多，从学校和学生调查与实习的实际情况出发，本调查与实习主要采用流速面积法。具体步骤如下：

①断面测量。测流断面应选在无支流汇入的顺直河段上。流量测验只要求测出过水断面。过水断面的测量包括水深测量、测深垂线起点距测量与测深断面水位的观测(表4-1)。

表4-1 断面测量记录表

垂线号	间距/m	起点距/m	实测水深/m	水位/m	涨落改正数/m	计算水深/m	河底高程/m
⋮							

测深垂线起点距测量：测深垂线与断面起点桩间的距离称垂线起点距。应用经纬仪法测量垂线起点距须先在河岸上打一基线，使之与所测断面垂直。用钢（皮）尺量出基线的长度 l。置经纬仪于基线末端，后视基线起点（对准 0°0′0″），再分别前视各测深垂线，读出各水平角度 θ（图 4-4），然后用以下公式计算：

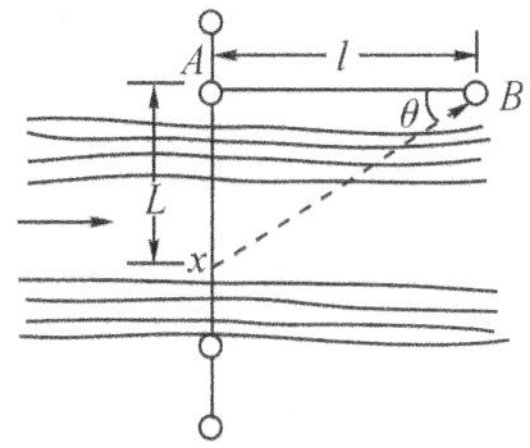

图 4-4

$$L = l\tan\theta\,(\mathrm{m})\ 。$$

式中：L 为测深垂线起点距；l 为基线 AB 的长度；θ 为仪器视线与基线夹角。

垂线水深测量在中、小河上测量水深多用测深杆、测深锤、测深铅鱼等；大河多用回声测深仪。测深时要观测水位，以便计算各垂线的河底高程。绘制断面图根据测得的各条测深垂线的起点距和各垂线河底高度，便可绘制断面图（图 4-5）。然后进行断面面积计算。先算出各部分的面积：$\omega_i = \dfrac{h_i + h_{i+1}}{2} \cdot b_i$，在求出各部分面积后，再累加为整个断面面积。断面测量除采用上述方法外，有条件的还可采用自记断面仪。自记断面仪是能直接测量和记录断面的仪器。使用这种仪器测断面，可以节省人力和时间，同时又可省去烦琐的计算。

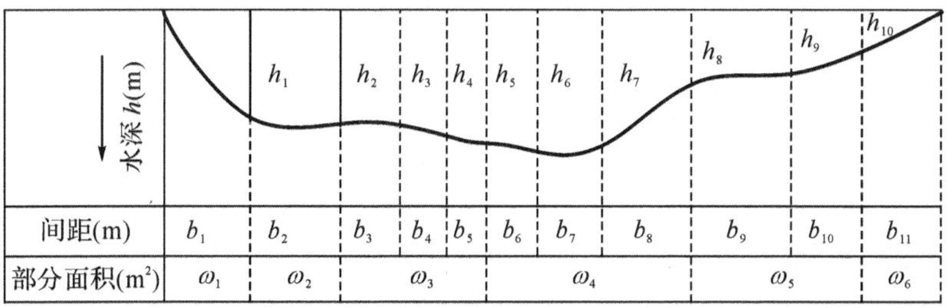

图 4-5　过水断面

②流速测验

流速测验可分为流速仪法、浮标法和水力学法。本调查与实习用流速仪法。

测速垂线数目的确定：测速垂线是反映断面地形和流速变化的主要因素。故基本河槽应较河滩密一些，在地形和流速有显著变化之处要适当取线。常测法最少测速垂线数目规定如表 4-2 所示。

表 4-2　常测法测速垂线数

水面宽度/m		<5.0	5.0	50	100	300	1000	>1000
最少测速垂线数	$B/H<100$	3～5	5	6	7	8	8	8
	$B/H>100$			8	9	11	13	>13

测速垂线上测点的决定测点位置和数目的选择应根据水深决定。选取时，可参考以下规定（表 4-3）。

表 4-3 测速垂线的测点数目和位置

垂线水深/m	方法名称	测点位置
$h<1$	1 点法	$0.6h$
$1<h<3$	2 点法	$0.2h, 0.8h$
	3 点法	$0.2h, 0.6h, 0.8h$
$h>3$	5 点法	水面 $0.2h, 0.6h, 0.8h$，河底

流速的测定确定了测点之后，便可把流速仪放到预定位置，用计数器测定流速仪的转数，用秒表记出测速历时，并把各垂线号、测得的水深、测点的水深、测点相对位置、相对水深、测点流速仪转数和历时填入表中（表 4-4）。测速时，每点的历时必须在 120s 以上。若流速仪放下在 5 分钟内没有信号时，则视流速为零。

表 4-4 流速仪测流记录表

垂线号数	起点距/m	水深/m	流速仪位置/m		历时/s	转数	每秒转数	测点流速/(m/s)	垂直平均流速/(m/s)
			相对	测点深					
……									

③流量计算

流速仪测流的流量计算时，首先要认真检查原始记录，然后根据流速仪“检定公式”计算出各测点流速（v_d）。即：

$$v_d = a\frac{R}{t} + b\text{ 。}$$

式中：R 为旋杯在 t 秒内的转数；t 为旋杯转动时间（s）；a，b 为流速仪出厂前经过检定得出的系数。

然后再根据测点速度，计算测速垂线上的垂线平均流速 Vs，并填入表 4-5。

1 点法：$Vs = V_{0.6}$

2 点法：$Vs = (V_{0.2} + V_{0.8})/2$

3 点法：$Vs = (V_{0.2} + V_{0.6} + V_{0.8})/3$

5 点法：$Vs = (V_{0.0} + 3V_{0.2} + 3V_{0.6} + 2V_{0.8} + V_{1.0})/10$

表 4-5　流速仪测流量计算表

断面					流速/(m/s)		流量/(m^3/s)	
加水位改正数后之水深/m		测深垂线间距/m	水道断面面积/m^2		平均流速		部分流量	断面流量
垂线	平均		测速垂线间距	部分	测速垂线	部分		
⋮								

根据实际情况，可计算部分平均流速。如岸边或死水部分平均流速，等于自岸边或死水边起第一条测速垂线的平均流速乘以流速系数 α，即 $V_i=\alpha \cdot V_s$。其中：α 值在缓坡时为 0.7，陡坡时为 0.9，死水边时为 0.6。

中间部分平均流速为相邻两垂线平均流速的算术平均值，即：$V_i=\dfrac{V_{si}+V_{si+1}}{2}$

此外，也可计算部分流量。部分流量为部分平均流速 V_i 与相应部分面积 ω_i 的乘积，即：$q_i=V_i\omega_i$。

最后，计算断面流量。断面流量为各部分流量的代数和，即：$Q=\sum q_i=\sum V_i\omega_i$。

(5)操作步骤及注意事项

流速仪法测流量的操作步骤为：1）选定测流断面。2）进行过水断面测量。根据上述原理方法，先测深垂线起点距，然后测水深同时观测记录测深断面水位，记录在表；绘制断面图；计算断面面积。3）用流速仪法测定流速。4）根据测得的测流断面面积和流速计算流量。

流速仪法测流量的注意事项为：1）流速仪法是精度较高的测流方法。当流速、水深、设备条件适合，测流时机允许时，应尽量采用此法。当洪水期因受设备条件及仪器性能等限制，或结冰期因受流水影响，不能用此法时，则可用水面浮标法。在无法用以上两种方法情况下，才采用水力法。2）用流速仪法测流时，为减少悬索偏角对测深的影响，可在上游加牵引索，加重铅鱼，或改用悬杆悬吊仪器。3）用流速仪法，应注意在流速超出流速仪适用范围时，随即更换仪器或测流方法。4）用流速仪法测速前，应检查测速计数仪器是否正常。测速时也应注意讯号是否正常。例如讯号周期突然加长，往往是水草、漂浮物缠绕仪器，要及时排除。5）应注意流速仪的养护。在每次测流后，应立即将仪器拆洗干净，并重上仪器润滑油，以防生锈。仪器的拆洗与安装应按仪器说明书进行。

3. 河流泥沙含量测验

(1)目的与要求

通过调查与实习初步掌握河流悬移质含沙量测验的基本方法，学会根据测量资料计算河流泥沙含量。为自然资源开发利用调查和流域自然地理特征分析打基础。

(2)主要内容

河流泥沙含量测验的主要内容包括河流悬移质的取样和处理、计算河流悬移质含沙量及输沙率。

(3)仪器用品

采样器、水瓶若干个、船只、测验记录表，以及室内分析用的烘箱、滤纸、量筒等。

(4)原理方法

①河流含沙量的测验与计算

含沙量是指单位体积浑水中所含泥沙的重量。因此，含沙量的测验基本方法就是取水样和水样的处理分析取得泥沙的重量。测定悬移质含沙量的方法很多，有泥沙采样器测量法、含沙盘光度测量法、放射性同位素测量法、放射性同位素示踪法等，本调查与实习主要用采样器测量法，以横式(图 4-6)和瓶式采样器为主。

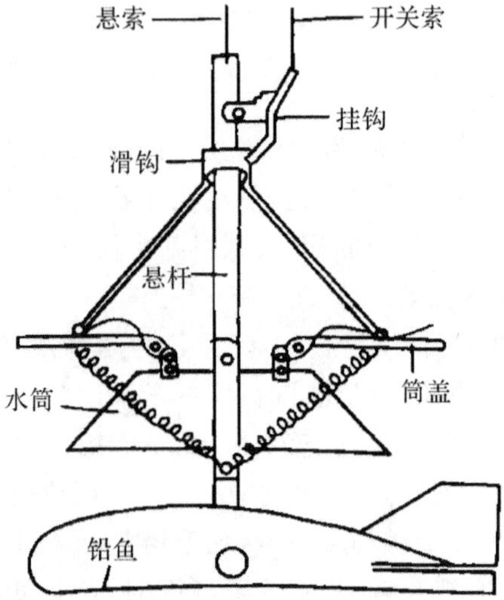

图 4-6 横式采样器

利用采样器在预定的测点或垂线上取水样。取样时，应同时观测水位及取样处的水深，并测定取样垂线的起点距，并做好记录(表 4-6)。最好与测流同时进行。

表 4-6 流速仪测流取样记录表

流速仪:型号及牌号鉴定公式 v= 采样器:型式:悬吊方法:

垂线号	起点距/m	水深/m	流速仪位置		取样相对位置	盛水样器编号	测速记录		每秒转数	测点流速/(m/s)	垂直平均流速/(m/s)	垂线平均含沙量/(g/m³)
			相对	测点深/m			历时/s	转数				
……												

水样处理的方法有过滤法、置换法等。本调查与实习主要用过滤法处理水样。1)量积:用量筒量出水样容积,并记入表 4-7。量积时要注意倾倒水样不得使每个水样的水量和泥沙有所增减,同时应将水样及容器编号记录清楚,以免混乱。2)沉淀:将全部水样自量筒倒入澄清筒内,进行沉淀。沉淀所需要的时间根据泥沙颗粒的大小及不同的沉降速度由试验而定。水样经沉淀后,将清澈的水用虹吸管吸出。注意不要扰动沉淀的泥沙。3)过滤:把经过沉淀浓缩后的水样进行过滤。滤纸必须事先烘干称重,并进行编号。4)烘干:将滤纸上的泥沙(连滤纸)放到烘杯内,再放到烘箱内烘干。烘箱温度保持 100～110℃。烘干时间一般为 5 小时。烘干后的沙样放在干燥器内冷却,以免湿空气侵入。5)称重:烘干以后的沙样和滤纸一起放到天平上称重,称得的重量减去滤纸的重量,即为干沙的重量。测得干沙重量后,按下式计算含沙量:

$$\rho = W_s / V \times 1000 \text{。}$$

式中:ρ——实测含沙量(kg/m³);W_s——水样中干沙重(g);V——水样体积(cm³);1000——单位换算系数。

表 4-7 水样处理记录表(过滤法)

施测号数		垂线数	施测		处理		编号				水样容积/cm³	沉淀时间				烘干时间				烘箱温度/℃	重量/g				含沙量(g/m³)	备注
输沙率	单位水样		月	日	月	日	盛水样器	滤器	澄沙筒	烘杯		起		讫		起		讫			滤纸	烘杯	滤纸+泥沙	泥沙		
												日	时分	日	时分	日	时分	日	时分							
……																										

②断面输沙率的测验计算

输沙率是含沙量和流量的乘积。输沙率的测验除要同时测含沙量和流量外，还需要考虑取样垂线的数目应不少于流速仪精测法测速垂线的一半。河宽大于50m时取样垂线应不少于5条；河宽小于50m时，取样垂线不少于3条。垂线上取水样用积点法，取样点的分布按表4-8规定。断面输沙率的计算用近似积分的方法求得全断面的输沙率。

表 4-8 积点法测点位置与适用水深

方法名称	测点位置(水深为 h)	适用水深或有效水深/m	
		用悬杆悬吊	用悬索悬吊
1点法	$0.6h$	>1.50	>3.00
2点法	$0.2h$，$0.8h$	>0.75	>1.50
3点法	$0.2h$，$0.6h$，$0.8h$	>0.75	>1.50
5点法	水面 $0.2h$，$0.6h$，$0.8h$，河底	<0.75	<1.50

计算垂线平均含沙量(见表2-5)采用积点法测悬移质输沙率，首先需要用流速加权法计算垂线平均含沙量。计算方法如下：

五点法：$\rho_m=\dfrac{\rho_{0.0}v_{0.0}+3\rho_{0.2}v_{0.2}+3\rho_{0.6}v_{0.6}+2\rho_{0.8}v_{0.8}+\rho_{1.0}v_{1.0}}{10v}$，

三点法：$\rho_m=\dfrac{\rho_{0.2}v_{0.2}+\rho_{0.6}v_{0.6}+\rho_{0.8}v_{0.8}}{v_{0.2}+v_{0.6}+v_{0.8}}$，

二点法：$\rho_m=\dfrac{\rho_{0.2}v_{0.2}+\rho_{0.8}v_{0.8}}{v_{0.2}+v_{0.8}}$，

一点法：$\rho_m=k_1\rho_{0.5}$ 或 $\rho_m=k_2\rho_{0.6}$。

式中：ρ_m——垂线平均含沙量(kg/m^3 或 g/m^3)；ρ_i——相对水深之处的测点含沙量(kg/m^3 或 g/m^3)；V_i——相对水深之处的流速(m/s)；ν——垂线平均流速(m/s)；k_1，k_2——由实验得出的系数。

计算断面输沙率求得垂线平均含沙量后，再用下式计算断面输沙率：

$$Q_s=\left(\rho_{m1}q_0+\frac{\rho_{m1}+\rho_{m2}}{2}q_1+\frac{\rho_{m2}+\rho_{m3}}{2}q_2+\cdots+\frac{\rho_{mn-1}+\rho_{mn}}{2}q_{n-1}+\rho_{mn}q_n\right)\bigg/1000。$$

式中：Q_s——断面输沙率(t/s)；ρ_{mi}——第 i 根垂线平均含沙量(kg/m^3)；q_i——第 i 根垂线与 $i+1$ 根垂线间的流量(m^3/s)，1000——换算系数。

(5)注意事项

河流泥沙含量测验需要注意以下事项：1) 原则上测速与取样应在同一条垂线上。对河底平坦的较大河流，可以在船的两侧分别测速、取样，但两垂线的起点距离之差不能大于河宽的2%～3%，水深相差不能大于5%。2) 用积点法或定比混合法时，当采样器放到每一测点后，均须稍停片刻，待水流正常再操纵仪器开关采取水样。在采取河底一点水样时，应使采样器高于河底 0.1m 以上，以免扰动河底泥沙，影响取样的代表性。3）再靠近水边取样时，应避开坍岸或其他类似影响。4）取样后，应尽可能在现场量积，发现问题要及时处理。

4. 降水观测

(1) 目的与要求

通过调查与实习初步掌握降雨观测的基本方法，学会根据测量资料计算降雨量。

(2)主要内容

降水观测主要内容包括降雨量的观测和数据处理，然后计算出降雨量。

(3)仪器用品

雨量器、量雨杯、测验记录表等。

(4)原理方法

①雨量器观测降水量

采用漏斗式雨量器进行降雨量的观测(图 4-7)。测量时，将雨水倒入特制的雨量杯内读取降水量毫米数。日降水量时制采用北京标准时，并以 20 时为日分界。在水文研究中，降水过程的观测用自记雨量计，雨量器则主要用于定时分段观测，段次和相应时间见表 4-9。

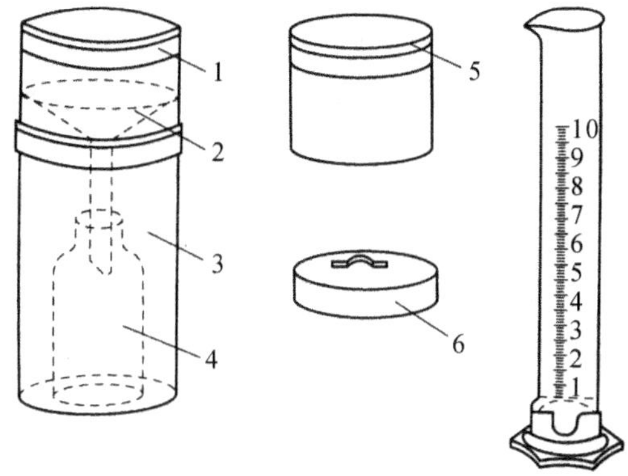

(a) 雨量器　　(b) 量雨杯

1—承雨器；2—漏斗；3—储水筒；4—储水器；5—承雪器；6—器盖

图 4-7　雨量器及量雨杯

表 4-9 降水量分段次观测时间

段次	观测时间
1 段	8 时
2 段	20 时、8 时
4 段	14 时、20 时、2 时、8 时
8 段	11 时、14 时、17 时、20 时、23 时、2 时、5 时、8 时
12 段	10 时、12 时、14 时、16 时、18 时、20 时、22 时、24 时、2 时、4 时、6 时、8 时
24 段	从本日 9 时至次日 8 时，每小时观测一次

②降水量的计算

降水量是用在不透水的平面上所形成的水层来计量的，单位为 mm。由雨量站测得的雨量值，只代表某一点或较小范围内的降水情况，称点雨量。在水文学中常利用点雨量推算整个流域或某特定水文区的平均降雨量(又称面雨量)。常用的计算方法有算术平均法、泰森多边形法(垂直平分法)等雨量线法。本调查与实习采用算术平均法。

当流域内地形起伏变化不大，雨量站分布比较均匀时，可根据各站同一时段内的降雨量用算术平均法推求。其计算式为：

$$\overline{x} = \frac{x_1 + x_2 + \cdots + x_n}{n} = \frac{1}{n}\sum_{i=1}^{n} x_i 。$$

(5) 注意事项

降水量观测的注意事项包括：1) 每日观测时，注意检查雨量器是否碰撞变形，检查漏斗有无裂纹，储水筒是否漏水。2) 如遇特大暴雨灾害，无法进行正常观测工作时应尽可能及时进行暴雨调查，调查估算值应记入降水量观测记载簿的备注栏，并加以文字说明。3) 每次观测后，储水筒和量雨杯内不可有积水。

5. 湖泊水(含海洋)物理性质测定

(1)目的与要求

通过调查与实习掌握有关湖泊水物理性质的测定方法，了解湖泊水有关物理性质的分布变化规律。加深对课堂讲授理论知识的理解。

(2)主要内容

测定湖泊水的水温、透明度和水色。

(3)仪器用品

深水温度计、透明度板、水色计、记录表等。

(4)原理方法

①水温的测定

湖水热量来源主要是太阳辐射能，而热量的消耗主要是蒸发。同时，由于水的热容量大，导热率小，故在动力混合较弱和水深较大的情况下，上下层水温就有较大的差别。故可测出不同深度的水温，以便了解湖水温度的垂直分布情况。

1）测定水面以上空气的温度；

2）测定水面的水温；

3）测定水面以下每隔 10m 水深的水温。

②透明度的测定

湖水的透明度是指湖水的能见度，也就是湖水的清澈程度。因此，湖水透明度的测定，就是测定湖水的透光能力。

在船甲板的避光处，将直径 30cm 的白色圆盘（透明度板）垂直放入水中，当隐约可见白色圆盘时从水面到白色圆盘的水深，便是透明度值。把其数值记入表中。重复测 2 至 3 次，取其平均值，便为湖泊该处的透明度。

③水色的测定

湖泊的水色是指自湖面及湖水中发出于湖面外的光的颜色。水色可根据水色计目估确定。水色计是由 21 支无色玻璃管内分别密封 21 种不同色级构成的，颜色由深蓝到黄绿直到褐色，并以号码 1～21 代表水色。

由于水色的决定因素与透明度相同，故其测定可在透明度测定后紧接着用水色计进行比色测定。将透明度板提到透明度一半的水层里，用水色计对比透明度板上所呈现的湖水颜色，找出水色计上最近似的色级号码，即为所观测的湖水水色。

(5)注意事项

湖泊水（含海洋）物理性质测定的注意事项包括：1）测定水温时，每个测定点水温计放入水中的时间应不少于 5 分钟。2）测定透明度时透明度板必须是清白的；绳索使用前须经缩水处理，测定前应检查尺度标记是否准确；用毕必须用抹布抹净晾干后保存。3）测定水色时水色计应与观测者的视线垂直观测完毕，水色计必须保存在阴暗干燥的地方，且勿让日光照射，以免褪色。4）上述各项观测，必须读数完后及时记录在表 4-10，以免遗忘。

表 4-10 水色、透明度、水温登记表

编号			地点			
时间			年月日时			
天气状况						
次数	透明度		水色		水温	
	M(m)	平均	号	平均	℃	平均(℃)
1						
2						
3						

6. 洪水调查

水利水电工程的设计洪水计算，都必须进行历史洪水的调查和考证工作。洪水调查中，对历史上大洪水应有计划组织调查；当年特大洪水，应及时组织调查；对河道决口、水库溃坝等灾害性洪水，力争在情况发生时或情况发生后较短时间内，进行有关调查。

洪水调查工作，包括了解流域自然地理情况；了解调查河段的河槽情况；测量调查河段的纵横断面；必要时应在调查河段进行简易地形测量；收集有关流域及调查河段的地形图、历史文献（如省志、县志等）中有关记载、附近水文站信息及有关气象台站的气象资料；调查洪水痕迹、洪水发生的时间、灾情测量、洪水痕迹的高程；对调查成果进行分析，推算洪水总量、洪峰流量、洪水过程及重现期，最后写出调查报告。

实地调查洪水痕迹，以便定量地求出洪水的大小，主要是访问当地老居民，如渡口工人等，仔细了解历史上洪水发生的情况，发生过几次大洪水、哪年最大、哪年次之，各次洪水发生的日期、涨落过程、河道变迁情况等，详细定出每次历史洪水痕迹的位置，一般应在河段两岸进行，调查地洪水痕迹不得少于3个，以便相互参证。

计算洪峰流量时，若调查地洪痕靠近某一水文站，可先求水文站基本水尺断面处的洪水位高程，通过延长该站的水位流量关系曲线，推算历史洪水的洪峰、洪量、洪水过程及重现期。

7. 暴雨调查

以降雨为洪水成因的地区，洪水的大小与暴雨大小密切相关，暴雨调查资料对洪水调查成果起旁证作用。洪水过程线的绘制、洪水的地区组成，也需要组合面上暴雨资料进行分析。

暴雨调查的主要内容有：暴雨成因、暴雨量、暴雨发生时间、暴雨变化过程、前期雨量情况、暴雨走向及当时主要风向风力变化等。

暴雨调查有两种，一是调查历史暴雨，二是调查现代暴雨，历史暴雨又可分为远期和近期的。对于远期的暴雨，由于时隔已久，只能做定性分析。对于近期暴雨，一般通过群众对当时雨势的回忆或与近期发生的某次大暴雨对比，得出定性概念；也可通过群众设在空旷露天处的生产生活用具，如盆、桶、缸等容器暴雨期间接纳的雨水推算出降水量，做定量估计。调查现代暴雨有时是为了了解暴雨地区分布情况，调查的条件较为有利，对雨量、雨势、降雨过程可以了解得更具体，还可参考附近雨量站记录，综合分析估算出降水量及其过程。

8. 枯水调查

枯水流量是水文分析计算中不可缺少的资料，不仅与内河航运、农田灌溉、厂矿给水有关，而且与水电建设有关。枯水水量变化的大小及其持续时间的长短，直接影响电站的发电能力，特别是调节库容比较小的径流式电站、引水式电站与枯水水量的关系就更为密切。因此，必须进行历史枯水调查，目的在于掌握江河最低水量的历史变化规律，避免因实测年限过短而对水文现象认识不足造成损失。

历史枯水的调查工作必须在水位极枯或较枯的时候才能进行，不像洪水调查那样，随时都可以进行，但其方法与洪水调查方法基本相似，一般比历史洪水更为困难。河流沿岸的古代遗址、古代墓葬、古代建筑物、记载水情的碑刻题记等考古实物以及文献资料，都是进行历史水文调查的重要资料。但通常情况，历史枯水调查都难以找出枯水痕迹，一般可根据当地较大旱灾的旱情、无雨天数、河水是否干枯断流、水深情况等来分析当时最枯流量、最低水位及发生时间。对当年枯水调查，可以结合抗旱灌溉用水调查进行。当河道断流时，应调查开始时间和延续天数；有流时，可用简易测流法，估测最小流量。

三、室内整理及水文野外调查与实习报告的编写

水文野外调查结束后，对调查资料应及时整理和计算，绘制各种图件资料。所有材料整理齐全后，要尽快加以分析、整合、编写水文与水资源调查报告。调查报告的编写是野外调查工作的最重要环节。

（一）水文调查室内整理

调查与实习报告编写前期的室内整理工作包括以下步骤。

首先，整理野外调查记录表和调查资料。整理野外调查获取的各类资料，检查资料是否齐全，要尽快做出补充。对每次水文调查与实习环节的内容都要实时记录在册，照片、素描写好描述和说明。

其次，编制图件和统计表格。根据野外观测和调查资料，绘制调查报告中的各类图件，如水位流量关系曲线、降水量记录表、水位统计表、输沙率统计表、洪（枯）水流量统计表等水文要素图表。

最后，水文要素分析。根据野外观测和调查的资料及数据、室内绘制的各种图件以及收集的有关调查区自然环境的资料进行综合分析。分析内容包括调查区水体的理化性质、水位、流量、降水、含沙量等水文要素的计算与统计，不同水文现象的形态、分布、成因及流域的地质、水系，河道情况，水利、水土保持等人类活动以及水旱灾情、社会经济状况等方面。

（二）报告编写

室内整理工作后，开始编写水文与水资源野外调查报告。水文野外调查报告是对野外观测和调查中的各种水文现象加以综合、分析和总结，以书面形式表述为调查成果报告。水文调查与实习报告的内容主要包括以下几个方面。

1. 前言

主要说明调查与实习地点、目的与任务、要求与方法方式、意义、调查与实习内容及线路安排、调查工作的组织安排情况，调查进行的过程和完成情况等。

2. 区域自然地理环境概况

主要包括调查区的范围、地理位置、调查区地质概况(构造、地层)等地形地势基本特点及成因、河流、气候,植被、土壤等概况,调查区社会经济概况、交通概况等。

调查与实习地点河流、湖泊的分布情况。分析河流湖泊的水文情况可以从分析水情要素入手,包括水位、流量、流速、含沙量、水温与冰情。

3. 水文野外调查内容

水文野外调查内容主要包括水文观测、水文调查两部分。水文观测是第一手水文资料的来源,水文调查是对水文观测资料的补充。水文观测包括降水、蒸发、入渗、径流、水质、泥沙等诸多内容。水文野外调查内容主要包括:洪水调查、暴雨调查、枯水调查等调查结果,人类活动(水利、水土保持措施、土地利用、工农业用水等)以及水旱灾情,社会经济状况等各方面内容。

4. 总结与结束语

在大量观测与调查资料分析的基础上,概括性地总结水文野外调查与实习的主要成果,自己的收获和体会;阐明水文资源与开发工程实践的联系,为河道航运、城市给水、水利枢纽等工程建设提供依据;对野外调查与实习提出改进意见与建议等。

第二节 四明山南区水文水资源调查与实习内容及线路设计

一、四明山南区水文水资源概况

发育于本区南部的奉化江主流剡江,河谷形态的纵向变化不大,呈楔形,比降为3%,因而水流并不湍急。然而作为其支流的十余条溪流,则是河床狭窄,比降大,水流湍急,水位变化幅度大,侵蚀作用强烈,河床纵剖面呈阶梯状,多急流瀑布,水量不稳定等特征。境内河流为山溪型,其上、下游河谷形态特征差异明显。上游河谷较窄,基本无横向分迳,落差大,底多巨石;中游河床渐宽,多浅滩,底为浑圆形砾石;下游河床宽阔,水量增大,河底多泥沙。

本区境内河流的补给水源主要来自于大气降水,雨水对形成洪峰径流起着主导作用。河流径流量的季节变化和年际变化基本与降水变化相一致。境内河流一年有夏汛和秋汛两次汛期。河流的含沙量主要与流域内的降水强度、地面物质结构、地形坡度以及植被状况等因素有关。亭下水库是域内唯一一座大型水库,出口处为一座4000kW的水电站。

二、四明山南区水文与水资源调查与实习目的

水资源是区域生态环境与社会经济发展的重要基础。水文与水资源学是在实际观测和探索中逐渐形成的关于河流特征和河流演变历史及水资源开发利用的知识体系，是一门实践性特别强的自然科学。水文与水资源调查与实习旨在让学生掌握调查与实习区水资源的分布、形成、演化等方面的专业知识和技能，初步形成水信息的采集和处理，水资源的规划与开发、评价与管理等基本能力。选择四明山南区进行水文与水资源野外调查与实习，主要是为了通过实地观察和动手操作，了解与掌握水文与水资源野外调查的常用方法与手段，掌握常用水文仪器的使用方法，较全面地认识四明山南区水文与水资源的时空分布规律，形成对调查与实习区水资源开发利用现状的基本看法，提出调查与实习区水资源开发管理对策。

三、四明山南区水文与水资源调查与实习内容

四明山南区水文水资源调查与实习的内容主要包括以下方面：(1)了解常用水文仪器使用方法及实地资料收集方法和步骤；(2)收集剡江流域基本水文资料，掌握流域典型年逐日流量过程线与逐年平均流量过程线图的绘制方法；(3)重点认识剡江流域水量平衡情势、径流补给条件、径流的年内变化与年际变化；(4)观察剡江流域分水岭、分水线的分布规律，比较分水线两侧坡度，并推测分水线的移动特征；(5)掌握河流发育初级阶段纵横剖面的形态特征，分析河流作用方式；(6)观察急流、瀑布、沟头跌水、裂点，分析它们之间的相互关系；(7)判断雪窦溪的主干流及剡江支流的一般特征；(8)测定剡江干流横剖面的河床高程，分析河道的横断面和平面的形态；(9)从影响河道发育的岩性和构造基础、河网结构等方面总体分析剡江河道的一般特征；(10)调查洪水期剡江两岸受影响的范围；(11)调查亭下水库的调蓄作用。

四、四明山南区水文与水资源调查与实习线路

水文与水资源野外调查是在野外按照预定的典型水文观测点与野外调查线路，进行水文和水资源等水文现象的观测、测验、调查、记录及整编水文测验、水文调查资料等工作。四明山南区水文水资源野外调查与实习尽可能考虑对水文观测点的典型地段及其水文现象进行观察记录。调查与实习线路主要考虑以下几条。

线路一：溪口—水文站

主题：参观水文站、水文资料的收集和整理

内容：(1)了解水文仪器使用方法及实地资料收集方法和步骤；(2)实地建立"过水断面"及实测水文数据；(3)水文资料的收集和整理，分析剡江流域水量平衡情势(河流名称、站名、流域面积、本区的平均年降水量、陆面蒸发量、径流系数等)；

(4)分析剡江径流补给的条件、径流的年内变化;(5)绘制剡江流域某典型年的流量过程线,分析径流的特征月份;(6)分析径流的年际变化:径流年际变化、洪水和枯水,并绘制近年(溪口站)汛期流量过程线。

线路二:溪口—商量岗—奶部山

主题:分水岭、分水线、分水线的迁移规律

内容:(1)黄泥浆岗—奶部山构成的山脊线延伸方向及海拔高度;(2)分水线二侧支流的所属流域;(3)比较分水线二侧的坡度,推测地表分水线的移动。

线路三:溪口—三隐潭—直岙

主题:河流发育初级阶段纵剖面特征、河流比降及水文特征

内容:(1)观察山区河流(剡江支流)的纵横剖面形态特征;(2)观察河床比降及水文情势。

线路四:溪口—千丈岩

主题:山区河流干流特征、溯源侵蚀、瀑布、沟头跌水、裂点特征

内容:(1)观察急流、瀑布、沟头跌水、裂点的关系;(2)雪窦溪溯源侵蚀的下限;(3)判断雪窦溪的主干流;(4)观察剡江支流的一般特征。

线路五:剡江大桥—康岭铁桥

主题:河流横断面、洪水影响调查

内容:(1)测定各观察点的河床高程;(2)记录河道的横断面和平面的形态;(3)调查洪水期剡江两岸受影响的范围;(4)实测过水断面,并进行流速测量。

线路六:溪口—亭下水库

主题:水库的调蓄作用、剡江山前河道特征

内容:(1)调查亭下水库的调蓄作用:①库名、②所属县镇(乡)、③建成时间、④坝型、⑤坝高(米)、⑥库容量(包括总库容、有效库容—单位方)、⑦集水面积(km^2)、⑧灌溉面积(亩);(2)剡江河道的一般特征:①影响河道发育的岩性和构造基础,②河网结构;(3)河道横断面和平面形态的主要特点;(4)河道横向谷形,分析不同谷形出现的原因;(5)从沿河两岸的地貌形态,推断河谷发育的经历时期。(6)主要支流的条数,山麓洪积扇的发育(结构、物质组成);(7)剡江河流的高差、长度、比降(%)等。

五、四明山南区水文与水资源调查与实习报告要求

题目:四明山南区水文水资源野外调查与实习报告

(1)前言

主要说明调查与实习地点、目的、意义、调查与实习内容及线路安排等。

(2)调查与实习区概况

主要包括调查与实习区的范围、地理位置、交通概况等(可附位置图),调查与

实习区地质地貌、河流、气候、植被、土壤等概况，调查与实习区社会经济概况。

(3)具体调查与实习内容

分析四明山南区水文水资源的基本特征，水资源的开发利用现状，洪水影响，探讨水资源开发利用对策。可以按调查与实习线路为主线进行介绍，主要说明调查与实习点、调查与实习方法、内容、成因、结论。也可以按专题报告形式撰写。结合过水断面实测及流速测量，进行流量计算。并完成实测“过水断面”图、剡江流域典型年逐日流量过程线，逐年平均流量过程线图各一张(参考数据见表 4-11、表 4-12、表 4-13)。

(4)结束语

概括性地总结水文水资源野外调查与实习的主要成果，自己的收获和体会；野外调查与实习方法上有哪些提高；哪一部分调查与实习收获最大；野外调查与实习对课堂知识的理解和将来参加工作的意义，提出对野外调查与实习的改进意见与建议等。

表 4-11 剡江流域溪口站逐年各月平均流量

年份	月平均流量/m^3/s											
	一月	二月	三月	四月	五月	六月	七月	八月	九月	十月	十一月	十二月
1957	1.09	6.83	11.3	7.53	18.4	8.01	2.39	6.17	15.6	7.21	1.4	1.29
1958	1.13	3.85	9.22	8.98	23.6	3.06	1.21	13.3	24.8	11.4	1.1	0.45
1959	1.32	15.2	2.74	13.4	15.6	7.1	19.1	7.03	43.6	0.56	1.42	1.13
1960	3.52	1.09	14.8	14.4	3.39	13.2	2.27	44.8	22.3	1.52	0.85	1.09
1961	2.05	18.3	10.9	5.9	22.5	18.9	0.322	1.46	9.76	39.7	4.76	1.06
1962	1.01	0.617	1.38	9.74	3.96	26.3	16.7	27.1	4.7	13	2.18	1.08
1963	0.439	0.321	0.477	2.2	13.9	12.8	2.66	2.18	59.4	1.02	3.18	0.96
1964	6	5.09	10	9.95	9.77	7.63	3.96	1.94	0.376	13.2	1.45	0.53
1965	0.313	3.09	4.55	18	4.1	30.2	5.25	7.14	1.78	4.64	2.58	7.02
1966	6.8	5.37	10	17.7	3.63	3.57	18.3	1.35	12.3	1.01	2.15	3.48
1967	1.54	3.51	8.82	7.38	13.5	14.6	1.79	0.13	0	0.009	0.05	0.14
1968	0.12	0.62	2.21	2.33	9.57	9.03	18.4	1	0.35	0.79	0.16	1.71
1969	6.98	13.3	14.5	4	6.41	15.4	23	4.21	8.67	1.37	0.42	0.33
1970	1.02	2.31	22.8	5.98	15.3	35.7	6.19	0.44	10.9	3.79	3.85	4.25
1971	1.77	3.16	3.04	8.34	8.17	23.2	0.65	0.039	12.3	7.89	1.09	0.9
1972	1.44	16.8	4.62	3.59	7.59	7	1.47	28.7	2.98	1.99	5.2	5.98

续表

年份	月平均流量/m³/s											
	一月	二月	三月	四月	五月	六月	七月	八月	九月	十月	十一月	十二月
1973	8.6	13.6	12.1	12.8	41.2	28.7	3.13	4.39	26.7	6.66	0.92	0.69
1974	0.96	6	4.17	2.32	19	7.62	7.63	27.6	1.63	11.1	13.2	10.2
1975	4.32	10.8	8.32	10.1	11.5	19.7	17.7	33	8.27	15.7	6.37	7.08
1976	1.5	1.43	8.57	12.6	10.3	29.9	18.6	1.51	5.08	6.37	3.3	2.11
1977	8.71	6.33	3.18	13.1	21.3	29.9	10.4	29.2	33.3	4.35	1.02	1.38
1978	2.53	5.64	7.52	9.9	6.88	10.6	5.03	9.44	7.69	2.2	1.23	0.61
1979	0.48	0.72	3.75	7.18	10.6	1.57	13	43.4	14.7	1.71	0.74	0.58
1980	0.62	3.26	17.7	10.4	24.1	10.6	7.16	17.3	2.07	1.57	1.04	0.54
1981	0.71	1.9	19	14.3	1.59	3.54	15	16.1	56	7.33	23.2	2.51
1982	1.09	5.9	14	7.82	4.91	6.09	31.2	24.6	3.48	1.45	5.79	4.01
1983	3.74	2.58	7.47	19	8.06	36.5	38.1	5.47	13.3	18.2	1.56	0.85

表 4-12 1984 年剡江流域溪口站逐日平均流量

年份	日平均流量/m³/s											
	一月	二月	三月	四月	五月	六月	七月	八月	九月	十月	十一月	十二月
1	0.18	6.23	3.43	18.9	7.68	18.8	30.4	20.3	16.2	9.64	2.4	0.67
2	0.8	5.96	2.66	13.7	8.02	36.6	24.9	19.4	16.8	12.1	2	0.67
3	0.8	4.64	3.23	31.8	7.16	32.8	21.4	18.5	33.8	11.8	2	0.67
4	0.8	4.22	2.84	20.3	8.3	22.8	29.2	14.2	40.6	8.92	2	0.67
5	0.8	6.2	2.47	13.5	28.6	19.6	53.8	18	25.9	12.2	1.6	0.95
6	0.62	9.16	1.97	9.03	19.2	17.8	34.3	16.7	18.5	32.2	2	1.05
7	0.64	6.85	2.49	6.86	11.7	19.1	30.6	22	15.3	14.4	2	1.17
8	0.64	5.11	2.84	5.88	9.75	18.1	23.2	64.2	14	15.7	4.5	1.05
9	0.64	4.64	2.66	6.85	8.43	17.9	22.2	47	12.6	16.1	5	0.84
10	0.64	4.64	2.49	5.93	8.08	26.1	22.1	27.2	12.9	24.2	4.3	0.76
11	0.64	4.43	2.47	5.11	7.85	20.8	20.2	22.5	14.3	21.8	4.1	0.67
12	0.64	5.92	2.47	5.49	8.05	18.1	20.2	20.6	15.5	18	4	0.67
13	0.64	5.92	3.04	5.11	9.41	97	20.3	19.7	14.4	13	2.9	0.67
14	0.64	7.51	3.95	4.43	11.1	149	20.8	16.5	14.7	15.9	2	0.59

续表

年份	日平均流量/m³/s											
	一月	二月	三月	四月	五月	六月	七月	八月	九月	十月	十一月	十二月
15	0.64	7.85	4.75	4.15	10.9	44.4	17	12.6	12	15.1	2.5	0.76
16	0.64	10.6	6.23	3.75	34.2	27.8	18.2	13.8	11.1	14.6	2.1	0.67
17	0.68	17.8	5.11	3.43	18.1	21.1	19.1	13.4	12.5	11.7	1.8	0.67
18	1.27	11.1	4.43	3.49	12.2	17.6	23.6	15.2	4.06	13.7	1.5	0.95
19	3.84	8.2	5.06	3.99	14.6	17	31.8	18.8	3.5	11.6	1.5	1.05
20	3.23	6.23	6.54	3.36	16.8	42	28.3	144	3.36	11.5	1.5	1.05
21	3.23	5.92	5.65	4.3	16.9	35.1	21.4	58.9	6.28	9.66	1.3	1.17
22	3.23	6.23	5.38	4.24	22.3	22.2	18.9	24.5	9.91	8.62	1.1	1.41
23	2.84	6.23	4.22	3.56	18.1	18.3	19	18.3	12.4	7.85	0.1	1.28
24	2.85	5.11	3.82	3.12	17.3	18.2	18.4	15.6	10.3	7.35	0.4	1.28
25	2.66	4.84	3.83	3	19.4	21.2	19	14	10.3	6.02	0.7	1.05
26	2.47	4.43	4.43	2.47	19.5	47.9	16.8	13	17.4	6.6	0.7	1.05
27	2.13	4.01	3.78	2.4	17.9	29.6	17.2	12.6	9.24	6.91	0.7	1.28
28	2.59	3.82	3.97	2.06	17.6	66.8	17.3	12.2	11.6	6.07	0.7	1.17
29	4.47	3.62	14.8	2.22	19.1	76.3	18	11.6	11.5	3.22	0.7	1.28
30	7.31	/	8.22	3.16	18.3	45.9	15.8	13.5	12.3	3.11	0.7	1.28
31	8.01	/	6.39	/	18.3	/	18.9	18.5	/	3.18	/	1.28
最大	10	19.7	74.3	43.1	43.1	201	88	210	70.6	41.9	7.6	1.53
日期	30	17	27	3	5	13	5	20	3	6	9	22
最小	0.44	3.62	1.8	1.5	6.54	12.2	7.85	5.92	2.72	1.8	0.1	0.51
日期	6	28	6	28	3	1	30	4	25	31	23	14

表 4-13 剡江流域奉化市水文站 2006 年 3 月 6 日实测大断面资料

序号	起点距	高程/m		序号	起点距	高程/m	
		测站基面	85 基面			测站基面	85 基面
1	0	13.83	25.96	12	50.0	1.18	13.31
		6.53	18.66	13	55.0	1.3	13.43
2	10.7	6.93	19.06	14	60.0	1.29	13.42
		2.78	14.91	15	65.0	1.08	13.21

续表

序号	起点距	高程/m		序号	起点距	高程/m	
		测站基面	85 基面			测站基面	85 基面
3	10.9	2.78	14.91	16	70.0	1.03	13.16
		1.83	13.96	17	75.0	1.02	13.15
4	15.0	1.54	13.67	18	80.0	0.98	13.11
5	20.0	1.38	13.51	19	85.0	1.28	13.41
6	25.0	1.15	13.28	20	90.0	1.67	13.8
7	27.0	1.18	13.31	21	92.0	2.60	14.73
8	30.0	1.13	13.26	22	95.0	6.90	19.03
9	35.0	1.18	13.31	23	99.0	7.10	19.23
10	40.0	1.28	13.41	24	101.0	10.9	23.0
11	45.0	1.2	13.33				

附表 1-14 站测深、测速记载及流量计算表(畅流期流速仪法)

施测时间： 年 月 日 时 分至 日 时 分(平均： 日 时 分)天气： 风向风力： 流向：

流速仪牌号及公式： 检定后使用次数： 停表牌号：

垂线号数		角度或读数 起点距(m)	测深测速时间	水位(m)		河底高程(m)	水深或应用水深(m)	流速仪位置		测速记录		流速(m/sec)			测深垂线间		水道断面面积		部分流量(m^2/sec)
测深	测速		时:分	基本	测流			相对	测点深(m)	总转数	总历时(sec)	测点	系数垂线平均	部分平均	平均水深(m)	间距(m)	测深垂线间(m^2)	部分(m^2)	
			:																
			:																
			:																
			:																
			:																
			:																
			:																
			:																
			:																
			:																
			:																
			:																
			:																
			:																
			:																
			:																

施测号数：

第五章 四明山南区气象与气候调查与实习设计

第一节 气象与气候野外调查方法

气象观测是气象工作的基础。它对一定范围内的气象状况及其变化，进行系统的、连续的观察和测定，为天气预报、气象情报、气候分析和科学研究提供重要依据。气象与气候野外调查主要是对地面气象要素的观测，包括空气温度、地表温度、地中温度、辐射、日照、湿度、风、降水、大气压力、云量、云状、能见度等。通过气象与气候野外调查可进一步认识和了解当地的小气候。

一、气温观测方法

(一)气温观测场的布设

气温观测所用仪器包括普通温度表(干湿球温度表)、最高温度表、最低温度表。测定空气温度的仪器，应放在防止太阳直接照射，又能防止强风、雨淋、雪盖，并能使空气自由流通的保护装置内。目前观测台站用的保护装置就是百叶箱。

在野外观测时，选择没有太阳直射的平坦地面，将温度表架按东西走向固定，调整支架高度至1.5米。干湿球温度表垂直固定在铁架两侧，干球温度表在东，湿球温度表在西，球部离地面1.5米，湿球温度表的下方是一个带盖的水杯，水杯口离球部约3厘米。湿球温度表球部包扎一条纱布，纱布通过杯盖上的狭缝引入水杯内。最高温度表平放在铁架下面横梁上的钩中，球部中心离地1.5米；最低温度表放在下面一个横钩中，两支表球部都向东。

最高温度表和最低温度表在使用前必须进行调整。最高温度表调整方法：用右手紧握表中上部，球部向下，把手伸出和身体约成30°角，在水平面45°范围内剧烈甩动几次，待其值与干球温度相差不到0.2℃时为止。最后，将调整好的最高温度表放回原来位置上时，注意手不能触及球部，先放球部，后放表身(最高温度表的水银柱是只上升不下降的，如果发现最高温度表水银柱已经下降，则此表已失去了最高温度表的性能，不能继续使用，应予以撤换。)。最低温度表调整方法：将球部向上抬起，使游标到达酒精柱的顶端，与酒精面相接触，然后将最低温度表水平安装好。

(二)气温观测

常规地面气象观测中，温度在每天02、08、14、20时(北京时间)进行观测，称为定时观测。野外调查与实习观测时间通常为8：00～20：00，每1小时(或2小时)观测一次(表5-1)。按规定时间首先读干球温度表，后读湿球温度表，记录之后再复读一次，然后读最高、最低温度温度表，复读记录后，调整最高、最低温度表，放置最高温度表时，要先放球部，后放头部以免水银上滑。野外气温观测的注意事项为：(1)观测时，必须保持视线和水银柱顶端齐平，以避免由于视差而导致读数偏高或偏低。(2)温度表是很灵敏的仪器，所以读数时应迅速，勿使头部、手和灯接近表的球部；不要对着温度表呼吸。(3)观测后应复读一次读数，避免发生读错，特别是零上零下看颠倒等大差错。

表5-1　气温记录表　　单位：℃

	干球	湿球	最高	最低
8：00				
9：00				
10：00				
11：00				
12：00				
13：00				
14：00				
15：00				
16：00				
17：00				
18：00				
19：00				
20：00				

二、地温观测方法

(一)地温观测场的布设

地温观测的仪器包括地面温度表、地面最低温度表、地面最高温度表、曲管地温表。地温测量包括地面土壤温度测量和地中土壤温度测量。地面土壤温度测量包括地面温度表、地面最低温度表、地面最高温度表，分别测量地表温度、地表最低温度和地表最高温度。将三支地温表平行安放在地面上，从北向南依次为地面温度表、地面最低温度表和地面最高温度表，相互间隔 5～6cm。温度表感应球部朝东，球部一半埋入土中，一半漏出地面。

地中土壤温度测量使用曲管地温表，测量浅层土壤温度。曲管地温表一套四支，分别测量 5、10、15、20cm 的土壤温度。测量的深度越深，表身的长度就越长，以使曲管地温表的刻度部分都能露在地面上，便于观测读数。曲管地温表安装在地面最低温度表的西边约 20cm 处，按 5、10、15、20cm 深顺序由东向西排列，每支表相隔 10cm。安装曲管地温表时，先在地面挖一条长 45cm，宽 20～30cm 的斜沟，沟的北壁垂直向下，与东西向呈 30°角，使得温度表的露出地面部分正好在东西一条线上。沟挖好后，在北壁量取所需深度，并在该深度处作一个水平洞穴，洞的大小比温度表的球部稍大，然后将地温表放入坑内，并使球部牢牢地嵌入北壁小洞里。温度表的表身与地面呈 45°角，等所有温度表都安装好后，往沟内填满土，填土后应与整个地段一样齐平。每支地温表露出地面部分，应用两根木棒做成支架支柱（不能用铁支架），为了检查地温表安装的深度，在安装前就预先应用红漆在地温表上做出深度标记。为了保护地温场地不被践踏，在温度表的北部安装两块木质踏板。

（二）地温观测

野外地温每 1 小时（或 2 小时）观测一次（表 5-2）。在观测地面温度表时，不得将表取离地面读数（被水淹时例外）。在观测曲管地温表时，应特别注意视线与水银柱顶保持垂直，否则将产生较大的误差。地温观测的注意事项为：(1)地面温度表被雪覆盖，巡视时应将其放置在雪面上，读数时若球部被雪盖，仍照常读数。当地面温度降到－36℃以下时，地面和地面最高温度表停止观测，只读取地面最低温度表的酒精柱和指标示度，并用器差订正后的酒精柱示度值作为地面温度记录。(2)在高温季节里，8 时观测后将地面最低温度表收回，放在荫蔽处（收回前的读数记在 20 时栏），20 时观测前再放回原处（遇雷雨天气应及时将表放回原处）。(3)冰雹季节，冰雹时地面温度表和曲管地温表，应加盖网罩，以免仪器损坏，冰雹停后立即拿掉。

表 5-2 地温记录表 单位：℃

	地面	地面最低	地面最高	5cm	10cm	15cm	20cm
8：00							
9：00							
10：00							

续表

	地面	地面 最低	地面 最高	5cm	10cm	15cm	20cm
11：00							
12：00							
13：00							
14：00							
15：00							
16：00							
17：00							
18：00							
19：00							
20：00							

三、水温观测方法

(一)水温观测场的布设

水温观测的仪器为深水温度计。深水温度计可以测量 40m 以内任意深度的水温，测量范围在－40℃～125℃之间，广泛应用于河流、湖泊、水库等水体的水温测量。水温观测前，将深水温度计的绳索的一端穿过拉绳螺帽上的通孔扣紧，在绳索上标注深度记号。注意仪器的入水深度是以盛水筒上端的挡水板位置为零点起算。仪器入水前，要将仪器各联结部分检查一遍，并用护套将温度计玻璃管护住，以免碰撞损坏。

(二)水温观测

野外水温观测时间为 8：00—20：00，每 1 小时(或 2 小时)观测一次(表 5-3)。利用深水温度计测量 1m、5m、10m、15m、20m、25m、35m 处的水体温度。将标注深度记号的仪器放入水中，为保证仪器测温准确，要求在仪器下降到距预定测点 1～1.5m 时，加快仪器的下降速度(此时不得小于 0.5m/s)，以保证仪器的上、下活门能充分开启。仪器下降到预定的深度并停留 1～2 分钟后即可上提，在上提时尽量使仪器匀速上升，避免中途停顿，以防筒内的水样和筒外的水发生交换。仪器提出水面后应抓紧时间观读，读到的温度值即为所测深度的水温。

表 5-3 水温记录表 单位:℃

	1m	5m	10m	15m	20m	25m	35m
8:00							
9:00							
10:00							
11:00							
12:00							
13:00							
14:00							
15:00							
16:00							
17:00							
18:00							
19:00							
20:00							

四、空气湿度观测方法

(一)空气湿度场的布设

空气湿度观测仪器为通风干湿表。通风干湿表是一种便携式的测量空气温度和湿度的仪器,常用于小气候观测和野外考察观测测量空气温湿度。使用通风干湿表测量空气温湿度,在观测前需要把通风干湿表挂在测杆上暴露一段时间以适应环境,使温度表感应部分与环境空气之间的热量交换达到平衡,通常要暴露10分钟以上,一般夏天暴露15分钟左右,冬天暴露约半小时,以消除温度差异。并且在适应环境时,要上发条进行通风,使通风干湿表能够充分感应周围环境空气的温度、湿度状况。

在进行干湿表读数前约4分钟时按下列步骤完成读数前的准备工作:(1)润湿湿球纱布:用橡皮囊吸满蒸馏水(水温应同当时气温相近),管口向上,轻捏橡皮囊,使玻璃管中水面升到离管口约1cm处,将玻璃管插入湿球感应球部的护管中,8~10秒钟后抽出。纱布每湿润一次,白天可维持8~10分钟,夜间可维持20分钟。(2)上发条通风:上发条使通风器的风扇开始转动通风,上发条时不要上得过满,以免折断发条。③悬挂:将通风干湿表悬挂在测杆的横钩上,干湿表的感应球部处在所要测量的高度。当所测的高度在100cm或以上时,通风干湿表通常采用垂直悬挂,当所测的高度在100cm以下时,通风干湿表通常采用水平悬挂,以便于进行观测读数。

(二)空气湿度观测

空气湿度观测时需迎风站立,从下风向接近仪器,迅速读数,注意复读、记录(表 5-4),做器差订正;读数时要先读干球后读湿球,先读小数后读整数;当风速大于 4m/s 时,应将防风罩套在风扇迎风面的缝隙上,若风扇转速减慢或停转,应重新上弦,两分钟后再读数;将测得的干、湿球温度值根据湿度查算表,求出各种湿度值。

表 5-4　湿度记录表

	干球温度(℃)	湿球温度(℃)	相对湿度(%)
8:00			
9:00			
10:00			
11:00			
12:00			
13:00			
14:00			
15:00			
16:00			
17:00			
18:00			
19:00			
20:00			

五、风向与风速观测方法

(一)风向与风速场的布设

风向与风速观测仪器一般为轻便三杯风向风速表。轻便三杯风向风速表用于测量风向和一分钟时间内的平均风速,由风向仪、风速、手柄三部分组成。风向仪:包括风向指针、方位盘、制动小套管部件。风速表:由十字护架,感应组件旋杯和风速表主机体组成。旋杯是风速表的感应元件,它的转速与风速有一个固定的关系。风速表主要就是根据这个基本原理制成的。手柄:由一段空心管和一个带螺纹的零件组成。以上三部分可以通过螺纹连接在一起。轻便三杯风向风速表可以手持使用,也可安置在固定地点使用。仪器安在四周开阔无高大障碍物的地方。安装高度以便于观测为限，并保持仪器垂直，机壳侧面向风。

(二)风向与风速观测

野外进行风向与风速观测时，观测者在下风方向手持仪器，垂直地将其举过头顶，风速表刻度盘与当时风向平行，将方向盘的制动套管拉下，再向右转一角度，此时，方向盘可按地磁子午线的方向稳定下来，风向指针与方向盘所对应的读数就是风向。如风向指针来回摆动，可读摆动的中间值，并将观测结果记录在表 5-5 中。

在观测风向的同时，待风杯旋转约半分钟，按下风速按钮，风速指针恢复零位，松开启动杆后，红色时间小指针就随风速指针开始走动，经一分钟后铜指针停止转动，接着时间指针转到最初位置停止下来，结束了风速的测量。风速指针所示数值称为指示风速。将观测结果记录在表 5-5 中。以这个风速值从风速检定曲线图中查出实际风速值即为所测之平均风速。如欲进行下一次观测只要再压一下风速按钮。

当观测完毕后，务必将小套管向左转一角度，使其恢复到原来位置，此时方向盘可固定不动，再小心将风向仪和手柄退下，放入仪器盒。

表 5-5 风向与风速记录表

	风向 (°)	指示风速 (m/s)	实际风速 (m/s)
8：00			
9：00			
10：00			
11：00			
12：00			
13：00			
14：00			
15：00			
16：00			
17：00			
18：00			
19：00			
20：00			

六、太阳辐射观测方法

(一)太阳辐射场的布设

太阳辐射观测仪器主要有直接辐射表、天空辐射表、辐射电流表。辐射电流表与其他仪器配合使用。辐射电流表有"+""1""2"三个接线柱。"1"为负极，辐射较弱时使用；"2"为负极，辐射较强时使用。太阳直接辐射表只能测太阳直接辐射，与辐射电流表配合使用，正极与正极相接，负极与负极相接。测定前要对准光线。天空辐射表可测太阳总辐射、漫射辐射、地面反射。需要注意的是辐射电流表周围不能有金属物体，或其他电流表。

(二)太阳辐射观测

太阳辐射观测时间一般为 8：00—19：00，每 1 小时观测一次。具体如下：(1)太阳直接辐射 S 的观测：将太阳直接辐射表与辐射电流表相连，水平放置并对准光线。观测前，记录天气状况，若云层厚，将不能测得太阳辐射通量。(2)太阳总辐射 St 的观测：将天空辐射表与辐射电流表相连，确保天空辐射表水平；观测前记录天气状况。(3)太阳漫射辐射 Sd 的观测——将天空辐射表与辐射电流表相连，确保天空辐射表水平；观测前记录天气状况；测定前使用遮光板。每项观测都必须要进行多次读数，并取其平均值(表 5-6)。读数步骤：

表 5-6　辐射记录表　　单位：w/m^2

	N_{01}	N_1	N_2	N_3	N_{02}
8：00					
9：00					
10：00					
11：00					
12：00					
13：00					
14：00					
15：00					
16：00					
17：00					
18：00					
19：00					

①不打开帽盖，记录电流表读数 N_{01}；

②打开帽盖，等候 15～40s，记录电流表读数 N_1、N_2、N_3 间隔时间为 5～10s；

③盖上帽盖，等候 10～20s，记录电流表读数 N_{02}。

(三)太阳辐射计算

1. 太阳直接辐射数据整理计算

太阳直接辐射通量的计算包括如下步骤：(1)计算零点平均值 $N_0=(N_{01}+N_{02})/2$，并计算订正后的值；(2)计算三次观测平均值，并查出订正值 ΔN；(3)计算订正后的观测值 N；(4)计算太阳直接辐射通量 $S=N\times\alpha$。式中：α 为换算因子，分为两种情形：$\alpha1$(直)；$\alpha2$(直)。

水平面上太阳直接辐射(S_b)通量的计算包括如下步骤：(1)查出当地的纬度、当地经度；(2)查算时角 ω：地方时＝北京时＋(当地经度－120°)×4 分/1°，真太阳时＝地方时＋时差，再由真太阳时查出时角 ω；(3)计算 $\sin h=\sin\varphi\sin\delta+\cos\varphi\cos\delta\cos\omega$；(4)计算各时点水平面上太阳直接辐射通量 $S_b=S*\sin h$。

2. 太阳总辐射通量 S_t 数据整理计算

太阳总辐射通量 S_t 的计算包括如下步骤：(1)计算零点平均值 $N_0=(N_{01}+N_{02})/2$，并计算订正后的值；(2)计算三次观测平均值，并查出订正值 ΔN；(3)计算订正后的观测值 N；(4)计算太阳总辐射通量 $S_t=N\times\alpha$。式中：α 为换算因子，分为两种情形：$\alpha1$(天)；$\alpha2$(天)。

辐射日总量的计算(只针对观测间隔期为 1 小时的情形)包括如下步骤：(1)查当地的纬度 φ、当天的太阳倾角 δ；(2)计算当天日出日落的余弦值：$\cos\omega_0=-\tan\varphi\tan\delta$。(3)查出，若为钝角时，取其补角，并在日照常用表中查出日出日落的真太阳时，换算成北京时；(4)计算辐射日总量 $\Sigma S_t=(S_{t1}/2)(t_1-t_0)+30(S_{t1}+S_{tn})+60[S_{t2}+S_{t3}+\cdots\cdots+S_t(n-1)]+(S_{tn}/2)(t00-tn)$，式中：$\Sigma S_t$ 为辐射日总量通量，单位：W/m^2；t_0 为日出北京时，t_{00} 为日落北京时，单位：分；$t_1, t_2, \cdots t_n$ 是测定时间，单位：分；$S_{t1}, S_{t2}, \cdots S_{tn}$ 为每小时观测所得的总辐射通量密度，单位：W/m^2。

3. 太阳漫射辐射通量 S_d 的计算

太阳漫射辐射通量 S_d 的计算包括如下步骤：(1)计算零点平均值 $N_0=(N_{01}+N_{02})/2$，并计算订正后的值；(2)计算三次观测平均值，并查出订正值 ΔN；(3)计算订正后的观测值 N；(4)计算太阳漫射辐射通量 $S_d=N\times\alpha$。式中：α 为换算因子，分为两种情形：$\alpha1$(天)；$\alpha2$(天)。

七、日照时数观测方法

(一)日照观测场的布设

日照观测仪器一般为暗筒式日照计(含日照纸)。日照计要安装在开阔的、终年从日出到日落都能受到阳光照射的地方。通常安装在观测场内或平台上，如安装在观测场内，首先埋设铁架（高度以便于观测为宜），铁架顶部要安装一块水平而又牢固的台座，座面上要精确标出南北线，将日照计安装在铁架平台上，仪器底座要水平，筒口对准正北，并将日照计底座加以固定，然后转动筒身，使支架上的纬度记号线对准纬度盘上当地纬度值。如观测场无适宜地点，可安置在平台或附近较高的建筑物上。

日照纸使用前需在暗处涂刷感光药剂，日照记录的准确性与否与涂药质量关系密切。所用药剂为显影药剂赤血盐和感光药剂枸橼酸铁铵。药液的配制方法：赤血盐与水的比例 1∶10，枸橼酸铁铵与水的比例为 3∶10，按此比例，将配好的药液分别存放于两容器中，每次配量以能涂刷 10 张日照纸为宜，以免涂了药的日照纸久存失效。涂药方法：将配制好的两种药液在暗处等量混合，均匀地涂在空白的日照纸上，或者先将枸橼酸铁铵药液涂刷在日照纸上，阴干后逐日应用，每天换下日照纸后，在感光迹线处用脱脂棉涂上赤血盐，便可显出蓝色迹线。日照纸安装：将填好日期的日照纸（涂药一面朝里卷成筒状），放入金属圆筒内，使纸上 10 时线对准筒口白线，14 时线对准筒底的白线，纸上的两个圆孔对准两个进光孔，压纸夹交叉处向上，将纸压紧，盖好筒盖。调好当地纬度，高头对准正北方向。

（二）日照时数观测

当天换下的日照纸，根据感光迹线的长短，在迹线下方用铅笔描画直线，然后将日照纸放入足量的清水中浸漂 3—5 分钟拿出（全天无日照的日照纸，也应浸漂），阴干后，再重新检查感光迹线与铅笔线是否一致，如感光迹线比铅笔线长，则应补上这一段铅笔线，最后按铅笔线以十分法计算日照时数。将各小时的日照时数逐一相加，精确到 0.1h，即可得到全天的实际日照时数（表 5-7）。若全天无日照，日照时数记为 0.0。

表 5-7　日照时数记录表　　单位：h

日照纸曝光所占的行数	每行代表时长	日照时间	测定总时间	日照率

注：日照率＝（实际日照时数/昼长）×100％

八、气压观测方法

（一）气压观测场的布设

气压观测的仪器一般为空盒气压计。空盒气压计又称无液气压计，是一种测量气体压强的物理计量仪器。空盒气压计以随大气压变化而产生轴向移动的真空膜盒作感应元件，通过拉杆和传动机构带动指针，指示出当时当地的大气压强值，或与之相连通的密闭容器的气体的压强值。当大气压强(或密闭容器内气体压强)增加时,真空膜盒被压缩,带动传动机构使指针顺时针偏转一定角度,气压计读数增大;反之,气压计读数减小。

空盒气压表使用前须用水银气压计进行校正,即转动空盒气压计的调整螺旋使指针所指的读数和水银气压计的读数一致。测量风流方向中某点的绝对静压时,须使空盒气压计的刻度盘平行于风流的方向。因指针转动比较迟缓,读数之前,用手指轻击几下仪器,待指针稳定后再读取读数,又因真空盒的薄片有一定的弯曲极限,所以读数有一定的范围,一般在 360 到 790mmHg($5\times10^4-1.05\times10^6$Pa)之间。

(二)气压观测

野外气压观测时间一般为 8 : 00—20 : 00,每 1 小时观测一次。空盒气压计的主要部件是一个金属真空盒,用皱纹薄片密封。当空气的绝对静压发生变化时,薄片随即向上或向下弯曲,用齿轮和杠杆的机械传动作用,把这种弯曲变化量转变为指针在刻度盘上的转动量,从刻度盘上读出 mmHg 或 kPa 的数值(表 5-8)。

表 5-8　气压记录表　　单位:kPa

	气压
8 : 00	
9 : 00	
10 : 00	
11 : 00	
12 : 00	
13 : 00	
14 : 00	
15 : 00	
16 : 00	
17 : 00	
18 : 00	
19 : 00	
20 : 00	

第二节　四明山南区气象与气候调查与实习内容及线路设计

一、四明山南区气象与气候资源概况

四明山南区位于北亚热带湿润型季风气候区，受太平洋季风影响，气候温和湿润，四季分明，冬夏季风交替明显，雨量丰沛，本区特定的地理位置和特殊的地形特征受到大陆气团和海洋环流的共同影响，从而形成了天气复杂多变、气候类型多样、气候资源丰富、灾害天气种类多且发生频繁的特点。由于境内地势西北高、东南低，所以垂直方向上的气候变化也比较大。本区的年日照总时数为 1836.2h。夏季的日照时数和日照百分率最大。本区西北部山顶的年平均气温 11.2℃，东南山麓的年平均气温 16.5℃。降水量相当充沛。海拔 200m 以上的山地，年平均降水量为 1500～2000mm，降水日数达 160～180d。

二、四明山南区气象与气候调查与实习目的

气象要素与气候资源是区域生态环境与社会经济发展的重要基础。气象与气候调查与实习旨在让学生形成对四明山南区气象与气候资源状况的基本认识。通过实地观察和动手操作，了解与掌握气象与气候野外调查的常用方法与手段，掌握常用气象仪器的使用方法。学会小气候观测场的布设和资料整理，分析小气候要素形成的原因，揭示不同下垫面小气候特征，了解不同下垫面产生的小气候效应。

三、四明山南区气象与气候调查与实习内容

四明山南区水文水资源调查与实习的内容主要包括以下方面：(1)收集四明山南区基本气候资料，学会气象资料分析的基本方法；(2)学会布设小气候观测场；(3)学会利用仪器测定气象指标；(4)掌握各种气象指标的测定和计算方法；(5)学会处理观测数据并能分析结果。

四、四明山南区气象与气候调查与实习线路

气象与气候野外调查是在野外按照预定的气候与气候观测点与野外调查线路，进行各种气象要素的观测、记录及整理计算等工作。调查与实习线路主要考虑以下几条。

线路一：溪口—商量岗—奶部山

主题：认识地形与气候的关系、气候垂直分异的基本规律和山地小气候的主要特征。

内容:(1)高程对比观测。按照不同高程布设观测点。观测项目:温度(气温、最高气温、最低气温、地面温度、地面最高温度、地面最低温度、不同深度的地温)、湿度、风向、风速。同一高度的测点上,还可以进行林地、草地、裸地和农田之间的温度、湿度的对比观测,或进行贴近地气层 0cm、20cm、50cm、100cm 和 150cm 高度的温湿梯度观测。(2)坡向方位对比观测。按照不同坡向、坡度布设观测点。观测项目:温度(气温、最高气温、最低气温、地面温度、地面最高温度、地面最低温度、不同深度的地温)、湿度、风向、风速。

线路二:溪口—亭下湖水库

主题:水体和陆地的热力、动力差异

内容:(1)水温观测。按水体等深线布设观测点,测量不同深度(距离水面 1m、5m、10m、15m、20m、25m、35m)的水体温度。(2)水体对比观测。沿盛行风向(从上风向到下风向)作穿越水体的水平剖面线,按照水体远近布设观测点。观测项目:温度(气温、最高气温、最低气温、地面温度、地面最高温度、地面最低温度、不同深度的地温、水温)、湿度、风向、风速。

五、四明山南区气象与气候调查与实习报告要求

题目:四明山南区气象与气候野外调查与实习报告

(1)前言:简述调查与实习区域气象与气候概况,研究简史,调查与实习的目的和过程。

(2)正文:山地气候观测和水域气候观测,包括各个气象要素场的布设、观测,数据整理和分析;总结地形与气候的关系、气候垂直分异的基本规律和山地小气候的主要特征;总结水体和陆地的热力、动力差异。

(3)结论:全面概要地总结调查与实习的主要成果,提出调查与实习过程中的新发现和新见解,归纳调查与实习过程中的经验和教训,指出存在的问题及建议。

(4)附图:调查与实习区域的交通位置图,调查与实习线路及气象观测点的分布图。

第六章　四明山南区植物地理学调查与实习设计

第一节　植物地理学野外调查方法

植物群落是在一定区域内生长的全部植物的集合，植物群落可以很好地体现自然环境与生物之间的联系，是自然地理学研究的重要对象。作为生物圈中的生产者，植物能够从土壤和空气中获取营养物质，是连接无机环境与有机环境的纽带。不同植物对土壤、温度、水分、光照度等自然地理要素的需求不同，这是导致植物分布差异的根本原因。与此同时，植物在生长过程中的一系列生命活动又会改变其周围的地理环境。因此，植物群落是当地植物和大自然二者长期以来相互适应的产物。

植物类型繁多，植物的生长、分布状况又受到多方面因素的影响，一个小范围内的植物群落中可能有成百上千种植物。由于植物群落的复杂性，为了解植物群落的详细情况，必须对这些群落进行实地野外调查。在野外调查中搜集到的群落资料，经过生态学方法的处理与分析，可以得到该群落植物与环境相互作用、相互演变的一些原理和规律。

一、植物地理野外调查的基本步骤

(一)准备工作

为使植物地理野外调查实习取得预期效果，调查与实习之前做好各项准备工作非常重要。植物地理野外调查前的准备工作主要是为了明确植被调查的基本目标、任务和相关要求，在大量、系统地搜集和研究前人的相关资料基础上，制定野外调查工作计划，做好组织上、物质上和生活上的必要准备。室内准备工作的重点应放在植物地理野外调查区的资料收集上。具体的准备工作有以下三步：

(1)指导教师要确定野外调查与实习的地点，预查和制定调查与实习计划，包括调查与实习目的要求内容、方法、步骤、线路、日程安排、人员组织等方面的内容。

(2)指导教师向调查与实习人员介绍调查与实习地区的基本状况和主要调查

与实习内容，指导学员收集、查阅调查与实习地区的有关地形、水文、气候以及常见植被的资料，使学生对调查与实习区域的植被、气候、土壤等自然资源有一定的了解。

(3)准备好必需的仪器用品、装备和图表，如放大镜、支剪、样本夹、标本纸、标本收集袋、样方绳、皮尺、钢卷尺、地质罗盘、手持GPS、铅笔、笔记本、地形图、植物检索表、各类植物调查记录表以及挂包、帽子、雨衣、胶鞋等生活用品。

(二)野外调查点、调查线路的选择

1. 调查点的选择

调查点必须选择在生长有典型性、代表性植物的地段，这些植物要能反映出当地的大气、水热、光照等自然条件。

2. 调查线路的选择

植物地理野外调查是在野外按照预定的典型植物类型与野外调查线路，进行植物种类和数量的观测、测验、调查、记录等工作。由于人力、空间和时间的限制，不可能对整片区域进行研究，因此所选择的线路所能观测到的植物要能够较为完整地反映该地区自然环境变化。植物地理野外调查与实习要求用较短的线路获取尽可能多的信息。

在确定线路时，应选取某种或数种自然地理环境条件逐渐变化的地段，这样的变化越明显，取得的效果越好。所选线路要能较完整地体现出植被的水平分异规律、垂直分异规律或海陆分异规律，如从浅海到陆地、从山脚到山顶、从山体向阳坡到背阴坡等。

(三)观察和调查与实习记录

野外调查与实习过程中，对沿途植物的准确记录是后续工作的基础。因此，要求学生养成良好的沿途观察的习惯：

(1)辨识植物时，要做到耐心细致。对于熟悉的植物应耐心核实，对于陌生植物应仔细观察，并使用植物检索表检索。辨识不出时，将植物的形态、位置数据进行记录或将植物制作成标本带回研究；

(2)野外调查与实习过程中要做到及时记录。调查与实习记录是调查与实习的最基础成果，是编写调查与实习报告的基本依据，因此要及时真实地在调查与实习表格和笔记上记录下观察到的植被情况。做记录时，除填写植物调查记录表格外，还应该对植被周围的环境进行描述。记录过程中应利用手持GPS记录植物具体位置坐标。

(3)不局限于完成任务，要勇于探索植物周围的环境，多思考多动脚，有灵感时及时记录自己的想法，遇到美景可利用拍照加深印象，等等。利用这些方法往往会带来意想不到的收获，并且可以加深自己对植物地理学的兴趣。

二、植物地理学野外调查的内容与方法

(一)植物地理野外调查的内容

(1)掌握植物群落野外调查的方法。选定研究样地后,利用样方法对样地进行分类、排序。收集样地内植物数据,将数据及时记录在调查表上。

(2)理解并能够运用植物生态学指标对植物群落特征进行分析。根据植物地理野外调查数据计算常用植物生态学指标,利用这些指标进行植物种群在群落中的重要性分析和植物群落的多样性分析。

(二)植物地理野外调查的方法

1. 植物群落抽样调查方法

(1)目的与要求

通过植物群落野外调查与实习,掌握最基础的植物群落调查方法——样地法,掌握利用表格统计群落中各类植物的方法。

(2)主要内容

学习样地法原理,确定待测点样地的划分计划,并使用相关表格记录数据。

(3)仪器用品

海拔仪、罗盘、温度计、湿度计、手持 GPS、皮尺、便携式光照度仪、钢卷尺、记录表、铅笔等。

(4)原理方法

由于人力、空间和时间的限制,难以实现对研究区域进行全盘式的资料收集,只能从中选取一小部分有代表性的地段进行实测,从局部特征出发得到总体特征。取样方法分为样地取样法和无样地取样法。这里对样地法中最基础的样方法进行阐述。

①样地的选择标准

样地的选择标准主要包括:(1)样地应选择各类植物分布较均匀的地段;(2)样地应选择在以地带性植被为主的地段;(3)样地应选择在植物群落层次分明、结构完整的地段;(4)样地应选择接近植物群落中心的地段,避开群落与群落之间的过渡地段。

②测定样地环境因子

在选择好样地后,要记录样地的环境特征,包括地理位置、地形、温度、空气湿度、光照程度、土壤性质等,将数据记录在群落样地调查表(表 6-1)中,并采集具有代表性的土样带回实验室分析。

表 6-1 群落样地调查表

<table>
<tr><td colspan="2">调查者：</td><td>样方号：</td><td>调查日期：</td></tr>
<tr><td colspan="2">植物群落类型：</td><td colspan="2">样地面积：</td></tr>
<tr><td>地理位置：</td><td>纬度：</td><td>经度：</td><td>海拔：</td></tr>
<tr><td>地貌：</td><td>土壤类型：</td><td>土壤湿度：</td><td>土壤 pH：</td></tr>
<tr><td>坡向：</td><td>坡度：</td><td>地形：</td><td>坡位：</td></tr>
<tr><td colspan="2">群落内地质情况：</td><td colspan="2">人为及动物活动情况：</td></tr>
</table>

③使用样方法划分样地

样方法是群落数量研究中最常用的取样技术。样方的大小、形状、顺序等细则要根据实际情况选择。主要步骤如下：(1)最小面积的确定。为了付出最少的时间和人力获取最多资料，有必要确定最小面积。最小面积，即能选取的各样方面积总和的最小值。样方的最小面积由群落内植被类型来决定（表 6-2，表 6-3，表 6-4，表 6-5）。原则上样方的最小面积不能小于群落的面积。(2)形状的确定。视具体地形情况，可选择适合的样方形状。形状选择较为普遍的准则是：样方的长轴应与等高线一致，以避免高差给样方带来植物垂直分异的影响。(3)顺序的确定。为了获取样地内的所有数据，先在样方内选择一块植物生长比较均匀的地方，用测绳圈定一块较小的面积作为初始面积，记录这一面积中所有植物的种类，然后将此面积按一定顺序成倍扩大，逐次记录新增加的植物种类。植物种类增加量随面积的增加而逐渐变慢，达到最小面积后植物种类不再增加。草本植物群落初始面积一般为 10cm×10cm，森林群落则至少为 5m×5m。(4)植物基本形态指标测量与计算方法。胸径：利用胸径尺（或皮尺）围住树木距地面 1.3m 处的主干求得周长，然后利用周长公式反推出此处的直径，即为胸径。注意：当树木倾斜时，胸径尺要与树木主干正交；当有侧枝在 1.3m 处伸出时，测量侧枝上方的胸径以避免侧枝影响。冠幅：指树冠南北和东西方向宽度的平均值。若树木太高，可以对树冠的投影进行测量。枝下高：指乔木自地面至第一个树枝的树干高度。郁闭度：太阳高度角达到最大时，林冠的投影与地面面积之比。可将郁闭度简单分为四个等级：0 级（没有树冠阴影），1 级（0%～20%），2 级（20%～40%），3 级（40%～70%），4 级（70%～100%）。

表 6-2 中国各类植被研究时的最小面积常用标准(宋永昌，2001)

植被类型	最小面积/m^2	植被类型	最小面积/m^2	植被类型	最小面积/m^2
热带雨林	2500～4000	针阔混交林	200～400	中草群落	25～400
南亚热带雨林	900～1200	东北针叶林	200～400	低草群落	1～2

续表

植被类型	最小面积/m^2	植被类型	最小面积/m^2	植被类型	最小面积/m^2
常绿阔叶林	400～800	灌丛幼年林	100～200		
温带落叶阔叶林	200～400	高草群落	25～100		

④将样地内所有植被数据记入下列表中：

表 6-3　乔木层样方记录表

样地编号＿＿＿＿＿＿样地面积＿＿＿＿＿＿

郁闭度＿＿＿＿＿＿＿群落类型＿＿＿＿＿＿＿＿群落名称＿＿＿＿＿＿

样方号	树种	胸径(m)	冠幅	枝下高(m)	物候期	备注

表 6-4　灌木层样方记录表

样地编号＿＿＿＿＿＿样地面积＿＿＿＿＿＿

郁闭度＿＿＿＿＿＿＿群落类型＿＿＿＿＿＿＿＿群落名称＿＿＿＿＿＿

样方号	树种	高度(cm)	盖度	株数	生长状况	备注

表 6-5　草本层样方记录表

样地编号＿＿＿＿＿＿样地面积＿＿＿＿＿＿

郁闭度＿＿＿＿＿＿＿群落类型＿＿＿＿＿＿＿群落名称＿＿＿＿＿＿＿

样方号	草种	高度(cm)	盖度	丛数	生长状况	备注

(5)植物群落抽样调查的操作步骤

植物群落抽样调查的操作步骤包括：(1)选定样地；(2)测定样地环境因子；(3)确定最小样地面积；(4)利用样方法划分样地；(5)观察并记录样方中的植物；(6)回访与检查。

(6)植物群落抽样调查的注意事项

植物群落抽样调查的注意事项包括:(1)样地的大小、形状、数目和植物的调查表格等应以实际情况为准,选取的指标应该科学、规范、统一,以便于实地记录和室内分析。(2)调查记录做到准确不遗漏即可,不宜罗列得太细致,以免影响调查进度。细致的数据整理和分析工作可回到室内后再进行。

2. 植物群落特征分析方法

(1)目的与要求

通过调查与实习,能够理解并运用常用生态学指标反映群落特征,掌握植物群落特征分析中的重要性评估方法和物种多样性测定方法。

(2)主要内容

利用野外调查中记录的数据演算出部分能够反映群落特征的指标,使原始资料条理化,并利用生态学方法进行植物群落特征分析。

(3)仪器用品

皮尺、钢卷尺、罗盘、样方线、指南针、记用表等。

(4)原理方法

①植物种群在群落中的重要性分析

相对多度表示种群在群落中的丰富程度

$$相对多度=\frac{样地内某种植物的总株数}{样地内所有植物的总株数}\times 100\%$$

密度和相对密度

$$密度=\frac{样地内某种植物的总株数}{样地面积}$$

$$相对密度=\frac{一个种的密度}{所有种密度之和}\times 100\%$$

度和相对频度

频度是指某种植物在样地中出现的概率,反映出植物的密度和集聚程度。

$$频度=\frac{生长有该种植物的样地数}{样地总数}$$

$$相对频度=\frac{该种植物频度}{所有种频度之和}\times 100\%$$

显著度和相对显著度

$$显著度=\frac{某种植物胸高断面积总和}{样地面积}$$

$$相对显著度=\frac{某种植物的显著度}{所有植物的显著之和}\times 100\%$$

盖度和相对盖度

盖度指植物地上部分垂直投影的面积占地面的比率。盖度的大小不决定于植株的数目，而是决定于植株的生物学特性。

$$盖度=\frac{植物地上垂直投影面积}{地面面积}\times 100\%$$

$$相对盖度=\frac{样地内某种植物的盖度}{样地内所有植物的盖度之和}\times 100\%$$

重要值

重要值＝相对多度(或相对密度)＋相对频度＋相对显著度(或相对盖度)

重要值是评价植物在群落中数量、地位、作用和优势度的综合性指标。重要值高，表示群落的自然环境条件十分适合该植物生长，该植物在群落中是优势种，在群落中发挥着重要的功能，对群落稳定性的维持起重要作用。

②群落物种多样性分析

物种多样性是群落的重要特征。物种多样性指数是表征物种丰富度和均匀度的函数，可以比较系统而清晰地显示出生物群落的结构，同时也可以反映出生物群落和生态环境之间的关系。学者们提出了许多衡量物种多样性的指数，其中比较常用的有 Simpson 指数、Shannon-Wiener 多样性指数及均匀度指数等。

Simpson 指数

$$D = 1 - \sum_{i=1}^{s} \frac{N_i(N_i - 1)}{N(N-1)}$$

式中，D 为 Simpson 指数；N 为总个体数量；N_i 为第 i 个物种的个体数量。D 值最低为 0，表示群落中只有一个物种；最高值为 $1-\frac{1}{s}$，表示群落中的每个个体都是不同物种。

Shannon-Wiener 多样性指数

$$H = \sum_{i=1}^{s} P_i \ln P_i$$

$$E = \frac{H}{\ln S}$$

H 为 Shannon 指数，P_i 为物种 i 的重要值，$P_i = N_i/N$。H 的值越小表示物种越少，越大表示物种越多。

E 为 Shannon 均衡度指数，S 为群落内总物种数。某种植物的个体分布得越均匀，E 的值就越大。

三、室内整理及植物野外调查与实习报告的编写

植物地理野外调查结束后，对调查资料应及时整理和计算，绘制各种图件资料。所有材料整理齐全后，要尽快加以整合、分析，并编写植物群落调查报告。调查报告的编写是野外调查工作的最重要环节。

1. 植物调查室内整理

调查与实习报告编写前期的室内整理工作包括以下步骤。

首先，整理野外调查记录表和调查资料。整理野外调查获取的各类资料，检查资料是否齐全，并尽快做出补充。样地内自然环境和各类型植物的数据要实时记录在表格中，并做好描述和说明。

其次，植物群落特征分析。根据野外观测和调查的资料及数据和收集的有关调查区自然环境的资料进行综合分析。分析内容包括植物种群的重要性(优势度)分析和植物群落的多样性分析。

2. 报告编写

室内整理工作完成后，开始编写植物地理学野外调查报告。植物地理学野外调查报告是对野外观测和调查中搜集到的植被信息加以综合分析和总结，以书面形式表述为调查成果的调查与实习报告。报告的内容主要包括以下几个方面。

(1)前言

主要说明调查与实习地点、目的与任务、要求与方法方式、意义、调查与实习内容及线路安排、调查工作的组织安排情况、调查进行的过程和完成情况等。

(2)区域自然地理环境概况

主要包括调查区的范围、地理位置、地形地势基本特点及气候、土壤等概况，主要植物类型及分布概况，调查区人类活动情况等。

(3)植物群落野外调查内容

植物群落野外调查内容包括植物群落的实地调查和调查结果的分析和处理。首先是要对样方法进行介绍，并对样方大小的设定、样方的划分、样方设置顺序和表格指标的选取进行解释。其次是要对植物群落资料分析和处理的方法进行阐述。

(4)总结与结束语

在大量观测与调查资料的分析概况的基础上，概括性地总结植物群落野外调查与实习的主要成果，自己的收获和体会；阐明植物群落特征，揭示不同植物类型的分布与地形、土壤、海拔、光照等自然地理环境的联系；对野外调查与实习的改进意见与建议等。

第二节　四明山南区植物地理学调查与实习内容及线路设计

一、四明山南区植被资源概况

四明山南区位于北亚热带湿润型季风气候区，受太平洋季风影响，气候温和湿润，四季分明，冬夏季风交替明显，雨量丰沛，本区特定的地理位置和特殊的地形特征，受到大陆气团和海洋环流的共同影响，从而形成了天气复杂多变、气候类型多样、气候资源丰富，灾害天气种类多且发生频繁的特点。由于境内地势西北高、东南低，所以垂直方向上的气候变化也比较大。本区的年日照总时数为 1836.2h。夏季的日照时数和日照百分率最大。本区西北部山顶的年平均气温 11.2℃，东南山麓的年平均气温 16.5℃。降水量相当充沛。海拔 200m 以上的山地，年平均降水量为 1500～2000mm，降水日数达 160～180d。

二、四明山南区植物地理野外调查与实习目的

植物地理学是自然地理学的一个重要分支，具有很强的应用性和实践性。野外调查与实习是植物地理学教学的重要环节，是理论知识的扩展和延伸，培养学生实际观测与分析能力，激发创新精神和科研精神。植物地理学野外调查与实习的目的是使学生掌握植物地理学实验的基本理论、基本知识以及研究植物地理学的一些基本方法和技能，并能够综合运用这些基本知识、方法和技能去研究植物与环境间的关系，理解植物系统发育过程及其地理分布规律，培养学生学习植物地理学的兴趣及研究与创新的能力，让学生更全面地理解植物地理学的重要性。

三、四明山南区植物地理野外调查与实习内容

四明山南区植物地理学调查与实习的内容主要包括以下方面：(1)掌握植物群落调查方法；(2)了解四明山南区植被组成；(3)理解生态因子对植被分布的影响，特别是海拔梯度上土壤水分、养分及土壤质地和结构对植被分布的影响；(4)学习植物标本的制作方法；(5)掌握利用遥感影像进行植被类型解译方法，绘制研究区植被景观分类图。

四、四明山南区植物地理野外调查与实习线路

植物地理学野外调查与实习是在野外按照预定的调查线路，从点到线再到面的观测调查过程。调查与实习区域主要包括两部分，一是四明山南区山地、丘陵，

二是四明山南区山前平原。调查与实习线路主要考虑以下几条。

线路一:溪口—商量岗—奶部山

主题:植物群落样方调查、植被垂直地带性、植被与生境关系、植被遥感解译

内容:(1)了解植被样方调查方法与基本步骤;(2)典型植被类型样方特征观察与描述;(3)乔木、灌木群落特征分析;(4)典型植被类型遥感解译。

线路二:溪口—千丈岩—三隐潭—直岙

主题:植物群落样方调查、植被垂直地带性、植被与生境关系、植被遥感解译

内容:(1)典型植被类型样方特征观察与描述;(2)乔木、灌木群落特征分析;(3)植被类型随高程变化分析;(4)典型植被类型遥感解译。

线路三:剡江大桥—康岭铁桥

主题:人工植被观察、植被遥感解译

内容:(1)典型人工植被类型样方特征观察与描述;(2)典型人工植被类型遥感解译。

五、四明山南区植物地理野外调查与实习报告要求

题目:四明山南区植物地理野外调查与实习报告

(1)前言。主要说明调查与实习地点、目的、意义、调查与实习内容及线路安排等。

(2)调查与实习区概况。主要包括调查与实习区的范围、地理位置、交通概况等(可附位置图),调查与实习区自然地理条件,包括地质地貌、河流、气候、土壤等概况,调查与实习区社会经济概况。

(3)调查与实习具体内容。分析四明山南区植被类型的基本特征,植被资源的开发利用现状,探讨植被资源开发利用对策。可以按调查与实习线路为主线进行四明山南区山地丘陵、四明山南区山前平原植被介绍,主要说明调查与实习区域植被的垂直地带性分布特点、人类的利用改造。也可以按专题报告形式撰写。在野外调查基础上,结合遥感影像解译,完成研究区植被遥感解译图。

(4)结束语。概括性地总结四明山南区植物地理学野外调查与实习的主要成果,自己的收获和体会;野外调查与实习方法上有哪些提高;野外调查与实习对课堂知识的理解和将来参加工作的意义,提出对野外调查与实习的改进意见与建议等。

第七章　四明山南区自然地理学综合野外调查与实习设计

第一节　自然地理野外调查教学改革与综合实习

课程的综合化成为高等院校课程体系改革的潮流和趋势。自然地理的综合研究是地球表层科学发展的需要，自然地理课程的综合化主要表现在课程设置中部门自然地理的削减及《现代自然地理学》课程的开设。教材以王建主编的由高等教育出版社出版的《现代自然地理学》为代表，目前已被大多数高校地理系所采用。由于新课程中更强调圈层之间的相互作用，传统的"一门课一次野外实习"的做法割裂了各地理要素之间的相互关系，因而在方式、方法和内容结构等方面均不能适应自然地理教学的需要，特别是在培养学生综合能力方面的缺陷越来越明显。改革传统的部门自然地理调查与实习，代之以与课程相适应的自然地理综合野外调查与实习，势在必行。

一、加强自然地理综合野外调查与实习的意义

(一)有利于培养学生地理学理论运用于实践的专业能力

自然地理综合野外调查与实习既是地理类专业自然地理课程课堂教学的继续，也是让学生掌握自然地理调查与研究方法的一个独立的重要教学环节。它直接影响学生对自然地理各课程基本知识和理论的理解和掌握，关系到学生应用自然地理基本知识与理论解决实际问题和开展创新与实践能力的培养。国家教育部在《关于普通高等学校修订本科专业计划的原则意见》中指出要处理好理论教学与实践教学的关系，要加强理论联系实际，明确实践教学目标，加强教育、科研和社会实践的有机联系，丰富实践教学内容、方法和途径。众所周知，自然地理学是研究自然地理环境的科学，其研究对象是自然地理环境，它的物质组成具有相对独立性、整体性和区域性的特点，有关自然地理环境物质组成的属性和不同区域的大部分数据及第一手资料，主要来自野外考察，这就决定了让学生仅仅满足于从书本里和课堂上学习地理科学专业知识是远远不够的。必须把他们带到野外去，通过亲临其境的直接考察，亲自了解调查与实习地区及沿途的自然地理环境属性、形成机

理、各自然地理要素之间的相互联系，使得从书本里的课掌上所学到的理论和知识得到深化，从而巩固、加深对自然地理问题的理解，并提高学生的地理思维能力。

自然地理综合野外调查与实习的最显著特点便是“综合”和“实践”，它能使教育与科研及生产和社会实践的关系更加密切，有利于加强学生自学能力、独立分析解决问题能力的培养，有利于加强学生创新思维和实践能力的培养，有利于学生个性和才能的发展。如部门自然地理野外调查与实习，它是为了从具体要素研究地理事象和地理过程，是对自然地理环境整体的分析，是从细节方面认识整体的各个部分的。它不仅可培养学生理论联系实践的学风和艰苦细致、团结协作的作风，还能使他们将所学自然地理理论和知识应用于实践，掌握部门自然地理各学科地理问题的能力。综合自然地理野外调查与实习，可从整个方面认识自然地理环境，可通过协调各部分达到从全局上把握整体，可重点培养学生综合分析地理事象的能力，调查与实习报告或习作论文则可培养学生资料查询、文献检索及运用现代信息技术获得相关信息的基本方法和选材、取材、谋编以及写作技能、技巧的各种本领。

(二)有利于促进地理学科建设与发展

地理学是研究地理环境的科学，自然地理学(包括部门自然地理学、综合自然地理学和区域自然地理学)是地理学的一个组成部分，它是研究自然环境的科学。无论是综合自然地理学、部门自然地理学还是区域自然地理学，理论与实践都具有同等重要的意义，它们是互相促进、辩证统一的关系。自然地理综合野外调查与实习是理论与实际结合的中间环节，通过调查与实习过程中采用的比较完善的仪器、比较精密的分析技术可以认识自然现象的性质、动态和年龄，通过建立定位观测来了解各种自然现象在时间上的变化。毫无疑问，这些实践方法将有助于学生更深刻地理解地理环境的形成和发展。诸如此类的实践技术和方法无疑是改变自然地理学面貌的重要手段，这将使它有可能逐渐成为精确的科学，使它有可能对自然过程做出定量的分析和预测，完替和丰富自然地理学理论和内容，提高自然地理学水平，促进地理科学的建设与发展。

(三)有利于发挥地理学为社会经济建设与发展服务

自然地理学是一门基础科学，它不仅是经济地理学等学科的基础，而且它的实践意义在于可以通过结合生产实践所取得的丰硕成果来改造自然和为社会经济建设与发展服务。自然地理综合野外调查与实习强调学生走出教室去掌握自然地理野外调查研究的各种方法，对自然地理环境进行深入研究，通过调查与实习、实验和实践而获得发现，导出规律，发展新理论，运用于人类，为社会经济建设与发展服务。例如，区域地貌的调查与研究，对于农业生产、工程建设、寻找砂矿、土地利用、国土规划、资源调查和环境评价等，有十分重要的意义。综合自然地理野外调查与实习，通过对各个区域的自然地理综合特征的考察、研究和分析，可明确区域内部资源开发利用和环境整治上的主要症结并提出对策，根据区域的实际状况和具体条件以及研究目标，寻求经济、社会和生态三效益之间的最佳动态平衡，保持区域经济的可持续发展。

二、自然地理野外调查与实习教学改革

（一）自然地理综合野外调查与实习基地建设

自然地理综合野外调查与实习基地建设包括调查与实习基地的选取、调查与实习区基础资料的收集、野外踏勘、样品采集分析、资料室内整理、调查与实习区自然地理概要的编写等工作。

自然地理综合野外调查与实习基地的选择和建设不仅是自然地理学科建设的重要组成部分，也是野外调查与实习顺利进行和调查实习质量不断提高的基础。由于受经费、时间的限制，调查与实习基地选取必须注意以下几个问题。首先，调查与实习区的地理事象应该具有典型性，能反映该区域自然地理现象的本质特性及变化规律；其次，由于自然地理要素的复杂性，调查与实习区应尽可能多地反映自然地理各要素的内容，以便学生对自然地理环境本质规律的把握；第三，调查与实习内容的集中性，有利于学生在较短时间内熟悉调查与实习区的自然地理概况。由于调查与实习人员多、时间短，要想顺利完成调查与实习任务，调查与实习区的线路组织在考虑尽可能多地穿越各类地理事象外，还要考虑线路组织的容易性及交通的方便性等。

确定自然地理综合野外调查与实习基地后，首先要收集调查与实习区域的基础资料，特别是地形图、航空相片、卫星相片及气候、水文等第一手资料。同时收集前人在调查与实习区的工作成果，主要有各种调查报告、论文及各种地质图、地貌图、土壤图、土地利用图、植被分布图等，了解目前对研究区的研究进展程度、得出的主要成果及存在的主要问题。在此基础上，组织相关专业教师对调查与实习区进行踏勘，可选择代表性线路进行比较详细的野外调查，验证已有文字图表资料上的相关内容，并重点考察资料上阐释不太全面的内容及存在的问题。踏勘过程中要注意学生调查与实习线路的选择。在全面了解调查与实习区自然地理概况后，对踏勘成果及已有材料进行归纳总结，形成自然地理综合野外调查与实习指导书，系统介绍调查与实习区的自然地理各要素及其相互作用。

（二）自然地理综合野外调查与实习教学内容改革

自然地理综合野外调查与实习的内容除自然地理要素特征、地理环境基本格局外，更应该注重地理野外工作方法的训练和综合分析能力的提高。

1. 各自然地理要素调查与实习

自然地理环境是由各自然地理要素共同构成的，因此，地质、地貌、气象、气候、植被、水文、土壤等自然地理要素特征的认识和调查与实习仍是自然地理综合野外调查与实习的重要内容之一。

2. 地理野外工作方法

地理野外工作方法主要有地理图件的判读分析方法、调查路线与观测点的选择方法、观测点的观察和地理现象的描述分析、样品和标本的采集、地物摄影和野外素描、仪器的使用方法等。另外，还包括自然地理要素调查的具体野外方法，如坡地地貌调查、河流地貌调查。地图是地理工作者不可缺少的工具，地理学的研究成果也常以地图表示，各类地理底图的应用是野外调查与实习的一项重要内容。因此，野外调查与实习必须加强室内外读图和填图能力的训练。调查路线与观测点的选择关系到调查与实习内容是否能反映调查与实习区的本质特征，因此，进行调查路线和观测点选择方法的训练对学生以后独立开展地理野外工作是十分必要的。观测点的观察和地理现象的描述分析是野外调查与实习的重要组成内容，能否正确描述分析直接关系到野外调查结论的可靠性。样品和标本的采集是深入研究自然地理环境特征和积累资料的重要过程，地物摄影和野外素描是对地理现象的直观反映和记录，其成果对室内分析整理工作非常重要，因此野外调查与实习时必须加强这方面的训练。仪器是分析地理事象的重要手段，通过野外训练，让学生掌握仪器使用方法也是必不可少的调查与实习内容。

3. 自然地理环境整体特征的认识和人地关系研究

认识自然地理环境，除对各自然地理要素进行深入细致的分析外，还必须把各部分联系起来进行综合分析，从全局上把握其变化规律，分析人类经济活动对自然资源的影响并提出合理利用自然资源的建议。自然地理各组成要素虽然都有自己的发展变化规律，但并非孤立于地理环境中，而是相互联系、相互制约和相互依存，并力图相互适应的。研究自然地理环境时，不仅要具体地分析各个要素的作用，而且要注意各个要素的相互关系，从各个要素的相互联系、相互制约和相互作用中去考察它们。这部分调查与实习内容是自然地理综合野外调查与实习的重点和难点所在，但又不可能专门安排调查与实习路线，因此，自然地理整体特征的认识及人地关系研究必须纳入到自然地理要素调查与实习过程中。具体做法是在要素调查与实习时，引导学生对要素间相互关系的思考。如地貌是转化后的太阳能经外力形式与地球内力相互作用的结果，其形成的物质基础是岩石，地貌差异必然引起各种自然地理过程的相应变化；气候作为最活跃的自然地理环境要素之一，影响着地表水热平衡、陆地水文网和生物的分布，风化壳和土壤的形成；水文过程对气候变化、土壤流失、地貌塑造等都产生深刻的影响；生物可促进太阳能的转化、参与风化、改造土壤、建造岩石等；土壤的形成受各种成土因素影响，同时也为植物的生长提供立地条件；人类活动可对整个自然地理环境产生深刻影响。

4. 自然地理综合野外调查与实习成绩的评定

自然地理综合调查与实习作为一门独立开设的课程，在自然地理学课程完成后集中进行。野外调查与实习涉及面非常广，调查与实习成绩的评定与一般理论课的笔试有较大差异，考核内容应该包括整个调查与实习过程，主要有学生的调查与实习态度、野外工作能力、专业技能、综合素质和调查与实习报告等方面。调查与实习指导教师在调查与实习过程中要对学生调查与实习情况进行记录，并采取野外提问等方式进行相关方面的考核。各项考核内容可根据实际情况赋予权重，构建调查与实习成绩评定指标体系，最后得出调查与实习的综合成绩。

第二节 四明山南区自然地理综合野外调查与实习内容及线路设计

一、四明山南区自然地理概况

四明山南区因其作为抗日战争的全国十九个革命根据地之一和独特的地理风貌闻名海内外。区内最高山峰 978 米。出露地层主要为白垩系下统火山—沉积岩、上侏罗统火山岩及第四系松散堆积物。由于处在新构造运动强烈上升与下降的过渡地带，山地起伏剧烈，600 米以上的山峰连绵不断，地面峡谷深切，切割深度为 200～500 米，局部超过 500 米，河谷发育深受构造线控制，南部有小面积的冲积平原。本区属亚热带季风气候，气候温和，雨量充沛，季节变化明显，对应于西北高东南低的地势，气候的垂直分异明显。区内的剡江上下游河道特征变化显著。区内土壤类型分布齐全，垂直地带性土壤和河谷土壤均有分布，植被的垂直地带性也较明显，具备自然地理综合野外调查与实习的较好条件。

二、四明山南区自然地理综合野外调查与实习目的

通过四明山南区自然地理学综合野外调查与实习，使学生深入掌握所学自然地理学专业理论知识，初步掌握野外自然地理各要素调查的基本方法和技能。同时，了解自然地理各类要素的相互联系与资源调查的基本方法，为后续野外工作和以后从事专业工作打下基础。加深对自然地理学基本原理和实际问题的理解和认识，培养地理学的空间观点和综合分析能力，学会发现问题、解决问题，达到理论联系实际、巩固基础知识和提高专业素质的目标。

三、四明山南区自然地理综合野外调查与实习内容

四明山南区自然地理综合野外调查与实习内容主要包括以下方面：(1)掌握自然地理学野外调查与实习的基本方法；(2)掌握自然地理要素调查的基本内容；(3)分析自然地理要素相互关系；(4)人类活动对自然地理要素的影响。

四、四明山南区自然地理综合野外调查与实习线路

线路一：溪口—水文站

主题：水文要素

内容：

1. 实地资料收集及过水断面实测

2. 水文资料的收集和整理

(1) 剡江流域水量平衡情势

记录内容及程序：河流名称、站名、流域面积、本区的平均年降水量或年降水深、陆面蒸发量、径流系数；

(2) 径流补给的条件

(3) 径流的年内变化

① 绘制剡江流域某典型年的流量过程线；

② 分析径流的特征月份。

(4) 径流的年际变化

径流年际变化、洪水和枯水，并绘制近年(溪口站)汛期流量过程线。

线路二：溪口—商量岗—奶部山

主题：各自然地理要素相互关系及人类活动影响

内容：

1. 地貌部分

(1) 多级剥蚀夷平面的发育；

(2) 组成剥蚀夷平面的岩石性质、分布高程；

(3) 多级剥蚀夷平面的分布规律；

(4) 风化壳与残积物、基岩的区别及关系；

(5) 组成风化壳的母岩岩性及变化的厚度。

2. 水文部分

(1) 黄泥浆岗—奶部山构成的山脊线延伸方向及海拔高度；

(2) 分水线两侧支流的所属流域；

(3) 比较分水线两侧的坡度，推测地表分水线的移动。

3. 土壤部分

(1) 黄壤分布与地貌部位的关系；

(2) 观察分析地貌部位、坡度及母质类型对红壤、黄壤剖面发育的影响；

(3) 因海拔高度的变化而对气候植被因素产生影响，从而建立土壤类型随海拔高度而变化的“山地土壤垂直带”的概念；

(4) 海拔 680m 以上的黄壤带与 680m 以下的红壤带的划分，但注意其逐渐过

渡关系；

（5）从各类（属）的土壤剖面特征，搞清下列问题：

① 红壤、黄壤和酸性紫色土的腐殖层A、铁铝残余积层[B]、母质层C的颜色、结构、质地的特征；

② [B]、C二层的颜色、结构、质地的差别；

③ A层的沙化或粉沙化特点和B层的土壤粘化特点等。

4. 山地气象要素观测

（1）布设小气候观测场；

（2）地形与气象要素关系观测；

（3）气候垂直分异的基本规律和山地小气候的主要特征。

5. 植被观测

（1）典型植被样方调查；

（2）海拔梯度上土壤水分、养分及土壤质地和结构对植被分布的影响；

（3）典型植被类型遥感解译。

6. 自然地理总体特征与人地关系

（1）土壤与各成土因素关系分析；

（2）植被与生境关系分析；

（3）植被资源的利用改造；

（4）土壤改造与人工土壤形成；

（5）自然景观资源的旅游开发。

路线三：溪口—三隐潭—直岙

主题：各自然地理要素相互关系及人类活动影响

内容：

1. 地貌部分

（1）直岙附近的直立岩带所构成的断层崖；

（2）分析徐凫岩与岩带的关系；

（3）扇形地的类型从发育部位/物质组成及倾角等加以判定；

（4）三隐潭的构造裂点及急流、瀑布和阶梯状的河床纵剖面；

（5）沟谷地貌的三段结构；

（6）分析丘陵的切割程度并划定类型。

2. 土壤部分

（1）山地红壤形成的气候条件和母质；

（2）红壤分布的地带性；

（3）红壤或黄壤底层所见的红白网络与土壤发育史、水文状况的联系；

（4）红黄壤性水稻土的剖面构造（土层排列等）特点，山谷梯田内侧常见铁锈水渗出的原因；

(5) 天然植被类型与覆盖度同土壤剖面发育的关系。

3. 山区河流(剡江支流)的一般特征:纵横剖面形态、河床比降、水文情势。

4. 山地气象要素观测

(1) 布设小气候观测场；

(2) 地形与气象要素关系观测；

(3) 气候垂直分异的基本规律和山地小气候的主要特征。

5. 植被观测

(1) 典型植被样方调查；

(2) 海拔梯度上土壤水分、养分及土壤质地和结构对植被分布的影响；

(3) 典型植被类型遥感解译。

6. 自然地理总体特征与人地关系

(1) 土壤与各成土因素关系分析；

(2) 植被与生境关系分析；

(3) 植被资源的利用改造；

(4) 土壤改造与人工土壤形成；

(5) 自然景观资源的旅游开发。

路线四:溪口—千丈岩

主题:各自然地理要素相互关系及人类活动影响

内容:

1. 地貌部分

(1) 初级阶段河流发育的形态特征(从纵横剖面考虑)；

(2) 分析河流作用的方式；

(3) 急流、瀑布、沟头跌水、裂点的关系；

(4) 雪窦溪溯源侵蚀的下限；

(5) 雪窦溪两岸的岩性、构造和沉积物特征；

(6) 剥蚀平台与剥蚀夷平面。

2. 水文部分

(1) 判断雪窦溪的主干流；

(2) 剡江支流的一般特征。

3. 土壤部分

(1) 辨明从雪窦山脚到山顶的土类、亚类和土属特征:

①红泥土土属(红壤亚类、红壤土类)

②石砂土土属(粗骨土类)

③黄泥土属(黄红壤亚类、红壤土类)

④酸性紫色土属(紫色土类)

此外,将上述各种土壤的形成因素和土壤典型剖面填绘在图表的相应位置上。

(2) 酸性紫色土发育的母质,它从红壤土类中独立成为一个土类的依据。

(3) 若发现土壤剖面缺失(B),而呈现"A—C"型时,判断其土壤类型,并注意其本区的分布特点和地理环境条件。

4. 山地气象要素观测

(1) 布设小气候观测场;

(2) 地形与气象要素关系观测;

(3) 气候垂直分异的基本规律和山地小气候的主要特征。

5. 植被观测

(1) 典型植被样方调查;

(2) 海拔梯度上土壤水分、养分及土壤质地和结构对植被分布的影响;

(3)典型植被类型遥感解译。

6. 自然地理总体特征与人地关系

(1) 土壤与各成土因素关系分析;

(2) 植被与生境关系分析;

(3) 植被资源的利用改造;

(4) 土壤改造与人工土壤形成;

(5) 自然景观资源的旅游开发。

路线五:剡江大桥—康岭铁桥

主题:各自然地理要素相互关系及人类活动影响

内容:

1. 地貌部分

(1) 两岸石矶的挑流及对"河曲"伸展空间的控制;

(2) 凹凸岸以及流水对其不同的作用方式;

(3) 河曲河漫滩("二元结构"、微地貌形态和组合形态的平面分布);

(4) 心滩—江心滩—岐流河漫滩;

(5) 冲积物中的砾石磨圆度和偏平面朝向;

(6) 河流阶地(类型、级数、高程);

(7) 两岸的不对称性;

(8) 对河谷发育比较成熟的地貌景观的初步印象。

2. 水文部分

(1) 测定各观察点的河床高程;

(2) 记录河道的横断面和平面的形态;

(3) 调查洪水期对剡江两岸影响的范围。

3. 土壤部分

(1) 对河谷的土壤母质的分布规律进行观察时，要求辨明：

①在不同的地貌部位上，冲积物的物质组成、厚度、层理特性；

②冲积体沉积年代和新老状况；

③各类冲积体的粗略界线和不同高度的母质分布。

(2) 河谷地区各种土壤剖面的观察：

泥沙田土属(水稻土类、潴育型水稻土亚类)：

①泥沙田的质地剖面之特点——不同层次间的质地差异、全剖面的机械组成情形(砾石的含量和匀细性等)；

②泥沙田的地貌部位特点及其与泥沙田形成的关系；

③进行观察后，对泥沙田剖面详细描述。

培泥沙田土属(水稻土类、渗育型水稻土亚类)：

①比较培泥沙田和泥沙田的新生体剖面和坚实度剖面的不同特点。注意二者犁底层(AP)和发育度；

②比较上述两者耕作层(A)的颜色及结构。由于培泥沙田的底层土壤受地下水的影响虽出现了锈斑的现象，但受人为水耕的影响，故全剖面的铁锰斑却比泥沙田要少；

③分析上述二者的生成年龄的早晚。

培泥沙土属(潮土类)：

①培泥沙土的剖面构成、各层次的特点；

②铁、锰斑淀层的特点；

③与培泥沙田相区别的最大特点；

④对培泥土剖面进行观察后，作详细描述并归纳出形态特点。

清水砂土土属(新积土类、水成新积土亚类)：

①分析清水砂土全剖面缺乏发育土层的原因；

②其分布范围、位置等与流水对凹凸两岸不同作用的密切关系。

(3) 将上述各类土壤的成土因素和剖面特点填绘在图表中。

4. 平原气象要素观测

(1) 布设小气候观测场；

(2) 平原气象要素观测；

(3) 平原地区气象要素的主要特征。

5. 植被观测

(1) 典型植被样方调查；

(2) 土壤水分、养分及土壤质地和结构对植被分布的影响；

(3) 典型人工植被类型遥感解译。

6. 自然地理总体特征与人地关系

(1) 土壤与各成土因素关系分析；

(2) 植被与生境关系分析；

(3) 植被资源的利用改造；

(4) 土壤改造与人工土壤形成；

(5) 自然景观资源的旅游开发。

路线六：溪口—亭下水库

主题：水文与水资源资源及人类利用

内容：

1. 调查亭下水库的调蓄作用

①库名、②所属县镇(乡)、③建成时间、④坝型、⑤坝高(米)、⑥库容量(包括总库容、有效库容—单位方)、⑦集水面积(km^2)、⑧灌溉面积(亩)。

2. 剡江河道的一般特征

(1) 影响河道发育的岩性和构造基础；

(2) 河网结构；

(3) 各段河道的横向变化及总体特征：

①找出河道横断面和平面形态的主要特点

②在横向上有几种谷形，分析不同谷形出现的原因

③从沿河两岸的地貌形态，推断河谷发育的经历时期

(4) 主要支流的条数，山麓洪积扇的发育(结构、物质组成)；

(5) 剡江河流的高差、长度、比降(%)等。

五、四明山南区自然地理综合野外调查与实习报告要求

野外调查与实习结束后，要求学生完成自然地理综合野外调查与实习报告《四明山自然地理概况》一份，内容主要包括调查与实习区自然地理要素及自然地理综合特征分析。另外，还要求学生选择自己感兴趣的内容，完成一份专题研究报告。同时还包括四明山南区地貌图(1∶50000)、风化壳实测剖面图、四明山南区自然地理剖面图、实测过水断面图、五日流量过程线图、剡江典型年逐日流量过程线、四明山南区植被生态序列剖面图、土地类型图及野外原始记录。

第二部分

四明山南区人文地理
要素特征与实习设计

第八章　四明山南区旅游资源调查与评价

第一节　旅游资源调查与评价方法

随着旅游业的不断发展，需要开发更多的资源。而旅游资源科学合理的开发，要经过旅游资源的调查、评价及开发规划三个阶段的科学研究。调查是评价的基础，评价是开发规划的理论依据，规划则是旅游资源开发的科学蓝本。

一、旅游资源调查

旅游资源调查是服务于旅游资源开发的前期基础工作。根据旅游资源开发的目的要求，采用科学的方法，确定其调查内容，经过一系列的调查，形成直接供旅游资源评价的调查结果。

(一)旅游资源调查的目的

旅游资源的调查目的，是系统地查清调查区域内旅游资源的类型、数量、质量、性质、成因、时代、特点和价值，以及有关的自然、社会、经济环境条件等的基本情况，为旅游资源评价提供直接的科学资料，进而为旅游资源开发规划、合理利用及其保护提供科学依据，最终为旅游业发展提供决策依据。

(二)旅游资源调查的内容

旅游资源的调查内容可分为基本内容和重点内容。

1. 旅游资源调查的基本内容

(1)调查区旅游资源状况

根据美、特、奇、古、名、稀等旅游资源特点，确定调查区的旅游资源对象，并进一步调查其类型、数量、结构、规模、级别、成因及与旅游资源有关的重大历史事件、名人活动、文艺作品等基本情况，形成旅游资源的文字、照片、录像、专题地图等有关资料。

(2)调查区自然、社会、经济环境与条件

根据旅游资源的开发要求，对与其相关的自然、社会、经济环境条件进行调查。自然条件包括地质、地貌、气象气候、水文、动植物等；社会条件包括行政归属与区划、人口与居民、文化、医疗环卫、安全保卫、历史等；经济条件包括位置、距离、交通、电力、邮电通讯、供水、食宿等，并附上一些要素的地图。

(3)调查区的环境保护状况

调查影响旅游资源利用的环境保护情况，包括由工矿企业、生活服务等人为因素造成的大气、水体、噪音等污染状况和治理程度，同时也包括空气、水、土壤、岩石等自然要素中的重要物质及元素的本底值，以及由此引起的地方性传染病等。

(4)客源分析

根据旅游资源的吸引力和当地的社会经济状况，初步分析客源形成的范围和大概数量，分析邻近地区及同类资源区对调查区客源产生的积极影响和消极影响。

2. 旅游资源调查的重点内容

(1)已知旅游区及外围的调查

为了充分挖掘已知旅游区的潜力，拓展多样的旅游产品，满足不同层次游客的不同需求，有必要重点在已知旅游区及外围地区进行调查，以发现新旅游资源，加强原景区的功能配套，以适应现代旅游的观光、度假、娱乐等多种旅游需求，同时也有利于分散原景区的客流，改善旅游环境。外围地区旅游资源的发现与开发，有利于扩大旅游区范围，增加旅游环境容量，与原景区一起形成规模大、内涵丰富的统一新景区。

(2)重点新景区的调查

为适应旅游者多层次的需求，将一些旅游资源极具特色或有可能发挥其特殊旅游功能的地区确定为重点新景区，并对此进行详细调查。具有特色的旅游资源作为开发和保护的重点，具有特殊功能的旅游资源，应注意其除观光以外的其他旅游功能(如：登山、探险、滑雪、狩猎、垂钓、漂流等)的调查，以适应旅游业发展的需求。

(3)交通沿线及枢纽点的调查

旅游资源开发的最大限制因素之一是交通，故摸清交通现状与建设前景十分重要。交通沿线及枢纽点的旅游资源，只要有一定的特色，就能吸引游客，游客也较容易进入。若旅游资源特色强、规模大、结构好，就极易形成近期开发的重点新景区。同时，交通枢纽点往往是人口密集的城镇和城市，除交通外，其他的基础设施也较好，极易形成旅游接待地甚至旅游中心城镇(市)。

(三)旅游资源调查的步骤

旅游资源的调查工作分三个阶段，即室内准备阶段，野外考察阶段，整理总结、形成成果阶段。

1. 室内准备阶段

(1)组织准备

接受调查任务后，根据旅游资源调查区的情况成立由专家或专业人员与当地政府的领导和工作人员组成的工作组。根据工作的不同侧面，工作组可进一步细分为领导小组、顾问小组、协调小组和研究小组。

(2)资料准备

搜集一切与调查区有关的资料。主要包括本区和邻区的旅游资源，自然、社会和经济本底环境等方面的文献资料、图像资料及地图资料。并对所搜集到的资料进行系统整理，作为下一步野外工作的参考。同时要准备好调查区大比例尺的地形图，作为野外调查时的填图底图。

(3)行动准备

根据承担的旅游资源调查的要求，结合搜集整理资料反映的情况，编写下一步具体行动的工作部署、人员配备、考察装备等计划书，并逐一落实，为野外调查做最仔细的准备工作。

2. 野外考察阶段

(1)初步普查

调查初期要对调查区进行全面普查，以对该区旅游资源有个概貌的了解，大致掌握哪些资源具有开发价值。并可将有关的旅游资源点标绘在大比例尺地形图上，了解旅游资源分布和聚集情况。这一阶段的工作因空间涉及面广，在进行大规模野外实地调查的同时，为防止遗漏，应尽量利用有关部门现有的资料(如航空相片)和组织熟悉了解当地情况的人召开座谈会，有的要进行个人专访。

(2)系统调查

普查是调查区“面”上的调查，在此基础上采用“线路”调查法，对旅游资源进行系统的调查，包括旅游资源的规模、质量、美感、特色、可能的客源分析等方面，并将文字描述和数量指标填在调查表格上，并将调查结果标注在地形图上。

(3)详细勘查

在“面”和“线”的工作基础上，经筛选，初步拟定出具有开发价值的重点资源类型和重点资源区，对此需要详查。详查须组织多学科力量集中进行野外实地勘查，以弄清资源的成因、现状、历史演变及发展趋势，与同类资源相比较的特色所在，资源的类型结构和空间组合特点等。同时也需要弄清开发该旅游资源的自然、社会和经济环境条件，包括具体的交通、能源、水源、环境质量、生活供应能力的调查。并对投资、客源、收益及旅游业的发展给区域的经济、社会和生态带来的影响做出预测，从而确定该区旅游发展的方向和重点项目。此阶段应特别注意详细的文字描述、数据测量、图像资料的获取和现场的详细填图。

(4)专题深查

对具有开展专业或科普旅游意义的旅游资源，需要深入专业调查。如具有国际学术价值的地质剖面、珍稀濒危动植物、恐龙等珍贵化石，就需要专业人员进行专业调查，为科考旅游提供科学依据。

3. 整理总结、形成成果阶段

将搜集到的资料和野外考察记录进行系统地整理总结，包括将野外考察的现场调查表格归纳整理为调查汇总表；将野外所填的草图进一步复核、分析、整理，并与原有地图和资料互相对比，做到内容与界线准确无误，形成正式图件；将野外拍摄的照片冲片放大、归类，附上文字说明；将野外摄制的录像进行剪接编制、配音；将室内外搜集和考察获得的资料进行分析整理、数据进行处理、编制调查报告。

值得指出的是：在整理总结过程中，常常会发现一些野外考察过程中的疏漏或文字记录数据测量模糊等状况，需进行野外补点。也有经分析，对一些重点地区需进一步补充资料而外出补点的，这都成为本阶段工作的内容与范畴。

(四)旅游资源调查的成果

1. 调查区旅游资源调查报告

旅游资源调查报告的主要内容包括：

a. 前言：调查任务来源、目的、要求。调查区位置、行政区划与归属、范围、面积、调查人员组成、工作期限、工作量和主要资料及其成果。

b. 调查区旅游环境。调查区的自然、社会和经济环境状况。

c. 调查区旅游资源历史和现状：包括旅游资源的成因、类型、分区、特色、功能结构、开发现状等。

d. 调查区旅游资源基本类型。

e. 调查区旅游资源评价。

f. 调查区旅游资源保护和开发建议。

g. 主要参考文献与资料。

2. 调查区旅游资源状况系列图

a. 调查区旅游资源类型图。

b. 调查区旅游资源分区图。

c. 调查区旅游资源功能结构图。

d. 调查区旅游资源开发现状图。

e. 调查区交通位置图。

3. 调查区旅游资源一览表

a. 调查区自然旅游资源一览表。

b. 调查区人文旅游资源一览表。

c. 调查区主要珍稀濒危动物名录。

d. 调查区主要珍稀濒危植物名录。

e. 调查区名胜古迹保护名录与保护级别。

4. 调查区旅游资源声像材料

a. 录像带(编接整理好的)。

b. 照片集。

c. 幻灯片。

5 其他

包活调查日记、资料卡片等。

二、旅游资源评价

旅游资源评价是在旅游资源调查基础上进行的深入的研究工作，是选择调查区中的旅游资源、资源环境及其开发条件作为评价对象和内容，采取一定的方法，对旅游资源的特点及其开发做出评判和鉴定，为调查区旅游资源的规划、开发及其管理提供理论依据。

（一）旅游资源评价的目的及原则

旅游资源评价是一项极其复杂的工作，旅游资源包罗万象，涉及多学科多方面的知识，且不同的人有不同的审美情趣，必然导致评价结论的差异。为了尽量减小这一差异，做到尽量客观，应统一认识旅游资源评价的目的，遵循一定的原则。综合各方面的研究成果，认为旅游资源的评价应在六个原则基础上，基于三方面目的而进行，具体如下：

1. 评价目的

(1)规划的目的

通过对调查区旅游资源、旅游环境及开发利用的综合评价，直接为调查区旅游资源开发的重点、步骤等宏观规划研究提供理论依据。

(2)开发的目的

通过对调查区旅游资源特色、结构、功能和性质的评价，在宏观规划的指导下，为新旅游区具体资源开发方向和专项旅游建设项目提供论证，为已经开发和部分开发的老旅游区提供改造和扩大的依据。

(3)管理的目的

通过对旅游资源的质量、规模、水平的鉴定，为旅游资源的分级管理提供系列资料。具有世界罕见的国际意义的旅游资源地，经申报批准后可作为世界遗产等的管理级别来进行管理，同样也有国家级、省级和地县级的旅游资源的管理级别。

2. 评价原则

(1)客观实际的原则

旅游资源是客观存在的事物，其特点、价值和功能也是客观存在的，评价时应实事求是，对其价值和开发前景既不夸大、也不缩小，应做到客观实际、恰如其分。

(2)全面系统的原则

全面系统的评价原则体现在两个方面，一是旅游资源的价值和功能是多方面、多层次、多形式、多内容的，就其价值来讲，有历史、文化、艺术、观赏、科考和社会等价值；功能也有观光、度假、娱乐、健身、商务、探险、科考等，故评价时要全面、系统、综合地衡量。二是涉及旅游资源开发的自然、社会、经济环境和区位、投资、客源、施工等开发条件要给予综合考虑。

(3)符合科学的原则

这一原则主要是针对旅游资源的形成、本质、属性、价值等核心问题，评价时应采取科学的态度，不能全部贯以神话传说，更不能相信和宣传迷信色彩的东西，要给予正确的科学解释，适当加以神话传说以提高旅游资源点的趣味性，适应大众化旅游的口味。

(4)效益估算原则

旅游资源评价的最终目的是为了开发利用，开发的首要目的是能够取得效益，而且要考虑的是经济、社会和生态综合效益，因此，评价时要估算其效益，如开发后得不偿失则不宜开发。

(5)高度概括的原则

旅游资源评价过程中涉及的内容众多，为了使评价结论有可操作性，评价结论应明确、精炼，高度概括出其价值、特色和功能。

(6)力求定量的原则

旅游资源的评价方法发展到目前已日臻完善，在评价调查区域旅游资源时，应尽可能避免带有强烈主观个人色彩的定性评价，力求定量或半定量评价，并要求不同调查区尽量采用统一定量评价的标准，以便评价过程中的比较。

(二)旅游资源评价的内容

旅游资源的评价内容极为广泛，涉及旅游资源、资源环境及开发条件三个方面，总结起来可归纳为“三、四、五”评价内容，具体如下：

1. 旅游资源特点的评价

(1)旅游资源特色

“特色”是旅游资源吸引游客出游的关键性因素，是旅游资源开发的灵魂。通过对调查区与其他旅游区的比较研究寻找出旅游资源的特色，为确定旅游资源的开发方向和具体旅游项目的建设提供依据。

(2)旅游资源的价值与功能

旅游资源的价值决定其旅游开发的功能。拥有观赏、历史、文化、科学、经济和社会等价值的旅游资源，一般均具有观光、度假、健身、商务、探险、科考、娱乐等旅游功能，据此决定其开发方式和保护前景。

(3)旅游资源的结构和规模

一些独个孤立旅游景观，即使特色、价值很高，功能也多，但其开发价值并不一定高。只有在一定地域和时间内，多种类型旅游景观的协调布局和组合，形成一定规模的旅游资源结构模式，才能形成一定的开发规模，获得较高开发效益，故旅游资源的结构和规模应是其评价不可缺少的内容之一。

2. 旅游资源环境的评价

(1)旅游自然环境

旅游自然环境指调查区内的地质、地貌、气象、水文、生物区组成的自然环境。旅游自然环境对旅游资源的质量、时间节律和开发有着直接的决定作用。首先，不少自然环境的组分如植被、水文、气象本身就是旅游资源不可分割的一部分，直接影响旅游资源的质量与品位。世界闻名的自然旅游资源都是与自然环境协调、融为一体的优美自然景观。其次，旅游自然环境的某些因子如气候的季节变化，直接决定与影响到调查区旅游的淡旺季。另外，旅游自然环境的某些因子如地质、大气、水体和生态环境质量也会影响旅游资源的开发。

(2)旅游社会环境

旅游社会环境指旅游资源所在区域的政治局势、社会治安、医疗保健和当地居民对旅游的认识等条件。一个地区的政治局势和社会治安稳定与否，直接影响旅游者的出游决策，政局不稳、战争频发、社会治安差的地方，即使有丰富而高品位的旅游资源，游客也会出于人生和财产安全的考虑，不敢前来旅游。医疗保健条件较好的地区能保障和及时处理旅游过程中游客的疾病、意外伤害和生命安全。若当地居民对旅游业有正确的认识，热情好客，给游客一种宾至如归的亲切感受，则对旅游资源开发和发展旅游业有积极的作用。

(3)旅游经济环境

旅游经济环境指能够满足游客开展旅游活动的一切外部经济条件，包括交通、水电、邮电通讯、各种档次的食宿服务和其他旅游接待设施。由于不少旅游资源位于偏僻山区，交通条件往往成为旅游资源开发的一个限制性因素，直接影响游客的可进入性。水电等基本生活需要若不能保障，直接影响旅游接待条件。邮电通讯对于出门在外的游客，无论是家庭还是公务联络都极为重要。各种食宿和旅游接待设施及服务质量同样影响旅游资源旳开发和旅游经济效益。

(4)旅游环境容量

旅游环境容量指调查区在一定的时间内旅游资源及自然、社会、经济环境，在不影响旅游活动和旅游业持续发展的基础上，所能容纳游客的限定数量，超出这个数量，旅游活动就会受到影响，旅游资源及其环境就会受到破坏。具体又可细分为旅游资源容量、旅游自然环境容量、旅游社会环境容量、旅游经济环境容量等。

3. 旅游资源开发条件的评价

(1)区位条件

区位条件包括旅游资源所在地区的地理位置、交通条件及与周围旅游区的关系。世界许多旅游点(区)因其特殊地理位置增强了吸引力，如位于经度和时间起点的英国皇家天文台、赤道上的厄瓜多尔的加拉加利镇、位于北半球极昼极夜起点的瑞典斯德哥尔摩等地均为世界旅游热点地区。旅游资源区的交通区位条件也决定了旅游资源开发的难易程度。调查区周围若有名山、名湖、名城等旅游热点,则有利于旅游资源的联片和成规模开发。

(2)客源条件

游人数量是与经济效益直接挂钩的,没有一定量的游客则旅游资源的开发不会产生良好的效益。客源条件有个时空问题,在时间上,客源的不均匀分布形成旅游的淡旺季,这与当地气候季节变化有一定关系,如哈尔滨冬季观冰,形成了它一年一度的旅游旺季。空间上,客源的分布半径范围及其密度,由旅游资源的引力和社会经济环境决定,旅游资源特色强、成规模、社会和经济接待环境好的旅游区,其客源范围和数量都极为可观,相应的经济效益也高,这种旅游资源是值得开发的。

(3)旅游投资条件

旅游资源的开发需要大量的资金,需要吸引国内外的投资。调查区旅游资源的品位和社会经济环境,以及经济发展战略和给予投资者的优惠政策等因素,都直接影响投资者的决策。为此,有必要研究寻找既使旅游区有实惠,又能给予投资者较大优惠的良策,以发挥旅游资源的开发效益。

(4)施工条件

确定旅游资源开发项目必须考虑其工程量的大小和难易程度,首先是工程建设的自然基础条件,如地质地貌、水文气候等条件;其次是工程建设供应条件,包括设备建材、食品等。对开发施工方案需进行充分技术论证,同时要考虑经费、时间的投入与效益的关系,以确定合理的施工方案。

(5)旅游资源开发现状条件

有的调查区旅游资源已有一定程度的开发利用,评价时应注意总结开发过程中的成功经验和失败教训,找出存在的主要问题,为下一步旅游资源的开发和保护提供具有建设性的建议。

(三)旅游资源评价的方法

科学评价旅游资源在国内外已有几十年的历史,其评价方法经历了体验性的定性评价和层次性的定量评价的历程。由于评价方法很多,只从中选择一些有代表性的来介绍。

1. 体验性的定性评价

体验性的定性评价是基于评价者(旅游者或专家)对于旅游资源的质量体验。根据评价的深入程度及评价结果形式,又可分为一般体验性评价和美感质量评价。

(1)一般体验性评价

一般体验性评价是统计大量旅游者或旅游专家在问卷上回答有关旅游资源(或旅游地)的优劣顺序,或统计其在报刊、旅游指南、旅游书籍上出现的频率,从而确定一个国家或地区最佳旅游资源(地)的顺序,其结果能够表明旅游资源(地)的整体质量和知名度。但这种方法仅限于少数知名度较高的旅游资源(地)。一般的或尚未开发的旅游资源(地)无法采用这一方法。

(2)美感质量评价

美感质量评价是一种专业性的旅游资源美学价值的评价,这类评价一般是在旅游者或旅游专家体验性评价基础上进行的深入分析,其评价结果是具有可比性的定性尺度。其中有关自然风景视觉质量评价较为成熟,已发展成为四个公认的学派,即专家学派(国外代表人:R. B. H. Litton, 1966 年;我国:邓光磊,1982),心理物理学派(H. W. Schreoeder 和 Danier,1981;布雅夫,1982),认知学派或心理学派(S. Kaplan、Gimblett 和 Brown),经验学派或现象学派(Lowenthal)。俞孔坚和保继刚均对其加以总结、作过介绍。这里仅介绍专家学派。

专家学派认为凡是符合形式美原则的风景均具有较高的风景质量。评价工作是由少数训练有素的专业人员来完成的。这一方法一直处于统治地位,为许多官方机构所采用。现以美国林务局风景管理系统所使用的方法为例来加以说明。

美国林务局风景管理系统中,对于自然风景质量的评价方法如下:

(1)划分风景类型:根据地形、植被、水体等特点,按自然地理区域划分出风景类型大类,再根据区域风景的多样程度划分出亚型。亚型是风景质量评价的基本单元,各风景类型的质量以亚型的质量评价结果向上归并。

(2)评价亚型的风景质量:根据山石地形、植被类型及水体形态的多样性,将风景质量划分为三个等级。即 A 级——特异风景,B 级——一般风景,C 级——低劣风景。

2. 层次性定量评价

旅游资源是构成旅游业发展的基础,我国旅游资源非常丰富,具有广阔的开发前景,在旅游研究、区域开发、资源保护等各方面受到广泛的应用,越来越受到重视。

国家针对旅游资源的调查和评价相继制定过国家标准《旅游资源分类、调查与评价》(GB/T 18972—2003)和《旅游资源分类、调查与评价》(GB/T 18972—2017),依据旅游资源的性状,即现存状况、形态、特性、特征,将其分为稳定的、客观存在的实体旅游资源和不稳定的、客观存在的事物和现象,并分成 8 个主类,23 个亚类,110 个基本类型,见表 8-1,这也是旅游资源定量评价中具有代表性意义的评价体系。

表 8-1 旅游资源分类表

主类	亚类	基本类型
A 地文景观	AA 自然景观综合体	AAA 山丘型景观 AAB 台地型景观 AAC 沟谷型景观 AAD 滩地型景观
	AB 地质与构造形迹	ABA 断裂景观 ABB 褶曲景观 ABC 地层剖面 ABD 生物化石点
	AC 地表形态	ACA 台丘状地景 ACB 峰柱状地景 ACC 垄岗状地景 ACD 沟壑与洞穴 ACE 奇特与象形山石 ACF 岩土圈灾变遗迹
	AD 自然标记与自然现象	ADA 奇异自然现象 ADB 自然标志地 ADC 垂直自然带
B 水域景观	BA 河系	BAA 游憩河段 BAB 瀑布 BAC 古河道段落
	BB 湖沼	BBA 游憩湖区 BBB 潭池 BBC 湿地
	BC 地下水	BCA 泉 BCB 埋藏水体
	BD 冰雪地	BDA 积雪地 BDB 现代冰川
	BE 海面	BEA 游憩海域 BEB 涌潮与击浪现象 BEC 小型岛礁
C 生物景观	CA 植被景观	CAA 林地 CAB 独树与丛树 CAC 草地 CCD 花卉地
	CB 野生动物栖息地	CBA 水生动物栖息地 CBB 陆地动物栖息地 CBC 鸟类栖息地 CBE 蝶类栖息地
D 天象与气候景观	DA 天象景观	DAA 太空景象观赏地 DAB 地表光现象
	DB 天气与气候现象	DBA 云雾多发区 DBB 极端与特殊气候显示地 DBC 物候景象
E 建筑与设施	EA 人文景观综合体	EAA 社会与商贸活动场所 EAB 军事遗址与古战场 EAC 教学科研实验场所 EAD 建筑工程与生产地 EAE 文化活动场所 EAF 康体游乐休闲度假地 EAG 宗教与祭祀场所 EAH 交通运输场站 EAI 纪念地与纪念活动场所
	EB 实用建筑与核心设施	EBA 特色街区 EBB 特性屋舍 EBC 独立厅、室、馆 EBD 独立场、所 EBE 桥梁 EBF 渠道、运河段落 EBG 堤坝段落 EBH 港口、渡口与码头 EBI 洞窟 EBJ 陵墓 EBK 景观农田 EBL 景观牧场 EBM 景观林场 EBN 景观养殖场 EBO 特色店铺 EBP 特色市场
	EC 景观与小品建筑	ECA 形象标志物 ECB 观景点 ECC 亭、台、楼、阁 ECD 书画作 ECE 雕塑 ECF 碑碣、碑林、经幢 ECG 牌坊牌楼、影壁 ECH 门廊、廊道 ECI 塔形建筑 ECJ 景观步道、甬路 ECK 花草坪 ECL 水井 ECM 喷泉 ECN 堆石

续表

主类	亚类	基本类型
F 历史遗迹	FA 物质类文化遗存	FAA 建筑遗迹 FAB 可移动文物
	FB 非物质类文化遗存	FBA 历民间文学艺术 FBB 地方习俗 FBC 传统服饰装饰 FBD 传统演艺 FBF 传统医药 FBF 传统体育赛事
G 旅游购品	GA 农业产品	GAA 种植业产品及制品 GAB 林业产品及制品 GAC 畜牧业产品及制品 GAD 水产品及制品 GAE 养殖业产品与制品
	GB 工业产品	GBA 日用工业品 GBB 旅游装备产品
	GC 手工工艺品	GCA 文房用品 GCB 织品、染织 GCC 家具 GCD 陶瓷 GCE 金石雕刻、雕塑制品 GCF 金石器 GCG 纸艺与灯艺 GCH 画作
H 人文活动	HA 人事活动记录	HAA 地方人物 HAB 地方事件
	HB 岁时节令	HBA 宗教活动与庙会 HBB 农时节日 HBC 现代节庆
8	23	110

注：如果发现本分类没有包括的基本类型时，使用者可自行增加。增加的基本类型可归入相应亚类，置于最后，最多可增加 2 个。编号方式为：增加第 1 个基本类型时，该亚类 2 位汉语拼音字母＋Z、增加第 2 个基本类型时，该亚类 2 位汉语拼音字母＋Y。

按照以上标准的旅游资源分类体系对旅游资源单体进行评价，本标准采用打分评价方法，依据“旅游资源共有因子综合评价系统”赋分，设“评价项目”和“评价因子”两个档次，评价项目为“资源要素价值”“资源影响力”“附加值”。其中，“资源要素价值”项目中含“观赏游憩使用价值”“历史文化科学艺术价值”“珍稀奇特程度”“规模、丰度与概率”“完整性”等 5 项评价因子。“资源影响力”项目中含“知名度和影响力”、“适游期或使用范围”等 2 项评价因子。“附加值”含“环境保护与环境安全”1 项评价因子。

评价项目和评价因子用量值表示。资源要素价值和资源影响力总分值为 100 分，其中“资源要素价值”为 85 分，分配如下：“观赏游憩使用价值”30 分、“历史科学文化艺术价值”25 分、“珍稀或奇特程度”15 分、“规模、丰度与概率”10 分、“完整性”5 分。“资源影响力”为 15 分，其中：“知名度和影响力”10 分、“适游期或使用范围”5 分。“附加值”中“环境保护与环境安全”，分正分和负分。每一评价因子分为 4 个档次，其因子分值相应分为 4 档。旅游资源评价赋分标准见表 8-2。

表 8-2　旅游资源评价赋分标准

评价项目	评价因子	评价依据	赋值
资源要素价值(85分)	观赏游憩使用价值(30分)	全部或其中一项具有极高的观赏价值、游憩价值、使用价值。	30-22
		全部或其中一项具有很高的观赏价值、游憩价值、使用价值。	21-13
		全部或其中一项具有较高的观赏价值、游憩价值、使用价值。	12-6
		全部或其中一项具有一般观赏价值、游憩价值、使用价值。	5-1
	历史文化科学艺术价值(25分)	同时或其中一项具有世界意义的历史价值、文化价值、科学价值、艺术价值。	25-20
		同时或其中一项具有全国意义的历史价值、文化价值、科学价值、艺术价值。	19-13
		同时或其中一项具有省级意义的历史价值、文化价值、科学价值、艺术价值。	12-6
		历史价值、文化价值、科学价值,艺术价值具有地区意义。	5-1
	珍稀奇特程度(15分)	有大量珍稀物种,或景观异常奇特,或此类现象在其他地区罕见。	15-13
		有较多珍稀物种,或景观奇特,或此类现象在其他地区很少见。	12-9
		有少量珍稀物种,或景观突出,或此类现象在其他地区少见。	8-4
		有个别珍稀物种,或景观比较突出,或此类现象在其他地区较多见。	3-1
	规模、丰度与概率(10分)	独立型旅游资源单体规模、体量巨大;集合型旅游资源单体结构完美、疏密度优良级;自然景象和人文活动周期性发生或频率极高。	10-8
		独立型旅游资源单体规模、体量较大;集合型旅游资源单体结构很和谐、疏密度良好;自然景象和人文活动周期性发生或频率很高。	7-5
		独立型旅游资源单体规模、体量中等;集合型旅游资源单体结构和谐、疏密度较好;自然景象和人文活动周期性发生或频率较高。	4-3
		独立型旅游资源单体规模、体量较小;集合型旅游资源单体结构较和谐、疏密度一般;自然景象和人文活动周期性发生或频率较小。	2-1
	完整性(5分)	形态与结构保持完整。	5-4
		形态与结构有少量变化,但不明显。	3
		形态与结构有明显变化。	2
		形态与结构有重大变化。	1
资源影响力(15分)	知名度和影响力(10分)	在世界范围内知名,或构成世界承认的名牌。	
		在全国范围内知名,或构成全国性的名牌。	
		在本省范围内知名,或构成省内的名牌。	
		在本地区范围内知名,或构成本地区名牌。	
	适游期或使用范围(5分)	适宜游览的日期每年超过300天,或适宜于所有游客使用和参与。	
		适宜游览的日期每年超过250天,或适宜于80%左右游客使用和参与。	
		适宜游览的日期超过150天,或适宜于60%左右游客使用和参与。	
		适宜游览的日期每年超过100天,或适宜于40%左右游客使用和参与。	

续表

评价项目	评价因子	评价依据	赋值
附加值	环境保护与环境安全	已受到严重污染，或存在严重安全隐患。	
		已受到中度污染，或存在明显安全隐患。	
		已受到轻度污染，或存在一定安全隐患。	
		已有工程保护措施，环境安全得到保证。	

根据对旅游资源单体的评价，得出该单体旅游资源共有综合因子评价赋分值。旅游资源评价等级指标：依据旅游资源单体评价总分，将其分为五级，从高级到低级为：

① 五级旅游资源，得分值域≥90 分。

② 四级旅游资源，得分值域 75～89 分。

③ 三级旅游资源，得分值域 60～74 分。

④ 二级旅游资源，得分值域 45～59 分。

⑤ 一级旅游资源，得分值域 30～44 分。

此外还有：未获等级旅游资源，得分≤29 分。

其中：五级旅游资源称为“特品级旅游资源”；五级、四级、三级旅游资源被通称为“优良级旅游资源”；二级、一级旅游资源被通称为“普通级旅游资源”。

旅游资源单体调查及评分表见表 8-3。

表 8-3 旅游资源单体调查表

基本类型

代号	其他代号
行政位置	
地理位置	东经度分秒，北纬度分秒

性质与特征（单体特征、形态、结构、组成成分的外在表现和内在因素，以及单体生成过程、演化历史、人事影响等主要环境因素）

旅游区域及进出条件（单体所在地区的具体部位、进出交通、与周边旅游集散地和主要旅游区[点]之间关系）

续表

保护与开发现状（单体保存现状、保护措施、开发情况）

共有因子评价问题（你认为本单体属于下列评价项目中的哪个档次，应该得多少分，在最后一列内写上分数）

评价项目	档次	本档次规定得分	你认为应得的分数
单体为游客提供的观赏价值，或游憩价值，或使用价值	全部或其中一项具有极高的观赏价值、游憩价值、使用价值	30-22	
	全部或其中一项具有很高的观赏价值、游憩价值、使用价值	21-13	
	全部或其中一项具有较高的观赏价值、游憩价值、使用价值	12-6	
	全部或其中一项具有一般观赏价值、游憩价值、使用价值	5-1	
单体蕴含的历史价值，或文化价值，或科学价值，或艺术价值	同时或其中一项具有世界意义的历史价值、文化价值、科学价值、艺术价值	25-20	
	同时或其中一项具有全国意义的历史价值、文化价值、科学价值、艺术价值	19-13	
	同时或其中一项具有省级意义的历史价值、文化价值、科学价值、艺术价值	12-6	
	历史价值、文化价值、科学价值、艺术价值具有地区意义	5-1	
物种珍稀性，景观奇特性，现象遍在性，在各地的常见性	有大量珍稀物种，或景观异常奇特，或此类现象在其他地区罕见	15-13	
	有较多珍稀物种，或景观奇特，或此类现象在其他地区很少见	12-9	
	有少量珍稀物种，或景观突出，或此类现象在其他地区少见	8-4	
	有个别珍稀物种，或景观比较突出，或此类现象在其他地区较多见	3-1	

续表

评价项目	档次	本档次规定得分	你认为应得的分数
个体规模大小，群体结构丰满型和疏密度，现象常见性	独立型单体规模、体量巨大；组合型旅游资源单体结构完美、疏密度优良级；自然景象和人文活动周期性发生或频率最高	10-8	
	独立型单体规模、体量较大；组合型旅游资源单体结构很和谐、疏密度良好；自然景象和人文活动周期性发生或频率很高	7-5	
	独立型单体规模、体量中等；组合型旅游资源单体结构和谐、疏密度较好；自然景象和人文活动周期性发生或频率较高	4-3	
	独立型单体规模、体量较小；组合型旅游资源单体结构较和谐、疏密度一般；自然景象和人文活动周期性发生或频率较小	2-1	
自然或人为干扰和破坏情况，保存完整情况	保持原有形态和结构	5-4	
	形态与结构有少量变化，但不明显	3	
	形态与结构有明显变化	2	
	形态和结构有重大变化	1	
知名度和品牌度	在世界范围内知名，或构成世界承认的名牌	10-8	
	在全国范围内知名，或构成全国性的名牌	7-5	
	在本省范围内知名，或构成省内的名牌	4-3	
	在本地区范围内知名，或构成本地区名牌	2-1	
适游时间或服务游客情况	适宜游览的日期每年超过 300 天，或适宜于所有游客使用和参与	5-4	
	适宜游览的日期每年超过 250 天，或适宜于 80%左右游客使用和参与	3	
	适宜游览的日期每年超过 150 天，或适宜于 60%左右游客使用和参与	2	
	适宜游览的日期每年超过 100 天，或适宜于 40%左右游客使用和参与	1	

续表

<table>
<tr><td>评价项目</td><td colspan="3">档次</td><td>本档次规定得分</td><td colspan="2">你认为应得的分数</td></tr>
<tr><td rowspan="4">受污染情况，环境条件及保护措施</td><td colspan="3">已受到严重污染，或存在严重安全隐患</td><td>−5</td><td colspan="2"></td></tr>
<tr><td colspan="3">已受到重度污染，或存在明显安全隐患</td><td>−4</td><td colspan="2"></td></tr>
<tr><td colspan="3">已受到轻度污染，或存在一定安全隐患</td><td>−3</td><td colspan="2"></td></tr>
<tr><td colspan="3">已有工程保护措施，环境安全得到保证</td><td>3</td><td colspan="2"></td></tr>
<tr><td>本单体得分</td><td></td><td>本单体可能的等级</td><td>级</td><td>填表人</td><td></td><td>调查日期 年月日</td></tr>
</table>

第二节 四明山南区旅游资源调查与评价

一、四明山南区旅游资源概况

溪口雪窦山景区位于四明山南区，是调查与实习区的最重要的旅游资源。景区由溪口镇景区和雪窦山景区两部分组成。

（一）溪口镇景区

溪口，位于宁波市区西南方向，距宁波市区 22km。景区以镇建成区为中心，东起湖山桥，西挹翠屏山，北倚白岩山，南对溪南山，一脉剡溪横贯东西。“众山环翠，群涧澄练，民居宛若桃源仙境。”（清《雪窦寺志》）。

1．溪口博物馆

位于武山南麓，原为蒋、张、任、宋、单等姓宗庙，因接武山之胜，故名武山庙。馆分三室陈列，一室展出出土文物，有新石器时代石犁、石斧、石刀、石矛，西周印纹硬陶，东汉青瓷罐等；二室展民间工艺品，有迎神赛会指挥乐队用的船鼓，新娘乘坐的花轿及千工床等；三室列现代手工艺品，有翻黄竹雕、镶嵌家具、竹根雕和竹编品等。

2．武岭门

位于武山隘口，雄踞出入要道，为镇门户。1929 年，蒋介石拆除旧武岭庵，挖低山岭，拓宽道路，其上建仿古城楼，雉堞起伏，飞檐翘瓴，巍峨庄严。两面楼额各题“武岭”两字，东面系于右任手笔，西面为蒋介石所书。登上城楼，东望工业新区，西眺街市，风光无限。

3. 武岭学校

地处武山西麓，锦水之阳。原荒冢洼地，青草萋萋。1929 年蒋介石选勘此处新建校舍，并自题奠基石。校园整体布局、校舍建筑由工程师翁文涛设计，上海孙裕生营造厂承造，次年竣工。建成大礼堂 1 幢，教育楼 2 幢，三层宿舍楼 1 幢，中西合璧，形式各异。附属建筑有：幼稚园、图书馆、工艺教室、食堂、医院及农场用房等，占地 6 公顷余，建筑面积 1.4 万 m^2。校园遍植花木，有古樟、银杏、罗汉松等，环境幽静。大礼堂宽敞宏伟，天花板浮雕装饰。两旁厢房，回廊相连。礼堂东首武山，崖壁如削，崖上“武岭幽胜”四字刻，系 1931 年蒋介石题。

4. 文昌阁

位于武山南端潭墩山顶。四周古木垂荫，临溪碧潭如镜。清雍正九年(1731)始建，规模很小，是文昌会、文武会、锦溪书斋诸会文人学士聚会、拜祭文昌帝君之处。1924 年清明，蒋介石从广东回乡扫墓，见其楹栋欹斜，请蒋介卿负责重建，次年建成。建筑楼房 500m^2。块石垒台，青砖砌墙，飞檐翘角，梁架雕人物花鸟。廊饰花窗，阁顶悬红木宫灯。蒋介石取名“乐亭”，撰有《武岭乐亭记》，以述其胜，回乡时常居此。但溪口人仍习称为文昌阁，而称东北侧的两层方亭为乐亭。1939 年 12 月 12 日下午，文昌阁被侵华日军飞机炸毁。1986 年国家拨款近 30 万元，由东阳县木雕营造厂承建，次年 1 月完工，重现原貌。登阁凭窗四眺，远瞩青山，俯睇烟市，景色迷人。近有钓鱼台、憩水桥、武岭潭，“碧潭观鱼”为清代溪口十景之一，清人蒋廷秀诗：“碧潭潭水水光浏，养得金鳞盈我眸。何必西岐有灵沼，依蒲依藻待人游。”

5. 剡溪小筑

原名“涵斋”，俗称小洋房，1930 年建成。位于文昌阁东侧，背山面水，西式三开间平顶楼房，房顶阳台，四周水泥栏杆，可乘凉赏月。出西侧门，有露天走廊通文昌阁。小洋房住过不少国民党要员。西安事变后，陈布雷居此捉笔撰写《西安半月记》。次年 4 月，蒋经国由苏联回乡后，与蒋方良及长子爱伦(孝文)在此同住，课读中文，“修身养性”。此后，蒋经国回溪口常住于此。1939 年 12 月蒋经国痛悼生母毛福梅遇难，手书“以血洗血”，刻石碑一方，现移存楼下。

6. 丰镐房

位于武岭路下街，坐北朝南，临街而筑。是蒋介石、蒋经国父子故居。房号“丰镐”，宅名“素居”。原有老式楼房三幢，前幢、二幢均 7 间 2 弄，1925—1928 年供禽孝区立小学用，1929 年改为武岭学校校舍。后幢 3 间，中堂是新三房共有堂前。1935 年，蒋介石扩建丰镐房，将其换基另建。保留前幢老屋，其余悉数拆除。新房建成后，增至 49 间，占地 4800m^2，建筑面积 1850m^2。整体布局，前厅后堂，两厢走廊，楼轩相接，廊庑回环。前厅楼房 3 间，楼上是毛氏诵经处，楼下中间过道，两旁为账房和接待室。后堂 3 间高顶平房，中间“报本堂”，为祭祖、拜天处，两边为贮藏室。西厢房是毛氏用房，东厢房为住所。报本堂以东小楼作为佣人住处，西平房供接待亲友用。西厢房西面有两间一弄独立小楼，楼上过道与西厢房相连。院内房屋，雕梁画栋，屋顶正中彩塑“三星高照”及“双龙抢珠”等。廊壁、柱头浮雕“文王求贤”“龙凤呈祥”“精忠报国”等。“报本堂”匾额由吴敬恒所书，两边柱上楹联“报本尊亲是谓至德要道，光前裕后所望孝子顺孙”，系蒋介石手迹。堂前悬红底金字匾额一方，上书“寓理帅气”，系1949年蒋介石为长子蒋经国40岁生日所书。1949年5月后，由人民政府妥善保护，1980年拨款维修。19世纪50年代，前幢老屋倒塌，其址现辟为花坛。1996年11月，丰镐房被列为国家重点文物保护单位。

7. 摩诃殿

位于财神殿弄与中马路交叉口。是蒋姓族人纪念第二代远祖蒋宗霸的家祠。蒋宗霸，五代后梁贞明年间人，笃信佛教，口中常念“摩诃般若波罗蜜多”，故称摩诃居士。1931年，毛福梅出资建造，作蒋家女眷日常拜佛诵经处。大殿坐东朝西，黄墙青瓦，粉壁赭廊，两旁两层厢房各11间。殿后天井，卵石铺面。1989年人民政府拨款大修。

8. 毛福梅墓

位于摩诃殿东草坪间。1939年12月12日，日机轰炸溪口，毛福梅罹难。时逢国难，灵柩暂厝摩诃殿旁。1946年12月葬此。墓坐西北，面东南，基部四方形块石围护，墓前有石碑，上书“显妣毛太君之墓”“经国泣立”。

9. 玉泰盐铺原址

位于今武岭路中街簟场弄口。清同治十年(1871)蒋玉表开设。店面3间，后设作坊，楼上家居。初售盐、酿酒，后兼营大米、菜饼、石灰及杂货等。至1919年前后，蒋介卿外出谋事歇业。清光绪十三年(1887)农历九月十五日蒋介石出生于此屋楼上。翌年盐店失火被焚，1921年再遭回禄，后重建。1948年白蚁蛀蚀，拆建为石库墙门院落。蒋介石书“玉泰盐铺原址”，勒石置西首墙脚。

10. 武岭公园

位于三里长街西端，南滨剡水，北临公路。1935年，蒋介石选此建园，占地百余亩，历时3年初具规模。东首用紫藤花架筑成大门，园内有漪澜厅、挹爽阁、明远楼、园西小筑、茂倚亭、康乐亭等，缀有锦堤、荷池、石桥、花坛、草坪诸景。龟山雄踞锦水之畔，与镇东潭墩山遥相呼应，为全园之胜，上有旷观亭、涵碧亭，时人有诗：“龟山高处两亭浮，武岭烟霞次第收。”东麓一宫殿式平房，名漪澜厅，30年代一度为中国旅行社溪口分部。1940年，公园遭日机轰炸毁。1988年国家拨款重修，由杭州园林设计院设计，添荷蒲送风、十里桔廊等景，占地74hm^2，1990年5月1日对外开放。

11. 藏山大桥

1934年建。由魏家庄至对岸蛤蟆山，长156m，俗称“洋桥”。游人在武岭公园旷观亭内西眺，青峰碧溪间一桥飞架，景色如画。50年代初，八一电影制片厂在此拍摄《奇袭》外景，称“康定桥”。

12. 宋丞相魏杞墓

位于溪口翠屏山西端万松林中，今市林果园艺场内。魏杞(1121—1184)，字南夫，安徽寿春人，南宋绍兴年间进士。历任太府寺主簿、进丞，隆兴二年(1164)出使金国，坚持民族气节，大义抗争，不辱使命，后升任右仆射兼枢密使等要职。告老后授资政殿大学士，淳熙十年(1183)11月逝世，谥文节。墓前原有翁仲、石马。墓旁有淳熙十年所建常乐院，后称崇福祠，俗称魏家庄。祠内立宋右丞相郑清之撰《神道碑》一方，长295cm，宽162cm。元明间，香火盛，清时祠宇几遭回禄，康熙、道光年间数次重建，“文化大革命”期间又遭毁。1995年，市林果园艺场出资100万元，整修墓园，重建崇福祠。是年12月起对外开放。

13. 蒋母墓

蒋介石生母王采玉墓。位于镇建成区西翠屏山鱼鳞岙松树林中。墓道入口处石牌坊，上书“蒋母墓道”。设3门，中门宽3.7m，左右边门各宽2.1m。墓道长668m，依坡而上，途中有下轿亭、墓庐(称“慈庵”)、八角亭。

14. 慈庵

1923年初建，1930年改黄墙青瓦平房3幢。主屋5间，进入大门，中间过道陈列碑刻4方，正中为孙中山《祭蒋母文》，背面是蒋介石自撰《先妣王太夫人事略》，左右两壁分别嵌蒋介石《哭母文》、国民党中央执行委员会《慰劳蒋总司令文》。左室套间是蒋介石和宋美龄回乡时常住处。右室2间为客房。后面1幢为祭堂，1967年初毁，今辟为花坛。其旁1幢为厨房兼管理人员住房。蒋母墓在慈庵上方，坐南面北，石磡围护，黄土封顶。墓面“横七接”石料拼接，中间石碑，由孙中山横书“蒋母之墓”。上端应栏，刻“壶范足式”四字，两旁石狮相对。左右别头柱刻蒋介石自撰对联：“祸及贤慈当日顽梗悔已晚；愧为逆子终身沉痛恨靡涯。”拜台正中嵌“凤凰翠竹”浮雕石板。

(二)雪窦山景区

雪窦山景区以雪窦古刹、千丈岩瀑布为中心，东起入山亭，北连乳峰巅，西接徐凫岩，南临亭下湖。海拔200—900m不等。四周群峰耸峙，中有盆地百顷，古称第九洞天第五十七福地。雪窦山风景，为四明山之最，代有佳评。北宋诗人苏轼曾感叹“不到雪窦为平生大恨”(元至元重修《奉化县志序》)。宋理宗赵昀赐题“应梦名山”。地理学家张其昀称雪窦山“兼有天台山雄伟，雁荡山奇秀，天目山苍润”(引自《浙游纪胜》，载1934年《地理学报·创刊号》)。

1. 入山亭

位于雪窦山东南麓登山入口处，昔为游人、香客上雪窦山必经之地。清《雪窦寺志》载，宋至和二年(1055)雪窦寺僧达观颖建，名雪窦山亭。元至元元年(1335)

僧石室瑛重建。明万历间改名雪窦禅关亭。后几经废兴，至清时称入山亭(清黄宗羲《四明山志》)。从入山亭进山，沿雪窦大岭卵石山径，蜿蜒而上，峰回路转，人移景换，山花烂漫，有“一路山花不负侬”情趣。途中路亭旁有古井，冬夏不涸，其味甘洌。明吏部侍郎杨守陈(文懿)到此，僧人献茗，色、香、味俱上乘，题名寒碧亭，清改寒华亭，再上行至雪窦岭口御书亭。明宋琰诗：“一亭西入梵王家，百折千盘路转赊。山鸟似知来客意，数声啼上石楠花。”70 年代后，登山公路开通，但由此徒步来往的游人仍络绎不绝。

2. 御书亭

位于雪窦岭口。宋淳祐六年(1246)初建。淳祐五年宋理宗赵昀书“应梦名山”四字。次年雪窦寺住持广闻勒石构亭，刻《御书亭应梦名山记》。明僧石奇云诗：“青山曾梦入昭陵，图画分明觌面呈。千载御书灵气在，一亭空翠万峰晴。”该亭多次毁建，1981 年大修赭墙翘檐，古朴典雅。前、左、右有门可通，是去千丈岩、妙高台、雪窦寺等必经处。

3. 关山桥青锁亭

关山桥系石拱桥，位于千丈岩崖口附近，自东而西。再西行可通飞雪亭观瀑，向北经锦镜池、伏龙桥，可达雪窦寺。明微庵研《关山桥》诗：“翠锁烟霞一洞横，长闻流水瀑泉声。有时拽杖桥边过，泠泠松风满袖生。”桥上有青锁亭，南宋时建。清道光四年(1824)徐兆昺《四明谈助》记述：“东西两涧合流处，驾树于上，作阁玖楹，以憩行人。盖青山回抱，至此一缺，为寺之小水口。旧名青锁楼，匾额为(南宋)魏王妃所书。杨文懿公(明成化年初)游此，亦称观澜阁。稍南又有听泉亭，今圮。”亭屡废屡建，1986 年重建，黄墙黛瓦，绿树掩映，泉声鸟鸣，分外幽静。

4. 锦镜池

位于雪窦寺前伏龙桥与关山桥间。宋淳熙十一年(1184)雪窦寺方丈足庵挖田凿池，次年告成。池深 8 尺，宽南北 430 尺，东西 215 尺，并在西南面筑堤、置闸、造桥、建亭，使二涧之水汇流其中，宽纳而缓出。视水涨落启闭闸门，保持千丈飞瀑壮观。清邬濂访《锦镜池》诗：“一镜平磨古寺前，石纹如锦水连天。笑他香寺裙衩女，也傍清流整翠钿。”后多次淤塞变田。1986 年国家拨款重建，池面积 $200m^2$。

5. 雪窦寺

雪窦资圣禅寺，位于国家级风景区浙江省宁波市奉化区溪口雪窦山中心。九峰环抱，瀑布齐鸣，景色秀丽，有“海上蓬莱，陆上天台”之誉。寺院创于晋、兴于唐、盛于宋，至今已有一千七百余年，在佛教史上居于重要地位。南宋时被定为“五山十刹”之一，明时被列入“天下禅宗十刹五院”，今称佛教第五大名山——弥勒道场。清末民初，丁福葆著佛学大辞典曰：“近有人主张加奉化雪窦山为五大名山。”

1987 年中国佛协赵朴初会长视察雪窦寺曾寄语：“雪窦乃弥勒应化之地，殿内建筑应有别于他寺，独建弥勒殿，”并称雪窦为五大名山。如今该寺已建弥勒殿。

僧人早殿，绕念弥勒尊佛圣号，故称为弥勒道场。雪窦寺规模宏大，梵宫深邃，占地面积为 85847.4m^2，现有建筑面积 19873.4m^2。依中轴线自外而进，依次为山门、放生池、照壁、天王殿、弥勒殿、大雄宝殿、乳峰泉、法堂，依山而筑，层层递高。

其中弥勒宝殿为佛门独创，宝殿建筑面积为 1218m^2，重檐歇山顶，覆盖黄色琉璃瓦。殿正中，供布袋和尚像，高五米，端坐于青田石雕九龙图案之须弥座上，袒腹屈膝，笑容可掬。殿壁两侧彩塑姿态各异之千尊弥勒小像，以中国五大名山为背景，别开生面，令观者眼前一亮。

雪窦寺历史既久，宗风远播。历代皇帝，屡颁宠典，所赐文物，亦复不少。今尚存文物计有：御赐玉印、御赐玉佛、大清龙藏、御赐龙钵、龙袍和袈裟等等。千年来，雪窦寺五次被毁，数度重兴，几经变迁。民国时期，由于蒋介石家庭信佛，溪口又是蒋氏故居，与雪窦寺关系密切。蒋之祖父斯千信佛，中年之后，笃志修行。蒋之生母王彩玉，一生茹素信佛，常至雪窦寺敬香礼佛，蒋也常随母前往。

王彩玉晚年，皈依雪窦寺果如方丈，卒后，悬像于寺供奉。蒋从政后，返乡时亦常往雪窦瞻礼憩息。民国二十一年(1932)经蒋介石之邀，佛界泰斗太虚法师任雪窦寺方丈，太虚曾为蒋原配夫人毛福梅讲解《心经》。时人恒以蒋氏家庙目之，传为谈助。

1968 年寺院第五次被毁，至 1985 年奉化市政府及宁波市佛教协会成立“修复雪窦寺筹委会”，第一期工程于 1987 年 8 月落成。

6. 雪窦山招待所

位于雪窦寺西侧山坡，1934 年上海中国旅行社投资，建造青砖黛瓦平房 1 幢，面积 438m^2，客房 6 间，餐厅 1 个，1934 年 6 月开业。1937 年 1 月 13 日，张学良由戴笠“护送”到溪口。24 日，与副官、护士等随从住此，夫人于凤至、秘书赵一荻获准轮流陪伴。是年 9 月，房屋毁于火灾。1988 年 5 月，国家拨款复建招待所，陈列张学良生平事迹图片，辟纪念馆开放。

7. 千丈岩瀑布

御书亭西 400m 处，崖壁如削，古称飞雪岩。瀑布自崖口出，至潭底，落差 128m，宋真宗赵恒曾赐名“东浙瀑布”，人称千丈岩。水源来自东西两涧水，相汇于寺前伏龙桥，流经锦镜池畔，穿关山桥出崖口，势如玉龙腾空奔泻，至半腰撞击突出巨岩，顿时水花四射，飞珠溅玉，再折而崩泻，如银帘倒挂，经阳光折射，五彩纷呈，蔚为壮观。宋郑清之《千丈岩》诗：“圆峤移来东海东，梵王宫在最高峰。试将法雨周沙界，千丈岩头挂玉虹。”西首崖顶，宋时筑有飞雪亭，供人俯览飞瀑。1968 年秋，亭毁；1988 年，重建。从御书亭经百步阶，可至千丈岩底，水击成潭，潭水碧透，寒气袭人。清光绪二十年(1894)潭旁筑仰止桥、午雷亭。19 世纪 20 年代重修，抗日战争时期破坏。1986 年复修。伫立桥上，水气弥漫，余沫扑人，仰望飞瀑，惊心动魄，宋楼钥《次曾子固韵》诗：“惊见银河空外翻，湍流千丈有余寒。下流不用长劳望，祇向悬崖顶上看。”午雷亭旁摩崖石刻“烟声”两字，为明崇祯十五年(1642)县令胡梦泰所题。

8. 妙高台、妙高峰

位于飞雪亭西约500m处，又名天柱峰。海拔396m。顶上有坪如台，名妙高台，约$350m^2$。东西南三面均是峭壁，云雾四合，如置仙境。宋代楼钥《妙峰亭》诗：“一峰高出白云端，俯瞰东南千万山。试向冈头转圆石，不知何日到人间。”清初，妙高台北首建栖云庵，雍正四年(1726)筑石奇禅师舍利塔。1930年蒋介石建中西合璧别墅，大门内两边平房各1间，平顶阳台。天井后3间2层楼房，楼上水泥走廊与阳台相连，中门置白底黑字匾，写有“妙高台”三字，系蒋介石手书。其后平房3间，围墙连成一体，总建筑面积$436m^2$。右侧山岩并列亭子2座，形式各异。1968年秋被毁，1987年国家拨款重建。后又新辟公路支线，连接浒溪公路。清《雪窦寺志》载，妙高台左有伏虎洞，右有消凡台，前有晏坐石等，均为宋高僧知和禅师遗迹。相传知和禅师每日五更在晏坐石做功课，伏虎洞两虎听其诵经，野性渐收。宋宣和七年(1125)知和示寂，两虎守其塑像旁，不肯离去，故事流传至今。

9. 隐潭三瀑

位于雪窦寺西北。涧水从东岙村下流，形成三级瀑布，即上隐潭、中隐潭、下隐潭。上隐潭以幽险见长，中隐潭以清秀取胜，下隐潭则秀奇双绝。上隐潭，位于东岙车站西南角，从崖上通向深潭石阶216级，潭上架石桥。其陡壁深壑，青苔斑斑，石隙中多苍松挺立，四周藤萝绵密，隐晦迷幻。伫立小桥仰视，瀑布如练，水沫飞溅，凉气逼人。深潭广约半亩，昔为请龙祈雨之地。中隐潭，自上隐潭下行约500m处。浓荫复涧，幽寒更甚。涧中巨石卧外，涧水东折西回，瀑布在巨岩上泻奔俯冲，急缓各异，水沫随风飞溅，若雾若雨，富诗情画意。下隐潭，自中隐潭沿山径下行约50米处。有巨石如城，广约10m，旁有石笋，高20余米，称石笋峰。峰底中空，一半覆盖潭上，犹如水上广厦，瀑布横倾潭外，仰视如彩霞横空，绚丽多彩，集峰、洞、潭、涧于一境，风景独秀。胡行之《下隐潭》诗：“百尺银涛挂石飞，苍崖翠壁紫岩扉。四时不息雷鸣耳，六月寒生潭上衣。”

10. 徐凫岩瀑布

位于雪窦寺西，徐凫岩村附近。岩顶海拔476m。崖口有巨石外突，相传为仙人骑凫徐徐升天处，故得名。远望巨石，酷似石猴倚天而鞠，故又称鞠猴岩。以鞠猴岩为中心，两边绝壁呈放射状亘延数百米，其形如斧凿刀削。其色黛赭相杂。崖顶松木苍翠、虬影乱舞，崖下草木丛生、成簇弄影。其壮观、秀丽，胜于千丈岩。宋宝庆《四明志》载，绝壁凿有“鞠猴岩”三大字，瀑布落差116m，水自踌躇岭林间流来，过桥后飞流直挂，声震山谷。绝壁下部，水帘与岩壁相隔成一宽绰空间，置身其间，如坐轻罗帐中，细沫润面，趣不胜述。宋代陈著《徐凫蛟瀑》诗：“一流瀑泻九重天，长挂如虹引洞仙。岩壁凫飞延岁月，石梁龙滚飞云烟。满山药味增新色，夹岸桃花胜旧年。"19 世纪 30 年代，从崖顶至崖下筑有山径。60 年代后，电影《难忘的战斗》《曙光》等曾在此拍摄外景。

11. 商量岗

从御书亭沿盘山公路，西北行 7km 即至商量岗（相量岗）。主峰乳峰，俗称奶部山，海拔 915m。夏日凉爽，当地有"岗上无夏天，白天不用扇，晚上不离被"之谚。常年云雾缭绕，山风过处，云海滚滚，犹似惊涛骇浪涌向千山万谷，晚听林涛，晨观日出，是理想避暑胜地。邻近有仙人桥、鹞岩头、老鹰脚、秤杆弄等景点。商量岗，原为荒草山，山地 1.3 万余亩。1935 年，蒋介石将其辟为武岭学校林场，1937 年夏，蒋经国夫妇、张学良等，先后到此游览。50 年代后为宁波市林场辖区。70 年代后，山顶建有电视差转台，讯号覆盖周围 20 多个县市。

12. 亭下湖

位于剡溪上游，雪窦山南麓，离溪口镇 6km，有公路环湖通斑竹等地。1985 年 7 月，截断高岙与原亭下之间的晦溪成为人工湖。因建于御书亭之下，故称亭下湖。湖被崇山峻岭环抱，湖岸线蜿蜒盘曲，长 20km，湖面 5.9km^2，水深 30～40 米，最深处 60 多米，蓄水量 153 亿 m^3。湖面东端，巍巍大坝雄踞，高 76m，坝顶长 317m。登大坝，东可俯视八曲高岙全景，西可览湖中天光云影，远近山岚浓溪相宜，微风迎面，心旷神怡。有"雨后四山净，湖开一镜平。光映碧波，山色人心清"意境。湖西南部，称晦溪九曲，源流长 4km。河道九曲，水碧山翠，明明秀秀。船移景换，有"八里九曲八里景，深山幽谷三峡情"之胜。鱼鳞山一边伸入湖内，如同金龟四趾微张，点头探水，称金龟探水。上有地近半亩，与妙高峰天然对景。有大树荫顶，幽草缭趾，可沿湖泛舟，或凭栏远眺。唐施肩吾诗："越山花落剡藤新，才子风光不厌春。第一莫寻溪上路，可怜山水爱迷人。"鲶鱼岛，扼踞湖中徐凫岩峡谷要冲，称鲶鱼卧波，昂首西向，似鱼跃水面。岛广 6hm^2，可沿岛泛舟。小晦岭半岛，称芳岛春荫，面积 52hm^2，如长臂轻舒，揽一湾碧波，最宜沐浴游泳。

二、四明山南区旅游资源调查与评价的目的

旅游地理学是人文地理学的一个重要分支，具有很强的应用性和实践性。旅游资源调查与评价是旅游地理学教学的重要环节，是课堂理论知识的有效扩展和延伸，对培养学生实际观测、判断与分析能力，激发创新精神和科研精神具有重要作用。旅游资源调查与评价实习的目的是使学生掌握旅游资源调查与评价的科学方法，形成开展旅游资源调查与评估的实际工作能力。

三、四明山南区旅游资源调查与评价内容

四明山南区旅游资源调查与评价的内容主要包括以下方面：(1)掌握旅游资源调查方法与基本步骤；(2)了解四明山南区旅游资源构成；(3)掌握旅游资源评价方

法并能进行实际的评价工作;(4)针对旅游资源评价结果提出旅游资源开发与保护对策建议。

四、四明山南区旅游资源调查与评价报告要求

题目:四明山南区旅游资源调查与评价报告

1. 前言

主要说明旅游资源调查的地点、目的、意义、调查与实习内容及线路安排等。

2. 旅游环境

主要包括调查与实习区的地理位置和行政区划、地形地貌、气候条件、交通概况、社会经济概况。

3. 旅游资源分类

以国家标准《旅游资源分类、调查与评价》(GB/T 18972—2017)为基础,依据调查与实习区各种旅游资源性状,即现存状况、形态、特性、特征,进行旅游资源分类。

4. 旅游资源评价及开发建议

对旅游资源单体进行评价,依据旅游资源单体评价总分,进行旅游资源等级划分。在此基础上进行调查与实习区旅游资源总体评价,提出旅游资源开发对策建议。

第九章　四明山南区土地资源利用调查与评价

第一节　土地资源调查与利用规划野外调查方法

土地资源调查与利用规划实习是地理科学、自然地理与资源环境、人文地理与城乡规划、地理信息科学、土地资源管理等专业实践教学体系的重要组成部分，是在本专业学生完成专业基础课程与核心课程、相关专业实践课程基础上的综合性专业实习。通过此次实习，培养学生从事土地资源调查、评价、合理规划、开发利用与保护土地资源的基本技能、技术流程、了解国内外相关规范与标准，理论联系实际，激发学生的专业兴趣，为后继学习、毕业实习与毕业设计提供专业实践基础。

一、调查目的与任务

(一)实习目的

(1)练习地类调查的基本方法与一般技术；

(2)练习土地利用结构综合平衡表的填写方法及其运用；

(3)练习土地利用总体规划文本、说明书的撰写；

(4)练习区域土地利用现状评价与未利用土地适宜性评价的方法；

(5)练习区域主要用地类型(耕地、城市及居民点用地、工矿建设用地)需求量预测方法。

(二)实习任务

(1)运用GIS软件进行成果处理，生成土地利用现状图，统计各类土地类型的面积。

(2)以小组为单位完成三个实习模块内容，撰写并提交实习报告：

1)土地利用现状分析报告；

2)土地利用供需预测报告；

3)土地利用总体规划文本与说明书。

各小组可根据实际情况内部进行分工与协调，但必须确保人人动手、全程参与实习。

(三)实习要求

(1)要求认真进行,并独立完成土地利用规划学实习报告,不得抄袭,但可参考借鉴别人资料;字数不少于4000,要求内容充实,不说空话、套话;报告内容作为评定实习成绩的重要依据。

(2)在外业收集资料可以分组进行,各小组内部应进行适当的分工与合作,且各组之间必须相互配合。

(3)内业时以小组为单位,但提交的实习报告必须是个人的。

(4)外业进行之前,各小组必须制定详细的外业工作计划并交指导老师审查通过,否则不能进行外业。

(5)严格内、外业考勤制度,要求各小组组长认真填写实习日志。

(四)实习内容

依据《土地利用现状分类标准》(GB/T 21010-2007)《第三次全国国土调查技术规程》(TD/T 1055-2019),进行土地利用现状调查。本次实习要求分别开展农村土地调查与城镇土地地类调查。

(1)农村土地调查只进行地类调查,即实地调查实习区乡镇的每块土地的地类、位置、范围、面积等利用状况,查清耕地、园地、林地、草地、村庄等各类土地的分布和利用状况;

(2)城镇土地调查即城镇地籍调查,对实习区每宗土地的调查,通过权属调查和地籍测量,查清宗地的权属、界址线、面积、用途和位置等情况。

二、调查前的准备

(一)仪器设备准备与调试

(1)全站仪每组一套,包括主机、脚架三个、棱镜两个、对中杆一个、充电器、3米钢卷尺(主机每天上午8:00领取,下午17:00以前归还);

(2)木桩、铁钉、3H或4H铅笔、单面刀片、铁锤、橡皮;

(3)导线测量、碎部测量手薄;

(4)《地籍测绘规范》、《地籍图图式》、《城市测量规范》、《1:500 1:1000 1:2000地形图图式》(GB/T 7279-1995)、《1:500 1:1000 1:2000外业数字测图技术规程》(GB/T 14912-2005);

(5)无人机,如大疆精灵4 Pro小型一体机及DIJ GS Pro地面站软件;

(6)GPS手持机;

(7)调查区域地形图、遥感影像图及其初步处理;

(8)根据课程教师相关要求分组、选择实习样村或街道、借用仪器与地图等。

(9)基础材料、规划底图。包括气候、地貌、土壤、水文、植被、矿藏、景观、灾害等土地自然条件、人口、城镇化、经济发展水平、产业结构、主要农产品产量等社会经济条件及工作底图等。

(二)外业调查路线规划

在外业调查与核查前，应该充分了解工作区域内地理交通、人文等的情况，了解疑问图斑的分布情况，合理的安排调查路线，尽可能做到全覆盖疑问图斑。

因为野外调查工作受天气因素、自然环境、地势条件以及人力资源等多方面条件限制，调查开始前应在内业进行详细的设计，充分利用工作区域的交通条件进行路线设计，在保证生产安全的前提下，规划合理、可行的调查与核查路线。

学习 GPS、测量仪器的使用，完成遥感影像的校正与图像的增强处理、研究区域土地资源分类体系、建立影像目视解译标志、确定调查路线、调查矿区损毁与复垦与土地整理、开发情况、基本农田保护区；完成室内判读、后期补测与验证。

(三)外业工作底图制作

1. 数据提取

数据提取包括内业解译的地类图斑、线状地物、零星地物、地类界线及内业疑问图斑(包括点、线、面三种形式)。

2. 工作底图配图

(1)图层叠加顺序

在软件中将所有数据图层分为地类图斑、线状地物、零星地物、地类界线、内业疑问图斑，按照面层在最下层、点层在最上层，疑问图斑层在相应图层上面的原则调整图层顺序。

(2)符号注记设置

根据设计方案中符号样式，在出图软件中配置好相应图层的符号及注记，设置图名、图例、比例尺、指北针等后进行批量输出工作底图。

三、土地利用野外调查方法

利用遥感影像图、地形图以及收集到的土地调查成果资料等，按现状实地调查地类及其界线。地类调查至《土地利用现状分类》的二级类。

(一)农村土地调查

1. 线状地物调查

线状地物包括河流、铁路、公路、管道用地、农村道路、林带、沟渠和田坎等。

线状地物宽度大于等于图上 2mm 的，按图斑调查。

线状地物宽度小于图上 2mm 的，调绘中心线，用单线符号表示，称为单线线状地物(以下未作特殊说明的线状地物指单线线状地物)，并按土地利用调查要求在宽度均匀处实地量测宽度，精确至 0.1m；当宽度变化大于 20%时，应分段量测宽度。

2. 图斑调查

单一地类地块，以及被行政界线、土地权属界线或线状地物分割的单一地类地块为图斑。

明显界线与 DOM 上同名地物的移位不得大于图上 0.3mm，不明显界线不得大于图上 1.0mm。

最小上图图斑面积：城镇村及工矿用地为图上 4.0mm^2，耕地、园地为 6.0mm^2，林地、草地等其他地类为 15.0mm^2。

3. 零星地物调查

零星地物是指耕地中小于最小上图图斑面积的非耕地或非耕地中小于最小上图图斑面积的耕地。零星地物可不调查。对零星地物较多地区，可根据本地区实际情况自行制定具体调查方法，开展调查。

4. 地物补测

补测实地相对 DOM 发生变化的部分。

补测的地物点相对邻近明显地物点距离限差，平地、丘陵地不得大于图上 0.5mm，山地不得大于图上 1.0mm。

5. 调查底图标绘及手簿填写

外业调查完成后，调查底图应完整标绘全部调查信息，包括行政界线、权属界线、地类及其界线、线状地物及宽度、补测地物，以及编号和注记等。

编号统一以行政村为单位，对地类图斑、线状地物分别按从左到右、自上而下由“1”顺序编号。补测地物的编号在顺序号前加“B”。

《农村土地调查记录手簿》(见表 9-1)应记载图斑地类、权属，以及有关线状地物权属、宽度等信息。地物补测应绘制草图，并在备注栏予以说明。

表 9-1 土地利用调查外业调查登记表

地类编号	地类名称	权属	临时图斑号	土地利用状况	线状地物				零星地类				备注
					名称	宽度(米)	长度(米)	面积(亩)	名称	符号	权属	面积(亩)	
													1. 线状地物的宽度变化大时应分段丈量；其长度在地形图或影像平面图上量取。 2. 零星地类记载小于地形图上最小图斑面积的各种地类。 3. 土地利用状况可根据实际情况填写。如作物种植状况，耕作制度、灌溉方式、植被、地貌等。

调查人员：______ 记录人员：______ 外业时间：____年____月____日 天气状况：______

(二)城镇土地调查

城镇土地调查与农村土地调查确定的城镇范围相互衔接。村庄、采矿用地、风景名胜及特殊用地内部的土地调查参照本规程。本规程未规定的可参照执行《城镇地籍调查规程》。

1. 调查单元

调查单元是宗地。凡被权属界址线封闭的地块称为宗地。一个地块内由几个土地使用者共同使用而其间又难以划清权属界线的也称为一宗地。大型单位用地内具有法人资格的独立经济核算单位用地,或被道路、围墙等明显线状地物分割成单一地类的地块应独立分宗。难以调处的争议土地,以及河流和其他未确定使用权的土地,应按用地范围单独划“宗”,不调查使用权人,仅调查地类。

2. 调查内容

包括权属调查和地籍测量。

权属调查是对城市、建制镇内部每宗土地的位置、权属、界址和地类等的调查。

地籍测量是测量每宗土地的权属界址点、界址线、其他地籍要素、位置、形状等,计算面积,以及编制地籍图和宗地图。

3. 地籍编号

地籍编号以县级行政区为单位,按街道、街坊、宗三级编号。从左到右、自上而下,由“1”开始顺序编号。

同一街道、街坊、宗地被两幅以上基本地籍图分割时,应注记同一地籍号。

在已开展或完成地籍调查的地区,无论宗地分割或合并,原宗地号不再使用。分割后的各宗地以原编号的支号顺序编列;数宗地合并后的宗地号以原宗地号中的最小号加支号表示。

4. 宗地图

宗地图是土地证书和宗地档案的附图,内容包括本宗地号、地类号、宗地面积、界址点及界址点号、界址边长;邻宗地号及邻宗地界址示意线等。宗地过大或过小时,宗地图比例尺可适当调整。

5. 面积计算

以宗地为单位,利用界址点坐标计算面积。共用宗内,各自使用的土地有明显范围的,先划分各自使用界线,并计算其面积,剩余部分按建筑面积分摊。

一宗地分割成数宗地,其分割后宗地面积之和应与原宗地面积相符。如存在不符值时,其误差按分割宗地面积比例配赋。

(三)权属调查方法

(1)对已经有明确的权属资料,经过核实资料符合实际,实地未发生权属变更的,可以使用原始的权属资料,不需要再次进行土地权属调查。

(2)对已经有明确的权属资料,经核实手续不完备的,可以补充办理手续后,直接使用，不需要重新进行外业调查。

(3)未进行过权属调查地区或已经有明确的权属资料，但经核实与实地界线不一致的，应按《第二次全国土地调查技术规程》要求开展权属调查或重新确权划界，并签订《土地权属界线协议书》。

(四)地类调查方法

(1)当影像上地类界与实地一致时，在图斑内部画“√”或不处理；

(2)实地地类与内业解译不一致时，将实地地类图斑编码直接填写在外业调查结果栏；

(3)当实地边界与内业解译边界不一致时，将地类界直接调绘到调查底图上或者在调绘手部上调出图斑的范围草图；

(4)实地地物与影像不一致时，进行实地补测；

(5)利用勘界资料直接转绘在土地利用现状调查底图上，但必须实地核实确认；

(6)对各单位用地坐落、权属性质、地类编码、土地类型、线状地物宽度等属性标识在调查底图或记录在《土地调查记录手簿》上。

四、室内资料整理

土地利用现状调查内业编辑与整理指在外业实地调查结束后基于外业调查成果，结合航空正射影像及专业数据资料，对外业采集的地类图斑、现状地物、零星地物、地类界线进行类型、边界、属性的修改编辑、接边，经过质量检查形成满足相关技术规定要求的土地利用现状调查成果。并在此基础上进行土地利用现状图制作和地类统计分析。

五、编写土地资源调查与利用规划实习报告

(一)土地利用现状分析实习报告

1. 实习目的

土地利用现状分析是土地利用规划的基础和起点，是制定土地利用方针和编制土地利用规划的重要的依据，是理论联系实际，提高学生观察和分析能力的重要手段，通过实习使学生熟悉土地利用分析的基本内容和方法。

2. 实习内容及实习要求

熟悉模拟规划设计对象的基本情况，对规划对象现状进行分析，要求掌握土地利用现状分析的内容和方法。具体要求如下：

(1)影响土地利用的自然与社会经济条件分析

通过对气候、地貌、土壤、水文、植被、矿藏、景观、灾害等自然条件，自然资源和人口、城镇化、经济发展水平、产业结构、主要农产品产量与商品化程度、基础设施

建设等社会经济条件进行分析、比较，明确规划区土地利用的有利条件和不利因素。

(2)土地资源数量、质量及动态变化分析

根据土地详查、变更调查、土壤监测和人口、土地、农业、城乡建设统计年报，分析、比较全县各类土地的面积、人均占有量和质量，以及主要用地近十年的变化情况，研究引起土地数量、质量变化的原因，评价土地数量、质量变化对经济、社会、环境的影响。

(3)土地利用结构与布局分析

结合土地资源条件，分析各类土地比例关系及各类土地在规划范围内的分布是否合理，总结土地利用的特点和规律。

(4)土地利用程度与效益分析

计算土地开发利用率、各类用地实际利用率、集约利用水平和土地产出率，并与平均先进水平或在现有技术经济条件下可以实现的最大利用率、生产率相比较，评价土地利用程度和效益的高低。

(5)土地利用现状分析结果

最后归纳土地利用分析中反映出来的土地利用特点和各种土地利用问题，分析规划期间可能出现的各种影响因素，分清轻重缓急，提出规划所要重点解决的土地利用问题。

(6)规划目标的确定

根据上一级土地利用总体规划的要求，或上级下达的规划区的土地利用控制指标；本区国民经济与社会发展五年计划和十年计划；土地利用现状、利用潜力及各部门对土地的需求，规划需要解决的土地利用问题等，提出为了保障经济、社会的持续、协调、健康发展，规划期土地利用所要达到的目标。这里主要包括：耕地及其他主要农用地保有量；非农业建设用地控制规模及占用耕地控制量；土地开发、复垦与整理规模；土地利用布局要求；提高土地利用率和产出率的主要目标等。

3. 实习成果

《×××镇/村土地利用现状分析报告》

(二)土地利用供需预测实习

1. 实习目的

通过实习让学生掌握土地利用总体规划基础数据预测的方法，土地资源潜力分析的内容和方法；理解和掌握土地需求量预测的基本原理，能够通过土地供需平衡分析发现供需问题。

2. 实习内容及实习要求

根据各部门发展要求，预测规划期间的人口和用地数量、类型，提出用地布局要求并汇总各类土地的供给量和需求量。

具体实习方法与要求如下：

A 土地供给量预测

Ⅰ土地整理、复垦、开发的远景潜力分析

(1)在分析各类农用地实际利用水平、集约利用程度的基础上，预测农用地可增加的有效利用面积和提高土地单产能力。

(2)在分析各类建设用地实际利用水平、集约利用水平的基础上，预测各类建设用地的调整改造能力。

(3)在调查分析工矿生产建设中各类废弃地情况的基础上，评价未利用土地适宜复垦利用的方向和数量。

(4)分析未利用土地的类型、面积、分布，评价未利用土地适宜开发利用的方向和数量。

Ⅱ土地整理、复垦与开发规模预测

根据国家和地方政府有关政策和投资能力，通过投入产出和费用效益分析，预测规划期间土地整理、复垦、开发为各类农地的数量。

B 土地需求量预测

I 人口预测

规划期总人口的预测分为人口自然增长预测和人口机械增长预测，也可以运用模型进行预测。人口自然增长率应根据计划生育政策，分析多年来的自然增长情况予以确定，一般应不高于计划指标。人口的机械增长应根据公安部门统计的多年人口实际净迁入(出)数量，分析影响人口机械增长的因素并予以确定。年均机械增长数一般不超过近五年平均增长数。

II 用地预测

(1)耕地需求量预测

规划期耕地需求量取决于各类农产品需求量，作物播种单产和复种指数。各类农产品需求量包括各地基本需求量，国家征购任务或农产品调入(出)商品量。其中：当地基本需求量按人口预测的结果和计划要求达到的人均农产品占有标准确定；国家征购任务和农产品调入(出)商品量应不低于五年统计平均值，并努力减少调入量，增加调出量；作物播面单产和耕地复种指数根据多年实际情况进行预测。

耕地需求量若采用统计数预测，应将计算结果按详查数修正。

耕地保有量应根据人口高峰年各类农产品需求量和作物单产，复种指数变化趋势确定。

(2)园地、林地、牧草地、水产养殖地需求量预测

园、林、牧、渔各业生产性用地需求量取决于产品自给性需求量，商品量，生产周期和单位土地产量。产品自给性需求量应根据人口预测规模和计划达到的人均

产品占有量确定；商品量应分析区内外市场需求情况确定；生产周期和单位土地产量宜采用当地平均先进水平，或根据农业科技和管理水平的发展确定。生态用地面积的扩大，应根据土地适宜性评价落实用地位置和范围。各类用地面积的扩大，应根据土地适宜性评价落实用地位置和范围。

Ⅲ建设用地预测

(1)村镇(村庄和集镇)建设用地预测

规划期城镇建设用地和村镇建设用地的规模由人口规模和人均建设用地指标决定。

城镇人口为城镇范围内常住人口的总和，不包括流动人口；村镇人口为总人口减去城镇人口。

城镇和村镇人均建设用地指标必须严格执行国家标准。应同时符合指标级别和允许调整幅度双因子的限制要求。人均耕地面积小于 1 亩的地区，在现状人均建设用地水平允许采用的规划指标中，只能采用最低一级。

(2)独立工矿、交通、水利等建设用地预测

独立工矿、交通、水利等用地应按照已列入国民经济计划建设项目进行预测，未列入国民经济计划的建设项目一般不包含其中。

建设用地项目按用地标准预测用地规模，用地标准可以采用平均先进的土地产出率指标，或已经凭准的行业用地定额标准。建设用地发展规模确定以后，就根据建设项目具体场址条件，确定占用耕地和非耕地的比例，值得注意的是应区分居民点内还是居民点外的建设项目，用地需求量不包括居民点内的建设项目。

C 汇总各类土地的供给量和需求量

将上述预测结果汇总，并编制表格，用文字阐述土地利用基本数据预测的方法和结果。

3. 实习成果

《×××镇/村土地利用供需预测报告》

(三)土地利用总体规划编制

1. 实习目的

使学生掌握土地利用总体规划报告书编制的基本内容和框架，以及熟悉土地利用总体规划图件的制作。

2. 实习内容及实习要求

(1)规划范围

土地规划的范围为××县×××镇/×××村行政管辖区内的全部土地。

(2)规划期限

乡镇级土地规划的期限应与国民经济和社会发展长期规划期限相适应，一般为 15～20 年。同时应当展望长远的土地利用，展望期为 20～30 年。在规划期限

内，应当做出近期土地利用安排，期限一般为5年。

(3)编制原则

编制乡镇级规划应贯彻“十分珍惜和合理利用每寸土地，切实保护耕地”的基本国策，体现用途管制的要求，并遵循下列原则：

依法编制。乡镇级土地规划的编制应遵循《中华人民共和国土地管理法》及相关法律、法规的规定。

统筹兼顾。乡镇级规划要统筹兼顾耕地保护、社会经济发展和生态环境建设用地需求，为社会经济的可持续发展提供全面的土地利用保障。

因地制宜。乡镇级土地规划编制应正确判断地方社会经济发展所处的发展阶段，从本地实际出发，量力而行，制订切合实际的土地利用规划目标、规划方案、实施措施，突出解决规划期内本县土地利用的主要问题。

(4)规划方法

①上下结合。乡镇级土地规划在规划目标、主要规划指标、重要土地用途分区等方面应当符合上级规划的要求。

②土地用途分区。乡镇级土地利用总体规划应根据土地的主导用途和管制规则的一致性进行土地利用分区，为土地用途管制提供依据。

③指标控制。乡镇级规划应将耕地保有量、基本农田面积、建设占用耕地面积、城镇用地规模、城镇和农村居民点用地定额等作为强制性指标。

④社会参与。乡镇级土地规划编制应树立开门搞规划的思路，针对规划编制中涉及的不同问题，采取切实可行的方式，广泛听取意见。

⑤综合协调。乡镇级土地利用总体规划应综合考虑各个方面对土地利用的需求，兼顾全局与局部、当前与长远、经济发展与资源环境保护的关系，统筹考虑土地利用需求，通过综合平衡，合理利用有限的土地资源，为社会经济的可持续发展提供土地保障。

(5)总体规划文本编制要求

编制土地利用总体规划文本，应包括以下方面内容：

①前言。简述规划目的、任务、依据和规划期限。

②土地资源利用状况。简述土地资源利用现状和潜力，阐明土地利用中存在的主要问题。

③规划目标与方针。阐述规划背景、社会经济发展要求、土地利用规划目标、近期规划任务和土地利用方针，展望远景土地利用。

④土地利用结构调整。阐述规划期各类用地调控数量、结构变化，各类土地利用原则、调控措施。

⑤土地利用布局调整。阐述规划期内主要用地布局调整的指导思想、调整原则、布局方案和调控措施。

⑥土地用途分区。阐明各类土地利用区的面积、分布和分区土地利用管制规则。

⑦重点建设项目用地布局。阐述重点建设项目用地配置情况。

⑧土地保护、整理、复垦和开发。简述基本农田保护和土地整理、复垦、开发的区域范围、利用方向和目标；重点项目概况；分期实施计划；管理措施。

⑨土地生态建设和环境保护。简述生态建设和环境保护用地的规模、范围、对策等。

⑩镇中心土地利用。简述其发展目标、人口和土地规模、土地利用方向和开发次序等。

⑪实施规划的措施。阐明实施规划的行政、经济、法规和技术手段。

(6)规划图绘制要求

①规划图应以现状图为工作底图进行编制，保留土地利用现状要素。

②图件应标明以下内容：土地用途分区范围界线；建设用地区近期建设用地范围界线；重点建设项目用地位置和范围；土地整理、复垦、开发项目(区)范围等。

3. 实习成果

《×××镇/村土地利用总体规划》(文本与说明书)

第二节　四明山南区土地资源调查与利用规划实习内容与样点

一、四明山南区土地资源特征

(一)区域概况

四明山区域位于浙江省宁波市西南部，区域范围为鄞州区的章水镇、龙观乡、横街镇、鄞江镇，奉化市的溪口镇，余姚市的梁弄镇、大岚镇、四明山镇、鹿亭乡和姚江以南以西的梨洲街道茭湖、黄明、燕窝片的 8 个行政村、陆埠镇洪山片的 9 个行政村以及兰山片的 3 个行政村、大隐镇的芝林、云旱、章山 3 个行政村、河姆渡镇的车厩村、五联村、东澄村、河姆渡村 4 个行政村等以山地为主的 13 个乡镇(街道)，共 207 个行政村，总面积 1337.93km^2。四明山区域火热发展旅游的同时，一定程度上放松了对生态环境的保护，致使该区域出现了水土流失、山体石漠化、库区水体富营养化等问题。土地利用上，表现为林地与耕地被城乡工矿用地大量占用，不利于四明山可持续发展。

(二)土地资源利用现状

2000、2010 年土地矢量数据源于地球系统科学数据共享平台——长三角分平台，矢量数据处理过程为各种遥感数据融合增强处理、目视解译与精度检验、图幅拼接，并将土地利用类型分为城乡、工矿、居民用地、林地、草地、水域、耕地、未利用土地等6类(表9-2)。

二、四明山南区土地资源利用实习目的

(1)掌握城乡接合部山区地类调查的基本方法与一般技术；

(2)掌握城乡接合部山区土地利用结构综合平衡表的填写方法及其运用；

(3)掌握城乡接合部山区城镇或行政村土地利用总体规划文本、说明书的撰写；

(4)掌握城乡接合部山区城镇或行政村土地利用现状评价与未利用土地适宜性评价的方法；

(5)掌握城乡接合部山区城乡主要用地类型(林地、耕地、城市及居民点用地、旅游用地)需求量预测方法。

三、四明山南区土地资源利用实习内容

(1)利用无人机或其他仪器进行实习样点，如溪口镇、四明山镇、大岚镇、梁弄镇、梨洲街道等镇或街道及其行政村土地资源与利用现状调查。

(2)运用GIS软件进行外业调查成果处理，生成土地利用现状图，统计各类土地类型的面积。

(3)以小组为单位完成三个实习模块内容，撰写并提交实习报告：

1)土地利用现状分析报告；

2)土地利用供需预测报告；

3)土地利用总体规划文本与说明书。

各小组可根据实际情况内部进行分工与协调，但必须确保人人动手、全程参与实习。

四、四明山南区土地资源利用实习样带

四明山南区涉及宁波市奉化区、鄞州区、海曙区和余姚市，土地利用类型丰富，除海域外的其他地类都涉及。结合交通便利性、相关资料可获取性、土地利用动态性以及专业其他课程实习需求，选择浙江省S33省道历经的四明山南区相关乡镇和街道及其辖区行政村或社区作为实习样带。

表 9-2 四明山宁波片区各乡镇 2000、2010 土地利用状况

乡镇	城乡、工矿、居民用地/km^2		林地/km^2		草地/km^2		水域/km^2		耕地/km^2		未利用土地/km^2	
	2000 年	2010 年	2000 年	2010 年	2000 年	2010 年	2000 年	2010 年	2000 年	2010 年	2000 年	2010 年
鹿亭乡	0.1523	1.0258	67.7864	66.8463	0.6127	0.2353	0.0330	0.0853	2.1925	2.6042	0	0
陆埠镇	3.5077	7.3953	92.4581	91.3752	0.1379	0.138	1.5416	1.5674	21.7719	18.979	0	0
梨洲街道	7.3754	22.6022	74.1244	69.7292	0.1383	0.2856	0.5883	0.5897	27.1899	16.2394	0	0
梁弄镇	2.2406	6.5067	61.7065	59.5345	0.1473	0.147	10.4823	10.2569	21.44	19.5938	0	0
大隐镇	1.2822	3.3202	24.0539	22.8893	0.1994	0.1729	0.1003	0.4573	5.1555	3.9635	0	0
大岚镇	0.1024	1.1468	59.8756	58.8473	0.1564	0.1557	0.1408	0.5402	3.6677	3.2697	0	0
四明山镇	0.4256	0.9346	102.4206	97.7068	0.6676	2.375	0.0665	0.1547	22.0659	24.5052	0.1492	0.1493
龙观乡	0.9052	1.3104	60.4733	60.4129	0.7042	0.7044	0.5346	0.6282	9.0274	8.6132	0	0
鄞江镇	2.8164	6.1185	36.2153	35.002	0.925	0.9247	1.2648	0.6369	18.8534	17.4161	0.1160	0.116
章水镇	1.4424	2.5725	115.657	111.7372	1.219	1.2207	3.658	5.9403	8.1316	8.6782	0	0
横街镇	3.6594	8.2201	75.6917	73.1149	0.7665	0.8218	0.2161	1.8119	18.1661	14.5683	0	0
溪口镇	4.301	11.1712	287.6016	286.4073	8.0288	7.9534	5.7835	6.1233	61.4663	55.6335	0.4075	0.4076

五、四明山南区土地资源利用调查实习报告要求

(一)土地利用现状分析实习报告

题目:《溪口镇土地利用现状分析》

前言:简要说明调查目的、技术路线、组员分工

(1)溪口镇土地利用的自然与社会经济条件

(2)溪口镇各村土地资源数量、质量及动态变化

(3)溪口镇土地利用结构与布局

(4)溪口镇土地利用程度与效益

(5)溪口镇土地利用现状

(6)溪口镇土地利用规划目标

(二)土地利用供需预测实习报告

题目:《溪口镇土地供给量预测》

1. 溪口镇土地整理、复垦、开发的远景潜力

(1)在分析各类农用地实际利用水平、集约利用程度基础上,预测农用地可增加的有效利用面积和提高土地单产能力。

(2)在分析各类建设用地实际利用水平、集约利用水平基础上,预测各类建设用地的调整改造能力。

(3)在调查分析工矿生产建设中各类废弃地情况基础上,评价未利用土地适宜复垦利用的方向和数量。

(4)分析未利用土地的类型、面积、分布,评价未利用土地适宜开发利用的方向和数量。

2. 溪口镇土地整理、复垦与开发规模预测

根据国家和地方政府有关政策和投资能力,通过投入产出和费用效益分析,预测规划期间土地整理、复垦、开发为各类农地的数量。

题目:《溪口镇建设用地预测》

(1)人口预测

规划期总人口的预测分为人口自然增长预测和人口机械增长预测,也可以运用模型进行预测。人口自然增长率应根据计划生育政策,分析多年来的自然增长情况予以确定,一般应不高于计划指标。人口的机械增长应根据公安部门统计的多年人口实际净迁入(出)数量,分析影响人口机械增长的因素并予以确定。年均机械增长数一般不超过近五年平均增长数。

(2)建设用地预测

1)村镇(村庄和集镇)建设用地预测

2)独立工矿、交通、水利等建设用地预测

（三）土地利用总体规划编制报告

题目：溪口镇土地利用规划

具体内容可参考《奉化市溪口镇土地利用总体规划（2006—2020）》（2014 调整完善版），提纲如下：

第一章　规划总则

第二章　规划目标与控制指标

第三章　土地利用结构调整与布局优化

第四章　生态用地保护规划

第五章　农用地保护规划

第六章　建设用地规划

第七章　节约集约用地规划

第八章　土地整治规划

第九章　土地用途分区及管制规则

第十章　建设用地空间管制分区及管制规则

第十一章　规划实施与管理

第十二章　附则

第十章　四明山南区城乡居民点调查与评价

第一节　城乡居民点野外调查方法

长期实行的土地政策以及农村“空心化”现象导致农村宅基地严重超标。农村的宅基地审批程序有待完善，在农村地区，大量存在“一户两宅”甚至“一户多宅”的情况，而农民入城后，大部分住宅闲置，土地浪费问题严重。在粮食安全和城乡建设之间的矛盾带来的土地压力下，土地的获取伦理却发生了改变，建设用地越来越依赖来自于乡村闲置宅基地、集体建设用地等非农用地的整理和置换，国家旋即实施村庄整治、撤并和城乡建设用地增减挂钩政策。因为历史原因，农村经济基础薄弱，基础设施单薄落后。由于资本的积累和政策的偏差，城乡之间收入水平和生活质量的分化存在继续扩大的趋势，社会矛盾也愈发激化。经济发展成果分配的不公平会导致对立仇视，并会影响社会稳定，近年来群体事件的爆发性增长与此有很大关系。合理的城乡居民点布局对人类的居住、土地资源的利用、经济的发展、社会公平有重要的影响。

居民点是人类按照生产和生活需要而形成的集聚定居地点。按性质和人口规模，居民点分为城市和乡村两大类。“乡村”本质上是一个空间地域系统，是指城市外的一切地域，包括集镇和农村。“农村”指集镇以外的地区，空间范围要小于“乡村”。依据《第二次全国土地调查技术规程》(TD/T 1014-2007)中土地分类定义中对村庄的定义，村庄是指农村居民点，以及其所附属的幼儿园中小学、工业矿山、工业工厂、商业服务设施、农产品加工仓储设施、村民住宅等用地。

农村居民点整理是指在一定社会经济条件下，针对某区域农村居民点用地零散、无序的状态，对其空间结构和布局实施整治、改造等土地工程措施和土地产权调整措施，并配合公共基础设施的改造和完善，以达到优化城乡建设用地布局，改善农村居民生产条件和生活质量，提高农村建设用地利用效率，缓解经济发展与耕地保护的矛盾的一项综合的土地利用工程。

一、调查目的与任务

(一)实习目的

(1)练习居民点调查的基本方法与一般技术；

(2)练习居民点整理潜力的测算方法及其运用；

(3)练习区域居民点现状评价与居民点用地转型适宜性评价的方法；

(4)练习居民点的主体——农户及其对居民点整理意愿；

(5)练习乡村居民点评价与整理规划文本、说明书的撰写。

(二)实习任务

(1)运用 GIS/SPSS 软件进行现状调查成果处理，生成居民点现状图，统计居民点属性与农户意愿。

(2)以小组为单位完成三个实习模块内容，撰写并提交实习报告：

1)居民点现状分析报告；

2)农户参与居民点整理意愿分析报告；

3)居民点用地功能转型与居民点整理潜力文本与说明书。

各小组可根据实际情况内部进行分工与协调，但必须确保人人动手、全程参与实习。

二、调查前的准备

(一)仪器设备准备与调试

(1)全站仪每组一套，包括主机、脚架三个、棱镜两个、对中杆一个、充电器、3米钢卷尺；

(2)木桩、铁钉、3H 或 4H 铅笔、单面刀片、铁锤、橡皮；

(3)导线测量、碎部测量手薄；

(4)《地籍测绘规范》、《地籍图图式》、《城市测量规范》、《1∶500 1∶1000 1∶2000 地形图图式》(GB/T 7279-1995)、《1∶500 1∶1000 1∶2000 外业数字测图技术规程》(GB/T 14912-200)；

(5)无人机，如大疆精灵 4 Pro 小型一体机及 DIJ GS Pro 地面站软件；

(6)GPS 手持机；

(7)调查区域地形图、遥感影像图及其初步处理；

(8)根据课程教师相关要求分组、选择实习样村或街道、借用仪器与地图等；

(9)基础材料、规划底图。以县级 2015 年度土地变更调查年末国家确认的数据库为基础数据，以 2016 年度遥感监测影像作为遗漏居民点判定的后时相影像依据；收集二调时县级土地调查使用的遥感影像图，作为遗漏居民点判定的前时相影像依据；收集县级易地搬迁、城乡建设用地增减挂钩等项目即将实施立项的项目名单，确定项目区所在乡镇、村，项目规模及当地农户的花名册；收集农村宅基地确权数据库和影像资料，以数据库确定的农村宅基地登记发证面积为依据，综合实地情况和影像特征确定遗漏农村居民点。

(10)内业图斑补充。以2015年度土地变更调查数据库、2016年遥感影像和二调底图为基础，参照农村宅基地确权数据，内业判读和勾绘数据库为非建设用地范围内的疑似遗漏农村居民点，填写相关属性信息。

(11)学习与当地领导干部的实习外业调查对接。

(二)外业调查路线规划

在外业调查与核查前，应该充分了解工作区域内地理交通、人文等情况，了解疑问图斑的分布情况，合理地安排调查路线，尽可能做到全覆盖疑问图斑。

因为野外调查工作受天气因素、自然环境、地势条件以及人力资源等多方面条件限制，调查开始前应在内业进行详细地设计，充分利用工作区域的交通条件进行路线设计，在保证生产安全的前提下，规划合理、可行的调查与核查路线。

学习GPS、测量仪器的使用，完成遥感影像的校正与图像的增强处理、研究区域居民点分布、建立影像目视解译标志、确定调查路线、调查农户居民点整理意愿、居民点用地转型情况；完成室内判读、后期补测与验证。

问卷10-1　农村居民点整理农户意愿调查问卷

问卷编码：　　　　整治项目：

镇、村：　　　　数据录入员：

调查人员：

(一)个人及家庭特征

(1)性别：

0=女 1=男

(2)年龄：

(3)受教育程度：

0=未接受过学校教育 1=小学 2=初中 3=高中(中专)

4=大学(专)及以上

(4)您的职业

1=务农 2=经商(个体)3=打工(含木工、瓦工等)

4=行政事业人员(含教师、村干等) 5=其他

(5)家庭户主职业(可多选)：

1=务农 2=经商(个体)3=打工(含木工、瓦工等)

4=行政事业人员(含教师、村干等) 5=其他

(6)家庭人口数：____，家庭劳动力人数：____

(7)外出务工(在外工作,偶尔回来,不每天住在家里的)人数:____。年均外出务工时间:____(月)。

(8)家庭成员每年在家居住的时间与人数:

1=3个月以下____人　　2=3~6个月____人

3=6~9个月____人　　4=9个月以上____人

(9)家庭收入主要来源(　)

1=农业(种植、养殖等)　2=工资收入　3=经商(个体)　4=其他

(10)您的家庭总收入大约为____万元/年

【可以提示1~3万、3~5万,5~8万,8~10万,10~15万,15万以上等】

(11)您家有几处宅基地?　1=一处　2=两处及以上

(12)家庭宅基地面积____平方米。(若有多处宅基地写总面积,1亩=667平方米)

(13)您家房屋建成年份

A 1990年代以前　B 90年代　C 2000—2010年　D 2010年以后

(二)农户整理意愿

(14)对于农村居民点整理,您持什么态度?

A 积极响应政府号召,积极配合　B 大家都支持,我也支持

C 只要赔偿合理就愿意配合　D 不愿配合

(15)国家在进行"农村居民点整理"时,遵循公平自愿的原则,您同意吗?

A 完全同意　B 同意　C 不知道　D 不同意　E 完全不同意

(16)国家实行"农村居民点整理"时的补贴政策,您感觉满意吗?

A 非常满意　B 满意　C 一般　D 不满意　E 很不满意

(17)不考虑其他因素情况下,邻居如果搬迁到中心村,您也同意跟着搬迁去吗?

A 完全同意　B 同意　C 不知道　D 不同意　E 完全不同意

(18)如果实行"农村居民点整理"后,与周围邻居的感情程度将会受影响,您同意吗?

A 完全同意　B 同意　C 不知道　D 不同意　E 完全不同意

(19)您对当前的生活模式或生活状态满意吗?

A 非常满意　B 满意　C 一般　D 不满意　E 很不满意

(20)如果搬迁需要拆除原有住宅,您是否愿意?

A 非常愿意　B 补偿合理就愿意　C 如果周围邻居愿意,我也愿意

D 不太愿意,但政府做工作也就答应了　E 不愿意

(21)在当前政策下,结合您家的经济基础,在应付搬迁费用上的承受度大吗?

A 完全没问题　B 比较行　C 一般　D 不太行　E 完全不行

(22)如果搬迁,你们家的异地安置生存压力?

A 非常大　　B 有点大　　C 一般　　D 不太大　　E 完全没压力

(23)结合所在村落情况您愿意选择哪种农村居民点整理模式?

A 农村居民点城镇化　　B 发展成中心村　　C 村庄内部改造合并

D 偏远地区迁弃　　E 不愿意,对现在很满意(原因：　　　)

(24)您认为目前整理政策存在的问题是?(可多选)

A 补偿标准低　　B 补偿方式不合理　　C 整理政策不统一

D 硬性安置　　E 公开透明度不够　　F 保障机制不够完善

(三)外业工作底图制作

1. 数据提取

数据提取包括内业解译的地类图斑、线状地物、零星地物、地类界线及内业疑问图斑(包括点、线、面三种形式)。

2. 工作底图配图

(1)图层叠加顺序

在软件中将所有数据图层分为地类图斑、线状地物、零星地物、地类界线、内业疑问图斑,按照面层在最下层、点层在最上层、疑问图斑层在相应图层上面的原则调整图层顺序。

(2)符号注记设置

根据设计方案中符号样式,在出图软件中配置好相应图层的符号及注记,设置图名、图例、比例尺、指北针等后批量输出工作底图。

三、城乡居民点野外调查方法

(一)居民点调查工作原则

(1)坚持实事求是的原则。坚持土地变更调查实事求是的原则,严格遵守土地变更调查相关标准、规程、规范。一是要确保实地确为二次调查遗漏的合法的农村居民点且现状仍为农村居民点;二是要确保遗漏居民点图斑位置、范围、面积准确;三是要确保相关证明材料真实、合法有效。

(2)坚持轻重缓急、适度控制规模的原则。根据脱贫攻坚等各项工作的实际需要,坚持轻重缓急、适度控制规模的原则补充调查遗漏的农村居民点,避免产生过大的异常流量。

(3)坚持充分利用已有调查成果、多种技术手段相结合的原则。充分应用规划、耕保及相关部门的已有成果,充分利用无人机、“互联网+”、移动调查、遥感监测等新技术手段,整合力量,及时完成遗漏农村居民点补充调查工作。

(二)居民点调查属性与技术流程

全班同学分组实习调查样区后，根据当下热门话题与调查样区村镇居民点分布特征，遴选适宜的居民点实习话题，如村庄规划编制、城乡建设用地增减挂钩、居民点用地转型、农户对宅基地流转意愿、镇/村域居民点优化规划、空心村居民点整理潜力等能为地方实际工作提供参考的话题。

调查主要采用实地访谈、现场踏勘、村干部座谈、农户问卷调查等多种形式，深入了解农村地区居民点的主要指标状况。(1)实地调查过程以内业判读和勾绘的疑似农村居民点为基础，外业逐图斑调查核实图斑的位置、地类、范围、面积等情况，按实地位置和范围修正内业勾绘图斑，并拍摄实地照片。(2)权属证明材料收集，收集补充遗漏居民点图斑对应的权属证明材料，遗漏居民点图斑面积与权属证明材料确认面积差异不宜过大。(3)农村居民点整治潜力调查，重点调查规划基期年的人口、户数、人均用地、户均用地，目标年的人口、人均用地，以及农村居民点整治规模与分布情况。并以行政村为评价单元，针对整治规模进行潜力分级与评价。基期年各行政村人口和户数的调查数据主要来源于各镇2010/2015/2020年《农村经营管理情况统计报表制度》。基期年农村居民点总量的数据来源于2010/2015/2020年土地利用现状数据库，用各行政村的总建设用地面积分别除以人口数和户数得出人均和户均用地面积(表10-1至表10-4)。调查技术流程如图10-1。

首先，应主动与镇/村干部充分对接，争取当地基层干部的支持与帮助。随后对数名村干部进行访谈，初步摸清该镇/村域居民点的主要情况。

第二，实习小组深入各行政村，现场调查，并进行访谈，了解当地居民点实际常住人口、空心化的主要原因、闲置居民点再利用的潜力以及农户对于空心宅基地整治的意见和建议。全程应以问卷或半结构访谈为主要方法，并录像录音实现居民点现状全面记录，便于内业整理。

第三，实习组进行外业调查过程应初步汇总分析得出一些基本判断，并与乡镇国土或城建主管领导进行汇报、座谈，对调研期间发现的诸多问题进行了深入探讨，根据实际情况，对农村居民点现状与再利用方向提出合理有效的建议。

表10-1　近五年各镇/村的人口变动情况均值

均值

镇/村名	总人口	平均人口自然增长率‰	平均人口机械变动率‰
A			
B			
C			
D			
…			

表 10-2 现有农村居民点基本情况各镇/村汇总

所属镇/村	农村居民点面积(hm^2)	农村户数(户)	农村人口(人)	户均面积(m^2/户)	人均面积(m^2/人)
A					
B					
C					
D					
…					
总计					

表 10-3 农村居民点整治潜力各镇/村汇总

所属镇/村	农村居民点面积(hm^2)	人均农村居民点面积可调整幅度(m^2/人)	整治规划期末人口预测(人)	规划期末农村居民点面积预测(hm^2)	农村居民点整理规模预测(hm^2)
A					
B					
C					
D					
…					
总计					

表 10-4 各镇/村农村居民点整治潜力分级汇总表

乡镇/村	1 级	2 级	3 级	总计
A				
B				
C				
D				
…				
总计				

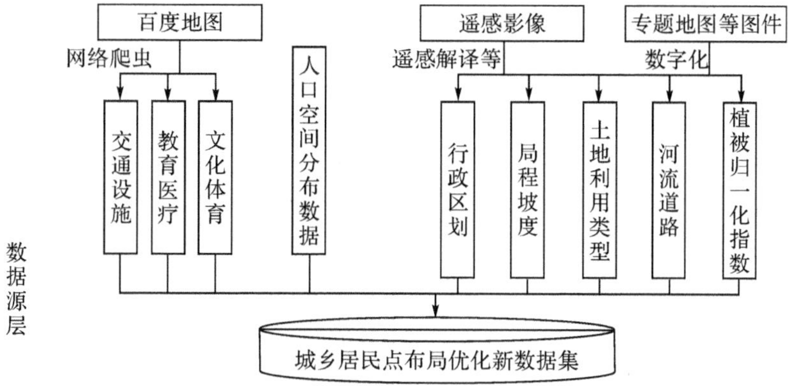

图 10-1 城乡居民点调查技术流程

四、室内资料整理

城乡居民点调查内业整理指在外业实地调查结束后基于外业调查成果，结合影像、专业数据资料，对外业采集的居民点各地类图斑、现状地物、零星地物、地类界线进行类型、边界、属性的修改编辑、接边，经过质量检查形成满足相关技术规定要求的居民点用地现状调查成果。并在此基础上进行居民点现状图制作，进行居民点各地类（宅基地、水源、交通、村公共服务用地等）统计分析（表 10-5 至表 10-9）。

以 ArcGIS 软件为工作平台，运用其空间及数据处理分析功能，在研究区域土地利用现状图基础之上，出于国土生态安全、粮食生产安全、人民生命财产安全以及生物多样性保护等多方面考虑，剔除各类规划所确定的禁止开发区域，提取评价单元的区域总面积、农村居民点用地面积、农村道路面积、闲置宅基地面积、高程、坡度、距离重要城镇及交通干道的距离等评价指标值；另外，通过 ArcGIS 制图功能，获得研究区域农村居民点整理适宜性和整理分区在空间上的表达。

可以综合运用回归分析、特尔菲法结合层次分析法、多因素综合评价法等方法，采用二项 Logit 回归分析法分析农村居民点整理的农户意愿影响因素及影响程度，为指标的选取提供参考；采用特尔菲法结合层次分析法确定指标权重；采用多因素综合评价法得到农村居民点整理适宜性评价综合分值；运用总分频率曲线法对综合分值进行频率统计，根据适宜性分值选择频率曲线波谷处作为等间分界，划定研究区域农村居民点整理适宜性等级。

表 10-5 样本农户社会特征

项目	项目分类	频数	百分比(%)
性别	男		
	女		
年龄	均值		
	中位值		
受教育程度	文盲		
	小学		
	初中		
	高中		
	大专及以上		
家庭人口总数	1～2 人		
	3～5 人		
	6 人及以上		
非农务工人数	1 人及以下		
	2～4 人		
	5 人及以上		
赡养老人数	1 人及以下		
	2 人		
	3 人及以上		
抚养小孩数量	0 人		
	1 人		
	2 人		
	3 人以上		

表 10-6 样本农户经济特征

项目	项目分类	频数	百分比(%)
非农月收入	2000 元以下		
	2000～5000 元		
	5001～8000 元		
	8001～10000 元		
	10000 元以上		

续表

项目	项目分类	频数	百分比(%)
职业类型	农业		
	兼业		
	非农		
房屋数量	1 套		
	2 套		
	3 套及以上		
宅基地面积	均值		
	中位值		

表 10-7　样本农户生活特征表

项目	项目分类	频数	百分比(%)
房屋结构	土木		
	砖木		
	砖混		
房屋层数	1		
	2		
	3		
房屋年限	5 年以内		
	5～10 年		
	11～20 年		
	21～30 年		
	30 年以上		
宅基地周围道路情况	土路为主		
	硬化路面为主		
	其他路面		
宅基地利用状况	闲置		
	未闲置		
	…		
…			

表 10-8 农户认知特征表

项目	项目分类	频数	百分比(%)
是否了解复垦相关政策	不了解		
	一般		
	非常了解		
了解政策的渠道	无		
	村内宣传		
	村内宣传、电视、报纸		
	村内宣传、电视、网络		
是否支持复垦政策	不确定		
	不支持		
	支持		

表 10-9 农户参与农村居民点整治的行为动机分类表

目标层	准则层	指标层
内在动机	经济动机	追求货币收入增加
		追求福利待遇提升
	生活动机	改善居住环境
		便利家庭生活
		获取分家所需住房
	其他动机	自我实现
		社会交往
外在动机	外部激励	政府政策引导和激励
	社会认可	周围农户的影响
		村委会的影响

统计实测数据和问卷调查样本数据，整理如表 10-1 至表 10-4 的各指标项数据。基于统计问卷 10-1 各题项及其之间逻辑关系，继而通过各乡镇政府召集各行政村的村干部现场讲解并确认调查内容，整理包括行政村基本情况（土地闲置率、基础设施状况、房屋成新率等评价指标值），并从农户基本家庭特征、当前生存环境、预期生存状态和整理政策影响四方面分析农村居民点整理农户意愿（图 10-2）。

当然，城乡居民点现状调查是要厘清传统农村居民点在发展过程中的形态和功能演变，探究农村居民点土地利用转型的方式、特征及成因，探寻土地利用转型背后的农村居民点功能演变规律和机理。(1)农村居民点用地的显性转型主要体

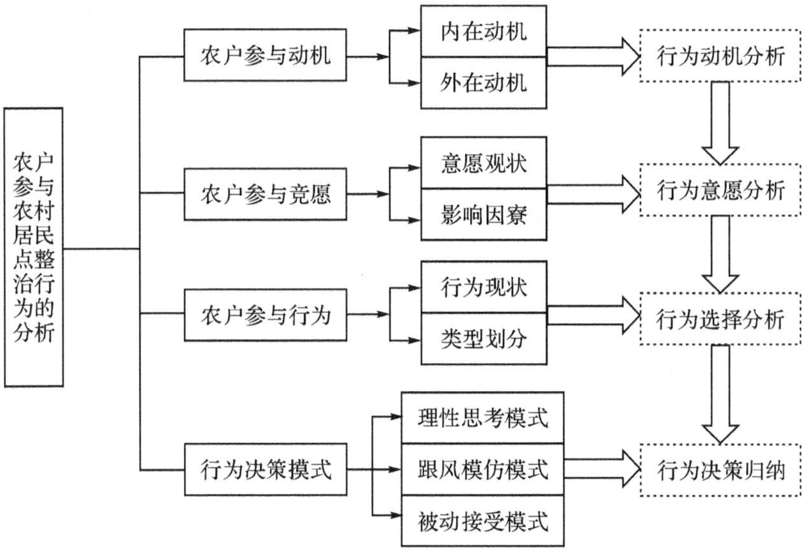

图 10-2　农户参与农村居民点整治行为的分析框架图

现在土地利用结构的空间分异上。随着与中心城距离的拉近，农村居民点土地利用结构的多样性不断增加，土地利用格局也从农村住宅占主导的单一形式，逐渐转变为住宅、产业、公共服务等用地并存的形式。作为土地利用结构的补充，农户宅基地的多功能利用，从近郊到远郊，存在商、住、工业和旅游接待等农户自住用途之外的功能衍生。(2)农村居民点用地隐性转型主要表现在土地利用的去集体化和农村非农产业升级两个方面。前者是指农村建设用地经营利用中集体意志的逐渐退出，代表着农村生产资料配置模式的市场化转变；后者则代表着农村经济产品和服务的多样性趋势，是农村居民点服务范围扩大的一种间接体现。土地利用隐性转型反映出，农村居民点用地由原来的保障性功能逐渐衍生出收益功能，从而影响着农户的生计。

土地利用转型是农村居民点功能演变的表征属性。土地利用的显性转型，反映了作为聚落个体的农村居民点经济产出的变化；而土地利用的隐性转型，则预示着城乡系统的要素流动和市场配置中，农村居民点角色的转变。农村居民点功能演变的背后，是农村工业化城镇化模式由内生型向外生型的根本性转变。

五、编写城乡居民点调查与优化实习报告

(一)居民点现状与农户意愿分析实习报告

1. 实习目的

居民点现状分析是居民点整理潜力或优化规划的基础和起点，是制定城乡规

划和编制土地利用规划的重要依据，是通过实习使学生熟悉城乡居民点，尤其是乡村居民宅基地转型与流转分析的基本内容和方法。

2. 实习内容及实习要求

(1)居民点基本属性调查

通过对行政村或社区各户的宅基地面积、使用情况、产权、建筑物结构与年代、周边交通或公共服务场所状况，农户家庭人口、职业、收入、支出的结构与总量，农户对宅基地再利用的意愿等实地调查与问卷访谈，统计分析调查样本的社会、经济、房屋、公共设施用地、宅基地流转意愿等。

(2)居民点数量、质量及形态分析

根据土地详查、变更调查和镇村统计年报表，分析、比较全镇/行政村的各行政村/自然村组宅基地的图斑数、每个图斑面积、每户占有宅基地数量和面积，宅基地图斑与公共设施用地图斑的空间关系，宅基地图斑的组成图形及其分布特征，研究居民点用地的数量、质量、分布特征，评价居民点整理潜力、可能转型方向与空间重组可能。

(3)居民点用地结构与布局分析

在 ArcGIS 软件平台上利用居民点土地利用现状图斑，并根据实地调研情况，以图斑内农户集聚程度作为划分标准，将村域范围内的居民点图斑划分为聚居点和散居点。分析居民点及其公共设施用地规模、比例关系及各户宅基地在规划范围内的分布是否合理，总结居民点分布的特点和规律。

(4)农户参与宅基地整理意愿分析

剖析农村居民点整治中的农户参与行为过程，构建农户参与农村居民整治的行动逻辑框架，探索把握农户参与行为规律，为顺利推进农村居民点整治提供理论指导。基于农户行为动机和意愿影响因素的分析，结合农户行为选择的个案访谈，探寻农户参与背后的深层社会经济原因，为控制农户行为发生条件，激发农户参与积极性提供有益指导。

3. 实习成果

《×××镇/村居民点现状与农户意愿分析报告》

(二)居民点优化布局实习报告

1. 实习目的

使学生掌握集镇或行政村居民点布局优化规划编制的基本内容和框架，以及熟悉居民点规划图件的制作。

2. 实习内容及实习要求

(1)分析规划范围、规划依据与规划期限

(2)研究规划内容

1)深入挖掘居民点的现状特征与存在问题

2)细致研究居民点撤并的依据

3)提出撤并后土地整理的相关要求

4)提出撤并后的相关实施措施

(3)构建如图 10-3 的规划技术路线

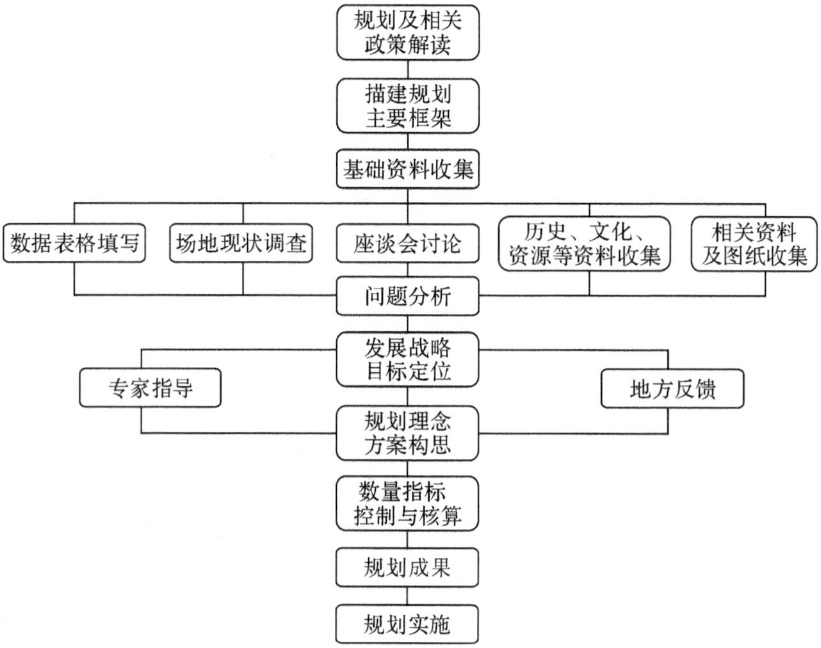

图 10-3　规划技术路线

3. 实习成果

《×××镇/村居民点布局优化规划》(文本与说明书)

具体规范可以参照浙江省住房和城乡建设厅 2015 年 08 月 03 日发布的《浙江省村庄规划编制导则》和《浙江省村庄设计导则》(建村发[2015]286 号)。

第二节　四明山南区城乡居民点调查与优化实习

一、四明山南区城乡居民点特征

宁波四明山区一共有 5386 个农村聚落斑块，斑块面积大小不一，总面积 5306.03hm^2，从 0.00017hm^2 到 46.066hm^2 之间不等，平均面积为 1.0626hm^2，超过半数以上的聚落面积大于平均面积，表明四明山区农村聚落分布较为分散且数量较多。其中 0.2hm² 以下面积的聚落斑块数为 2152 个，数量最多，25hm² 以上面积的聚落斑块数为 9 个，数量最少，说明四明山区农村聚落的数量与规模成反比。从斑块的数量和斑块总面积来看，梨洲街道、陆埠镇、溪口镇、梁弄镇、河姆渡镇、横街镇的居民点占地比例最大。斑块所占景观面积比例(PLAND)反映研究区域的居民点建设用地的规模水平，梨洲街道占比 11.77%，为研究区所有乡镇中规模最大，四明山镇所占比例最小，为 0.95%。斑块密度(PD)反映农村聚落的集聚及规模大小，密度指数越小，聚落分布越分散，规模也就越小。四明山区的斑块密度为 3.82 个/km²，整个研究区的农村聚落分布规模较小，其中梨洲街道的斑块密度最大，为 8.52 个/km²，其次为河姆渡镇和陆埠镇，分别为 7.41 个/km² 和 6.57 个/km²，表明在研究区内，梨洲街道，河姆渡镇和陆埠镇的农村聚落规模较大，分布较为集中，三镇均位于研究区北部，自然和人文条件较为优越；四明山镇和溪口镇位于四明山区南部，自然条件较差，斑块密度最小，分别为 1.72 个/km² 和 1.89 个/km²，农村聚落的规模较小且分散。平均斑块面积(MPS)是反映研究区斑块的平均规模，该指数较大的有梨洲街道、河姆渡镇、溪口镇和陆埠镇，较小的有章水镇和四明山镇，研究区农村聚落的用地规模差异较为明显(表 10-10)。

表 10-10 四明山区农村居民点布局景观指数分析(以乡镇为单位)

行政单位		NP/个	CA/hm²	PLAND/%	PD/(个/km²)	MPS/(m²/个)	Cv 值/%
余姚市	四明山区	5368	5723.43	4.06	3.82	10626.48	156.58
	梨洲街道	933	1288.66	11.77	8.52	13812.00	148.73
	陆埠镇	785	886.69	7.42	6.57	11295.43	80.18
	梁弄镇	507	513.32	5.11	5.05	10124.56	148.38
	四明山镇	217	119.91	0.95	1.72	5526.00	115.41
	大岚镇	175	126.56	1.98	2.74	7231.93	52.81
	鹿亭乡	205	138.41	2.09	3.09	6751.47	29.03
	河姆渡镇	482	615.58	9.47	7.41	12771.40	143.22
	大隐镇	109	94.46	3.07	3.54	8666.24	95.06
海曙区	横街镇	450	445.73	4.52	4.57	9905.09	95.43
	章水镇	269	146.18	1.12	2.07	5434.23	40.59
	鄞江镇	331	269.71	4.48	5.50	8148.32	167.57
	龙观乡	228	221.10	3.09	3.18	9697.17	47.37
奉化区	溪口镇	695	857.12	2.33	1.89	12332.65	176.87

二、四明山南区城乡居民点调查实习目的

(1)掌握居民点调查的基本方法与一般技术；

(2)以宁波四明山某镇或某村为例，测算居民点整理潜力；

(3)以宁波四明山某镇或某村为例，评价居民点现状与居民点用地转型适宜性；

(4)以宁波四明山某镇或某村为例，实施问卷调查，统计分析农户对居民点整理意愿；

(5)以宁波四明山某镇或某村为例，编写居民点布局优化或整理文本、说明书。

三、四明山南区城乡居民点调查实习内容

(一)居民点现状与农户意愿分析实习

1. 宁波四明山区某镇或某村居民点基本属性调查

通过对行政村或社区各户的宅基地面积、使用情况、产权、建筑物结构与年代、周边交通或公共服务场所状况，农户家庭人口、职业、收入、支出的结构与总量，农户对宅基地再利用的意愿等实地调查与问卷访谈，统计分析调查样本的社会、经济、房屋、公共设施用地、宅基地流转意愿等。

2. 宁波四明山区某镇或某村居民点数量、质量及形态分析

根据土地详查、变更调查和镇村统计年报表，分析、比较全镇/行政村的各行政村/自然村组宅基地的图斑数、每个图斑面积、每户占有宅基地数量和面积，宅基地图斑与公共设施用地图斑的空间关系，宅基地图斑的组成图形及其分布特征，研究居民点用地的数量、质量、分布特征，评价居民点整理潜力、可能转型方向与空间重组可能。

3. 宁波四明山区某镇或某村居民点用地结构与布局分析

在 ArcGIS 软件平台利用居民点土地利用现状图斑，并根据实地调研情况，以图斑内农户集聚程度作为划分标准，将村域范围内的居民点图斑划分为聚居点和散居点。分析居民点及其公共设施用地规模、比例关系及各户宅基地在规划范围内的分布是否合理，总结居民点分布的特点和规律。

4. 宁波四明山区某镇或某村农户参与宅基地整理意愿分析

剖析农村居民点整治中的农户参与行为过程，构建农户参与农村居民整治的行动逻辑框架，探索把握农户参与行为规律，为顺利推进农村居民点整治提供理论指导。基于农户行为动机和意愿影响因素的分析，结合农户行为选择的个案访谈，探寻农户参与背后的深层社会经济原因，激发农户参与积极性提供有益指导。

(二)居民点优化布局实习

以宁波四明山区某镇或某村为实习样区，完成如下任务：

(1)分析规划范围、规划依据与规划期限

(2)深入挖掘居民点的现状特征与存在问题

(3)细致研究居民点撤并的依据

(4)提出撤并后土地整理的相关要求

(5)提出撤并后的相关实施措施

四、四明山南区城乡居民点调查实习样带

四明山区农村聚落总面积5306.03hm²,占四明山区土地总面积的4.06%,农村聚落主要集中分布在北部和东部,聚落分布整体东北多、西南少;其中,梨洲街道、陆埠镇、河姆渡镇、横街镇、鄞江镇农村聚落聚集较多,梨洲街道面积分布最多,为1288.66hm²,占四明山区农村聚落总面积的22.52%,聚落面积分布最少的是大隐镇,为94.46hm²,仅占四明山区农村聚落的1.65%。四明山区的农村聚落沿河流、道路、耕地错落分布,整个研究区在当前城镇化发展的背景下,农村聚落的用地均受到当地地形、交通、耕地及河流的影响,且农村聚落的用地集约水平随着社会经济的发展在不断提高,后期开发整理的潜力很大。

四明山区的农村聚落呈集聚分布,其中溪口镇、河姆渡镇、梁弄镇、大隐镇、鄞江镇、梨洲街道、四明山镇、横街镇、陆埠镇的Cv值均大于64%,为聚群分布,表明其农村聚落的分布与特定的资源、自然条件和人类活动有密切的关系;鹿亭乡的Cv值小于33%,为均匀分布,表明该镇农村聚落的分布与均匀性的自然条件和人类活动有关;龙观乡、大岚镇及章水镇的Cv值均介于33%～64%之间,为随机分布,表明农村聚落的分布与自然条件及人类活动的关系不密切。

五、四明山南区城乡居民点调查实习报告要求

(1)提出镇(乡)域居民点集中建设、协调发展的总体方案和村庄整合的具体安排,构建镇区(乡政府驻地)、中心村、基层村三级体系;预测镇区(乡政府驻地)和镇(乡)域各行政村人口规模和建设用地规模(建设用地分类和人均建设用地指标由各省级住房和建设主管部门按照本地情况确定);确定镇区(乡政府驻地)功能,划定镇区(乡政府驻地)建设用地范围。

(2)中心村以服务农业、农村和农民为目标。中心村遴选应当综合考虑以下条件:①规模较大;②经济实力较强;③基础设施和公共服务设施较为完备;④能够带动周围村庄建设和发展。合理布局中心村,平原地区服务半径一般按带动5个左右基层村为宜,山区等特殊地区可根据实际情况确定中心村服务半径。

(3)居民点规划要尊重现有的乡村格局和脉络,尊重居民点规划与生产资料以及社会资源之间的依存关系,没有重大理由不得迁并村庄。村庄迁并不得违反农民意愿、不得影响村民生产生活。要确保村庄整合后村民生产更方便、居住更安

全、生活更有保障。应特别注重保护当地历史文化、宗教信仰、风俗习惯、特色风貌和生态环境等。

村庄迁并主要考虑下述情形：①位于城市近郊区，在相关城市已批准的法定规划中确定将被城镇化的村庄；②存在严重自然灾害安全隐患且难以治理的村庄。如位于行洪区、蓄滞洪区、矿产采空区的村庄和受到泥石流、滑坡、崩岩和塌陷等地质灾害威胁且经评估难以治理的村庄。

（4）提出村庄建设与整治的原则要求和分类管理措施，重点从空间格局、景观环境、建筑风貌等方面提出村容村貌建设的整体要求。

第十一章　四明山南区民宿旅游发展调查与评价

第一节　民宿旅游野外调查方法

根据《旅游民宿基本要求与评价》(LB/T 065-2017)的规定：旅游民宿(homestay inn)指利用当地闲置资源，民宿主人参与接待，为游客提供体验当地自然、文化与生产生活方式的小型住宿设施。根据所处地域的不同可分为：城镇民宿和乡村民宿。国内外民宿研究重点关注：(1)民宿市场研究，如需求方研究关注消费阶层特征、影响旅游者选择民宿的主要因素、民宿市场中服务质量—顾客满意度—顾客忠诚度三者的相互关系，供给方研究主要反映在民宿规模、民宿业主行为以及经营方式等方面；市场营销与经营管理研究关注口碑营销、手机营销、旅游手册等营销方式，以及在B&B行业的经营规模经济及其采用合作或者企业的组织模式。(2)业主与游客的关系研究。(3)民宿经营业主及其产品创新问题研究。(4)民宿与乡村旅游研究。(5)中国民宿的原型"家庭旅馆""农家乐""渔家乐""客栈"等的发展问题与规范性，民宿的发展目的及影响，民宿发展的城市化倾向，民宿的经营管理，民宿的可行性分析等领域研究。(6)共享民宿研究，如共享民宿影响效应、消费者参与动机、消费者参与影响因素、房东参与行为、共享民宿定价研究、商业模式研究等方面。显然，四明山南区民宿旅游调查实习不仅应该涵盖上述主题，而且还应根据四明山民宿发展过程涌现的各种现象或问题诊断新话题，深化理论与实践相结合的学习方法。

一、调查目的与任务

(一)实习目的

(1)练习民宿调查的基本方法与一般技术；

(2)练习单个民宿项目可行性分析或者民宿集聚区发展的方法及其运用；

(3)练习村域或镇域民宿发展现状评价与优化策略筹谋的方法；

(4)练习民宿旅游主客体主观感知的访谈与问卷调查方法；

(5)练习景区或镇域民宿旅游规划文本、说明书的撰写。

(二)实习任务

(1)运用 GIS/SPSS 软件进行现状调查成果处理，生成镇域或村域民宿现状特征图，利用访谈或网络文本或问卷统计民宿业主客体的感知意愿。

(2)以小组为单位完成三个实习模块内容，撰写并提交实习报告：

1)村域或景区或镇域民宿现状特征与问题诊断报告；

2)抽样问卷调查某一镇域民宿从业者与固定时段消费者的民宿发展规范性或特色性感知意愿报告；

3)改扩建民宿或者新建民宿与地方文化之关联分析实习报告。

各小组可根据实际情况内部进行分工与协调，但必须确保人人动手、全程参与实习。

二、调查前的准备

围绕实习样点和四明山民宿旅游发展特征，重点解决如下三方面问题：一是实习小组不得不调查的问题是哪些，如何确定这些问题；二是圈定调查问题的内在逻辑及其科学问题指向是什么，可以尝试采用“预调查”反复演练予以明确，继而确定本实习小组技术路线的方法论，如采用经验主义、实证主义、结构主义、人文主义、后现代主义、新马克思主义等方法论中之一；三是如何设定本实习小组的调查问题，主要可以通过文献分析与相关领域成果 CITESPACE 可视化、核心概念的界定与问题的表述、分类—假说与问题说明等。具体操作过程可以参照周尚意主编《人文地理学野外方法》(高等教育出版社 2010 年版)相关章节的介绍。

具体到四明山南区民宿旅游发展，应重点围绕余姚市 5 个民宿“集聚区”(大岚镇的柿林村老柿林山居、姚江源乡村民宿、梨洲街道的金冠村民宿、鹿亭乡中村民宿、四明山镇低 8℃民宿)开展“改扩建民宿或者新建民宿与地方文化之关联、某一镇域民宿从业者与固定时段消费者的民宿发展规范性或特色性感知、个体民宿或民宿集聚区的商业经营管理”等领域的问卷设计与调查，形成如问卷 11-1 至问卷 11-3 的实习前准备。

问卷 11-1　民宿(农家乐)调查问卷

Q1. 您的性别？

A. 男

B. 女

Q2. 您的年龄？

A. 18～25 岁

B. 26～35 岁

C. 36～45 岁

D. 46～55 岁

E. 56 岁以上

F. 其他

Q3. 您的受教育程度?

A. 小学及初中

B. 高中毕业

C. 大专毕业

D. 本科毕业

E. 研究生及以上

Q4. 作为民宿业主,您是?

A. 本村村民

B. 外来承租者

C. 其他

Q5. 民宿经营服务基本情况?

①您的员工是否参加过相关的学习培训?

②您的员工是否拥有健康证明?

③您的员工是否具有相关从业资格证书?

④您所经营的民宿是否在相关的机构进行注册登记?

⑤您是否加入相应协会/组织(如民宿协会、旅游协会、餐饮协会等)?

Q6. 您的民宿业执照的经营范围?

A. 餐饮

B. 住宿

C. 会议会务

D. 休闲娱乐

E. 其他

Q7. 您的民宿是否为等级民宿,被评定的等级为?

A. 精品民宿

B. 特色民宿

C. 标准民宿

D. 其他

E. 无

Q8. 政府部门对民宿业的监督管理情况,您的评价是?

A. 非常满意

B. 满意

C. 一般

D. 不满意

E. 非常不满意

Q9. 您在经营民宿的过程中，对政府制定的《浙江省民宿（农家乐）治安消防管理暂行规定》《杭州民宿业服务等级划分与评定规范》《杭州旅游民宿服务规范》等的了解程度？

A. 比较了解

B. 有一定了解

C. 听说过，但不了解

D. 没听说过

Q10. 您的民宿是否与游客发生过纠纷或被投诉，最后的解决方式和途径是？

A. 双方沟通协商

B. 通过行业协会

C. 通过旅游管理部门

F. 通过司法途径

D. 通过工商管理部门

E. 通过消费者协会

G. 没有发生过

H. 其他

Q11. 您经营的民宿的性质是？

A. 家族私营

B. 合伙经营

C. 集体经营

D. 其他

Q12. 您现经营的民宿规模有多大？

A. 5 间以下

B. 5～10 间

C. 11～15 间

D. 16～20 间

E. 20 间以上

Q13. 您现所持民宿的物业是自己的吗？

A. 原来的自住房

B. 租赁的

C. 投资新建的

D. 与自持物业者合伙的

Q14. 您经营的民宿方式是？

A. 自营，农家乐型

B. 聘职业经理人，组建团队
C. 请高星级酒店管理团队
D. 正打算整体转让
E. 其他
Q15. 您经营的民宿已经多少年了？
A. 装修阶段
B. 经营一年
C. 经营两年
D. 经营三年
E. 经营三年以上
Q16. 按照您现在经营状况，回收当时装修和设备成本需要多少时间？
A. 一年
B. 一年半
C. 两年
D. 两年半
E. 三年
F. 三年以上
G. 自家没有投入
Q17. 您现有哪些手段推广和营销您的民宿？
A. 微信朋友圈
B. 自建微信公众号
C. 通过携程等第三方网上 APP
D. 结合乡村民俗文化
E. 自办娱乐设施
F. 自己跑大城市做营销
G. 其他
Q18. 作为民宿主人，您会从哪些方面来吸引客人？
A. 加强乡村民俗文化
B. 优化乡村自然环境
C. 增加果蔬采摘体验
D. 丰富夜生活
E. 植入乡村工艺体验
F. 增加儿童游乐项目
G. 引入儿时抓泥鳅滚铁环等
H. 其他

Q19. 您觉得开民宿最大的困难是什么?
A. 营销
B. 管理团队
C. 做出自己特色
D. 装修风格
E. 没有困难
Q20. 当地的村民欢迎您经营民宿吗?
A. 非常欢迎
B. 还算欢迎
C. 一般般
D. 不太欢迎
E. 不欢迎
Q21. 您的民宿经营给本地村民能带来什么实惠?
A. 带动本地农产品销售
B. 带来农家小店铺生意看好
C. 带来外来资本持续投入
D. 带来政府资金改善乡村环境
E. 其他
Q22. 政府对您有扶持政策吗?
A. 有一点
B. 很丰富
C. 有政策但落实不够
D. 没有
E. 反对搞民宿
Q23. 您希望政府为民宿应该办哪些"实事"?
A. 对房间进行补贴
B. 政府搭台营销
C. 多搞活动或赛事
D. 对当地民宿业进行规范
E. 管得太多了
F. 其他
Q24. 您觉得民宿成功最重要的条件是?
A. 山水资源
B. 民俗文化资源
C. 古村古镇资源

D. 民宿硬件条件
E. 民宿经营管理水平
F. 其他
Q25. 您认为现有民宿服务存在的主要问题是?
A. 住宿登记存在漏洞
B. 设施简陋
C. 服务较差
D. 卫生较差
E. 订房不方便
F. 交通不方便
G. 周边环境差
H. 安全、隐私性较差
I. 价格不合理
J. 没有特色
Q26. 您认为民宿未来应该主要从哪方面发展?
A. 提高服务质量
B. 增加民宿文化特色
C. 打造民宿品牌
D. 发扬自身特色
E. 提高硬件设施
F. 推动民宿连锁经营
J. 其他
Q27. 民宿政策扶持力度不够主要表现在?
A. 用地受到制约
B. 融资渠道狭窄
C. 审批程序太严格
D. 民宿项目补贴资金少
E. 遇到困难求助没人管
F. 奖励扶持政策不明确
Q28. 在民宿发展过程中,您认为最需要解决的是?
A. 缺乏专业化运营
B. "游、购、娱"等配套不足
C. 现代营销手段不完善
D. "乡土味"缺失,民宿经营风格雷同
E. 参与门槛低,缺少行业标准

Q29. 您认为您的民宿有哪些文化资源可以开发?
A. 地方手工艺
B. 当地土特产
C. 历史名人文化遗产
D. 乡村特色自然风光
E. 休闲娱乐项目
F. 当地民俗特色
G. 其他
Q30. 您希望您的民宿最能满足游客哪方面的乡村体验?
A. 本地传统风俗体验
B. 和当地人多接触的体验
C. 田园风光生态体验
D. 地方手工艺体验
E. 文化艺术氛围体验
F. 异域风情体验
G. 其他
Q31. 您认为您的民宿在针对游客乡村体验的开发上存在最大问题是什么?
A. 缺乏本地特色
B. 缺乏乡村的体验项目
C. 缺乏特色的文化主题
D. 缺乏有吸引力的活动
Q32. 在满足游客的乡村体验上,您希望您的民宿进行哪些改造?
A. 增加乡村民俗体验
B. 增加乡村自然环境体验
C. 增加乡村种植采摘体验
D. 增加乡村特色手工艺体验
E. 增加文化艺术的体验
G. 其他
Q33. 您对政府加强对民宿服务监管和信用体系建设的态度是?
A. 积极支持
B. 支持
C. 既不支持也不反对
D. 反对
E. 强烈反对
Q34. 您认为政府部门在民宿服务监管及信用体系建设方面应做哪些努力?

A. 建立严格管理制度
B. 对经营者进行培训强化诚信意识
C. 开展各类专项整治行动
D. 组织人员监督，对不法行为进行处罚
E. 定期公布“红黑榜”
F. 其他
Q35. 您对民宿培训费用的接受方式？
A. 愿意全额承担培训费用
B. 愿意部分承担培训费用（另外部分政府承担）
C. 不愿意自掏腰包参加培训
Q36. 您对培训内容诉求？
A. 愿意每年接受一周以上定期培训
B. 愿意每年接受一周以内定期培训
C. 愿意接受1～3天的不定期培训、交流
D. 不需要接受任何培训
Q37. 您对优质服务的理解？
A. 软硬件标准化服务
B. 硬件一流、餐饮特色的品质化服务
C. 宾至如归的亲情化服务
D. 体现文化内涵的艺术化服务
E. 可定制的个性化服务
F. 其他
Q38. 您的民宿经验管理经验如何积累？
A. 看相关书籍
B. 向同行请教
C. 参加培训
D. 和员工讨论
E. 到其他民宿体验
F. 和顾客交流
G. 关注相关平台数据分析
H. 购买、查看行业分析报告
关于民宿其他我想说的：

问卷 11-2 民宿住宿体验调查问卷

尊敬的先生/女士：

您好！我们目前正在进行一项关于民宿住宿体验的问卷调查，真诚邀请您参

与此次调查，以便改进服务水平。本地调查采用不记名调查，调查内容仅用于学术研究，请放心填写，感谢您的协助！

以下题项请在“同意程度”栏勾选：1. 表示完全不同意，2. 表示比较不同意，3. 表示一般，4. 表示比较同意，5. 表示完全同意。（请在符合您想法的选项件下打“√”）

第一部分　住宿体验

感官体验：

1. 该民宿的建筑设计给我留下良好印象　1　2　3　4　5

2. 该民宿提供可口的特色美食　1　2　3　4　5

3. 该民宿提供良好的解说与导游服务　1　2　3　4　5

4. 该民宿住宿设施舒适　1　2　3　4　5

5. 该民宿周围景观优美　1　2　3　4　5

6. 该民宿整体氛围充满吸引力　1　2　3　4　5

情感体验：

7. 该民宿服务亲切热情　1　2　3　4　5

8. 该民宿让我有一种回到家的感觉　1　2　3　4　5

9. 该民宿让我感受到轻松自在　1　2　3　4　5

10. 该民宿让我爱上本次旅游　1　2　3　4　5

思考体验：

11. 该民宿的氛围激发我对地方文化的思考　1　2　3　4　5

12. 该民宿激发我的好奇心　1　2　3　4　5

13. 该民宿启发我思考　1　2　3　4　5

行动体验：

14. 该民宿让我体验了有意思的活动　1　2　3　4　5

15. 该民宿让我想购买其销售的产品(服务)　1　2　3　4　5

16. 该民宿激发了我想住民宿的情绪　1　2　3　4　5

17. 该民宿让我想和民宿主人拍照留念　1　2　3　4　5

18. 该民宿让我想分享民宿住宿心得　1　2　3　4　5

关联体验：

19. 该次住宿体验让我对该地区的自然、人文有了进一步的了解和认知 1　2　3　4　5

20. 民宿让我与周围景观产生了关联　1　2　3　4　5

21. 民宿让我和其他人产生了关联　1　2　3　4　5

22. 让我更关注与该类型民宿相关的事务　1　2　3　4　5

第二部分 文化认同

文化认知

1.此次入住让我对民宿印象很好 1 2 3 4 5

2.该民宿的住宿经历让我感受到当地特有的文化 1 2 3 4 5

3.我喜爱民宿提供的传统美食 1 2 3 4 5

文化情感

4.我想了解当地人的生活方式 1 2 3 4 5

5.我还想了解更多的当地文化 1 2 3 4 5

6.我与民宿内的住客能够愉快地交谈甚至成为朋友 1 2 3 4 5

7.该民宿体现了我对生活的某些向往 1 2 3 4 5

文化知觉

8.不去游览景点只在房间内或院落内呆着也很愉快 1 2 3 4 5

9.我很愿意参与民宿内部组织的活动 1 2 3 4 5

10.在今后的旅行中我会首先考虑住民宿 1 2 3 4 5

第三部分 行为意向

1.下次我会再来此民宿入住 1 2 3 4 5

2.其他民宿促销我还是会选择该民宿 1 2 3 4 5

3.即便涨价我仍会选择该民宿 1 2 3 4 5

4.我会介绍亲友投宿该民宿 1 2 3 4 5

5.我会宣传该民宿的优点给他人 1 2 3 4 5

第四部分 基本资料

您的性别： 男 女

您的年龄： 18～25岁 26～35岁 36～45岁 46～55岁 55岁以上

您的职业： 学生 企业员工 政府机关或(教育)事业单位工作人员 个体从业 自由职业者 其他

您的受教育程度:高中/中专及以下 高职/专科 本科 研究生及以上

您的平均月收入:2500元以下 2500～4000元 4000～6000元 6000～8000元 8000元以上

您此次住宿的价格是:200元以下 200～350 350～500 500元以上

※问卷结束了,非常感谢您的协助！祝您及您的家人身体健康,旅途愉快！

问卷11-3 改扩建民宿如何落实地域文化与乡村性半结构访谈提纲

1. 实地访谈四明山特色民宿的业主,了解其民宿改造前的建筑背景,和改造为民宿运用的设计方法,以及民宿经营中遇到的问题等,分析旧建筑改造民宿存在的问题和创新之处。

2. 民宿肩负着乡村资源激活的革命角色，民宿发展应寻求具有乡村地域性特色的复合型产业经济，活化乡村经济环境。民宿多重视“宿”的需求，着眼于民宿单体建设，忽视外围资源的整合。如何于民宿内涵中探索“农林牧渔生产活动”的实践性，直接带动“农林牧渔”发展？

3. 发展民宿中的乡村性指标观测体系

(1)乡村性元素的可观测因子，如为非城市地区、拥有多数永久性居民、小规模居民点和人口、以农业用地和林业用地为主、聚落及其他建筑物的地方风格保持、地方风俗民情的保留；

(2)旅游资源基础，如传统农耕文化的保存，友好、热情、淳朴和真实的氛围，社区自主管理等；

(3)社区参与，如社区居民参与决策、社区居民与投资者实现利益共享、资源为本地人所有等；

(4)经营本地化，如旅游产业本地化、建立本地产品供应链、收益最大限度地留在本地、原生文化保护与传承、可持续发展、生态环境保护。

三、民宿业野外调查方法

(一)民宿旅游的问卷调查与多种方式访谈方法

1. 问卷调查法

问卷调查是在民宿旅游研究中获取第一手数据的主要来源。对旅游者行为的调查研究主要采用问卷调查的形式进行，在选取的一段时间内前往目的地，采用一对一，现场回收的形式对四明山民宿旅游者的人口学属性、旅游动机、行为、满意度等进行实地调研，以便为实习报告写作提供切实可靠的数据支撑。

2. 多种方式访谈法

在问卷调查的基础上，采用深入访谈、半结构化访谈等访问调查方式有针对性地对部分游客进行调研。以完成对不同年龄、职业、性别、学历、民宿居住经验的旅游者进行全面调研的任务，通过各种层次的访谈使调研者与旅游者建立更亲密更信任的良好关系，让受访的旅游者愿意提供更加准确更加真实的想法、意愿和评价，有助于获取更多更翔实的信息。

3. 定量分析法

定量分析法主要是指以 SPSS 数据统计分析软件为主，Excel 等软件为辅，对问卷调查所得的数据进行进一步的科学合理的整理分析。可提供数据的信度和效度检验、均值分析、相关系数等数据，旨在对四明山地区民宿旅游者的出游动机、旅游中行为、游后满意度和人口特征的具体量化值进行特征分析。

实证研究和定量研究主要包括通过访谈研究、设计问卷、发放问卷获得数据，并对调查数据进行统计分析，如因子分析，相关分析，方差分析、判别分析、四分图分析等通过因子分析得到指标评价体系，方差分析检验游客属性对其满意度的影响，相关分析探究测评指标间的相关关系，判别分析找出关键性的指标，检验测评指标的有效性通过实证案例来分析目的地的优势和弱势。利用 SPSS24.0 统计软件，对四明山民宿游客的旅游动机进行分析，分为三个部分：样本基本信息，四明山民宿游客出游动机分析，四明山民宿游客基本信息与出游动机的相关性分析，揭示四明山民宿游客的主要旅游动机及其在人口学上的差异。

采用 SPSS24.0 统计软件，对四明山民宿游客的信息获取渠道、预定行为、游伴选择、游中活动、满意度、再宿意愿等方面进行分析，指出四明山民宿游客的后现代主义行为特征以及人口学属性对游中活动选择的差异性影响。

(二)单体民宿改扩建或民宿集聚区落实地域文化的调查方法

在民宿室内外环境建设中，对乡土文化应用体系的构建过程中，主要针对民宿发展迅速的浙江部分地区民宿进行了实地调研，通过与民宿主人的交流，地方文化资料的查阅、现场的拍照等，收集民宿建设中乡土文化应用的资料。同时在余姚四明山地区的村庄规划建设中，可以义工的身份进入村庄的建设约 2 周或 3 个月时间，通过实地地生活在民宿村，深入到当地人的生活中去，以村志等文字形式的资料为基础，通过与当地人的接触和在村庄中的详细考察、测量、现场拍照和对当地村民家访等，充分地了解当地的乡土文化，并整理当地的乡土文化元素，得到基础可靠的资料和亲身的感受，为后期的民宿模拟改造设计提供了坚实的基础。

四、室内资料整理

野外数据资料的收集和记录，服务于后续的室内数据分析与研究结论的得出。为了便于各实习小组之间数据共享和数据逻辑建立关联，需要对野外数据进行野外作业归来后的初步整理。对四明山民宿产业或民宿旅游研究，需要建立空间数据库，同时还要进行问卷题项统计和半结构访谈录音整理、重要节点或事件照片整理，建立起野外资料数据的数理分析逻辑和专业逻辑，以便判定野外数据的精度和为野外数据采集提供进一步的工作方向。

五、编写区域民宿调查实习报告

××视角下四明山××民宿游客行为研究

绪论

1.1　研究背景

1.2　研究意义

1.3　研究内容与方法

1.3.1　研究内容

1.3.2　研究方法

1.3.3　技术路线

2　国内外研究综述

3　研究设计和过程

3.1　案例地简介

3.2　四明山××村民宿发展现状

3.3　数据获取

3.3.1　问卷、访谈设计过程

3.3.2　数据收集过程

3.4　调研过程

3.5　数据分析方法

3.5.1　描述性分析

3.5.2　信度和效度分析

3.5.3　方差分析

3.6　问卷的信度和效度检验

×××视角下四明山××村民宿游客动机分析

4.1　样本基本信息分析

4.1.1　人口学特征分析

4.1.2　民宿居住经验

4.1.3　出游时长

4.1.4　旅行人数及花费

4.2　××民宿游客出游动机分析

4.2.1　××民宿游客出游动机组成

4.2.2　××民宿游客出游动机分类

4.3　××民宿游客基本信息与出游动机的相关性分析

4.3.1　性别与出游动机的相关性分析

4.3.2　年龄与出游动机的相关性分析

4.3.3　学历与出游动机的相关性分析

4.3.4　职业与出游动机的相关性分析

4.3.5　婚姻家庭状况与出游动机的相关性分析

4.3.6　月收入与出游动机的相关性分析

×××视角下四明山××村民宿游客旅游行为及满意度分析

5.1　××民宿游客信息获取行为分析

5.2　××民宿游客预定行为分析

5.3　××民宿游客游伴选择

5.4 ××民宿游客游中活动分析
5.4.1 ××民宿游客游中活动选择情况
5.4.2 ××民宿游客基本信息与游中活动相关性分析
5.5 ××民宿游客满意度分析
5.5.1 各指标满意度
5.5.2 整体满意度
5.5.3 再宿意愿与推荐意愿
研究结论与讨论
参考文献
附录

第二节 四明山南区民宿调查实习

一、四明山南区民宿发展特征

2015年宁波市各级政府相继出台支持民宿经济发展的政策文件，推动民宿产业快速发展，乡村民宿初步形成了集聚化、产业化的发展态势。2015年宁波市政府印发《关于加快休闲旅游目的地建设的意见》，首次明确建立乡村旅游重点村（民宿集聚区）的任务。2016年宁波市农旅办编制民宿集聚村创建标准，引导民宿集聚区规范集合。

宁波市余姚四明山区域依托得天独厚的自然资源，民宿经济发展顺风顺水。四明山区域拥有民宿70多家，区域总接待床位2000多张，形成5类特色，逐步形成大岚镇柿林村老柿林山居、姚江源乡村民宿、梨洲街道金冠村民宿、四明山镇低8℃民宿、鹿亭乡中村等5个民宿“集聚区”。今年还集聚发展1个宁波市农家乐客栈（民宿）集聚村——大隐镇芝林村。第一是赏景度假型民宿：结合自然的景观景点景区而建的民宿，如丹山赤水的樵书园、山沁居、松月居、丹秋谷，小九寨民宿集聚村和东湾小隐、大乐之野以及鹿亭的树蛙民宿等。第二是养生度假型民宿：结合当地自然气候和条件，适合养生度假的特色民宿。第三是文化艺术型民宿：由经营者带领游客体验各项艺术活动，体验乡村或现代的艺术文化盛宴的特色民宿。如浙东书画院民宿、雁庐清舍石文化主题民宿、梁弄集约部落集装箱民宿、四明山的山泽居音乐民宿和大岚的锦谷园茶文化主题民宿等。第四是农村体验型民宿：在传统的农业乡村中，除提供有农村景观、体验农家生活之外，还有农业生产方面的体验活动，配套观光果园、观光菜园、观光茶园等。如梁弄在建的宁波一周民宿稻田里度假山庄、福隆山庄和浙东原舍等。第五是复古经营型民宿：其住宿环境以古建筑的式样为设计蓝图，提供游客深切的怀旧体验。如梨洲街道九龙湾民宿、大泉客栈、冠珮山居 1901 和大岚丹山别院等。

《海曙区民宿旅游发展专项规划》显示全区共有各类建成农村精品民宿 19 家，拥有床位 610 张，总投资 1.85 亿元，大部分农村民宿集中在龙观、章水、鄞江、三镇，并初步形成龙峰村和李家坑两个民宿集聚区。

宁波奉化区民宿旅游已经形成大堰民宿集聚区民宿、裘村的憬漫别院、溪口的栖霞山居、岩头的漫休谷和奇遇谷等特色民宿。

宁波鄞州区民宿脱胎于农家乐，真正起步始于 2016 年，区里出台了相关政策进行扶持，引导社会资本作为主体投入建设运营，适度整合全区各类闲散资源，融入文化创意元素，设计系列文化活动，全区民宿经济发展氛围逐渐浓厚。截止 2019 年 9 月鄞州区共有可供住宿餐饮旅游休闲的民宿(含可住宿农家乐)共 102 家，其中精品民宿 12 家、可供住宿的农家乐 90 家，芫舍、拓野山居被评为浙江省银宿，逐野被评为市级五叶客栈；拥有精品客房 259 间，普通床位 526 张，众筹参与 30 余人，平均客房出租率 47%，平均房价 550 元，带动就业 550 人左右，主要集中于横溪、东吴、咸祥、瞻岐等文旅资源较为丰富的片区。据粗略统计，2018 年鄞州区民宿共接待游客 6.3 万人次，经营性收入达到 4000 万元左右，其中客房收入 1168 万元，占 28.8%；餐饮收入 2425 万元，占 59.9%；其他收入 458 万元，占 11.3%，但民宿经济总体所占比重微不足道。

二、四明山南区民宿调查实习目的

(1)练习民宿调查的基本方法与一般技术；

(2)练习余姚四明山民宿集聚区提升规划的方法及其运用；

(3)练习余姚柿林村民宿发展现状评价与优化策略；

(4)练习溪口民宿旅游主客体主观感知的访谈与问卷调查。

三、四明山南区民宿调查实习内容

(1)运用 GIS/SPSS 软件进行现状调查成果处理，生成镇域或村域民宿现状特征图，利用访谈或网络文本或问卷统计民宿业主客体的感知意愿。

(2)以小组为单位完成四个实习模块内容，撰写并提交实习报告：

1)村域或景区或镇域民宿现状特征与问题诊断报告；

2)抽样问卷调查某一镇域民宿从业者与固定时段消费者的民宿发展规范性或特色性感知意愿报告；

3)个体民宿或民宿集聚区的商业经营管理与风险分析实习报告；

4)改扩建民宿或者新建民宿与地方文化之关联分析实习报告。

各小组可根据实际情况内部进行分工与协调，但必须确保人人动手、全程参与实习。

四、四明山南区民宿调查实习样点

(一)余姚市红色旅游民宿

以余姚梁弄为中心的四明山革命根据地是抗日战争时期全国十九块根据地之一,解放战争时期江南七大游击区之一。以余姚为中心的四明山革命老区是许多老革命老领导深为关心牵挂的地区,梁弄镇是历任浙江省委、省政府主要领导必到的地方。

(1)地理位置。"浙东(四明山)抗日根据地旧址"景区位于余姚市四明山北麓的梁弄镇,离杭甬高速公路余姚道口 20 公里。

(2)重要革命历史遗存。景区现有重要革命历史遗存共计 14 处,主要集中在梁弄镇,还有少部分分布在梁弄镇附近的大岚镇、鹿亭乡和四明山镇(表 11-1)。

表 11-1　余姚梁弄片区革命历史遗存名录

名称	地理位置	历史概况	文保等级、爱国主义教育基地等级	现状情况
四明山革命烈士纪念碑	梁弄镇狮子山	纪念浙东抗日战争时期革命先烈的重要纪念物。始建于 1973 年,1978 年落成。	国务院颁布的全国重点烈士纪念建筑物保护单位、全国爱国主义教育示范基地	园区设施陈旧,陈列室面积小,20 世纪 80 年代的陈列
中共浙东区委旧址(浙东革命根据地纪念馆)	梁弄镇横坎头村	1943 年 4 月,梁弄解放,中共浙东区委、新四军浙东纵队司令部等党政军机关进驻梁弄,区委设在横坎头村。新中国成立后,省政府在旧址建立"浙东革命根据地纪念馆"。	浙江省重点文物保护单位、浙江省爱国主义教育基地	房屋保存较好,但陈列形式单一陈旧
新四军浙东纵队司令部旧址	梁弄镇晓岭街 103 号	新四军四明山根据地抗日武装的指挥机关。旧址为清代民居四合院楼房。1993 年重修,并建立新四军浙东纵队史料陈列室。	余姚市重点文物保护单位。余姚市爱国主义教育基地	现状保存较好,但陈列形式及内容不够丰富
浙东敌后各界临时代表会议旧址	梁弄镇正蒙街	原梁弄正蒙小学校舍。1945 年 1 月,中共浙东区委在正蒙小学召开浙东敌后各界临时代表大会,浙东各地、各界、各党派、各界层代表 108 人参加,会议正式选举产生了浙东行政委员会和浙东临时参议会,会后成立了浙东行政公署。	余姚市重点文物保护单位、余姚市爱国主义教育基地	立碑保护,场地现为仓储用房,已严重破损

续表

名称	地理位置	历史概况	文保等级、爱国主义教育基地等级	现状情况
浙东鲁迅艺术学院旧址	梁弄镇宣家塔村	1944年9月创办，学院共招生三期，培训学员700余名，为浙东革命根据地的党、政、军输送了一大批政治和文化素质较高的基层干部。	余姚市重点文物保护点	立碑保护，原貌几乎不见，现为重建民间佛教活动场所，无陈列展示
新四军浙东纵队政治部旧址	梁弄镇晓岭街53号	旧址在梁弄镇乾元大道地。当年政治部内设组织、宣教、锄奸和敌工等四科，专门负责革命战争年代军队思想政治工作。	余姚市重要文物古迹、余姚市爱国主义教育基地	立碑保护，现为居民住宅，较为破损零乱，环境较差，无陈列展示
浙东行政公署旧址	梁弄镇横坎头村	1945年1月浙东敌后各界临时代表大会召开后，浙东行政公署成立，成为浙东四明山抗日根据地最高行政机关。	余姚市重要文物古迹、余姚市爱国主义教育基地	整体格局保护较好，但保护维修不足，环境较差，无陈列展示
浙东抗日军政干部学校旧址	与浙东行政署旧址同一院墙内	1944年6月，在原新四军浙东纵队教导大队的基础上成立浙东抗日军政干部学校，主要培养基层连排以上党政军干部。	余姚市重要文物古迹、余姚市爱国主义教育基地	整体格局保护较好，但保护维修不足，环境较差，无陈列展示
浙东银行旧址	梁弄镇横坎头村	浙东银行成立于1945年4月，设总行、分行、支行、办事处等机构，总行设在横坎头村，抗币总发行量达到二百万元。	余姚市重要文物古迹、余姚市爱国主义教育基地	房屋破损，环境较差，保护不够，无陈列展示
《新浙东报》社旧址	与浙东银行相邻，在同一墙门内	中共浙东区委1942年8月创办了《时事简讯》，1944年4月改为《新浙东报》，为中共浙东区委的机关报。发行量最高达到7000份左右。	余姚市重要文物古迹、余姚市爱国主义教育基地	房屋老化破旧，保护不够，陈列展示较少
浙东韬奋书店	梁弄镇镇中路	原名浙东书局，成立于1944年6月。1944年7月，邹韬奋逝世，为了纪念他，改名为浙东韬奋书店。其主要任务是翻印、出版毛泽东著作和解放区书刊、军事地图等。现书店于1991年重建，为两层仿古建筑。	余姚市重点文物保护点、余姚市爱国主义教育基地	书店内部装修及经营与韬奋书店名望不符，纪念功能未能体现

续表

名称	地理位置	历史概况	文保等级、爱国主义教育基地等级	现状情况
新四军后方医院	鹿亭乡晓云村	新四军浙东根据地医院。	余姚市重要文物古迹、余姚市爱国主义教育基地	建筑破损，环境较差，无陈列展示
四明山第一个党支部活动旧址	大岚镇柿林村	清代民居建筑，小四合院，四明山第一个党支部成立和活动场所。	余姚市重要文物古迹	现为居民小院，环境较为凌乱，无陈列展示
石公馆	四明山镇	四明山森林公园内的鹁鸪岩水帘洞，当年新四军浙东纵队曾利用该洞储藏物资，隐蔽伤员，故被称为石公馆。	余姚市重要文物古迹	原始风貌保存较好

(3)景区特色和主题。景区的主要特色为：红色四明，绿色家园。主题形象是：抗战名山，浙东延安。

(4)景区旅游接待情况。主要景点"四明山革命烈士纪念碑"自 1978 年建成开放以来，共接待游客 250 多万人次，"浙东区委旧址(四明山革命根据地纪念馆)" 1981 年修复开放，共接待游客 200 多万人次。近年，四明山红色旅游日趋兴旺，2004 年景区共接待游客 40 万人次，其中参观游览红色旅游景点的游客达到 25 万人次。

(5)相关基础设施状况。景区内部景点之间公路部分连接贯通。现有四明湖旅游度假村、红枫山庄、环湖大酒店等星级酒店及招待所、旅社等可接待游客住宿用餐。依托梁弄镇，在供电、供水、通讯、垃圾处理等设施方面基本能够满足现状需求。

(二)余姚市红色旅游民宿

利用爬虫软件在携程、去哪儿、爱彼迎等网站采集宁波余姚四明山片区民宿名录共 28 家，如表 11-2，可以作为实习过程实施问卷访谈对象，调查微观领域民宿业态发展模式及其商业运营等科学问题。

表 11-2 余姚四明山片区民宿产业名录

名称	地址
茶香小院民宿	宁波市余姚市四明山镇梨洲村四明路 23 号
老沈家茶宿	宁波市余姚市大岚镇柿林村黄泥岭
唐家小院	宁波市余姚市唐田上村
四明山景区民宿	宁波市余姚市坭坪岙
四明·岚舍民宿	宁波市余姚市罗汉谷风景区

续表

名称	地址
华山人家民宿	宁波市余姚市大岚镇华山村科普协会
山泽居之	宁波市余姚市唐田村
大俞村宿	宁波市余姚市细北线
仰天湖山庄田园人家农家乐	宁波市余姚市明山镇仰天湖村 13 号
余姚仰天湖山庄	宁波市余姚市明山镇仰天湖村
四明山氧生居森林民宿	宁波市余姚市明山镇仰天湖村
阿梅农家乐	宁波市余姚市四明山镇四明路 34 号
青青农家乐	宁波市余姚市四明山镇梨洲村四明路 27 号
山上人家农家乐	宁波市余姚市四明山镇梨洲村四明路(派出所旁)
无名山庄	宁波市余姚市四明山镇唐田下村 151 号
聚舍客栈	宁波市余姚市唐田上村
醉仙楼农家乐	宁波市余姚市四明山镇北溪村 349 号
红叶山庄	宁波市余姚市四明山镇梨洲村
柏宏农家乐	宁波市余姚市四明山镇大山村
香椿农家乐	宁波市余姚市四明山镇大山村地质公园路口
水浒·聚义堂农家乐	宁波市余姚市四明山镇北溪村 350 号
小隐东湾民宿	宁波市余姚市大岚镇华山村东湾岗
大乐之野·谷舍	宁波市余姚市大岚镇黄泥岭 71 号
四明山庄森林度假村	宁波市余姚市四明山镇甘竹岭
嶒心农家乐	宁波市余姚市四明山镇大山村仰天湖 26 号
红叶农家乐	宁波市余姚市四明山镇委余姚市四明山镇四明路 122 号
锦绣四明农家乐	宁波市余姚市四明山镇四明路 29 号
下潭客栈	宁波市余姚市四明山镇北溪村

(三)宁波民宿集聚区的发展新趋势

2017 年宁波市开始举办乡村全域旅游示范区活动，民宿集聚区作为全域旅游重要抓手，发展备受关注。宁波大部分区县(市)和乡镇(街道)相继出台有力支持各地民宿集聚区发展的政策方案，并在 2017 年底开展了宁波十大民宿集聚区评选活动。在“乡村振兴战略”提出后，宁波市将建成 30 个民宿集聚区纳入到《宁波市全面实施乡村振兴战略三年行动计划(2018—2020 年)》中。2018 年 4 月，宁波市政府发布《关于加快民宿经济发展推进农旅文深度融合的意见》，明确宁波市要以民宿集聚区、产业融合示范区、美丽田园景观区建设为抓手，着力推动民宿经济集聚化、品牌化、智慧化、规范化发展(表 11-3)。

表 11-3 宁波民宿集聚区调研地点及特色农业资源类型

类型	地点	特色农业资源
自然风光型	江北毛岙村、江北鞍山村、海曙李家坑村、鄞州横溪镇(周夹村、梅溪村)、东钱湖景区周边、宁海桑洲南岭村、宁海桥头胡镇双林村、宁海岔路镇天河村、镇海横溪村	以周边自然景点、田园风光为核心资源吸引游客聚集，再各自发挥地域资源禀赋延展民宿产业链条
历史人文型	北慈城古县城、余姚柿林村、宁海前童古镇、慈溪鸣鹤古镇	深入挖掘历史文化和民宿文化积淀，开展古文化体验与复苏的体验活动
特色体验型	江北灵山村、奉化大堰村、象山石浦(兰家村、渔山村、沙塘湾)、象山新桥(黄公岙村、灵岙村)、宁海深甽镇南溪村	基于当地自然赋予或者人工打造的资源条件，开展独树一帜的体验活动吸引游客逗留(传统的山水原野观光、运动健身、文化瞻仰等活动除外)
新村带动型	镇海秦山村、海曙龙峰村、象山定塘(沙地村、田洋湖村)、象山茅洋(花墙、溪东、文山等村)	借力美丽新村、景区化村庄建设，打造洁美村庄环境，吸引养生养老群体享受融入现代化气息的乡愁

资料来源：詹柴，徐志豪，李佳丹. 民宿经济发展新趋势与品牌塑造研究——基于宁波民宿集聚区的调研[J]. 台湾农业探索，2019(01)：21-25.

五、四明山南区民宿调查实习报告要求

(一)新建民宿项目的市场分析与预测实习报告

1. 民宿整体市场概况

随着我国旅游业的发展和成熟以及越来越多的人对生活品质要求的提高，旅游消费逐渐从“观光”向“休闲”快速过渡，人们也不再满足于传统的农家乐、农庄、旅游景区提供的服务，转而投向精致高品位的民宿休闲旅游。在美丽乡村建设的大背景下，兼具秀美风景和文化内涵的民宿项目如雨后春笋般纷纷涌现。

“创意田园”，民宿是既能与当地接上地气，又有文化氛围与人情味的住处。入住者享受的不仅是乡村清新的空气和优美的风景，更是民宿主人精心营造的家居环境，和朴实平和的生活之道，他们提倡的是一种环保、朴实、达观的生活方式，追

求一种“低处生活”的慢生活自由状态。本项目民宿就属于第三类。

目前浙江省民宿发展处于国内领先的水平，民宿产业在近几年得到了快速发展，并呈现多元化的局面。典型代表为：(1)德清洋家乐洋式民宿；(2)西湖民宿；(3)乡村民宿；(4)丽水农家乐综合体。

2. 民宿前景与市场需求预测

旅游消费升级，推高周边旅游市场规模。随着居民度假旅游需求的高速增长，中国将进入休闲旅游阶段，短途游、自驾游消费将成为常态化、高频次消费，周边游市场份额将持续提升。根据2015中国在线周边自助游市场专题研究报告显示，2014年中国在线周边游市场规模为66.51亿元人民币，占中国在线度假旅游市场的20%，预计2017年将达到33%，市场规模达到265.10亿元人民币。

(1)项目市场定位

本项目位于××××范围，位于杭州—富春江—新安江—千岛湖黄金旅游线中段，乾潭镇至杭州市区1.5小时车程。×××为中心形成的一小时交通圈将会覆盖杭州地区，两小时交通圈将覆盖上海市、黄山市、金华市及义乌市，对于长三角的城市游客有很强的吸引力。但是该项目周边森林旅游发展相对滞后，旅游产品较为单一，同时经营能力欠缺，管理力量薄弱，硬件设施和服务水平都亟须提升。无论从知名度还是开发运作成熟度来说都处于劣势。

基于此，×××项目的战略定位是：通过对地方乡村特色的理解，建立一个有着浓郁乡土文化的独立磁极，充分利用周边水库、林场的自身资源优势，打造地方特色显著的乡村民宿，为游客提供“吃、住、游、娱”四位一体健康休闲旅游，引导人们放下一切，把自己交给自然，来大自然过一种简单的生活，做到人和自然的真正融合。同时在开发初期以低价、亲民、自然吸引游客，打造良好口碑，做到可持续发展战略。项目初期建议一般每晚200～300元。

(2)目标客群分析

目前民宿项目的游客多以休闲度假为目的，地域构成主要为江浙沪客户群体，兼有周边省份城市客户群体，出游结构多为短期游。

随着家庭汽车拥有量的增多，周末去郊区旅游成为市民一种主要的休闲方式。根据相关部门的调查，超过2/3的江浙沪城市家庭每年都进行郊游，其中40%每年郊游3～5次。调查显示，95%的江浙沪市民希望到郊区旅游、度假，近1/3的市民愿意在双休日到郊区旅游，其中25%的市民有在外住宿的意愿。体验当地的文化民情，贴近土地，真正地融入乡村生活成为市民调节工作压力，放松身心的第一选择。

随着旅游的发展以及消费观念的日渐成熟，游客对旅游的需求结构在发生转变，大众旅游市场需求在不断产生分化，逐渐向特色化、多层次化的小众市场方向发展。游客越来越多地考虑与他人不同的旅游经历、旅游感受和旅游收获。

3. 营销策略

根据市场定位和客户分析的研究，在营销策略上，本项目应重视以下方面：

(1)树立品牌推广概念，传播健康休闲并且有乡村特色的度假理念。

(2)通过有成效的管理，提高经营能力及软硬件实力，以具有竞争力的产品赢得客户的满意度、信任度，努力让客户二次甚至多次来访，形成固定度假模式。

(3)通过线上线下同时传播，例如线上的传统媒介、电视、电台等，制造事件营销引起社会关注达到有效传播的目的。

(4)利用目前流行的“互联网＋”模式，通过网络营销拓展渠道。

(二)××视角下四明山××民宿游客行为实习报告

××视角下四明山××民宿游客行为研究

绪论

1.1 研究背景

1.2 研究意义

1.3 研究内容与方法

1.3.1 研究内容

1.3.2 研究方法

1.3.3 技术路线

国内外研究综述

研究设计和过程

3.1　案例地简介

3.2　四明山××村民宿发展现状

3.3　数据获取

3.3.1　问卷、访谈设计过程

3.3.2　数据收集过程

3.4　调研过程

3.5　数据分析方法

3.5.1　描述性分析

3.5.2　信度和效度分析

3.5.3　方差分析

3.6　问卷的信度和效度检验

×××视角下四明山××村民宿游客动机分析

4.1　样本基本信息分析

4.1.1　人口学特征分析

4.1.2　民宿居住经验

4.1.3　出游时长

4.1.4　旅行人数及花费
4.2　××民宿游客出游动机分析
4.2.1　××民宿游客出游动机组成
4.2.2　××民宿游客出游动机分类
4.3　××民宿游客基本信息与出游动机的相关性分析
4.3.1　性别与出游动机的相关性分析
4.3.2　年龄与出游动机的相关性分析
4.3.3　学历与出游动机的相关性分析
4.3.4　职业与出游动机的相关性分析
4.3.5　婚姻家庭状况与出游动机的相关性分析
4.3.6　月收入与出游动机的相关性分析
×××视角下四明山××村民宿游客旅游行为及满意度分析
5.1　××民宿游客信息获取行为分析
5.2　××民宿游客预定行为分析
5.3　××民宿游客游伴选择
5.4　××民宿游客游中活动分析
5.4.1　××民宿游客游中活动选择情况
5.4.2　××民宿游客基本信息与游中活动相关性分析
5.5　××民宿游客满意度分析
5.5.1　各指标满意度
5.5.2　整体满意度
5.5.3　再宿意愿与推荐意愿
研究结论与讨论
参考文献
附录

第三部分

四明山地学野外
调查成果案例

案例1 四明山南区自然地理综合野外调查与实习报告[①]

1 引 言

2006年7月2日至7月12日，地理科学类06全班33名同学在杨晓平、李加林等老师的带领下进行了为期10天的区域环境与资源综合野外调查与实习。本次调查与实习的目的是进入四明山南区与剡江沿岸考察地貌、土壤、水文、旅游资源，使我们深入掌握所学专业理论知识，初步掌握野外自然地理各要素调查的基本方法和技能，同时了解自然地理各类要素的相互联系与资源调查的基本方法，为后续野外工作和以后从事专业工作打下基础。

7月2～3日为准备阶段，在校内进行训练、开始野外调查与实习的动员活动、准备仪器等。

7月4～7日为野外调查与实习阶段，到达四明山南区，进行实地考察。此次我们班分成了6组，我们组成员为王杰、钱丹娜、王俊超、王卫彦、魏柱灯。5日我们沿着溪口镇—直岙—三隐潭—千丈岩这条路线对地貌、水文、气象气候、土壤等进行了调查与实习与自然旅游资源调查；6日我们沿着上白村—下白村—溪南剡江谷地—水文站这条线路对水文、土壤、地貌进行了调查与实习与自然旅游资源调查。

7月8～12日为室内作业阶段，进行调查资料整理及校绘、制图，准确填写旅游资源单体调查表和打分表，撰写调查与实习报告，最终提交调查与实习成果。

本次调查与实习地点在溪口镇。溪口历史悠久，被称为“千年古镇”，位于奉化市西北部，属国家第一批对外开放城镇，是镶嵌在港城宁波一颗熠熠生辉的绿宝石。她以其独特的融人文、自然、佛教于一体之景观，便捷的海陆空立体交通，“中国水蜜桃之乡”等国家级桂冠，博得世人青睐，是游览、观光、度假、投资胜地。

---

① 注：据王杰、钱丹娜、王俊超、王卫彦、魏柱灯（本科生）的《四明山南区自然地理综合野外实习报告》（2006年）修改。

2 正 文

属于南岭山系的天台山脉在嵊县的东北方向分成二支入宁波西部，称为四明山脉。它绵延于余姚市、奉化区和鄞州区境内，构成低山丘陵区，因而这里统称为四明山区。其地理坐标大致为东经 121.41 度，北纬 29.66 度。四明山区有峰群 280 余座，最高的主峰依次有海拔 979 米的余姚大长山、海拔 978 米的奉化黄泥浆岗、海拔 915.5 米的鄞州区奶部山等。而调查与实习地区则系四明山南区，即北起黄泥浆岗—奶部山，南至奉化董村乡，西迄四明山乡（黎州），东达溪口镇一带。调查与实习区呈西北向东南倾斜的地势，并逐渐与东南部的冲积平原接壤。

2.1 地质

本区所出露的地层主要为白垩系下统火山—沉积岩系，次为上罗统火山岩系。此外，在剡江等河流沿岸及山麓地带广泛分布有第四系松散沉积物。

本区大地构造上属于中国东部沿海新华夏系巨型构造体系第二隆起带。其形迹主要表现为断裂，强度由东向西逐渐减弱。这一体系在以后的构造运动中依然十分强烈。然而直接影响本区构造体系的清晰形迹为四明山—浦构造带。此外，尚有形迹不甚明显的隆起地块或凹陷盆地，通常表现为一些宽缓的褶皱。

2.2 水文

本区发育于山前平原的主干河流由于受原始地形的制约，河谷形态的纵向变化不大，呈楔形，比降低，流速小。除了一些不连续的基座阶地外，在河流凸岸还广泛分布若干不对称的曲流堆积阶地。然而作为其支流的十余条溪流，则是河床狭窄，比降大，水流湍急，水位变幅大，侵蚀作用强烈，河床从剖面常呈现阶梯状，河床中有急流瀑布，水量不稳定等一般特征。

区内干流等支流的径流补给均以雨水为主。雨水对形成洪峰径流起着主导作用。本区河流有两次汛期——夏汛和秋汛，分别出现在六月和九月。区内的主要枯水期的流量也比较充沛。枯水期一般在 11 月至次年 3 月，而最小径流大多出现在 12 月。本区的枯水期与旱季并不吻合。

2.3 地貌

本区属于浙东南中低侵蚀中低山区，四明山—会稽山低山丘陵亚区。由于本区处在新构造运动强烈上升（浙南）与下降（浙北）的过渡地带，因此山地的起伏远比浙北剧烈，600 米以上的山峰连绵不绝，地面峡谷深切，切割深度为 200～500

米，局部可到达到 500 米以上，从而地形崎岖。全区初夏在德河谷地带外，仅在南部有小面积的冲积平原。山体走向与构造线渐进，河谷发育深受断裂构造的控制。本区存在以下地貌类型。

2.3.1　构造地貌

2.3.1.1　四明山断块隆起山地

由于燕山运动形成的断裂构造在新的构造运动中复活，这些断裂及其活动明显地控制了地貌的发育，因此山文线与构造线方向一致，大致为东北向。而断块山的最大上升量在本区可达 1000 米以上。又因为降水量充沛，流水作用活跃，侵蚀作用强烈，从而组成了切割深度较大的低山丘陵。

2.3.1.2　剥蚀夷平面

同时，本区的上升运动具有不均衡的翘起性和间歇性。因此，在东南向西北递高的地势上，广泛发育了几级剥蚀夷平面。反之，剥蚀夷平面的存在，也证实断块差异升降运动而使统一的夷平面被解体的遗迹。这些遗迹清晰可见，如地形起伏和缓、平坦的山顶以及小块的平原等(图 1)。这些剥蚀夷平面主要由侏罗系火山岩所组成，自西北部的黄泥浆岗—奶部山向东西溪口正方向逐级下降，并依次位于一定的高度上：

图 1　剥蚀夷平面

第Ⅰ级(P_1)：位于海拔高度 830～900 米之间

第Ⅱ级(P_2)：位于海拔高度 680～750 米之间

第Ⅲ级(P_3)：位于海拔高度 480～550 米之间

第Ⅳ级(P_4)：位于海拔高度 300～350 米之间

第Ⅴ级(P_5):位于海拔高度170～250米之间

在剥蚀夷平面上,由于受到长期风化作用,从而残疾层较厚,尤其在花岗岩分布地段,最大厚度可达30米以上。另外,在第Ⅲ级剥蚀夷平面以上,尚可见白垩系沉积岩为母岩的风化。

2.3.2 流水侵蚀堆积地貌

由于本区降水量丰富,因此影响本区地貌发育的主要外动力作用是流水作用。故流水侵蚀堆积地貌是本区的特色。

2.3.2.1 沟谷水流形成的地貌

这里的水流,从持续性而言,往往是暂时性的线状水流。其形成的地貌形态,在本区广为发育,且从上至下的三段结构完整:

集水盆——即为沟谷上游的成小型盆状的积水洼地。盆底受长期流水的冲刷、切割,常有小型侵蚀沟发育,逐渐在坡面径流、股流和重力作用下成为平侵宽阔的谷地。

沟谷主干——常由冲沟组成。它常是积水盆地所汇集的水及碎屑的通道。发育于山地的斜坡上。

扇形地——洪积扇或冲出锥。即为沟谷主干水流所携带的碎屑物质堆积地带,位于沟口的山麓部位上,呈扇形或半圆锥形。

2.3.2.2 河流地貌

由于本区河流可分为山谷地河流和山前地带河流,因此,流水作用对地貌发育的影响有所不同。

前者以雪窦溪为代表。其河床的积岩由侏罗系的流纹质强熔积凝灰岩所组成(图2),发育了谷直、坡陡、狭窄、低平的独特形态的箱谷。而局部河段由于板柱状节性发育,因此在近代下切侵蚀时,两岸的重力崩积物较多,那么河谷的横向剖面上呈现"V"形的峡谷。另外,在溯源上线附近的谷地常是一级或数级跌水(图3)。

山前地带河流以奉化江上游的剡江为代表。剡江的溪口镇段位于山前地带,由西向东从山区河流向平原河流过渡。由于沿岸汇集了许多支流,流量大增。但河床比降不大,因此流速远比山区河谷小得多。流水的侵蚀作用以旁蚀为主。这样,摆动于两岸的河床,就显得凹岸更凹,凸岸更凸,"河曲"形态清晰可见。在凸岸及河心,广泛发育了"河曲河漫滩"与"江心洲"。

2.4 土 壤

区内丘陵山地的土壤以红壤、紫色土加黄壤分布较广,仅在陵丘处有少量粗骨土。在剡江及其支流两岸有水稻土分布,另有潮土和新积土(清水砂土)散布其间。

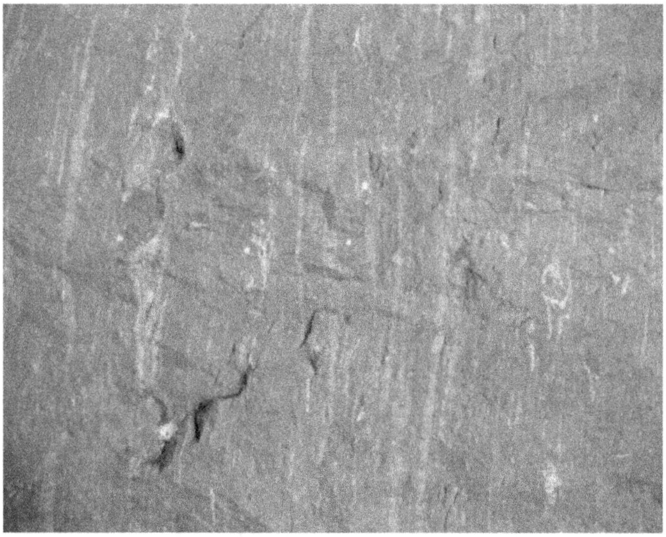

图 2　流纹质强熔积凝灰岩

图 3　三隐潭第三级跌水

2.4.1 红壤

红壤主要分布在海拔680米以下的酸性火山岩低山丘陵上(图4),在水温条件特佳的山麓缓坡上,也有零星的典型红壤,余者为黄红壤。红壤系本区地带性土壤类型,它是在温热气候条件下,由母岩成母质遭受深度风化的矿质土壤。在母质中占绝对优势的铝—硅酸盐的原生矿物被淋溶损失后,铝铁氧化物及其水解产物则显示相对的累积性,使得土体深厚,呈红至黄红色,酸性反应。

图4 典型红壤剖面

2.4.2 黄壤

黄壤主要分布在海拔680米以上的有火山岩和紫红色沙砾岩的低山丘陵上(图5)。黄壤的富铝化过程明显,粘粒部分的硅铁率比红壤稍大。由于大气和土壤的湿度较高,这里又无明显的旱季,故土体中铁的氢氧化物的脱水程度低,土色呈黄或棕黄色。表土中有机质累积量较大,具有厚达10～20cm的腐殖质层,且保存着较厚的枯枝落叶层。

2.4.3 紫色土(酸性紫色土)

紫色土是本区分布最广泛的一种土壤类型。主要分布在东岙,直岙的低山丘陵及董村、溪口的残丘上。其成土母质是紫红色沙砾岩、砾岩等风化体。因其岩性疏松,物理风化作用强烈,故土体的砾性较重,结构性差,易遭冲刷,土层浅薄。因处在新风化状态,成土作用又弱,故土体仍然保持母岩原有色泽。全剖面呈均一而鲜艳的红色和紫红色。

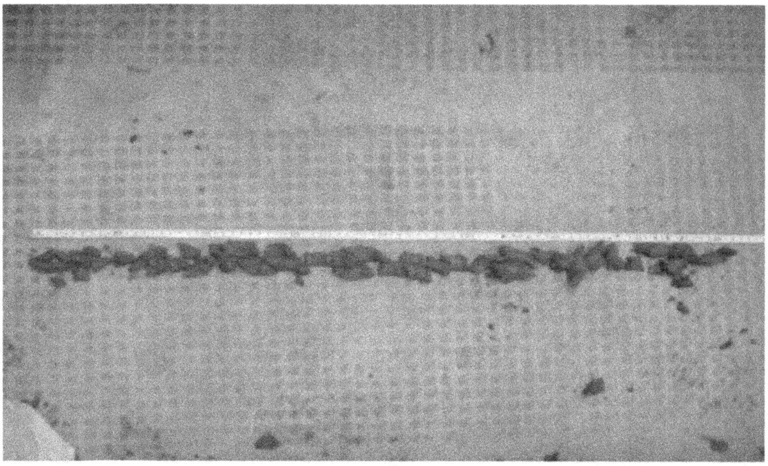

图 5　典型黄壤剖面

2.4.4　水稻土

分布于剡江两岸的多为渗育形水稻土，分布面积较大。而在山前洪积扇上所发育的则为育型水稻土。在上述的两个土壤亚类接带（在洪积扇前缘的潜水溢出带）为潜育型水稻土。

2.5　自然旅游景观与人文旅游景观

2.5.1　徐凫岩

徐凫岩在雪窦寺西十多里处，离徐凫岩村 200 多米。岩顶海拔 476 米，岩口巨石外突。瀑布落差 116 米，旁边建有“观瀑亭”和“会仙亭”（图 6）。石壁上有全国政协副主席、民革中央主席屈武手书“徐凫溅雪”四字，概括了徐凫岩景点的神韵风采。宋代有位诗人看了徐凫岩，写下绝句：“一流瀑泻九重天，长挂如虹引洞仙；岩壁凫飞延岁月，石梁龙滚飞云烟。满山药味增新色，夹岸桃花胜旧年。”

徐凫岩瀑布特点：巨岩犹如一只猴子对天鞠躬，当地人称为“猴鞠岩”。以猴鞠岩为中心，向两侧绝壁延伸几百米，其形状如刀削斧凿，悬崖上方青松葱茏，杂树丛生；下面草木成簇，分外壮观。徐凫岩的水源来自“踌躇谷”，汇聚于“直岙村”，水流穿桥洞。过沙溪谷，飞腾而来，直泻悬崖。当水从猴鞠岩上飘出后，声如雷鸣，震撼山谷，经阳光照射，形成彩虹倒挂，五颜六色，无比绚丽。石壁下部，水帘与岩壁相隔有几米宽绰的空间，游客进得水帘内，如入纱罗帐中，又似进入水帘洞穴。石壁底下有潭，潭深不见底，水清如碧，寒风吹拂，响声震耳，令人望而生畏。

徐凫岩边上有个“会仙亭”，会仙亭旁边有个小石洞。蒋介石在反对袁世凯称帝运动中，遭受通缉。他带着姚冶诚从上海逃回奉化老家，将姚冶诚安顿在舅舅孙琴风家，孤身一人回溪口，连忙又逃往雪窦寺。跑到雪窦寺，天还没亮，在雪窦寺门上敲了几下，不见有人开门，便往徐凫岩方向逃走，到徐凫岩后，躲在石洞里到天亮。然后，潜往“四窗岩”。

图 6　徐凫岩

2.5.2　妙高台

“一峰高出白云端，俯瞰天涯千万山；试问冈头转圆石，不知何日到人间。”这是宋朝资政殿大学士楼钥看妙高台后留下的诗句(图 7)。他高度概括了妙高台的秀丽景色。知情者清楚“妙高台”之美远非楼这点内容，它的山形脉络像“仰天狮子”，脑袋朝天。所以，“妙高台”贵在“妙”字。

游客说妙高台有“三奇”。一是气候出奇。妙高台经常云雾缭绕，朦胧似世外仙境；长年清风习习，松涛盈耳回响；高台上青竹古松郁郁葱葱。竹树蔽天成荫。盛夏季节，烈日当空，妙高台仍清风拂面，凉爽宜人。冬天，尽管雨雪交加，飞雪飘舞，冰柱倒挂，但有暖气回荡，舒适心怀。二是岩石出奇。平台上有块突出的石块，称为“晏坐石”。传说蒋介石九岁时跟他母亲王采玉到妙高台烧香，他坐在晏坐石上不愿回家。后来，他发迹后，每次回到溪口，都要在“晏坐石”上坐一会，朝东南观望，见远处群山起伏，气象万千，心中忧愁，荡涤一空。在这块“晏坐石”上还有个传说。有个叫知和禅师的和尚每天大清早坐在“晏坐石”上讲经、做功课，感化了平台下面岩洞里两只凶猛异常的老虎。三是建筑出奇。妙高台建筑跟别的地方不一样。平台上的建筑是按照蒋介石建造的式样重建，建筑面积 436 平方米。蒋介石在建造私人别墅时，仍保留石奇舍利塔。这个舍利塔是清雍正四年，即 1726 年雪窦寺石奇禅师圆寂后在此修筑的。楼房右边崖石上筑有两个亭子——“栖云亭”和“晏坐亭”。

此外，妙高堂还是张学良的幽禁处，蒋介石下野后在此指挥过国共的战争。

图 7　妙高台

2.5.3　三隐潭

三隐潭位于雪窦寺西北五里许(图 8)。涧水从东岙村流入崖口，折为一瀑；再落山腰，直至山足，形成三级瀑布。所以，称为三隐潭。全长 1600 多米，从高到低，分别叫作上隐潭、中隐潭、下隐潭。上隐潭以幽险见长；中隐潭以清秀取胜；下隐潭以奇秀称绝。三个隐潭尽管地处深山幽谷，探访步履艰难，但“酒香不怕巷子深”，游人仍络绎不绝。

三隐潭里有没有龙？谁也没见到过，谁也解答不了这个疑问。只因为这个地方自然环境特别，悬崖峭壁，山风呼啸，寒气逼人，游客站在潭边，深潭碧绿，望而生畏，才神秘起来。胆小的游人看后说不定会觉得潭里真的有龙。其实，隐潭之水从三个崖口腾跃而出，折成三个瀑布，瀑布下有潭，隐隐若深不见底，才有“上隐潭”、“中隐潭”和“下隐潭”之称。

“上隐潭”。顺崖上至潭底，筑石阶 216 级，形如天梯。流水两壁巨石矗立，陡壁深壑，岩石上青苔斑驳，沟坎边苍松伫立。潭上架一座石桥，瀑布循崖倾泻，高有 40 多米。流水呈线条形状，水撞击两崖壁，震耳回响，谷底桥上，雾气弥漫，水雾蒸腾，给人以清凉之感。

“中隐潭”。从上隐潭下行一里路，到达“中隐潭”。浓荫盖在涧水上。溪沟里块石纵横，跌宕怪异，流水绕石而行，盘旋曲折，经过千难万险，冲出岩层。然后，一

图 8　三隐潭

鼓作气，喷出崖口，向东边折射，形成飘逸的飞瀑，山风吹起水沫，四向飞溅，分不清是雾是雨，诗情画意，尽现眼前。

“下隐潭”。自中隐潭下行 500 米，便是下隐潭。这里巨石成堆，交叉相叠，大小块石堆积足有十多平方米。其中有个石笋峰，高达 20 多米，石笋峰在潭上，深潭在峰底，显露各半，潭水中出两个崖口，构成两个天然瀑布，当地人称为“鸳鸯瀑”。这对鸳鸯，很有点儿女情长的味道。水流盘旋潭里，似乎难舍难分，然后急速成瀑。当彩霞横空，绚丽多姿，如一对鸳鸯凌空飞舞，缠绵难分，优美无比。

2.6 对于溪口旅游业发展的看法与建议

本次调查与实习过程中，溪口的自然与人文景观特色给本组留下了十分深刻的印象。作为宁波唯一的国家级风景区，其自然条件令人惊叹，浓郁的人文历史背景也使溪口的旅游业开发拥有巨大潜力。本组队员认为溪口旅游业可从以下方面进一步发展：

一是在坚持旅游兴区，推进各种要素的合力发展方面长期努力。目前溪口发展就是要把现有的各类资源要素集中起来，逐步实现旅游形式的转变，服务对象的转变，增长方式的转变，以满足不同层次游客的需要，把溪口的旅游融入宁波奉化的发展之中，成为宁波会展、商务的功能区和辐射互动区、宁波郊区休闲度假旅游中心。挖掘旅游优势，对山水、人文、佛教、农业、生态进行组合，以及整合旅游集团、宾馆饭店、旅行社导游和旅游商品等要素，打造溪口特色品牌旅游。

二是在坚持城建美区，推进民国古镇的深化发展方面长期努力。以规划为龙头，把溪口镇建成区向东西方向扩张，向南迁移。通过建设银风度假区和状元君子休闲度假区，实现江拔线改道，体现民国古镇个性，控制建筑风格，完善商贸服务设施和水电的配套等一系列建设项目和措施，使溪口成为国内一流的特色小城镇。

三是在坚持产业强区，推进特色经济的快速发展方面长期努力。以选商引资为突破口，加快经济的发展速度，发展特色块状经济、环保科技型企业和商贸服务业，提供大量就业岗位；培育农业龙头企业，做强品牌农业，扩大特色农业，为农业增效、农民增收提供有效保证。

四是在坚持生态立区，推进人居环境的优化发展方面长期努力。首先我们要以科学发展观认清溪口的人居环境，找准差距，对症下药，积极治理影响生态的各类问题。按照统筹城乡发展的原则，第一要美化农村居住环境，区分城中村、山区村进行拆迁改造、整改结合、撤村并点治理环境，目前撤村并点工作已顺利完成；第二是建设农村新型社区，对有条件的村参照城市管理模式，逐步建立社区服务体系；第三是实施人口梯度转移，加大对农村梯度转移居民的帮扶力度；最后要加强生态环境和森林资源保护，加快建设环保基础设施，把溪口建设成为人们向往的居住地，宁波上海郊游的圣地。

五是在坚持依法治区，推进经济社会的和谐发展方面长期努力。在坚持以经济建设为中心的同时，大力发展科技、教育、文化、卫生、体育和社会福利、社会公益等事业，增加就业，确保经济社会协调发展。要坚持以人为本的发展观，尊重人的权利，尊重人的劳动，尊重人的价值，尊重人的个性和创造，努力解决困难群众的生产生活问题，不断提高群众的生活水平和质量，使广大人民群众在发展中获得更多的实惠。

要实现发展不可能毕其功于一役，也不可能在短期内完成，而是要持之以恒的努力。所以在做好以上五个方面工作的同时，我们还要对溪口各方面的情况密切关注，以制定符合溪口发展的动态计划，更好地促进溪口的发展。

3　小　结

在整个调查与实习过程中，实践是对专业知识进行复习和巩固的最好方式，使我们对于现代自然地理学，地质地貌学从书本的理论概况到实际应用有了初步的感性认识。其次，自然与资源的考察过程中，我们体验了当地的人文特色，并且从生活状况，交通条件等方面了解了当地的经济发展水平，为我们以后的区域开发学习提供了较好的资料和经验。

在调查与实习的过程中，我们最大的收获是发现了自己的不足。学习书本上的知识很重要，实践也很重要，在实践的过程中，我们发现了自己动手能力的欠缺，真实地感受到了“纸上得来终觉浅，绝知此事要躬行”的道理。因为在学习书本知识的过程中，大家对理论方面比较注重，但是在实地考察的过程中，现实的地貌特征，水文特性等不像书本中那样典型和规则，其中也包括许多没有预测到的影响因素，所以开始的时候大家显得比较迷茫，找不到方法。在大家讨论和老师的指导下，慢慢才找到正确的方法，就是这样，让我们感受到了自己在书本中学习的知识扎实性不够，更重要的是应用的灵活性不足，以致走了不少弯路。

在这次调查与实习中，我们最大的进步应该是学会了自己寻找解决问题的方法。在以前的学习中，遇到的困难都是从课本中或是资料中获得答案，但是调查与实习中出现的问题在书本中没有明确的答案，这就需要我们自己去想办法解决。在这个过程中，老师给了我们自己足够的发挥空间，让每个小组进行组内讨论并自己找出自己组内适用的方法，大家都各抒已见，热烈讨论，正是这样，小组的方案才会更合理。学会自主解决问题，是我们大学生能够更好地学习和研究的最主要素质，通过这次调查与实习，我们更好地体会和学习了这一点，虽然这是很简单的一个问题，但是我们获得的体验应该会使我们终身受益。

在调查与实习的过程中，我们小组感受最深的是同学们任劳任怨，团结协作的精神。从调查与实习的准备工作到实际操作，再到最后的总结，大家分工明确，而且每个人都有很强的责任心，安排的事情都能一丝不苟地完成。不管天气多热，大家都努力克服，没有一句怨言。在调查与实习的过程中，大家能够做到相互照顾，同学配合融洽，调查与实习方法大家共同讨论，大家在忙碌中享受着调查与实习的快乐。

团队精神现在已经成为一个人成功的关键素质之一，在调查与实习的过程中，我们的团队精神能够得到充分的锻炼和培养，这为我们以后更好地学习和工作打下了坚实的基础。

4 附录(略)

[1] 旅游单体调查表

[2] 旅游单体调查表(续)

[3] 土壤剖面形态观测研究记载表

[4] 附图一：溪口南溪山至商量岗土壤剖面图

[5] 附图二：奉化市水文站 2006 年 3 月 6 日实测大断面图

[6] 附图三：1984 年溪口站逐日平均流量图

[7] 附图四：溪口站逐年各月平均流过程线图

[8] 附图五：四明山南区地貌图

案例2　基于ETM+和DEM的奉化江流域地貌提取与计量分析①

流域地貌不同于河流地貌，它是从宏观的角度分析特定区域的地貌特征。如何有效地提取如此大范围的地貌信息，是长期困扰地貌工作者的一个问题。利用传统的基于纸质地图提取的技术手段，虽然精度高，但工作量大而且效率低下[1]。单纯地利用遥感图像进行分析，其提取的信息量十分有限[2]，而单纯地利用DEM数据提取地貌特征，在部分地势较为平坦而且海拔高度较低的地区，提取结果极易失真[3]。本文尝试利用ETM+遥感图像和DEM数据对流域地貌进行提取，以实现二者的优势相补。

1　研究区域概况

奉化江地处宁波盆地的中西部地区，由三条支流构成，即剡江、县江（包括东江）、鄞江，其中剡江为奉化江的主源。剡江大约在方桥三江口处，与县江和鄞江汇合，之后称为奉化江[4]。

奉化江流域内有两大主要的山脉，即位于该流域东侧的天台山脉和位于其西侧的四明山脉。根据浙江省地球物理化学勘查院的莫霍面等深线研究结果[5]，可知奉化江干流及其支流处于一个东北—西南走向的幔凹区（莫霍面最深的地区[6]）的东北面，也可得知研究区域的东侧与北侧为幔隆区（莫霍面最浅的地区），其等深线由西南向东北逐步递减，大致上形成一个向东北倾斜的坡面。加上当地属于亚热带季风区，降水较多，侵蚀剧烈，故形成了水系发达、河网密布的低山丘陵地貌。

2　研究数据、思路与方法

研究数据来源于中国科学院科学数据库，所需数据包括了Landsat遥感影像

---

① 注：据陈鹏程（研究生）、杨晓平（副教授）、袁麒翔（研究生）等载于2013年26卷第4期《宁波大学学报（理工版）》的《基于ETM+和DEM的奉化江流域地貌提取与计量分析》修改。

数据和 ASTER GDEM 高程数据。Landsat 遥感数据和 ASTER GDEM 高程数据使用的是同一参考系，ETM＋多波段的假彩色图像组合可以为后续的流域地貌提取提供条件，根据前人的研究结果，选择波段应该要依据两个指标：一是各个波段辐射量的方差大小；二是组合波段的协方差大小[7]。经过反复试验，并结合专家分析，认为 ETM＋543 波段的 RGB 组合较好地反映山体的实际颜色，其解译效果也较好。其合成结果如图 1 所示。

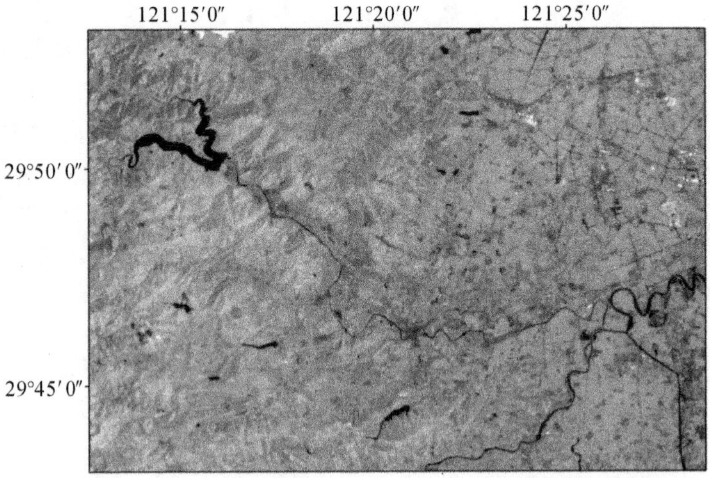

图 1　奉化江干流及其支流假彩色合成图(部分)

原始获得的 DEM 数据中含有大量与研究区域无关的冗余数据，需要对原始的 DEM 进行区域性裁剪。为了方便与 ETM＋遥感融合，本次裁剪范围选择遥感图像范围。

河网提取本文采用 ESRI 公司开发的 Arc Hydro Tools 插件，对 DEM 数据进行平整、嵌入主干河网、坡度嵌入、填洼、汇流、河网识别之后，就可以得到模拟水系，之后可以利用 ArcGIS 工具箱中的水文分析工具进行河流的自动分级，这里采用的是 Strahler 的分级方法。同时利用属性信息可以得到各个河道的长度，平均比降等数量特征。在 Arc Hydro Tools 插件中同时也集成了流域盆地分析工具，可以利用这些工具提取一些典型的流域地貌信息，例如流域盆的面积、长度、宽度。

3　流域基本特征提取结果

3.1　流域河网提取结果

利用 Burn-In 方法以及河网识别后得到的流域河网的结果如图 2 所示。

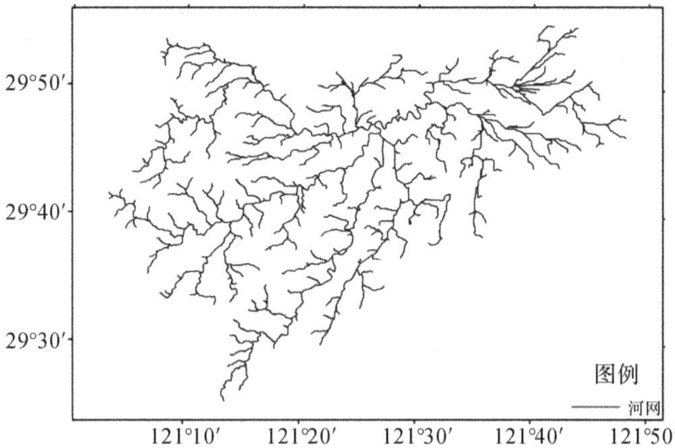

图 2　流域内河网提取示意图

为了检验，本次河网的提取效果，于是将提取到的河网与 ETM+遥感图像进行叠加。叠加结果如图 3 所示。

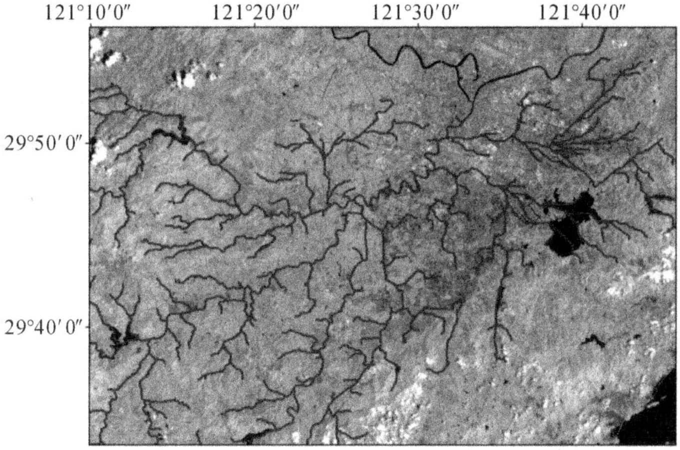

图 3　流域内河网与 ETM+影像融合示意图

从融合的结果来看，经过多次试验和数据处理之后，数字河网的提取效果基本上令人满意，仅仅是在平原地区，存在一些与实际地表河网不符的河道，而且在山区提取的效果较好。根据河网等级提取的结果，奉化江流域内的河道最高级别为5级，鄞江、剡江、县江（包括东江）三大支流均属4级，其结果如图4所示。

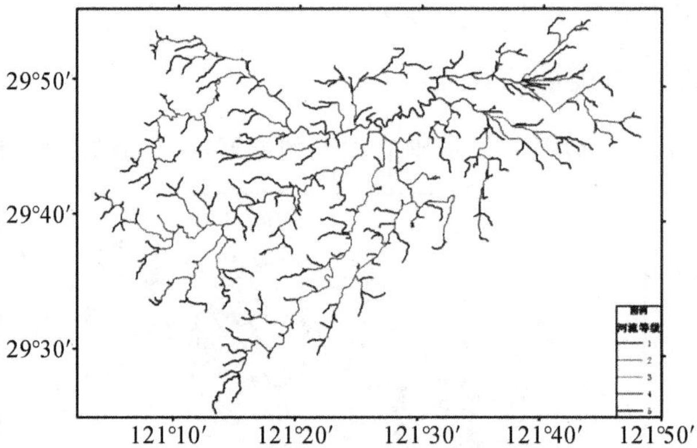

图4 流域内河道分级图

根据属性统计的奉化江及其支流的，各级河道数量、平均长度和平均比降，如表1、表2所示。

表1 奉化江流域分级河道数量

流域	各河道等级数				
	一级	二级	三级	四级	五级
奉化江	261	59	14	6	1
剡江	54	14	3	1	
县江—东江*	65	13	3	1	
鄞江	70	14	3	1	

* 县江和东江流在方桥镇附近汇合之后注入奉化江，故将二者流域合并。

表2 奉化江干流及其支流各级河道的平均长度和平均比降

流域	一级		二级		三级		四级		五级	
	长度（km）	比降％	长度（km）	比降％	长度（km）	比降％	长度（km）	比降％	长度（km）	比降％
奉化江	2.083	2.784	4.411	1.155	12.683	0.318	14.776	0.068	27.727	0.0007
剡江	1.987	5.229	4.229	2.234	11.037	0.673	32.906	0.094		
县江—东江	2.060	1.450	4.494	0.638	19.018	0.138	11.698	0.003		
鄞江	2.085	4.616	5.122	1.950	14.745	0.544	24.651	0.232		

3.2 流域盆地提取结果

利用 Arcgis 水文分析工具和 Arc Hydro tools 插件中的 Watershed Processing 工具，提取奉化江干流及其支流的流域范围如图 5 所示。

图 5 奉化江流域划分

经过矢量化之后的流域范围，可以利用 DEM 数据对提取到的范围，进行高程插值，赋予其高程值。通过属性表计算几何，可获得各个流域的几何特征，结果如表 3 所示。

表 3 奉化江流域地貌基本几何特征

流域盆地	面积 (km^2)	流域长度 (km)	流域平均宽度(km)	河网密度	流域形状系数	流域平均高度(m)	水道频度
奉化江	2167.265	93.64	23.145	0.507	0.247	146.39	0.158
剡江	502.203	48.427	10.37	0.463	0.214	447.696	0.143
县江—东江	538.57	53.072	10.148	0.465	0.191	314.059	0.152
鄞江	556.624	41.274	13.486	0.515	0.327	358.344	0.157

4 结果分析

4.1 河系结构分析

4.1.1 河道数量与河道级别分析

Horton 认为，同一流域内的各级河道数量与河道级别呈现反几何数级关系[10]，而且第一项是分叉比，于是提出了如下的关系模型：

$$Nu=R_b^{(s-u)} \qquad (u\leqslant S) \tag{1}$$

Nu 为 u 级河道数，R_b 为分叉比，S 为流域内最高级的河道级别。

利用 SPSS 统计软件，对 Nu 和 $(s-u)$ 进行指数曲线回归，其结果如表 4。

表 4 Horton 河数律指数模型回归汇总

流域	模型汇总			参数估计值	
	R^2	F	Sig	$\ln(R_b)$	R_b
奉化江	0.997	1217.270	0.000	1.385	3.996
剡江	0.998	1485.904	0.000	1.310	3.706
县江一东江	0.996	790.351	0.000	1.339	3.817
鄞江	0.996	762.338	0.000	1.366	3.919

* R^2 值检验方程的拟合程度 ** F 为方差检验数值 *** sig 为显著水平双尾检验数值

从表 4 可以看出 R^2 方均在 0.99 以上，而且 sig 值低于 0.01，说明 Horton 提出的数学模型的拟合度和显著性十分理想。拟合结果得出的 R_b 值，也符合 Horton 提出的 R_b 值将在 3～5 波动范围[10]。

4.1.2 河道长度与河道级别分析

按照 Horton 的观点，各级河道长度的平均值，与河道数量一样，呈现一个几何数列的变化。提出了如下的公式：

$$L_u=L_1 * R_L^{(u-1)} \tag{2}$$

L_u 为 u 级河道的平均长度；L_1 为第一级河道的平均长度；R_L 河道长度比。

同样根据表 2，利用 SPSS 统计软件，对 Nu 和 $u-1$ 进行指数曲线回归，其结果如表 5。

从表 5 中可知除了县江—东江流域，方程的拟合效果较差之外，剡江、鄞江流域以及整个奉化江流域，基本符合 Horton 提出的数学模型，即各级河道的平均长度和级别呈现几何数列的增长。而县江—东江流域之所以拟合效果不理想，是因为该流域处于海拔较低的区域，同时在河道的下游基本处于平原地区，加上东江流域较为狭长，很多一级河道并没有汇合，直接注入县江的主干河道，即 3 级河道，这使得县江—东江流域的 3 级河道平均长度远大于 4 级河道。

表 5　Horton 河长律指数模型回归汇总

流域	模型汇总			
	R^2	F	Sig	R_L
奉化江	0.984	249.373	0.000	1.987
剡江	0.997	858.391	0.000	2.461
县江—东江	0.908	29.677	0.012	2.107
鄞江	0.994	477.635	0.000	2.394

4.1.3　平均比降与河道级别分析

Horton 在研究了一些流域后，发现河道的级别与其比降服从于递减的几何数级，于是，其提出了平均比降定律。M. E. Morisawa 根据 Horton 的规律，其模型如下[1]：

$$S_u = S_1 R_J^{(u-1)} \tag{3}$$

u 为河道级别；S_u 为第 u 级河道的平均比降；S_1 为第一级河道的平均比降；R_J 为河道平均纵比降比。

利用 SPSS 统计软件进行指数函数拟合，可以得到如下表 6 的结果。

表 6　Horton 比降律指数模型拟合

流域	模型汇总			
	R^2	F	Sig	R_J
奉化江	0.929	52.259	0.002	0.192
剡江	0.980	148.711	0.001	0.297
县江－东江	0.932	40.915	0.008	0.179
鄞江	0.997	1138.018	0.000	0.365

从表 6 可以看出，各个流域的拟合效果均较为理想，方程的显著性水平数值均小于 0.01，说明方程具有统计学意义的。同样地将河道平均长度取以 10 为底的对数，并与河道等级进行相关分析，其绝对值均在 0.94 以上。

4.2　河道纵剖面形态分析

4.2.1　河道纵剖面的提取

在提取河道剖面时，剖面线是沿着各流域的干流进行提取。由于流域下游基本处于平原地区，起伏度不大，于是仅提取上游和中游的剖面。其提取结果如图 6 所示。

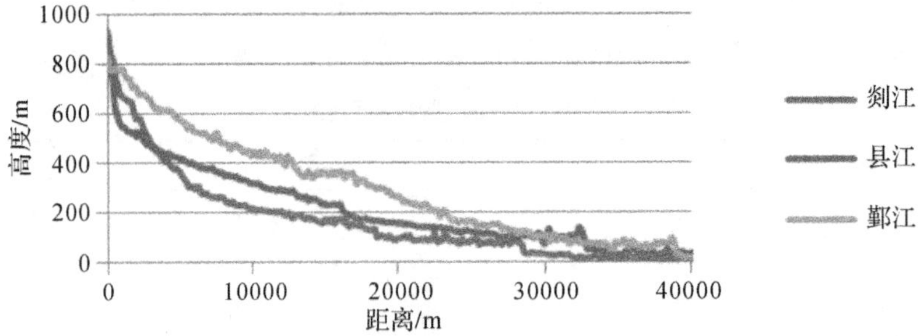

图 6 奉化江三大支流的纵剖面提取结果

从支流的纵剖面发现，各个支流均出现了多次的阶梯状的起伏，这样的起伏的形成有三个原因：第一，受到地壳构造运动的影响，抬升的幅度出现差异从而在纵剖面上形成了不连续的波折；第二，由于河床的基岩的岩性的不一致，河流经过不同岩性地区时，将会形成不同的坡降；第三，河流遇到暂时的侵蚀基准面，有时候也会形成这样的阶梯状起伏[12]。

根据赵洪壮等人的理论，在地质作用较为稳定、气候变化较为平缓的地区，处于不同阶段的河道，其呈现的纵剖面形态也是不同的，而且可以用函数模型去拟合各个阶段的纵剖面，因此提出了，纵剖面线会出现从线性剖面，到指数剖面，再到对数剖面，最后幂函数剖面的演化过程[13]，而这样变化的实质即是认为河道的下凹度与河道发育时间成正比。对奉化江三个主要支流进行剖面函数拟合发现，鄞江呈现出指数剖面，剡江和县江呈现的是对数剖面，于是根据该理论，可以推测奉化江各支流的发育次序分别为县江、剡江最后是鄞江。

4.2.2 基岩性河道水力侵蚀模型分析

水力侵蚀模型又称为 S—A 模型，其模型构建的思路如下：当基岩性河道达到均衡时，就意味着，基岩河道的河床高程将不会随着时间改变，用数学公式表达就是 $dz/dt=0$。而对于基岩性河道在均衡状态下，也就是基岩的抬升速率等于河流下切的速率。于是，河道水力侵蚀模型数学模型可以表达为[13~14]：

$$dz/dt=U-E=U-KA^mS^n \tag{4}$$

公式中 U 为基岩抬升速率，E 为河流下切速率，K 为侵蚀系数，A 为河道上游的流域面积，S 为河道坡度，m、n 为常数。

当 $dz/dt=0$ 时，

$$U-KA^mS^n=0, S=(U/K)^{1/n}A^{-m/n} \tag{5}$$

令 $\theta=m/n, Ks=(U/K)^{1/n}$。

该式最后可化解为：

$$\lg(S)=-\theta\times\lg(A)+\lg(Ks) \tag{6}$$

可以推测当河道处于均衡状态时，河道坡度的对数与其上游集水区的对数呈现出线性的关系。当 $dz/dt>0$ 时，意味着河床处于均衡状态之前的阶段，其河道高程随着时间变化的不断抬升；当 $dz/dt<0$ 时，此时河床处于均衡状态之后的阶段，其河道高程随着时间的变化不断降低[14~15]。

对奉化江三大支流进行 S—A 模型分析，是按照河道的等级，逐级计算该级别河道的集水面积和坡度，但是由于各流域基岩性质的河道集中于上游地区，因此选取各流域中一级、二级、三级河道的集水面积及其坡度进行计算，并绘制双对数图，得到如下图 7 结果：

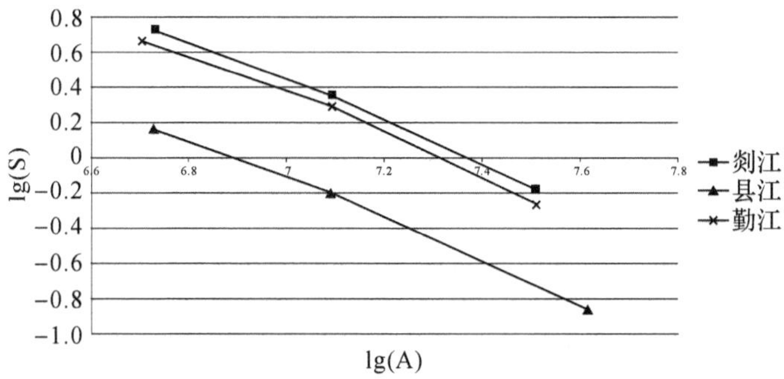

图 7　奉化江三大支流 S—A 模型双对数图

从图 7 中可以看出，奉化江干流及其三大支流的 S—A 模型基本上呈现线性的关系，利用 SPSS 对其进行线性拟合结果如下表 7：

表 7　奉化江各支流 S—A 模型线性拟合结果

	θ	Ks	R^2
剡江	1.153	3.126E+08	0.997
县江	1.160	9.770E+07	0.996
鄞江	1.156	2.757E+08	0.991

表 7 可以看出，鄞江、县江、剡江线性拟合程度在 0.99 以上，说明奉化三大支流的基岩河道已经基本处于均衡状态。从图 7 中也可以发现，三大支流的 S—A 曲线基本平行，而且大致上可以分为两类，剡江、鄞江可以归为一类，县江单独分为一类。对剡江、县江、鄞江先进行主成分分析，之后对得到的主成分进行相关分析发现，三者相关系数均大于 0.997 且 sig 值均小于 0.05，其中剡江和鄞江的相关系数高达 1.000，sig 值为 0.04，而且是在 0.01 水平上显著相关。

5 讨 论

5.1 R_b、R_L、R_J 值关系的讨论

R_b、R_L、R_J 是一个流域地貌要素综合作用的结果，是衡量一个流域水系结构的重要尺度，但是这三个数值之间是何种关系，可以利用上文得到的数据进一步探究。将各个流域 R_b、R_L、R_J 值汇总，得到表 8 的结果，同时可以利用汇总结果中各流域 R_b、R_L、R_J 值的绘制折线图。

其中奉化江流域的 R_b、R_L、R_J 从流域地貌学意义上，可以看成整个流域的平均值，于是，各流域的 R_b、R_L、R_J 偏离奉化江流域的 R_b、R_L、R_J 的比例可以看成这三个值的波动范围。

表 8 各流域 R_b、R_L、R_J 值汇总

	R_b	波动范围	R_L	波动范围	R_J	波动范围
奉化江	3.996	0.00%	1.987	0.00%	0.192	0.00%
剡江	3.706	−7.26%	2.461	23.86%	0.297	54.69%
县江—东江	3.817	−4.48%	2.107	6.04%	0.179	−6.77%
鄞江	3.919	−1.93%	2.394	20.48%	0.365	90.10%

5.1.1 不同流域的 R_b、R_L 和 R_J 值的关系讨论

从图 8 可以看出，R_J 值和 R_L 值大致上存在正比例的关系，经过相关分析，其相关系数为 0.87。对于 R_b 值而言，从表 8 可以看出，其变化幅度不大，而且与 R_J、R_L 不存在明显的相关性。

R_b 值相对于 R_L、R_J 值较为稳定，这也印证了 Horton、Strahler 以及 K. G. Smith 的看法，即在不论何种自然条件下，河道的平均分叉比的值都是相似的，其

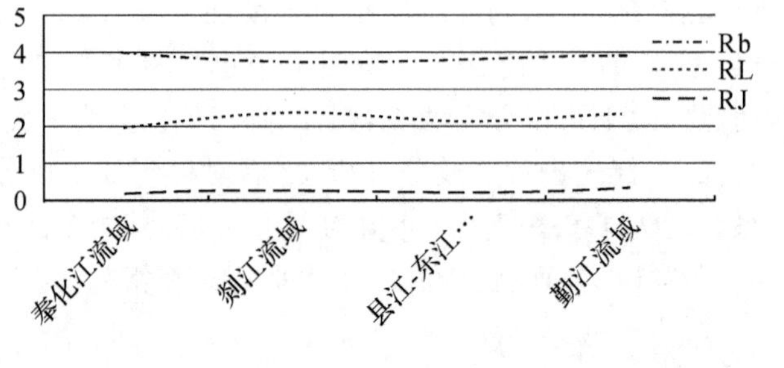

图 8 R_b、R_L 和 R_J 值在各流域的变化折线图

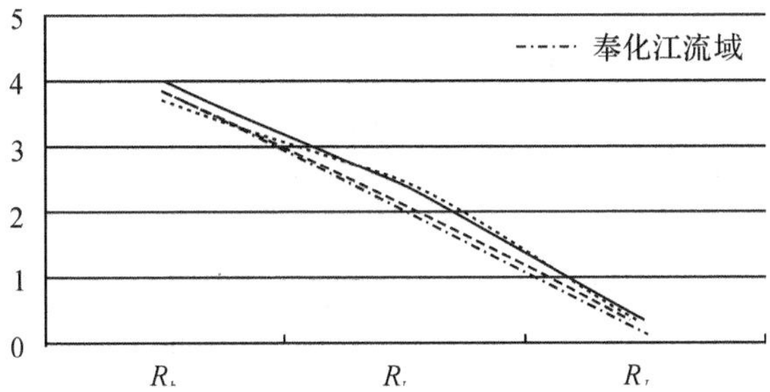

图9　各流域的 R_b、R_L 和 R_J 值折线图

变化范围在3～5之间[10]。于是可以认为，R_b 可以看成独立于地貌因素之外的特殊常数值，虽然会出现波动，但是其波动范围较小，其性质类似于重力常数 g。但是何种原因导致 R_b 值的波动，目前人们对这个问题的研究并不是很多，有学者认为这种波动是统计的误差导致的，也有学者认为其与流域地势比和流域剖面发育阶段有关联，但是并没有系统的定量的论证[1]。

也可从另外一个角度去理解 R_b 值的稳定性，即 R_b 是流域地貌各个因素作用的综合结果。因为影响流域形成的各个因子最终都将影响着河道的形成，因而一个流域内河道数量是与该流域内的各项影响因子相适应的，因此 R_b 值不但是河道数量最直接的表征，而且同时也表征了该流域内形成河道的特定条件，而河道的形成有着固定的气候和地质条件，因而 R_b 值不仅是各个地貌因素综合作用的结果，而且趋向于一个常数。

在这个三个值中，R_J 值的波动相对于其他两个数值来说范围比较大，这与流域所处的岩性与构造有关，研究区内地质构造特别是断裂构造复杂，有EW、NE、NW、NNE四个方向的断层通过研究区，而且研究区内的岩性并不均一，主要有侏罗系火山岩类，即以熔结凝灰岩为主的酸性、中酸性火山碎屑岩，其次是白垩系砂页岩、沙砾岩等，而前者的抗侵蚀能力较强[11]，于是这导致了各个支流流域 R_b 值的较大范围的波动。

对于 R_J 和 R_L 呈现的正相关关系，可以进一步细化河道比降与河道的平均长度之间的关系。M. E. Morisawa发现，在同一个流域中，水道比降和平均长度呈现负相关[10]。这意味着，同一流域内当河道的比降出现变化的时候，河道的平均长度出现了反方向的变化，但是从表2中可以看出，不同流域间，河道平均长度随比降变化的程度显然是不同的。由于 R_J 和 R_L 呈现正相关，由此可以推断出，在 R_J 值越大的区域，河道平均长度随比降变化的程度越大。在流域地貌学上的意义就是，各级河道比降变化剧烈的流域，其河道长度变化也越剧烈；河道比降变化平缓的流域，各级河道长度变化不明显。

5.1.2 同一流域 R_b、R_L 和 R_J 值的关系讨论

同一个流域内的这三个值的变化情况可以反映在图 9 中，从中可以看出，不论是奉化江整个流域，还是各个支流流域，其 R_b、R_L、R_J 值均呈现了高度的线性关系。对三大支流的 R_b、R_L、R_J 值进行相关分析，可以发现，其相关系数均在 0.99 以上。

对于同一个流域内 R_b、R_L、R_J 三个值呈现出高度的线性关系，可以反映出一个流域内，这三个值之间存在某种联系，这是因为它们虽然是从不同的角度去度量一个流域的计量特征，但这均是流域内各个地貌因子的共同作用结果，同时流域地貌是一个复杂的小范围的地貌系统，很难建立十分精确的模型解释各个地貌因子之间的关系，而这三个值，是从河道数量、河道平均长度、河道比降三个角度作为一个流域的度量尺度，这三者之间显然是存在某种关联的，因此这三个值也有一定的关联性。但是需要指出的是，这三个值的相关性体现的是各级河道数量、河道平均长度、河道比降的变化量的相关性，不是简单的数量相关性。

5.2 R_b、R_L 和 R_J 值与河流纵剖面的关系讨论

从表 8 可以看出，剡江和鄞江的 R_b、R_L 和 R_J 值比较接近，若对三大支流的 R_b、R_L 和 R_J 值进行聚类且分为两类，剡江和鄞江可以归为一类，县江单独为一类。这与 S—A 模型分析的结果类似，可以推断这两个支流之间的联系是十分密切的。

剡江和鄞江流域主体都是处于宁奉平原西侧的四明山区，而县江处于四明山和东侧的天台山余脉的交界处，这意味着两个流域发育的地质环境和气候条件接近，于是，无论 R_b、R_L 和 R_J 值还 S—A 模型的双对数值，都是与各项流域环境因素有关。

这也体现了 R_b、R_L 和 R_J 值与 S—A 模型存在一定的联系性，可以推测这两种定量测算方法，可以说是对同一流域的某些特性的不同角度的阐述。

6 结 论

(1)通过 Burn-in 算法，提取到了奉化江干流及其支流的数字河网，以及流域面积、长度、平均宽度等流域的几何特征。从河网、流域的提取结果来看，基本上都符合现状。

(2)利用提取到的流域计量特征，验证了 Horton 的三大定律的基本适用于奉化江流域，同时计算了 R_b、R_L、R_J 值。同时，初步讨论了 R_b、R_L、R_J 三个数值之间的关系，得到了如下的结论：*a*. R_b 值相对于 R_L、R_J 值较为稳定；*b*. R_L 和 R_J 值存

在较强的正相关性，因此，河道比降变化剧烈的流域，其河道长度变化也越剧烈；河道比降变化平缓的流域，各级河道长度变化不明显；c. 在同一流域内，R_b、R_L、R_J三个值存在明显的线性关系，说明三者之间存在一定的关联；d. 相邻流域或者子流域之间这三个值存在十分强烈的相关性。

（3）利用 ArcGIS 3D 分析工具提取了三大支流的纵剖面，并对剖面线进行函数拟合，发现鄞江呈现出指数剖面，剡江和县江呈现的是对数剖面，根据前人的理论，可以推测三大支流发育的顺序为剡江、县江最后是鄞江。

（4）利用 S—A 模型对三大支流基岩性河床进行均衡状态分析，发现三大支流基岩性河段，均已处于均衡状态，而且发现剡江和鄞江的 S—A 曲线存在强烈的相关性，并且可以归为一类。这与 R_b、R_L、R_J 三值分析的结果一致，也验证了 Waldo Tobler 提出的“地理学第一定律”即地理事物或属性在空间分布上互为相关，且相近的事物关联更紧密。

综上所述，与传统的人工和单纯的遥感图像提取流域地貌相比，利用 DEM 与遥感图像结合的方法来提取流域地貌，无论是从精度、工作量还是效率上都有着明显的优势，同时可以方便地利用分析结果对流域特征和河道纵剖面进行计量化分析。

参考文献

[1] 杨晓平. 奉化江流域地貌形态计量分析[J]. 宁波师院学报，1992，10(6)：59-65.

[2] 李小曼，王刚，田杰. TM 影像中水体提取方法研究[J]. 西南农业大学学报，2006，28(4)：580-582.

[3] 孙艳玲，刘洪斌，谢德体，等. 基于 DEM 流域河网水系的提取研究[J]. 资源调查与环境，2004，25(1)：18-22.

[4]《宁波市水利志》编纂委员会. 宁波市水利志[M]. 北京：中华书局，2006：62-67.

[5] 浙江地矿局. 浙江省区域地质志[M]. 北京：地质出版社，1989：534.

[6] 陆景冈，唐根年，李健. 浙江省的新构造运动与农用地分布规律[J]. 浙江地质，1999(02)：24-30.

[7] 李德熊. TM 合成图像波段组合的选择[J]. 遥感信息，1989(04)：19-22.

[8] 王建平. 数字流域与数字水文模型的集成研究[D]. 南京：河海大学，2005：18-19.

[9] 唐从国，刘丛强. 基于 Arc Hydro Tools 的流域特征自动提取——以贵州省内乌江流域为例[J]. 地球与环境，2006，34(03)：30-37.

[10] 承继成，江美球. 流域地貌数学模型[M]. 北京：科学出版社，1986.

[11] 杨晓平. 基于 TM 遥感图像的流域地貌研究[J]. 科技通报,2003,19(02):150-153.

[12] 钱宁. 河床演变学[M]. 北京:科学出版社,1987:55-66,345.

[13] 赵洪壮,李有利,杨景春,等. 天山北麓河流纵剖面与基岩侵蚀模型特征分析[J]. 地理学报,2009,64(5):563-570.

[14] 陈彦杰,宋国城,陈昭男. 非均衡山脉的河流水力侵蚀模型[J]. 科学通报,2006,51(7):865-869.

[15] 张会平,张培震,吴庆龙,等. 循化—贵德地区黄河水系河流纵剖面形态特征及其构造意义[J]. 第四纪研究,2008,28(02):299-309.

案例3　基于RS和GIS的奉化江河流地貌特征与构造活动的响应分析①

引　言

河流与构造活动之间有着密切的联系[1-2]。地表河流特别是山地河流的形成，无不受到构造运动的约束，因此通过分析两者相应关系，可以间接地推测该地区的构造运动情况以及河流地貌成因。

前人对河流地貌与构造活动的研究内容大致可分为：阶地对构造活动的响应、冲积扇对构造活动的响应、河谷形态对构造活动的响应、水系格式与河道变迁对构造活动的响应[2]。而在研究方法方面，前人的研究手段具有一定的局限性，缺少RS和GIS的综合应用[3-6]。

本次研究主要利用RS和GIS相结合的手段，以RS作为数据来源，GIS作为空间分析手段，尝试性分析奉化江及其主要支流（鄞江、剡江、县江—东江）河流地貌和构造运动之间的响应状态。

1　研究区概况

奉化江水系发育于浙东天台山脉与四明山脉相交汇地带，主要由鄞江、剡江、县江—东江等支流组成，流域面积约3765km^2，地理坐标为29°24′N～29°54′N，121°02′E～121°33′E。因地处亚热带季风气候区，境内降水丰沛，年均降水量在1400mm以上，主要集中在4～9月。

本区在地质构造属于闽浙隆起带的东北端，地貌区属四明山、天台山构造侵蚀低山丘陵区。因地处新构造运动强烈上升与下降的过渡地带及降水丰富、流水作用十分活跃等内外营力双重作用的影响，境内地势起伏跌宕，500m以上的山峰连

---

① 注：据杨晓平（副教授）、陈鹏程（研究生）载于2016年29卷第1期《宁波大学学报（理工版）》的《基于RS和GIS的奉化江河流地貌特征与构造活动的响应分析》修改。

绵不绝，水系支流繁多，沟壑密布，地面切割十分破碎，仅东北端发育有洪、冲积平原。

2 研究方法与数据

本次研究以DEM和ETM+遥感图像作为数据，利用ArcGIS和ENVI作为处理平台，提取奉化江水系格式和断裂构造；运用线密度分析、玫瑰图、剖面分析等手段，论证水系格式与断裂构造的关系，以及河谷阶地对构造活动的响应。

为了对奉化江及其主要支流的河流地貌特征与构造活动之间的关系做出较全面的分析，笔者采用了多源数据的综合运用，包括研究区的地形图（1/5万、1/10万）、地质图（1/20万）。其中DEM数据来源于中国科学院计算机网络信息中心国际科学数据镜像网站（http://www.gscloud.cn），Landsat7 ETM+的遥感数据来源于中国科学院科学数据库（成像时间为2003年5月6日）。

3 河流地貌特征提取与断裂构造解译

3.1 奉化江河流地貌特征提取

奉化江河流地貌特征提取的具体步骤在笔者另一篇论文（基于ETM+和DEM的奉化江流域地貌提取与计量分析）中已有详细介绍[7]，本文不再过多地进行阐述，仅仅对其提取的主要思路和关键步骤进行说明。

河流地貌特征的提取结合了ETM+遥感图像和DEM数字高程模型两方面的数据进行，先利用遥感图像矢量化主干河道，再采用Burn-in将主干河道嵌入到DEM数据中，并利用嵌入后的DEM进行河网的自动提取。这样处理之后使得平原地区的河道更加符合真实值，同时山区细小的河道也可以被提取出来。

河谷的剖面提取主要利用3D Analyst工具下的Create Profile工具。由于河流下游地区河道坡度较小，河谷形态并不十分明显，为了取得更佳的提取效果，本次选取的剖面线主要集中在河流的山前地带和上游地区。

3.2 奉化江流域遥感图像断裂构造解译

此项工作通过ETM+遥感影像的解译以及查阅相关资料和图件完成。最后的解译结果主要基于遥感图像和地质图（1/20万），并经野外实地调查抽样核实。由于研究区地形复杂多变，而且涉及专业性的地质体例如断层、岩性、地貌类型的判别，这些都不太适合进行计算机自动解译，故本次研究主要采用目视解译法。Landsat7 ETM＋的遥感数据来源于中国科学院科学数据库，其遥感图像已经过系统辐射校正和地面控制点几何校正，因而省去了一些预处理的步骤，为方便目视解译，在解译之前进行了主成分分析和直方图拉伸处理，从而达到了图像增强的目的。进行主成分分析时选取7个波段进行处理，提取3个主成分，并进行直方图标准化，结果如图1。

结合因子载荷以及图像所表现的特征，可以得出：第一主成分主要体现了山体的纹理且信息量较大；第二主成分主要体现了水体的信息，水体在该图像上灰度值较大，但是图像质量一般，特别是山区的纹理反映不如第一主成分；第三主成分图像质量较差有较多的噪音，因而本次研究的地质解译主要基于第一主成分。再对第一主成分进行构造地貌渲染(图2)，可以更加凸显图像中的线性构造。

线性构造是遥感图像上由各种断裂引起的色调(色彩)、微地貌、水系等标志沿一定方向展布所显示的线性(或带状)影像特征[8]。境内线性构造的主要解译标志为不同色调或色彩异常界面及不同影纹结构、地貌单元的突变线或分界线；水系或微地貌呈直线状发育；地质构造体被错位而不连续。解译的结果：区内一级线性构造方向为NE向，二级线性构造方向为NWW向、NNE向、NW向(图3)。

研究区的活动断裂反映了晚第三纪以来的构造运动，包括老断裂复活。遥感图像的解译结果表明，本区的新构造运动是在老断裂构造的基础上，由活动性构造带表现出来的间歇性不等量升降运动，这些断裂及其活动明显地控制了流域地貌的发育。主要表现为：①燕山运动后，境内形成一系列断裂构造，而新构造运动使老的断裂带复活，这对本区地貌发育有着巨大的影响。首先表现在大幅度差异性升降变化，区内中生代末、新生代初的构造上升区西南山地在新构造运动中继续上升，其最大上升量达1000m以上，山地广泛分布着经准平原化的遗迹；而第四纪以来的相对沉降地段则主要出现在中生代的断陷盆地中，最终则形成整个地势由西南向东北逐渐降低这一特征，其差异升降活动十分显著，具有明显的继承性。其次是这种升降变化表现为间歇性，由于上升运动具有不均衡的翘起性和间歇性的特征，山地广泛分布着数级被抬升的剥夷面，形成层状地形，而沿河两岸则发育了多级阶地。②境内一系列条带状的山脉、较大盆地多沿一定方向呈折线展布，其走向和主构造线一致，而水系的发育则受主断裂带控制。本区发育的NWW向、NE向、NNE向、NW向这四组断裂构造中，以NE向断裂构造最具决定性意义，它贯穿整个奉化江流域，境内断块山地、水系、断裂谷地和盆地的形成与发育主要是受该断裂带控制，故山脉总体走向与主构造线方向一致基本呈NE向；后期则因受NNE向、NW向断层错动的影响，使山弧不甚连续而呈锯齿状；转折处诸多高峰的形成受该两组断裂操纵，它们一般都具有明显的断块山标志，如断层崖、平直的山区边线和不对称的山体。境内水系的发育则因受主断裂带控制，故奉化江各主要

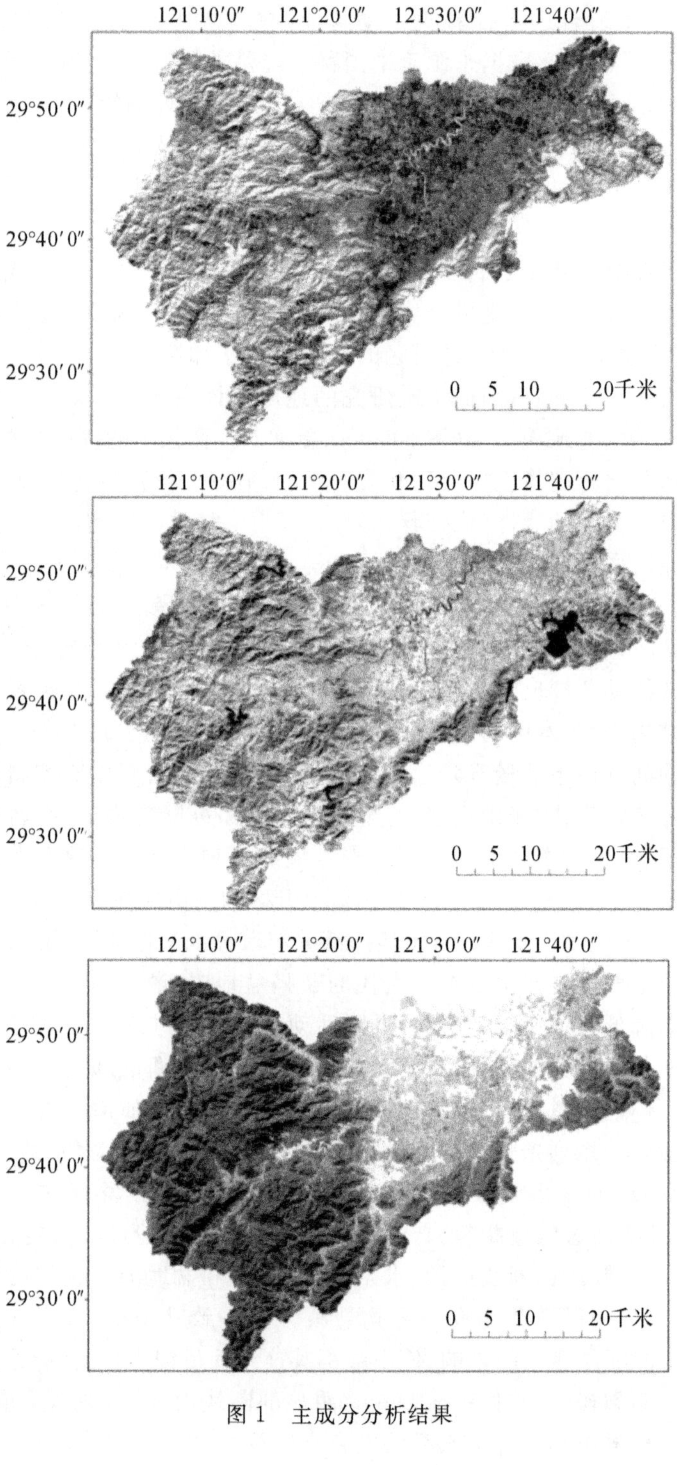
121°10′0″
121°20′0″
121°30′0″
121°40′0″
29°50′0″
29°40′0″
29°30′0″
0 5 10 20千米
121°10′0″
121°20′0″
121°30′0″
121°40′0″
29°50′0″
29°40′0″
29°30′0″
0 5 10 20千米
121°10′0″
121°20′0″
121°30′0″
121°40′0″
29°50′0″
29°40′0″
29°30′0″
0 5 10 20千米

图 1 主成分分析结果

图2 第一主成分地貌渲染图

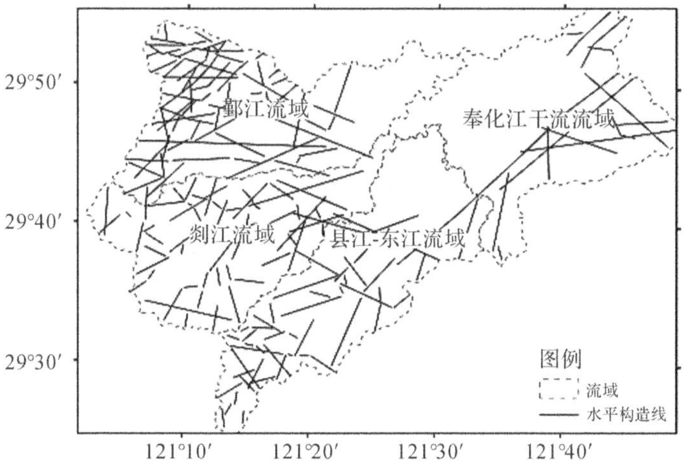

图3 断裂构造解译结果

支流的流路几乎毫无例外地均受断裂制约，其通常沿断裂带发育并具一定的方向性；而主要的河谷盆地也都是与断裂有关的构造河谷盆地，其中奉化江主流剡江河谷盆地主要是沿NE向断裂发育而成，而鄞江与县江—东江河谷盆地则分别为沿NW向、NNE向断裂发育[9]。

4 河流地貌对构造活动的响应分析

4.1 水系格式对构造活动的响应

考察水系格式和构造活动空间分布的响应,采用的工具主要是 ArcGIS 工具箱中的线密度工具以及玫瑰图分析。

线密度分析工具用于计算每个输出栅格像元邻域内的线状要素的密度,该工具需要设置划分像素大小,同时需要一个半径常数,使用搜索半径以各个栅格像元中心为圆心绘制一个圆,每条线上落入该圆内的部分的长度进行求和,然后将所得的总和除以圆面积。半径参数值越大,生成的密度栅格的概化程度便越高,值越小,生成的栅格所显示的信息越详细[10]。

本次研究设置栅格大小 30m×30m 与遥感图像分辨率保持一致,同时半径分别设置 100m、200m、300m、400m、500m…2000m,对水系格式和水平构造分别进行线密度分析,对得到的栅格数据进行叠加分析,计算重合的像元百分比,绘制不同半径下重合像元百分比图(图 4),发现随着半径的增大重合百分比不断上升,但是其上升比率不断下降,由此可以利用均值变点方法寻找到曲线的变点,以变点所在的半径作为密度分析的半径,从而确定参数[11]。

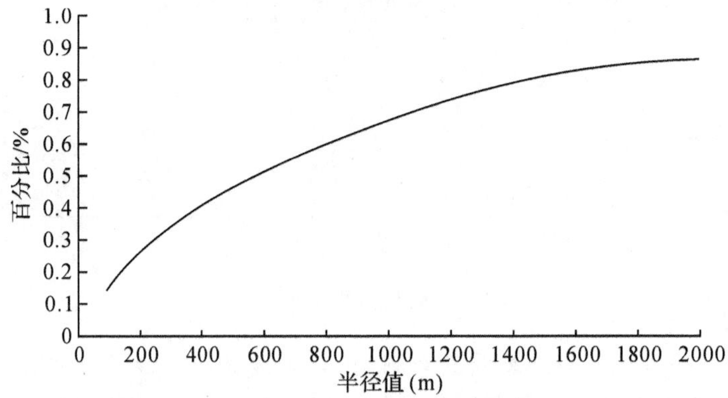

图 4 不同半径下重合像元百分比

利用 Origin9.0 工具对均值变点曲线进行微分处理,绘制一阶导数曲线,拟合得出微分值为 0 的点,由此可以获得 556m 为变点的半径设置,从而重复线密度工具,设置像元大小为 30m×30m 与遥感图像一致,同时半径设置为 556m,在这样的条件下得出重合像元百分比为 49.02%,即作为宏观响应的拟合度。

为了进一步宏观地分析河道与断裂构造的响应关系，可以进行玫瑰图式分析，即以 10°为一个间隔统计各个方向上的河道数量和断裂构造数量，并利用 Origin 9.0 绘制玫瑰图（图 5）。

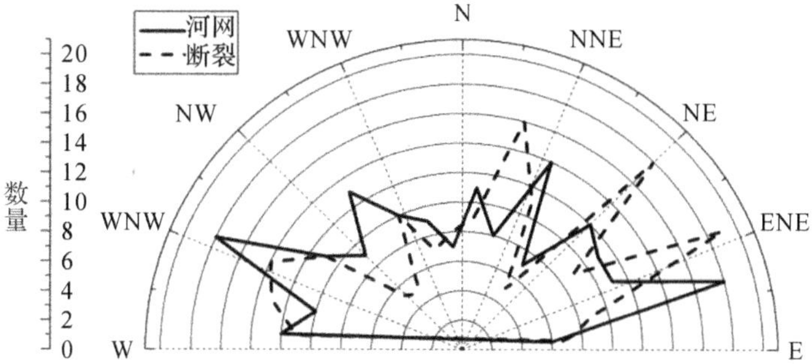

图 5　河流及断裂方向—数量玫瑰图

从玫瑰图上可以看出，境内水系的平面变化及河道总体分布、排列大多循着一定方向进行，并与主要断裂构造线方向一致，表明境内的水系主要是在一、二两级交叉活动性断裂构造控制下发育而成的，水系的分布、排列、河流的流向无不受其强烈影响。

4.2　河谷及阶地形态对构造活动的响应

河流阶地的形成与构造运动的抬升有着密切的联系[1-2]，目前关于河流阶地的成因可以分为内因与外因，内因是指河流内部动力的变化，外因是气候的变化、构造运动、基准面的变化[12]。本次研究主要探讨构造运动与河流阶地的响应，当区域内的地壳大幅度抬升，使得该河段距离侵蚀基准面的高度增加，河流的下切侵蚀增强，河谷地区原有的河漫滩或者河床露出河面[13]，因此就有阶地的发育。但是地壳的抬升并不是均匀的，而且在同一个区域往往存在其他的地质构造例如褶皱的存在，因此河谷及阶地的形态会出现各样的变化[14]。

境内主要的河谷盆地都是与断裂有关的构造河谷盆地，为揭示河谷及阶地形态对构造活动的响应，本次研究所选取的剖面线全部位于各个子流域的干流上（图 6），同时选取的剖面位置基本上位于河道的中游或上游，这主要是由于在河道的下游区域河谷较宽，阶地特征不明显。具体做出的河谷剖面结果如图 6 所示。

剡江、鄞江、东江及县江的剖面图体现了不同的特点。剡江干流河谷剖面阶地数量明显多于其他三个剖面，而且河谷左右两侧的阶地数量存在差异，同时左右两侧分水岭高度存在较大差异。鄞江干流河谷剖面形态与剡江剖面类似，只不过阶地形态不如剡江明显且阶地数量也少于前者。

东江剖面较为特殊，河谷呈现典型的 U 字形，这主要是由于东江干流大部分

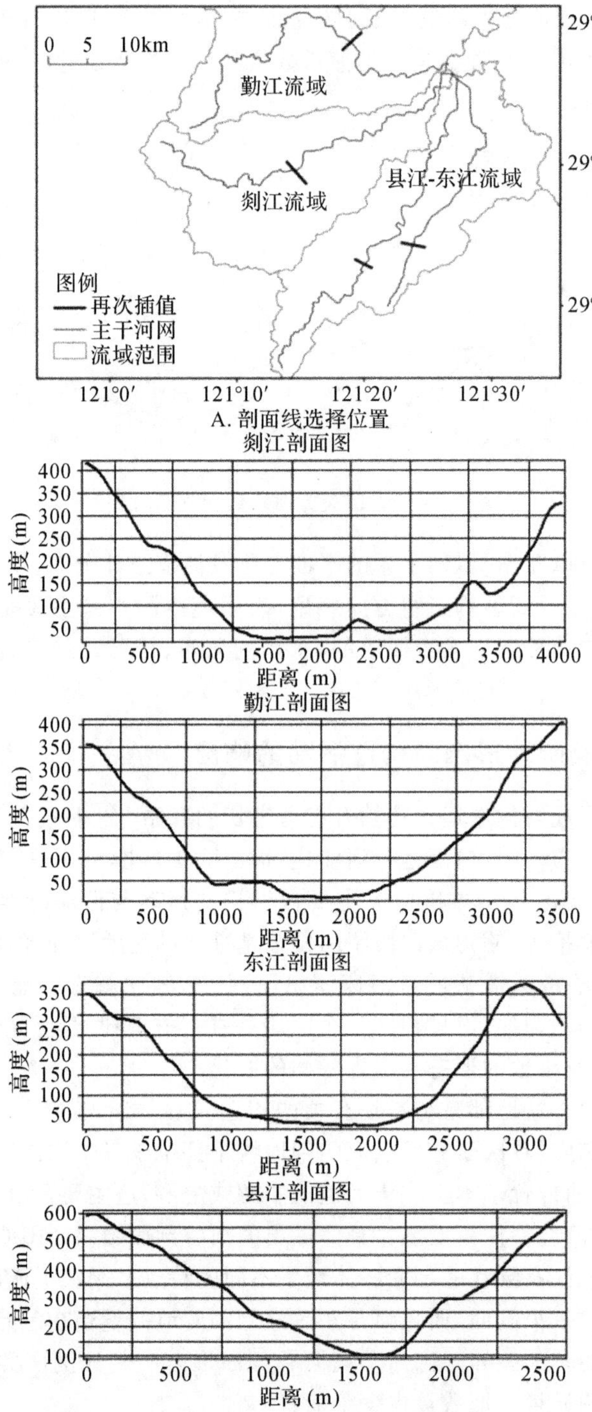

图 6 奉化江主要河流河谷剖面图

处于平原地区，且剖面选取的位置是在山前地带，河道的侧向侵蚀明显。在阶地方面，左侧的阶地要比右侧明显，而且高度存在差异。

县江干流河谷呈现“V”字形，这主要是剖面位置选择了上游地区所致，同时河谷两侧的阶地差异明显，左侧谷坡较为平直，存在 3 个并不明显但连续的阶地，而右侧谷坡则有一个明显的阶地存在，而且河谷的最低点明显向右侧偏移，这些因素都表明该河段的地壳不均匀抬升。在最新的一次地壳抬升中，河谷左侧抬量大于右侧，导致河道右偏下切侵蚀，这也造成了右侧坡地坡度较陡，使得阶地更加明显。

剡江、鄞江、东江及县江河谷形态之所以会出现这样的变化，其根本原因是新构造运动导致的断裂带两侧不均衡抬升，断裂构造的活动性愈大，差异升降运动愈显著，对河谷及阶地形态的控制作用也就愈强烈，表现也就愈明显。

5 结 论

本次研究主要利用 RS 和 GIS 相结合的手段，以 RS 作为数据来源，GIS 作为空间分析手段，尝试性分析奉化江及其主要支流河流地貌和构造运动之间的响应状态。通过对遥感图像进行主成分分析和构造地貌渲染等处理，使得图像有利于目视解译，取得了较好的地貌解译效果，实现了地貌解译的手段多样化；而利用 GIS 手段和空间分析方法对利用 DEM 提取出的河流地貌形态特征与断裂构造活动之间的关系分析，结果表明：

境内一级线性构造方向为 NE 向，二级线性构造方向为 NWW 向、NNE 向、NW 向。水系的展布、排列及主干河道走向在主控断层方向上响应度较高，表明奉化江水系的发育主要受一、二两级交叉活动性断裂构造影响。

境内主要的河谷盆地都是与断裂有关的构造河谷盆地，因此断裂活动的强度及方式对河谷形态的变化、发展具强烈影响。剡江、鄞江、县江及东江河谷形态现状特征形成之原因，就是新构造运动造成的断裂带两侧不均衡抬升导致河谷出现倾斜，以及两侧阶地的不对称性，而河漫滩、阶地则主要发育在上升侧。

参考文献

[1] Schumm S A, Mosley M P, W waver WE. Experimental fluvial geomorphology [M]. New York: Wiley Inter science, 1987.

[2] 史兴民，杨景春. 河流地貌对构造活动的响应[J]. 水土保持研究，2003，10(03)：48-51+108.

[3] 史兴民，杨景春，李有利. 天山北麓玛纳斯河河流阶地变形与新构造运动[J]. 北京大学学报(自然科学版)，2004，40(6)：971-978.

[4] 王岩，刘少峰，高明星等. 洮河水系流域地貌特征及其构造指示意义[J]. 地学前缘，2010，17(4)：43-49.

[5] 刘凌云，卢定彪，谯文浪等. 涟江源区河流地貌特征及其与构造的响应[J]. 贵州地质，2011，28(1)：42-46.

[6] 祝嵩，赵希涛，吴珍汉. 雅鲁藏布江加查段河流地貌对构造运动和气候的响应[J]. 地球学报，2011，32(3)：349-356.

[7] 陈鹏程，杨晓平，袁麒翔，等. 基于ETM+和DEM的奉化江流域地貌提取与计量分析[J]. 宁波大学学报(理工版)，2013，26(4)：95-100.

[8] 陈庆涛，杨武年，易显志等. 卫星遥感TM图像在川东地区地貌解译研究中的应用[J]. 成都理工学院学报，2000，27(3)：318-323.

[9] 杨晓平. 基于TM遥感图像的流域地貌研究[J]. 科技通报，2003，19(2)：150-153.

[10] 汤国安. ArcGIS Desktop 地理信息系统空间分析实验教程[M]. 北京：科学出版社，2012.

[11] 王玲，同小娟. 基于变点分析的地形起伏度研究[J]. 地理与地理信息科学，2007，23(6)：65-67.

[12] 许刘兵，周尚哲. 河流阶地形成过程及其驱动机制再研究[J]. 地理科学，2007，27(5)：672-677.

[13] 刘小丰，高红山，刘洪春. 河流阶地研究进展评述[J]. 西北地震学报，2011，33(2)：195-199，205.

[14] Starke L. Climatically controlled terraces in up lifting mountain areas [J]. Quaternary Science Reviews, 2003, 22(20): 2189-2198.

案例4 生态安全视阈下宁波四明山区景观格局调控①

1 引 言

"生态用地"一词最早由董雅文等人提出，定位为具有生态防护功能的空间要素[1]。现阶段将其归纳为基础性生态用地（全局土地覆盖类型中的林地、草地等）和保全性生态用地（盐碱地、裸土地等）[2]。生态用地是生态系统的重要组成部分，既能发挥保持水土、净化环境等生态功能，又能创造社会经济价值[3]。然而，快速的城市化、工业化导致城乡建设规模的无序扩张，衍生出土地无限需求与生态用地有限供给之间的矛盾，进一步制约区域可持续发展[4]。

生态安全作为保障国家安全的前提和载体，反映于生态用地的优化布局中，多立足于国家安全和"反规划"视角，以实现区域可持续发展为目标[5]。由此，探索生态安全格局的景观布局战略逐渐成为地理学、城乡规划学与景观生态学的研究热点。基于土地主体服务功能视角，研究集中评测时空序列的区域生态风险和生态脆弱性。如：从景观结构变异度视角评价流域和经济发达地区的生态风险分异程度[6-7]，抑或从多时相自然条件的基质承载力[8]、综合自然环境承载力和人类活动干扰度[9]乃至从自然条件基础状态和社会经济的环境压力及响应[10]等维度分别评价自然灾区、高寒区和水库区的生态脆弱性。随着研究向生态安全评测聚焦，形成了从自然环境效应[11]、综合自然和社会经济的生态效应[12-13]等角度的市际、县际生态安全评测研究。近期研究则以生态系统的重要性、人类活动引起的生态敏感性构建指标体系，着重于探索生态安全空间的生态用地规划与部署[14]，却难以度量社会经济指标的空间趋势。伴随土地利用规划从土地经济型向环境友好型过渡，探索受多元因素影响的生态安全程度和受生态安全格局约束的景观规划战略成为必然。文中择取宁波四明山区这一典型样区，引入200×200网格度量社会经济指标的空间趋势，利用空间主成分分析法、最小阻力模型，从生态重要性、生态敏

① 据尹昌霞（研究生）、马仁锋（教授）等载于2019年40卷第1期《上海国土资源》的《基于生态安全的宁波四明山区景观格局调控》修改。

感性、社会经济抑制性多层面测度生态安全趋势和识别生态源地的空间廊道，审度基于区域生态安全格局的土地利用优化布局与策略，期望为环境友好型土地利用规划提供科学决策方法和理论依据。

2 生态安全评价指标体系构建

2.1 研究区概况

宁波四明山区（以下简称为“四明山区”）地处宁波市中段的西部（图1），位于29°32′N～30°2′N，120°44′E～121°40′E。研究区范围涉及海曙区、奉化区和余姚市的13个乡镇。四明山区拥有充裕的生态用地资源，境内生态用地面积逾$1.09\times10^{5}hm^{2}$，约占区域面积的77.47%。其中以林地、水域为主的基础性生态用地面积占区域面积的比例为77.35%，广泛布局于研究区的中部与南部；其余为$127.43hm^{2}$的保全性生态用地，零星布局于各个乡镇，面积占比仅为0.12%。研究区高程约960m，拥有山地、丘陵等地貌。区域内经济产业以高山特色农业主导，辅以发展特色工业与旅游业。四明山区是重要生态用地区，农业经济较为发达，又地处宁波城乡建设扩张边缘，近年其生态用地供给与土地无限需求之间的矛盾愈发尖锐，故迫切需要探究生态安全格局下的景观规划策略。

2.2 指标遴选逻辑及其测量方法

生态重要性。生态系统服务综合概述人类在生态系统中直接或间接的受益情况，囊括生态进程中为人类提供的环境、物质等福祉，此类福祉均被视为生态安全评价的关节点[3]，表现为生态系统服务的重要性特质。拥有充裕的林木、水域等资源的四明山区呈现低山丘陵或山地地貌，以黄壤、红壤为主，年降水量过800mm，进而孕育了独具特色的生态系统。据其地貌、土壤和降水等自然禀赋优势，从地形指数、水源涵养、土壤保持、植被覆盖度层面刻画其生态系统服务性的重要性。

生态敏感性。生态敏感性综合反映生态系统发生生态环境破坏的频度和程度。受自然灾害侵蚀、嵌入式景观结构侵扰的生态系统，呈现出生态系统服务功能的削弱，即生态系统敏感性。四明山区降水富足，但以红壤、黄壤为主的土壤易受侵蚀，使得研究区易发生滑坡、泥石流等地质灾害；随着城乡建设扩张，地表景观的结构也呈现嵌入式变异。因此，主要从地质灾害、地质承载力、土地破碎度层面考量生态系统敏感性。

社会经济抑制性。反映社会经济发展程度对生态环境的胁迫程度。处于经济增速的社会经济状态下，社会经济发展与生态系统服务关系由依赖性向胁迫性发

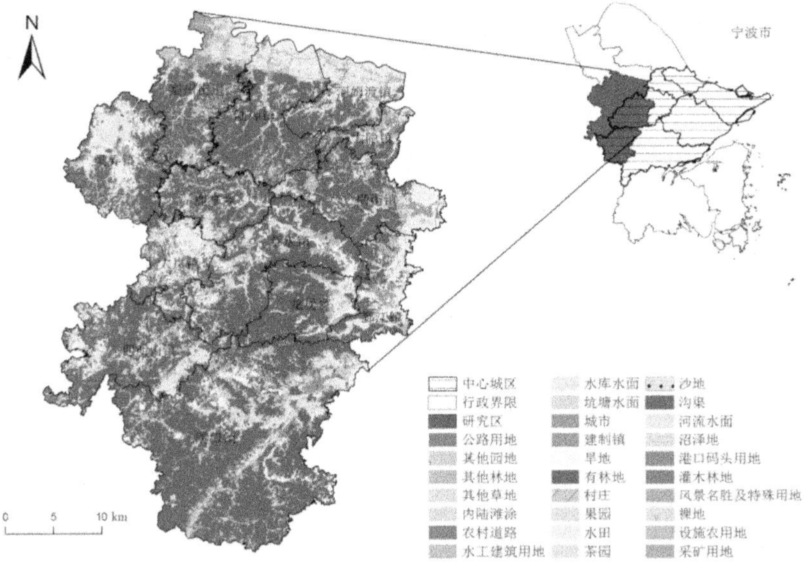

图 1　研究区区位图及土地利用/覆盖现状图

展[15]。四明山位于中国东南沿海经济发达区，人口稠密，游憩业繁荣，适合发展休闲度假、农家体验和红色旅游等系列产业，此类日益剧烈的社会经济活动必然会威胁区域的生态安全。于此，摘取人类活动强度、经济密度、人口密度等指标测度社会经济形态对生态系统的抑制程度。经上述要素分析，完成四明山区生态安全评价体系的构建（表 1）。

2.3　数据源

四明山区的第二次土地利用调查数据库由宁波市海曙区、奉化区、余姚市国土部门提供，是本研究的核心基础数据。从美国地质勘探局（USGS）获取研究区 2015 年 5 月的 TM 影像、DEM 数据；地质灾害分布与易发区图、年降水等值线图、年等深线图、季度降水等值线图分别源于《2016 年宁波市地质灾害防治方案》、《2015 年宁波市水资源公报》；社会经济类指标主要查询《奉化统计年鉴（2016）》、《鄞州年鉴（2016）》（据宁波市区划调整前的权属范畴进行查询）、《余姚统计年鉴（2016）》，部分数据根据地方市志、地方区志、年度公报等资料进行综合核算。

表 1 区域生态安全评价指标体系

准则层	指标层	指标释意	处理和计算公式
生态重要性	地形指数[11]	度量栅格单元地形状态；T_i 代表地形指数，E_i 和 S_i 分别为栅格内高程及坡度，$\overline{E}$ 和 $\overline{S}$ 分别表示研究区内高程、坡度均值	$T_i=\log\left(\frac{E_i}{\overline{E}}+1\right)\times\left(\frac{S_i}{\overline{S}}+1\right)$
	土壤保持	表现土地的稳定程度；根据中国土壤可侵蚀性 K 的估算[16]，反向计算异质土壤的土壤保持力 LCC	$LCC=1-K$
	水源涵养	反映生态系统的蓄水力或保持水能力；用年度降水等深趋势表征	矢量化海曙区、奉化区、余姚市年度降水等深线图形成
	植被覆盖度[17]	以栅格单元的植被覆盖程度反映生态环境大体状态；C_i 表示栅格内植被覆盖度，$NDVI_i$ 为栅格内植被覆盖指数，$NDVI_{\max}$ 和 $NDVI_{\min}$ 分别表示区域内置信度为 95%和 5%的植被覆盖指数	$C_i=\frac{NDVI_i-NDVI_{\min}}{NDVI_{\max}-NDVI_{\min}}$
生态敏感性	地质灾害	以地质沉陷、滑坡等自然灾害的发生频度表征自然灾害对生态系统服务功能的影响	矢量化海曙区、奉化区、余姚市地质灾害分布与易发区图形成
	降水侵蚀[18]	衡量降水对生态环境的冲击力；R 表示将水侵蚀力，P_i 和 P 分别表示季度降水量、年度降水量	$R=\sum_{i=1}^{4}\left\{1.735\times 10^{\left(1.5\times\lg\frac{P_i}{P}-0.818\right)}\right\}$
	土地破碎度[19]	表征景观格局变异程度，是地块由整体向分散变化的过程的一种度量	土地破碎度$=\frac{\text{行政村的土地模块总数}}{\text{行政村总面积}}$

续表

准则层	指标层	指标释意	处理和计算公式
社会经济抑制性	经济密度	衡量各网格单元中单位土地的经济产出水平	$经济密度=\frac{网格内经济总产值}{网格总面积}$
	农业经济载荷	反映农业经济发展程度；主要对网格单元内农用地的第一产业产值进行计量	$农业经济载荷=\frac{乡镇一产产值}{乡镇建设租地总面积}\times 网格内农用地面积$
	非农经济载荷	表征第二产业与第三产业发展水平；测度网格单元内建设用地的非农经济产值	$非农经济载荷=\frac{乡镇非农产值总和}{乡镇建设用地总面积}\times 网格内建设用地面积$
	人口密度	体现生态系统对人口的容纳程度；主要测度网格单元内建设用地的人口载荷量	$人口密度=\frac{乡镇人口总数}{乡镇建设用地总面积}\times\frac{网格内建设用地面积}{网格面积}$
	化肥负荷量	测度网格单元农用地的化肥折纯量，以表征农村经济活动对生态环境的影响	$化肥负荷量=\frac{乡镇化肥折纯量总数}{乡镇农用地总面积}\times 网格内农租地面积$
	农药负荷量	度量网格单元农用地的农药施用量，以反映农村经济活动对生态环境的影响	$农药负荷量=\frac{乡镇粗农药施用量总量}{乡镇农用地总面积}\times 网格内农用地面积$
	人类活动强度[20]	综合反映人类垦殖活动对生态系统的干预程度；$HAILS_i$ 代表网格人类活动强度，S_i 为网格总面积，SL_{ij} 和 Cl_{ij} 分别表示 i 网格内 j 地类的面积和建设用地当量折算系数	$HAILS_i=\frac{\sum_{j=1}^{n}(SL_{ij}\times Cl_{ij})}{S_i}\times 100\%$

表 2　指标赋值区间

指标	等级			
	1	2	3	4
地形指数	＞5.73	4.13～5.73	1.82～4.13	≤1.82
土壤承载力	＜0.07	0.07～0.47	0.47～0.75	≥0.75
水源涵养	＜500	500～700	700～900	≥900
植被覆盖度	＜0.26	0.26～0.43	0.43～0.50	≥0.50
地质灾害	高易发区	中易发区	低易发区	不易发区
降水侵蚀	＞589.79	570.56～589.79	553.60～570.56	≤553.60
土地破碎度(个/hm^2)	＞0.75	0.46～0.75	0.26～0.46	≤0.26
经济密度(万元/hm^2)	＞215.36	100.50～215.36	28.72～100.50	≤28.72
一产载荷(万元)	＞22.43	13.67～22.43	6.51～13.67	≤6.51
非农经济载荷(万元)	＞861.37	401.97～861.37	108.47～401.97	≤108.47
人口密度(人/hm^2)	＞31	15～31	4～15	≤4
化肥负荷量(kg/hm^2)	＞1800	1200～1800	680～1200	≤680
农药负荷量(kg/hm^2)	＞50	30～50	10～30	≤10
人类活动强度	＞68%	35%～68%	11%～35%	≤11%

2.4　指标处理与生态安全评价方法

鉴于自然条件和社会经济类指标的统计形式存在异质性，前者为栅格数据，后者为乡镇统计数据，在空间叠加分析中难以体现后者代表的空间趋势，因此采用200m×200m的矢量网格(取近似于平均斑块面积的整百、整千等值)计量社会经济形态于相关景观格局的分布趋势，制成栅格数据。为统一栅格数据的处理标准，主要采用自然断点分级法、唯一值法对栅格数据进行分级处理(表2)。安全等级递增，寓意各指标的安全水平从不安全、低度安全、中等安全向高度安全转变。

空间主成分分析法属多元统计分析法，可以有效消除指标间的量纲差异及空间信息缺失的干扰[21]，故文中选用空间主成分分析法测度研究区的生态安全度。据生态安全评价指标体系和指标赋值区间，利用ArcGIS10.2的空间分析工具计量各指标的空间分布态势，形成三维矩阵。将研究区内各指标空间值域进行线性转换，提取累计贡献率$\sum W_n$大于等于85%的主成分，可得矩阵最优解。其中W_n为第n个主成分的空间贡献率，为某主成分。然后运用式(2)核算各主成分值F_i，式中P_{ij}是i第栅格评价单元第j评价指标的系数。最后，运用式(3)测度各栅格评价单元的生态安全指数ESI_i。

$$W_n = \frac{\lambda_n}{\sum_{n=1}^{k}\lambda_n} \tag{1}$$

$$F_i = \sum_{j=1}^{j} p_{ij} \times x_{ij}' \tag{2}$$

$$ESI_i = \sum_{n=1}^{k} F_i \times W_{in} \tag{3}$$

在构建景观生态安全格局中，常运用最小累积阻力模型[22]，分析生态用地中源地向外部空间扩张的阻碍程度，并借鉴水文分析理念，辨识生态阻力面的生态廊道[23]。主要模型如式(4)所示，式中 MCR 是从生态用地的源 j 扩展到空间景观 i 的最小累积阻力，D_{ij} 表示目标生态源地 j 与空间景观 i 间的距离，R_i 表示目标生态源地 j 与空间景观 i 的扩展阻力系数，f 表征 MCR 与各目标生态源地扩展进程的正相关关系。

$$MCR = f\min\sum_{j=n}^{i=m} D_{ij} \times R_i \quad \text{式(4)}$$

3　生态安全评价结果

将重分类指标导入 ArcGIS10.2，运用空间分析中空间主成分分析法进行空间分析(表 3)，以累计贡献率大于 85%为前提条件，提取到 6 个主成分值及主成分贡献率；运用栅格计算器度量研究区的生态安全指数(图 2a)，其结果均用自然断点分级法进行 4 级划分。

表 3　主成分的特征值和方差贡献率

主成分	特征值	贡献率/%	累计贡献率/%
F_1	1.68	26.29	26.29
F_2	1.39	21.70	47.99
F_3	0.97	15.27	63.26
F_4	0.59	9.19	72.45
F_5	0.53	8.25	80.70
F_6	0.39	6.09	86.79
F_7	0.21	3.24	90.03
F_8	0.18	2.84	92.87
F_9	0.15	2.38	95.25
F_{10}	0.10	1.61	96.85
F_{11}	0.09	1.33	98.18
F_{12}	0.06	0.87	99.05

续表

主成分	特征值	贡献率/%	累计贡献率/%
F_{13}	0.04	0.62	99.67
F_{14}	0.02	0.33	100.00

3.1 四明山区生态安全驱动因子

据空间主成分分析法输出的载荷表可知：第一主成分反映以经济密度为主的经济强度，其贡献率达 26.29%，是区域生态安全的主要影响因子；第二主成分是由地形指数、人类活动强度表征的地貌变异度，贡献率为 21.70%；第三主成分为农药负荷量、降水侵蚀表征的环境侵蚀度，贡献率为 15.27%；第四主成分为植被覆盖度反映的环境优势度，贡献率占 9.19%；第五主成分、第六主成分分别是由水源涵养导向的水资源保持度、土地破碎度表征的景观分离度，贡献率分别为 8.25%、6.09%。

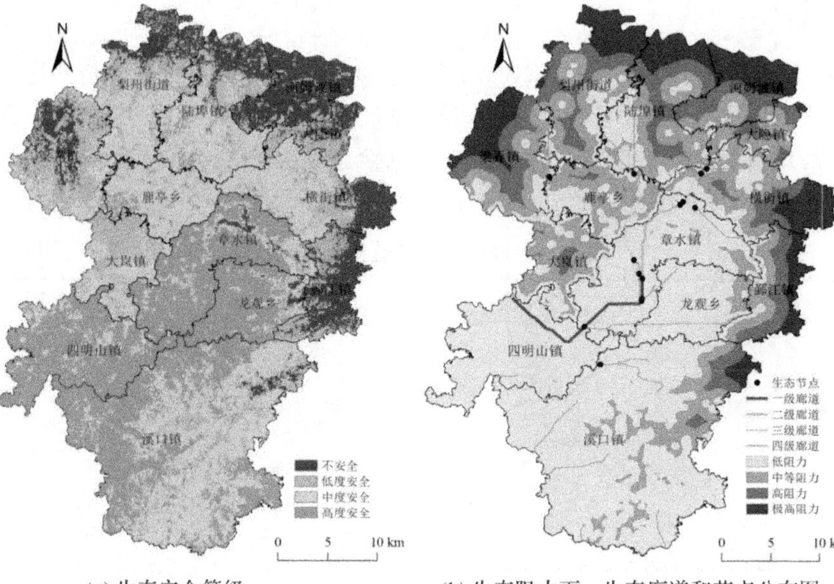

(a) 生态安全等级　　(b) 生态阻力面、生态廊道和节点分布图

图 2　四明山区生态安全和生态廊道分级

3.2 四明山区生态安全格局和土地生态安全结构

四明山区的生态安全等级大体呈现中部、南部多为中度安全乃至高度安全，北部、东部和西北部为低度安全、不安全的空间格局，表明该区域的生态系统大体较

安全(图2a、表4)。处于中等安全水平以上的区域面积达到9.74×10^4 hm²,占比达69.41%。其中30.59%的高度安全区域主要占据四明山镇、章水镇、龙观乡大部和溪口镇西部地区,形成南部核心组团;中度安全区域的分布范围最广,其占研究区总面积的35.43%,除涉及溪口镇东部地区外,还集中分布于鹿亭乡大部、陆埠镇和梨洲街道的南部以及横街镇的西部地区,形成中心组团。处于低度安全和不安全等级的区域面积分别为2.78×10^4 hm²、1.99×10^4 hm²,占比总和为33.98%,主要分布于研究区北部、东部和西北部的大部地区,呈现倒U型布局形态。

表4　生态安全等级及面积占比

等级	值域	等级释意	面积(hm²)	面积占比/%
1级	1.61～2.90	不安全	1.99×10^4	14.20
2级	2.91～3.48	低度安全	2.78×10^4	19.78
3级	3.49～4.06	中等安全	4.97×10^4	35.43
4级	4.07～5.33	高度安全	4.29×10^4	30.59

按土地利用现状分类的一级类别分析各类用地的生态安全结构(图3)。随着生态安全等级的递增,研究区的土地利用性质主要呈现由住宅用地、交通运输用地等城乡建设服务型向园地、林地等生态服务性承接的特征。高度、中度安全区域中,园地、林地、草地和其他土地占据主体地位,综合占比均超过65%,呈现生态用地的生态服务功能;低度乃至不安全区域中,除耕地面积占据57.29%的比例外,住宅用地、交通运输用地、公共管理与公共服务用地和工矿仓储用地占主导地位,综合占比均逾80%,凸显城乡建设、耕地等非生态型用地的生态胁迫性。此外,属于生态用地类型的水域及水利设施用地占据76.61%的比例,较大程度地呈现低度安全和不安全水平,其极可能受到环境侵蚀或人类活动干扰。

3.3　生态安全格局优化

将保障生态安全视为土地利用优化的前提,以构建生态景观作为切入点,依据生态安全指数的空间趋势辨识生态源的扩散阻力面及区域生态廊道,将高度安全且为生态用地的地区作为生态源地,建立生态源地于生态安全空间趋势的最小累积阻力面,使之呈现生态源地散布服务功能的受阻趋势。在此基础上,借助水文分析工具,以汇流累计量为廊道分级依据,分析生态源地到其他空间的扩散路径及生态节点(图2b)。

生态阻力面的累计阻力大致呈现由南部向北递增的趋势,表征其生态源地服务功能呈现由南部向北部逐步削弱的态势(图2b)。其中四明山镇、溪口镇、章水镇和龙观乡的受阻程度最低,其余乡镇则反之。生态廊道、生态关节点主要布局于

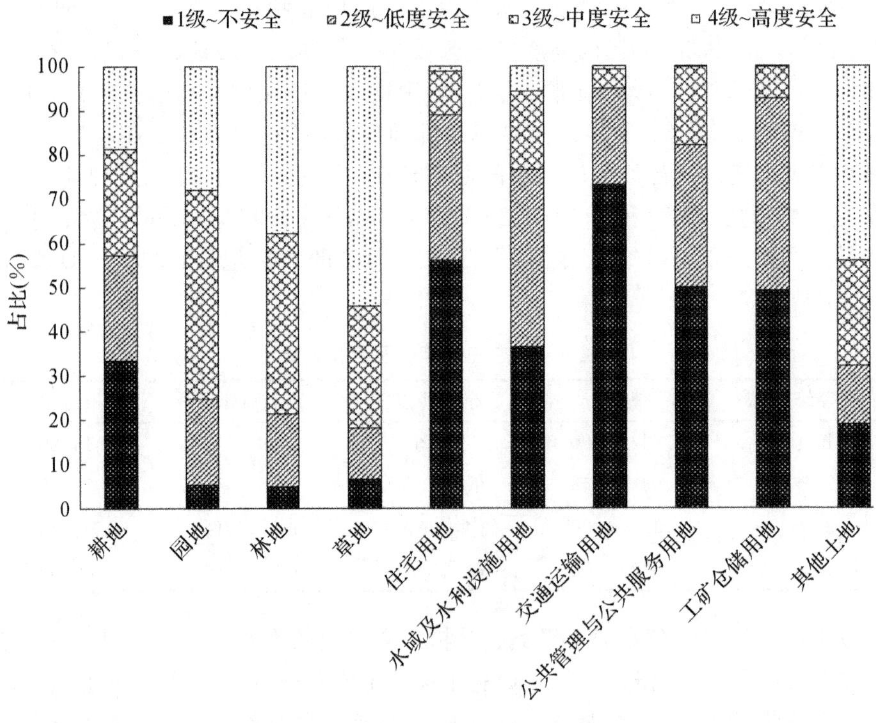

图3 各土地利用类型的生态安全结构

四明山镇、溪口镇、章水镇和龙观乡，表明其乡镇之间存在较强的生态联系。廊道布局中，一级、二级廊道贯通四明山镇、章水镇两镇，连接着向北部乡镇延伸的三级、四级廊道，表明生态源地具有较显著的生态服务功能发散性；处于蓄力扩散阶段的溪口镇亦有多条三级、四级廊道出现。

4 结论与讨论

4.1 结论

研究显示：(1)受经济强度、地貌变异度、环境优势度、环境侵蚀度、水资源保持度和景观分离度这六个主因子的约束，研究区的生态系统大体呈现中度乃至高度安全状态。(2)区域生态安全指数的空间格局则大体呈现南中北式递减的分异特征，主要形成了南部高度安全区、中部中度安全区及北部倒U型非安全区的分异格局。(3)生态安全等级的地类结构中，除水域及水利设施用地外，林地、园地等生态用地呈现较强的生态服务功能，耕地和住宅、交通运输等城乡建设用地呈现出生态胁迫性。此外，生态阻力面趋势几近于生态安全趋势。

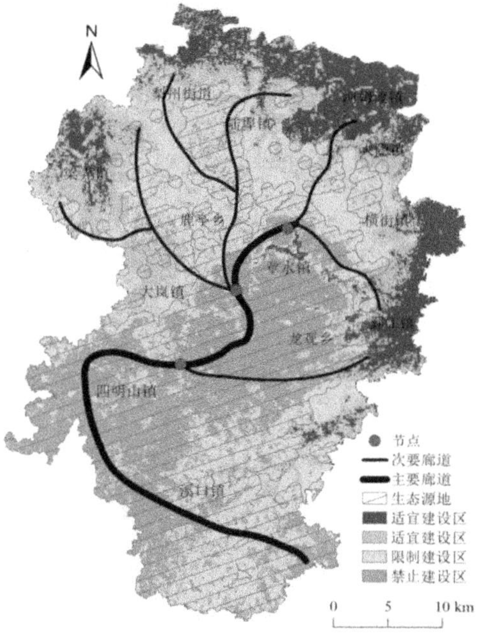

图 4　四明山区生态安全格局的景观规划

综合生态安全指数分布趋势，构建研究区的生态景观(图 4)：(1)主要采取不同生态安全等级的差异化管制的措施，分别将南部高度安全区设置为禁止建设区、中部中度安全区设置为限制建设区以及北部倒 U 型非安全区设置成适宜建设区。(2)以最小耗散路径寻求最佳生态效应，主要将生态源地划定为重点生态保护区，构建发迹于溪口镇、四明山镇、章水镇的主要生态廊道及向北部乡镇延伸次要廊道，并在章水镇西南部、中部、东北部的主要廊道与次要廊道连接处布置生态关节点，这将有助于最大化发挥生态服务功能和强化地区间的生态联系。

4.2　讨论

研究采用矢量网格离散乡镇级社会经济指标，形成与自然条件指标相匹配的单元。将 ArcGIS10.2 中空间分析工具的空间主成分分析法应用于生态安全评价中，可以有效消除量纲差异的干扰，避免人工赋权主观性的弊端，甚至排除了空间信息空白的干预。研究结果显示：四明山区生态安全受到经济强度、地貌变异度和环境优势度等影响，呈现出南中北逐步减弱的趋势，其空间分布及驱动因子均与实际情况相符；土地利用类型的生态安全结构中，生态型用地和非生态型用地均体现较强的服务分异性,与已有研究中生态用地的界定大体相符。

生态安全格局的景观构建中,结合生态安全评价结果,划定以四明山镇、溪口镇河章水镇为主的重点生态保护区,充分发挥区域生态服务功能;加之建立联系南北乡镇的生态廊道和节点,进一步提升生态服务质量。因此,生态景观布局科学地考虑了研究区生态系统的优势和服务走向。除却研究土地利用规划中生态安全格局的管制分区、生态景观优化,还可研究多时相的生态安全格局或景观优化布局,以实现生态安全动态过程的全局土地优化调控及寻求生态廊道建设的最佳策略。

参考文献

[1] 董雅文,周雯,周岚,等.城市化地区生态防护研究——以江苏省、南京市为例[J].现代城市研究,1999,72(2):6-8.

[2] 喻锋,李晓波,张丽君,等.中国生态用地研究:内涵、分类与时空格局[J].生态学报,2015,35(14):4931-4943.

[3] Munns W R, Rea A W, Suter G W, et al. Ecosystem services as assessment endpoints for ecological risk assessment [J]. Integrated Environmental Assessment & Management, 2016, 12(3):522-528.

[4] 曲艺,舒帮荣,欧名豪,等.基于生态用地约束的土地利用数量结构优化[J].中国人口·资源与环境,2013,23(1):157-163.

[5] Oliveira P J, Asner G P, Knapp D E, et al. Land-use allocation protects the Peruvian Amazon[J]. Science, 2007, 317(5842):1233-1237.

[6] 方广玲,香宝,王宝良,等.苏南经济快速发展地区人类活动生态风险评价[J].应用生态学报,2014,25(4):1076-1084.

[7] 胡和兵,刘红玉,郝敬锋,等.流域景观结构的城市化影响与生态风险评价[J].生态学报,2011,31(12):3432-3440.

[8] 刘斌涛,陶和平,刘邵权,等.自然灾害胁迫下区域生态脆弱性动态[J].应用生态学报,2012,1(1):193-198.

[9] 于伯华,吕昌河.青藏高原高寒区生态脆弱性评价[J].地理研究,2011,30(12):2289-2295.

[10] 马骏,李昌晓,魏虹,等.三峡库区生态脆弱性评价[J].生态学报,2015,35(21):7117-7129.

[11] 曲衍波,齐伟,商冉,等.基于GIS的山区县域土地生态安全评价[J].中国土地科学,2008,22(4):38-44.

[12] 周彬,钟林生,陈田,等.浙江省旅游生态安全的时空格局及障碍因子[J].地理科学,2015,35(5):599-607.

[13] 王鹏,况福民,邓育武,等.基于主成分分析的衡阳市土地生态安全评价

[J]. 经济地理,2015,35(1):168-172.

[14] 陈昕,彭建,刘焱序,等. 基于"重要性—敏感性—连通性"框架的云浮市生态安全格局构建[J]. 地理研究,2017,36(3):471-484.

[15] 诸大建,张帅. 生态福利绩效及其与经济增长的关系研究[J]. 中国人口·资源与环境,2014,24(9):59-67.

[16] 张科利,彭文英,杨红丽. 中国土壤可蚀性值及其估算[J]. 土壤学报,2007,44(1):7-13.

[17] 穆少杰,李建龙,陈奕兆,等. 2001—2010 年内蒙古植被覆盖度时空变化特征[J]. 地理学报,2012,67(9):1255-1268.

[18] Li X S, Wu B F, Hao W. Regional soil erosion risk assessment in Hai Basin[J]. Journal of Remote Sensing, 2011:372-388.

[19] 李伟芳,陈阳,马仁锋,等. 发展潜力视角的海岸带土地利用模式[J]. 地理研究,2016,35(6):1061-1073.

[20] 徐勇,孙晓一,汤青. 陆地表层人类活动强度:概念、方法及应用[J]. 地理学报,2015,70(7):1068-1079.

[21] 肖凡,陈建国,王正海. 钦-杭结合带南段庞西垌地区 Ag-Au 致矿地球化学异常信息识别与提取[J]. 岩石学报,2017,33(3):779-790.

[22] 潘竟虎,刘晓. 基于空间主成分和最小累积阻力模型的内陆河景观生态安全评价与格局优化[J]. 应用生态学报,2015,26(10):3126-3136.

案例 5　宁波四明山区农村聚落空间格局及影响因素研究①

农村聚落是农村居民生产和生活的载体，是农业劳动者在长期的生产生活中形成的定居点，在人地关系的表现中居于核心地位，它的形态规模及空间分布状况在某种自然和社会经济环境中反映居民活动[1]，不仅是社会主义新农村建设的一个重要物质载体，也是促进城乡发展的重要力量[2]。长期以来，我国的农村聚落都是处于自发的形成状态，布局散乱，浪费了一定的土地资源，而且农村的基础设施等也处于相对落后的状态，特别是在山区，由于海拔与地形等自然条件的限制，其布局自发性更强，阻碍了当地的农业生产和新农村的发展。近年来，众多学者对不同地区农村聚落的空间分布及优化、调整等进行了研究，其中大多为典型地域如黄土高原沟壑区、干旱绿洲区及大城市边缘地区[3-5]，主要研究方法为 GIS 技术、景观生态格局分析、探索性空间数据分析方法[6-8]，但是对于东部沿海经济发达地区相对落后的山区研究较少。本文以宁波四明山区为例，研究四明山区农村居民点的空间格局分布及影响因素，为该地区寻找合理的农村聚落区位及其优化布局提供依据，从而为合理利用土地资源及城乡一体化发展提供参考。

1　研究区概况与数据

1.1　研究区概况

四明山位于浙江省东部地区，跨慈溪、余姚、鄞州、奉化、嵊州、上虞等六县市区，呈东西向狭长形分布，总面积约 6665hm^2，多低山丘陵，山峰起伏，海拔大多在 400～900 米之间。本文研究的四明山区域为分布在宁波的部分，以下均称为四明山区。宁波市是浙江省沿海城市，经济发达。四明山区位于宁波西北部，社会经济发展较宁波其他地区相对缓慢，人均收入水平也相对较低。该地区是本地重要的水源涵养地和山林自然资源保护区，同时也是革命老区[9]。

① 注：据寇相玮（研究生）、李伟芳（教授）、姜文达（副研究员）等载于 2018 年 36 卷第 5 期《山地学报》的《宁波四明山区农村聚落空间格局及影响因素》修改。

四明山区区域总面积为1409.61km^2，包括海曙区的横街镇、章水镇、鄞江镇、龙观乡，余姚市的梁弄镇、四明山镇、梨洲街道、大岚镇、鹿亭乡、陆埠镇、河姆渡镇和大隐镇及奉化区的溪口镇，其中平原面积239.8km^2，水域面积65.6km^2，山地丘陵面积1104.21km^2，山地丘陵面积占行政区域总面积的78.33%。在此背景下，为了提高四明山区的经济发展水平，农村聚落的布局与优化显得更为重要。

1.2　数据来源与预处理

本研究以宁波四明山区为研究区域，收集了宁波市最新的土地利用变更数据专题图件、乡镇级行政界线、宁波市高程数据、宁波市统计年鉴及其他相关资料等。

对已有数据进行预处理：(1)将农村聚落、道路、河流、耕地等图层从土地利用数据库中提取出来，并将农村聚落图层转化为点图层；(2)运用景观格局软件Fragstats4.0计算景观指数，分析农村聚落规模及形态结构；(3)运用ArcGIS中Kernel Density模块生成四明山区农村聚落的核密度图；(4)运用GIS技术生成Voronoi多边形，计算变异系数Cv值；(5)将DEM数据生成高程图和坡度图，并运用渐变尺度法[10]对河流、道路、耕地进行多环缓冲区分析。

2　研究方法

本研究以四明山区农村聚落点状数据为基础，以GIS技术为平台，采用景观指数法、核密度分析、Voronoi图的变异系数方法，分析四明山区农村聚落的分布和格局及规模；再将研究区农村聚落图层分别与高程图、坡度图叠加分析，与河流图层、道路图层和耕地图层缓冲区进行叠加分析，得出四明山区农村聚落分布的影响因素。

2.1　景观指数法

景观指数是指能够将景观格局信息高度浓缩，并反映其结构组成和空间配置等某方面特征的简单定量指标，适合运用景观指数定量分析表达景观格局和生态过程的一种空间分析方法[11]。运用景观指数法能够有效地研究聚落的空间分布格局。在景观生态学中，每一个景观指数之间都是相互关联的，单一的一个景观指数并不能完全反映景观的全部特征。因此，要尽量将多个指标结合起来进行研究，才能够尽可能全方位地反映出景观的特征。本研究选取斑块面积(CA)、斑块个数(NP)、斑块所占景观面积比例(PLAND)、平均斑块面积(MPS)对四明山区农村聚落的数量和规模进行分析。

2.2 核密度分析

核密度估计是一种用于估计概率密度函数的非参数方法，在本文研究中，运用核密度估计农村聚落的空间分布密度，在空间位置上出现的概率不同，密集程度也就不同，聚落分布密度与核密度数值呈正比关系。公式如下：

$$f(x,y)=\frac{1}{nh^2}\sum_{i=1}^{n}k\left(\frac{d_i}{n}\right)$$

式中：$f(x,y)$为(x,y)位置的核密度值，h 为带宽，n 为带宽内点的数量，k 为核函数，d_i 为位置距第 i 个观测位置的距离。

2.3 Voronoi 多边形

在几何学中，Voronoi 多边形图是由连接相邻两点间的直线的垂直平分线组成的多个连续多边形组成，这是一种与距离密切相关的平面划分方法[12]。变异系数 Cv 值是 Voronoi 多边形面积标准差(SD)与平均值(AVG)的比值，可用来衡量要素在空间上的相对变化程度。其计算公式为：

$$\mathrm{Cv}=\frac{\mathrm{SD}}{\mathrm{AVG}}\times 100\%$$

通过 Cv 值对点要素进行研究时，Duyckaerts 和 Godefroy 提出了三个建议值：当 Cv 值小于 33%时，点集为均匀分布；当 Cv 值在 33%～64%之间时，点集为随机分布；当 Cv 值大于 64%时，点集为集群分布[13]。

3 结果与分析

3.1 四明山区农村聚落空间格局分析

3.1.1 四明山区农村聚落规模分析

根据所提取到的信息，宁波四明山区一共有 5386 个农村聚落斑块，斑块面积大小不一，总面积 5306.03hm^2，从 0.00017hm^2 到 46.066hm^2 之间不等，平均面积为 1.0626hm^2，超过半数以上的聚落面积大于平均面积，表明四明山区农村聚落分布较为分散且数量较多。其中 0.2hm^2 以下面积的聚落斑块数为 2152 个，数量最多，25hm^2 以上面积的聚落斑块数为 9 个，数量最少，说明四明山区农村聚落的数量与规模成反比。从斑块的数量和斑块总面积来看，梨洲街道、陆埠镇、溪口镇、梁弄镇、河姆渡镇、横街镇的居民点占地比例最大。斑块所占景观面积比例(PLAND)反映研究区域的居民点建设用地的规模水平，梨洲街道占比 11.77%，在研究区所有乡镇中规模最大，四明山镇所占比例最小，为 0.95%。斑块密度(PD)反映农村聚落的集聚及规模大小，密度指数越小，聚落分布越分散，规模也就越小。四明山区的斑块密度为 3.82 个/km^2，整个研究区的农村聚落分布规模较小，其中梨洲街道的斑块密度最大，为 8.52 个/km^2，其次为河姆渡镇和陆埠镇，分别为7.41 个/km^2和 6.57 个/km^2，表明在研究区内，梨洲街道，河姆渡镇和陆埠镇的农村聚落规模较大，分布较为集中，三镇均位于研究区北部，自然和人文条件较为优越；四明山镇和溪口镇位于四明山区南部，自然条件较差，斑块密度最小，分别为 1.72 个/km^2 和 1.89 个/km^2，农村聚落的规模较小且分散。平均斑块面积(MPS)是反映研究区斑块的平均规模，该指数较大的有梨洲街道、河姆渡镇、溪口镇和陆埠镇，较小的有章水镇和四明山镇，研究区农村聚落的用地规模差异较为明显(表 1)。

表 1　四明山区农村居民点布局景观指数分析(以乡镇为单位)

行政单位		NP/个	CA/hm^2	PLAND/%	PD/(个/km^2)	MPS/(m^2/个)	Cv 值/%
四明山区		5368	5723.43	4.06	3.82	10626.48	156.58
余姚市	梨洲街道	933	1288.66	11.77	8.52	13812.00	148.73
	陆埠镇	785	886.69	7.42	6.57	11295.43	80.18
	梁弄镇	507	513.32	5.11	5.05	10124.56	148.38
	四明山镇	217	119.91	0.95	1.72	5526.00	115.41
	大岚镇	175	126.56	1.98	2.74	7231.93	52.81
	鹿亭乡	205	138.41	2.09	3.09	6751.47	29.03
	河姆渡镇	482	615.58	9.47	7.41	12771.40	143.22
	大隐镇	109	94.46	3.07	3.54	8666.24	95.06
海曙区	横街镇	450	445.73	4.52	4.57	9905.09	95.43
	章水镇	269	146.18	1.12	2.07	5434.23	40.59
	鄞江镇	331	269.71	4.48	5.50	8148.32	167.57
	龙观乡	228	221.10	3.09	3.18	9697.17	47.37
奉化区	溪口镇	695	857.12	2.33	1.89	12332.65	176.87

3.1.2　四明山区农村聚落密度分析

通过运用核密度估计的方法对研究区农村聚落核密度进行分析，运用 ArcGIS 软件生成 kernel 密度图，将其分为 5 个等级(图 1)，核密度较高的区域分布在梨洲街道和陆埠镇并呈块状分布，梁弄镇、河姆渡镇、鄞江镇、大隐镇、横街镇及龙观乡的核密度高值区则成点状分布，面积相对较小。而溪口镇、四明山镇及章水镇核密度低值区分布较多。研究区核密度整体分布密度较低，说明四明山区受到山地地

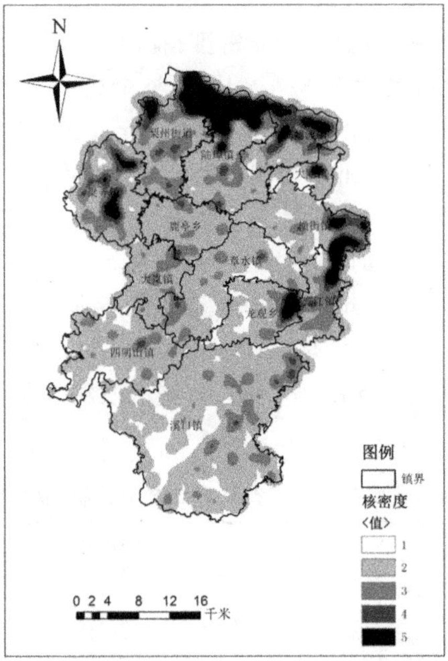

图 1 四明山区农村聚落核密度图

形限制，农村聚落分布密度较低，东北部核密度最大，这与研究区的自然条件有密切关系。

3.1.3 四明山区农村聚落聚集特征分析

(1)农村聚落分布现状：四明山区农村聚落总面积 5306.03hm^2，占四明山区土地总面积的 4.06%，农村聚落主要集中分布在北部和东部(图 2)，聚落分布整体东北多、西南少；其中，梨洲街道、陆埠镇、河姆渡镇、横街镇、鄞江镇农村聚落聚集较多，梨洲街道面积分布最多，为 1288.66hm^2，占四明山区农村聚落总面积的 22.52%，聚落面积分布最少的是大隐镇，为 94.46hm^2，仅占四明山区农村聚落的 1.65%。由图 3 可知，四明山区的农村聚落沿河流、道路、耕地错落分布，整个研究区在当前城镇化发展的背景下，农村聚落的用地均受到当地地形、交通、耕地及河流的影响，且农村聚落的用地集约水平随着社会经济的发展在不断提高，后期开发整理的潜力很大。

(2)通过 ArcGIS 的 Geostatistical Analyst 模块生成研究区的 Voronoi 图(图 3)，并以乡镇为单位计算其 Cv 值(表 1)。四明山区农村聚落总面积占区域总面积的 4.06%，基于 Voronoi 图的研究区 Cv 值为 156.58%，表明四明山区的农村聚落呈集聚分布。其中溪口镇、河姆渡镇、梁弄镇、大隐镇、鄞江镇、梨洲街道、四明山镇、横街镇、陆埠镇的 Cv 值均大于 64%，为聚群分布，表明其农村聚落的分布与

图 2　四明山区农村聚落 Voronoi 多边形集合

特定的资源、自然条件和人类活动有密切的关系；鹿亭乡的 Cv 值小于 33%，为均匀分布，表明该镇农村聚落的分布与均匀性的自然条件和人类活动有关；龙观乡、大岚镇及章水镇的 Cv 值均介于 33%～64%之间，为随机分布，表明农村聚落的分布与自然条件及人类活动的关系不密切[14]。

3.2　四明山区农村聚落分布的影响因素分析

3.2.1　海拔因素

海拔条件对农村居民点的分布具有很大的影响。通常情况下，所在地区海拔越高，居民点分布得越少[14]。对四明山区的 DEM 数据分析得出，四明山区的海拔最高为 1479m，最低为 －1m。结合四明山区的实际情况并运用自然间断分类法，将该区分为 5 个高程等级，即 －1m～120m，120m～270m，270m～430m，430m～620m，620m 以上。各个等级占四明山区总面积的比例分别为 78.9%，7.65%，5.56%，6.56%，1.33%。把分级后的结果转换为 shape 格式，与居民点现状图层进行叠加分析，得到不同海拔的农村居民点分布情况。

四明山区的农村居民点主要集中在 120m 以下，并且占整个四明山区农村居

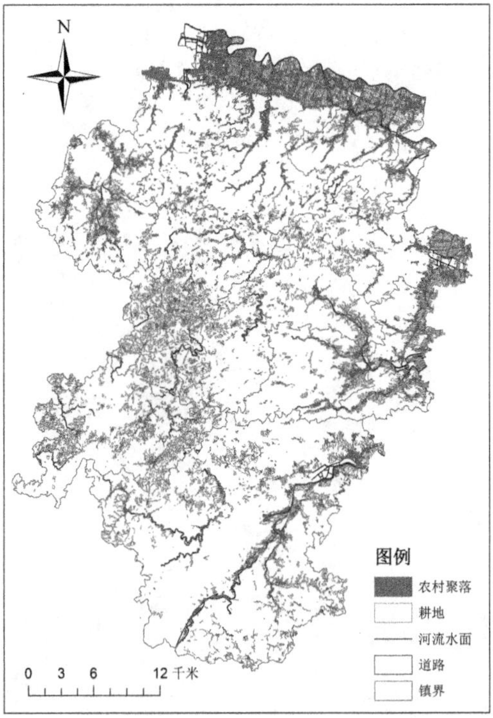

图 3 四明山区农村居民点分布图

民点的 78.9%，主要是由于海拔较低，交通、电力等基础设施完善，适合农村居民的居住及出行活动，因此在这一高程区域内，农村居民点分布较多，斑块所占密度也较大；海拔相对较高的地区农村居民点的比重较低，并且呈现零星状(图 4)。

3.2.2 坡度因素

坡度用来表示地表斜面与水平面相关的倾斜程度，是体现地表形态的重要指标之一，是农村居民点空间分布的宏观地理背景，对居民点分布有较大影响[15]。通过 ArcGIS 的空间分析功能，将 DEM 生成坡度图，按照坡度的标准将其分为五级：0°～10°为平坡、10°～20°为缓坡、20°～30°为斜坡、30°～40°为陡坡、40°～50°为急坡。依照地形坡度及四明山区的实际情况来看，小于 20°的坡度适宜人类居住。将分级好的坡度图与居民点分布图在 ArcGIS 上进行叠加分析得到不同坡度级别的农村居民点分布情况(表 2)。

由表 2 可知，四明山区 93.76%的农村居民点分布在坡度小于 20°的区域内，其中 78.78%的农村居民点是分布在坡度小于 10°的区域内，由于坡度较缓，该地区农村居民点的分布较为集中且规模也相对较大，因为在此坡度上修建各种基础设施的成本相对较低，修建难度也不大；而当坡度大于 20°时，修建各种基础设施

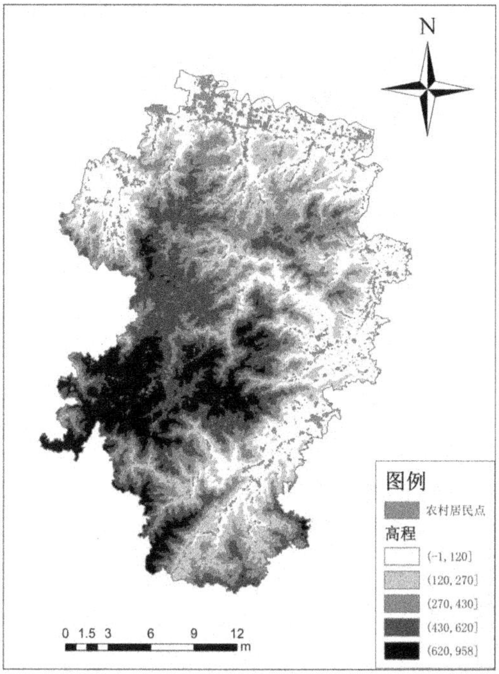

图 4

如道路、水利工程等的难度会加大，相应的建设成本也会增加，因此坡度大的区域农村居民点的分布较少且分散。

表 2　不同坡度下居民点面积统计表

坡度/°	居民点面积/hm^2	居民点面积比例/%
0～10	4508.76	78.78
10～20	857.3	14.98
20～30	300.5	5.25
30～40	53.02	0.92
40～50	3.84	0.07
全区	5723.42	100

3.2.3　交通因素

人们进行生产和生活时，交通因素是必不可少的。通常居民点多分布在便于人们出行的交通便利地区，因此交通在居民点的布局方面也具有一定的影响。在研究交通影响农村居民点的分布时，将交通道路图层提取出来，以 500m 为间距做缓冲处理，再将结果与四明山区农村居民点的分布现状进行叠加，获得不同缓冲区的农村居民点分布状况，如表3所示。

表3 不同道路缓冲区内居民点面积统计表

缓冲区/m	居民点面积/m²	居民点面积比例/%
≤500	2256.13	39.42
500～1500	1311.98	22.92
1500～2500	541.63	9.46
2500～3500	431.66	7.55
3500～4500	331.26	5.79
>4500	850.76	14.86
全区	5723.42	100

由表3可知，农村居民点的分布与其距离道路的远近有着直接的关系，随着与道路距离的增加，农村居民点分布的面积会逐渐减少，反之，距离道路越近，所占面积比例就越大。当缓冲区为500m时，居民点的分布较为密集，所占比例为39.42%；当缓冲区为500m～2500m时，所占比例为32.38%；当缓冲区大于4500m时，所占面积比例为14.86%，分布较为稀疏。

3.2.4 水文因素

河流的走向会影响到人口的分布，因此在居民点的影响因素中需要对水文因素进行分析。提取研究区域河流水面的图层，以500m为间距做缓冲处理，再与居民点图层进行叠加分析，得到不同缓冲区的居民点的分布情况，如表4所示。

由表4可知，当缓冲距离小于500m时，四明山区农村居民点分布面积所占比例为72.62%，随着距离的不断增加，所占的面积不断减少。这说明河流水面对居民点的分布具有重要的影响，距离河流越近，为了生活和居住便利，居民点的分布就会越多。

表4 不同河流缓冲区内居民点面积统计表

缓冲区/m	居民点面积/m²	居民点面积比例/%
0～500	4156.09	72.62
500～1000	586.9	10.25
1000～1500	342.92	5.99
>1500	637.52	11.14
全区	5723.42	100

3.2.5 耕地因素

农业用地中的耕地是农民进行生产和生活的重要资源。由于所研究区域四明山区地形特殊，因此受农业生产水平及耕作半径的限制，特定的居住地所控制和管理的耕地面积是有限的，因此距离耕地的远近影响着农村居民点的分布[16]。将四明山区的耕地分布矢量数据提取并进行缓冲区的处理，与农村居民点图层进行叠加，获取不同耕地缓冲区的农村居民点的分布状况，如表 5 所示。

表 5　不同耕地缓冲区农村居民点面积统计表

缓冲区/m	居民点面积/m^2	居民点面积比例/%
0～50	3071.02	53.65
50～100	1257.92	21.98
100～150	598.97	10.47
＞150	795.52	13.9
全区	5723.42	100

由上表可得出，当缓冲区小于 100m 时，农村居民点的面积所占比重为 75.63%，居民点分布较为密集。随着居民点与耕地距离的逐渐变大，居民点的分布面积逐渐减少，密度较为稀疏。

4　结论与讨论

(1)基于景观格局指数、核密度分析及 Voronoi 图变异系数 Cv 值等方法，结合四明山区农村聚落的现状及自然人文环境等影响，对四明山区农村聚落空间格局进行分析，得出四明山区农村聚落集中分布在北部及东部乡镇，梨洲街道、陆埠镇、河姆渡镇农村聚落面积规模较大，南部及西部地区受到自然条件的限制，农村聚落规模及密度较小，分布较为分散。

(2)通过 GIS 分析得出，四明山区农村聚落的分布格局在不同程度上受海拔、坡度、交通、水文、耕地等自然因素的影响。从用地上看，随高程与坡度的增加，居民点分布范围不断减小；从规模方面看，梨洲街道＞河姆渡镇＞陆埠镇＞梁弄镇＞横街镇＞鄞江镇＞龙观乡＞大隐镇＞溪口镇＞鹿亭乡＞大岚镇＞章水镇＞四明山镇，分布在平坡、缓坡、斜坡、陡坡、急坡；从分布上看，随着海拔和坡度的增加，农村聚落的密集程度呈现减少的趋势，在道路的 1500 米缓冲区内、河流的 1000 米缓冲区内、耕地的 100 米缓冲区内，聚落分布都是较为密集的，随着缓冲区距离的增加，分布逐渐减少。因此，四明山区的农村聚落在分布上偏向于海拔较低、坡度较缓、距离道路、河流和耕地较近的地区。对于一些自然条件较差的聚落分布较少。

(3)在四明山区农村聚落的优化布局中，应坚持节约集约用地、集中布局的原则，提高土地的利用效率，同时也应注意保护耕地，减少建设占用耕地量，推动区域统筹发展。当前，随着城镇化进程的推进及新农村建设的加快，农村聚落的合理布局成为增加建设用地、集约利用土地以及保护耕地的重要环节[15]。四明山区由于其自身的特殊性，对自然资源的保护显得尤为重要，在进行农村聚落的优化布局方面需要考虑到更多的问题。通过对四明山区农村居民点的空间分布及影响因素进行研究，揭示农村居民点用地结构的地域分异特征，对当前居民点的布局整理、复垦、新农村建设及未来农村居民点的优化布局提供科学依据[16-17]。

参考文献

[1] 李君，李小建.综合区域环境影响下的农村居民点空间分布变化及影响因素分析——以河南巩义市为例[J].资源科学，2009，(07)：1195-1204.

[2] 文枫，鲁春阳，杨庆媛，等.重庆市农村居民点用地空间分异研究[J].水土保持研究，2010，(04)：222-227.

[3] 赵茜宇，张占录，方杰代.黄土高原丘陵沟壑区农村居民点整理模式分析——以兰州市黄裕乡为例[J].干旱区资源与环境，2016，(09)：44-49.

[4] 王重玲.宁夏中部干旱带农村居民点空间布局优化研究[D].宁夏大学，2014.

[5] 陈兴雷，郭忠兴，刘小红，等.大城市边缘区农村居民点用地空间布局优化研究——对上海南汇地区的考察[J].地域研究与开发，2011，(03)：117-122.

[6] 田光进，刘纪远，张增祥，等.基于遥感与GIS的中国农村居民点规模分布特征[J].遥感学报，2002，6(4)：307-312.

[7] 邓南荣，张金前，冯秋扬，等.东南沿海经济发达地区农村居民点景观格局变化研究[J].生态环境学报，2009，18(3)：984-989.

[8] 刘仙桃，郑新奇.基于Voronoi图的农村居民点空间分布特征及其影响因素研究——以北京市昌平区为例[J].生态与农村环境学报，2009，25(2)：30-33，93.

[9] 贾永强.宁波市四明山区村庄整治规划研究[J].小城镇建设，2013，(08)：84-88.

[10] 陈昌玲，吕晓，张全景.县域尺度城乡建设用地空间格局分析——以江苏通州为例[J].山东农业大学学报(自然科学版)，2015，46(05)：694-700.

[11] 傅伯杰，陈利顶，马克明，等.景观生态学原理及应用[M].科学出版社，2011.

[12] 李云强，齐伟，王丹，等.GIS支持下山区县域农村居民点分布特征研究——以栖霞市为例[J].地理与地理信息科学，2011(3)：73-77.

[13] Duyckaerts, Godefroy. Voronoi tessellation to study the numerical

density and the spatial distribution of neurons[J]. Journal of Chemical Neuroanatomy,2000,20(2):83-92.

[14] 张鹏,雷国平,李佳.石油城市县域农村居民点空间格局分析[J].水土保持研究,2013,20(1):206-209.

[15] 韦红吉,张安明,汤鹏程,等.乡镇农村居民点布局优化研究——以重庆市黔江区石会镇为例[J].中国农学通报,2013,29(5):123-126.

[16] 姜广辉,张凤荣,秦静.北京山区农村居民点分布变化及其与环境的关系[J].农业工程学报,2006,22(11):85-92.

[17] 徐全勇.中心村建设理论与我国中心村建设的探讨[J].农业现代化研究,2005,26(1):48-52.

案例6　基于土地利用变化的四明山生态功能区生态保护效益分析[①]

伴随着社会经济的快速发展，地表环境不同程度地受到人类活动的干扰与影响，水土流失、土地退化和农林牧生产能力降低等环境问题不断加剧[1-3]。为了保护与修复生态环境，对于重点生态功能区，应限制进行大规模高强度工业化、城镇化开发，以保持并提高生态产品供给能力[4-5]。

宁波市作为长三角五大区域中心之一同时又是世界第四大港口城市，发展经济的同时更重视对环境的保护[6]。四明山拥有丰富的森林资源和山水资源，是浙东最大的“绿肺”，也是宁波市重要的生态功能区和饮用水水源地之一，但同时也存在着山体石漠化、水土流失、库区水体富营养化等生态问题[7]。针对四明山生态功能区，宁波市出台了一系列政策法规，进行生态环境保护和限制性开发，以保证四明山生态功能区的可持续发展。但目前关于四明山生态功能区的保护效益的研究非常缺乏，不能为四明山生态功能区保育后续政策制订提供决策参考。本文基于四明山生态功能区1990年—2015年6期土地利用数据，从生态服务价值变化角度探讨四明山生态功能区的保护效益，以期为四明山生态保护政策制定提供借鉴。

1　研究区概况

四明山位于浙江省东部，西南—东北走向，多低山丘陵，海拔为600～900米。四明山生态功能区范围为章水镇、龙观乡、横街镇、鄞江镇、溪口镇、梁弄镇、大岚镇、四明山镇、鹿亭乡和姚江以南以西的梨洲街道菱湖、黄明、燕窝片的8个行政村、陆埠镇洪山片的9个行政村以及兰山片的3个行政村、大隐镇的芝林、云旱、章山3个行政村、河姆渡镇的车厩村、五联村、东澄村、河姆渡村4个行政村等以山地为主的13个乡镇（街道），共207个行政村，总面积1808.86km^2。作为“浙东绿肺”及宁波市宝贵的生态屏障，该区建有两个国家级森林公园，并有大岚丹山赤水、龙观五龙潭等风景旅游区[8]。该区域还是宁波市重要的饮用水保护区，有四明湖、皎口、周公宅、亭下四座大型水库及众多中小型水库，水资源十分丰富[9-10]。

---

① 注：作者周子靖（研究生），李加林（教授）。

2　数据来源与研究方法

2.1　数据来源

本文所采用的1990年、1995年、2000年、2005年、2010年和2015年6期的土地利用矢量数据来自地理信息云平台(http://www.gscloud.cn/)，参考LUCC分类体系和研究区实际概况，将四明山生态功能区土地利用类型划分为低覆盖草地、中覆盖草地、高覆盖草地、有林地、疏林地、灌木林、其他林地、农田、湿地、水域、未利用地、建设用地12种类型。粮食作物等相关社会经济数据来源于1990—2015年的《宁波统计年鉴》。

2.2　研究方法

2.2.1　土地利用动态变化

土地利用变化可通过土地利用类型规模和变化率两个方面分析。土地利用变化率表示某一土地利用类型在时间序列内的数量变化情况[11-12]。公式为：

$$K=\frac{U_A-U_B}{U_B}\times 100\%。$$

式中：K 为某种土地利用类型在研究期内的变化率；U_A、U_B 分别为某种地类在研究期末和期初的数量。

2.2.2　土地利用转移矩阵分析

转移矩阵法是基于生态学中马尔可夫链的数学过程，能同时表达出某种土地利用类型的储存量及流动量，是定量分析土地利用转变的基础步骤[13-14]。通过ARCGIS10.2软件，可以对不同时间断面的四明山生态功能区土地利用矢量进行空间叠加得到土地利用转移矩阵，直观地显示出某种土地利用类型转化的方向和数量[15]。

2.2.3　生态服务价值

生态系统服务是指通过生态系统的结构、过程和功能直接或间接得到的生命支持产品和服务，其价值评估是生态环境保护、生态功能区划、环境经济核算和生态补偿决策的重要依据和基础[16-17]。谢高地在Costanza后[18]，通过对生态学背景的专业人员进行问卷调查，基于专家知识建立了适合中国陆地生态系统价值评价方法[19]。虽然国外[20-22]及国内[23-25]的其他学者通过其他角度对生态系统服务价值进行了估算，但目前国内对于生态服务价值的研究大都参考谢高地等总结出的评价方法，测算研究区域的生态服务价值[26-28]。

谢高地等将1个标准生态系统生态服务价值当量因子定义为1hm^{2}全国平均产量的农田每年自然粮食产量的经济价值[29]。经过综合比较分析，确定1个生态服务价值当量因子的经济价值量等于当年全国平均粮食单产市场价值的1/7[30]。生态服务价值计算公式为：

$$P_{ESV}=\sum_{k-1}A_kVC_k\ 。$$

式中，P_{ESV}为研究区生态系统服务总价值(10^8元)；n为土地利用类型；A_k为研究区内土地利用类k的面积(km^2)；VC_k为第k类土地利用类型的P_{ESV}系数，即单位面积上土地利用类型k的P_{ESV}，元/(hm^2·a)。以宁波市1990—2015年平均粮食产量5569.08kg/hm^{2}为基准单位产量，通过宁波市1990—2015年平均粮食作物总产值除以粮食作物产量得出平均粮食单价为3.6元/公斤，计算出四明山农田自然粮食产量的经济价值为2887.97元/hm^2。在此基础上得出四明山生态功能区单位面积生态服务价值当量表(表1)。

表1 四明山生态功能区单位面积生态服务价值

生态服务		单位面积生态服务价值 10^2 元/(hm^2·a)										
		有林地	灌木林	疏林地	其他林地	高覆盖草地	中覆盖草地	低覆盖草地	农田	水域	湿地	未利用地
供给服务	食物生产	6.35	5.49	8.38	8.95	2.89	10.97	6.35	39.28	23.1	14.73	0.29
	原料生产	15.02	12.42	19.06	20.5	4.04	16.17	9.53	2.6	6.64	14.44	0.87
	水资源供给	7.8	6.35	9.82	10.69	2.31	8.95	5.2	−75.95	239.41	74.8	0.58
调节服务	气体调节	49.1	40.72	62.67	67.87	14.73	56.89	32.92	32.06	22.24	54.87	3.18
	气候调节	146.42	122.16	187.72	203.02	38.7	150.46	87.22	16.46	66.13	103.97	2.89
	净化环境	43.03	36.97	55.74	57.47	12.71	49.67	28.88	4.91	160.28	103.97	8.95
	水文调节	96.46	96.75	136.89	101.37	28.3	110.32	63.82	78.55	2952.66	699.76	6.06
支持服务	土壤保持	59.49	49.67	76.53	82.6	17.91	69.31	40.14	0.29	26.86	66.71	3.75
	维持养分循环	4.62	3.75	5.78	6.35	1.44	5.2	3.18	5.49	2.02	5.2	0.29
	生物多样性	54.29	45.34	69.6	75.09	16.17	62.96	36.68	6.06	73.64	227.28	3.47
文化服务	美学景观	23.68	19.93	30.61	32.92	7.22	27.72	16.17	2.6	54.58	136.6	1.44
总计		506.26	439.55	662.79	666.83	146.42	568.64	330.09	112.34	3627.58	1502.32	31.77

3　结果与分析

3.1　土地利用类型变化分析

分析四明山生态功能区土地利用类型的面积变化，由表 2 可以看出，25 年间有林地面积先增加后减少；灌木林与疏林地面积于 1995 年略微减少后呈波动稳定趋势，其他林地面积先减少后增加，但总体保持稳定；2015 年，林地占研究区面积的 73.53%，高于《宁波市四明山区域发展规划纲要（2007 年）》预期森林覆盖率 73.4%。其他林地在 2005—2010 年面积变化较大，有林地、疏林地、灌木林变化与之比较相对平缓；城镇用地在 2000—2005 年发生转型，主要是由于四明山生态功能区经济发展明显滞后，基础设施比较薄弱，为提高人们生活水平，2000 年开始进行交通路网和基础设施完善，使其面积有所增加；未利用地在 1990—1995 年面积略微增加后无明显变化，湿地在整个 25 年间无明显变化。四明山生态功能区水域及建设用地面积所占比例有所增加，农田面积呈下降趋势，主要转化为有林地，遵循四明山生态功能区“退花还林、退耕还林”的步伐，为完成规划中退耕还林（景）工程目标 1333.33 公顷，提高森林覆盖率，25 年中，有林地转入面积为 4006.25 公顷，转入率为 3.31%。湿地及未利用地面积基本维持不变，分布占 0.02% 和 0.04%，各覆盖度草地面积均于 1995 年减少后增加，最后趋于稳定。

表 2　四明山生态功能区 1990—2015 年土地利用类型面积

土地类型	1990	1995	2000	2005	2010	2015
低覆盖草地	0.015	0.008	0.015	0.013	0.013	0.013
中覆盖草地	0.007	0.002	0.009	0.013	0.013	0.013
高覆盖草地	0.144	0.124	0.153	0.152	0.152	0.151
灌木林	0.092	0.074	0.076	0.074	0.073	0.078
疏林地	0.699	0.47	0.469	0.461	0.461	0.461
有林地	12.656	13.062	13.048	12.933	12.809	12.781
其他林地	0.1	0.048	0.051	0.061	0.135	0.134
农田	3.818	3.604	3.562	3.058	3.047	2.988
湿地	0.003	0.003	0.003	0.003	0.003	0.003
水域	0.26	0.266	0.267	0.282	0.282	0.296
未利用地	0.006	0.007	0.007	0.007	0.007	0.007
城镇用地	0.296	0.427	0.436	1.039	1.101	1.171
总计	18.294	18.295	18.295	18.296	18.296	18.297

3.2 生态服务价值构成变化分析

由表3可知，整个研究阶段于2000年四明山生态服务价值达到峰值83.89亿元。1995—2000年生态服务价值变动不大，尽管部分林地转变为城镇用地导致了生态服务价值减少，但由于农田向有林地及水域的转化使生态服务价值增加，使其能够维持相对稳定。2015年比1990年减少了0.39亿元，这主要是由于城镇化快速发展使部分高生态服务价值土地类型转化为城镇用地，但由于退耕还林、提高森林覆盖率等政策的实施及林地各类型间相对较低的生态服务价值林地类型转化为高生态服务价值林地类型，使其下降幅度维持在一个较低的范围内。结合土地利用类型变化分析，1990—1995年四明山生态服务价值小幅下降，减少1484.38万元，主要由于农田转为城镇用地，疏林地和其他林地转有林地，分别减少3942.35万元和824.41万元。1995—2000年，生态服务价值增加主要由于农田转水域及有林地，分别增加1302.43万元和1244.98万元。2000—2005年，生态服务价值减少主要由于农田、有林地转城镇用地，分别减少5607.75万元和4270.29万元。2005—2010年，生态服务价值减少主要由于有林地转城镇用地，减少2597.86万元。2010—2015年，生态服务价值增加主要由于城镇用地及农田转水域，分别增加4289.36万元和562.61万元。25年间生态服务中的11种二级分类，除水资源供给与水文调节，其他生态服务价值均发生波动下降；其中，水资源供给生态服务价值不断增加，这主要是由于农田面积减少，而水文调节生态服务价值先减少后增加。

表3 四明山生态功能区1990—2015年各生态系统功能价值变化

生态服务		各年份生态系统服务价值/10^8 元					
		1990	1995	2000	2005	2010	2015
供给服务	食物生产	2.44	2.36	2.34	2.14	2.14	2.12
	原料生产	2.19	2.19	2.19	2.16	2.16	2.15
	水资源供给	−1.2	−1.02	−0.99	−0.58	−0.57	−0.49
调节服务	气体调节	8.07	8.01	8	7.79	7.77	7.75
	气候调节	21.04	21.03	21.03	20.8	20.76	20.73
	净化环境	6.56	6.56	6.57	6.52	6.51	6.52
	水文调节	24.12	24.1	24.11	24.06	24	24.34
支持服务	土壤保持	8.31	8.32	8.33	8.26	8.25	8.24
	维持养分循环	0.85	0.84	0.84	0.81	0.81	0.8
	生物多样性	7.94	7.94	7.94	7.86	7.85	7.84
文化服务	美学景观	3.52	3.52	3.52	3.49	3.49	3.49
总计		83.86	83.85	83.89	83.31	83.16	83.47

林地和水域是研究区生态服务价值的主要组成部分，2015 年分别占 82.66% 和 12.85%，主要由于林地生态服务价值偏高且在四明山生态功能区总面积中所占比重大；水域虽面积占比小，但其单位面积生态服务价值极高。在林地中，有林地生态服务价值贡献率最大，占总数的 77.52%。

25 年间，建设用地、湿地的生态服务价值均无明显变化，未利用地的生态服务价值在 1995 年后无明显变化；农田及水域生态系统服务价值变化率在 25 年间波动较大，2000—2005 年间，这两个生态系统服务价值变化率均达到其峰值；各覆盖度草地服务价值变化幅度在 1995—2000 年达到其变化率的最大值；林地生态系统中，灌木林和疏林地服务价值变化率先增加后又趋于平缓，有林地服务价值变化率呈变小趋势，其他林地服务价值变化率先增加后减少。

由表 4 可知，1990—2015 年，四明山生态服务价值共减少 3865.2 万元，其中农田及有林地转城镇用地使价值减少最大，分别为 7767.2 万元、7292.8 万元，主要因为四明山生态功能区区域城镇化率增高，居民生活水平提高。其次，疏林地转有林地，减少 3863.8 万元。生态服务价值增长最多的为农田转水域，增加12717.3 万元，其次为农田转有林地，增加 4096.1 万元，主要是为了保护水源地、增强小流域的生态涵养功能、提高防洪减灾能力开凿了许多小流域，形成畅通发达的小流域水流系统。

3.3　生态服务价值空间变化分析

运用 ArcGIS10.2 的空间分析功能对四明山生态功能区的生态服务价值进行克里金空间插值，形成生态服务价值趋势面图，并根据实际概况分为极低、低、较低、较高、高、极高六个等级。

从空间尺度上来说，中心地区生态服务价值高，边缘地区生态服务价值低，外围呈圈层状，内部有部分高生态服务价值点。1990—2015 年各等级生态服务价值区的面积比例为低生态服务价值区＞极低生态服务价值区＞较低生态服务价值区＞较高生态服务价值区＞高生态服务价值区＞极高生态服务价值区。研究区内大部分地区为低和极低生态服务价值区，到 2015 年面积分别为 139434.41 公顷和 31990.22 公顷，相比 1990 年，低生态服务价值区增加了 1%，极低生态服务价值区减少了 6.62%。高和极高生态服务价值区分布于西北部，图中较为突出的三块高生态服务价值区分布的主要土地类型为水域，而极低生态服务价值区内主要分布的土地利用类型为农田和城镇用地。由图 1 可见，极低生态服务价值区在 25 年间逐步向低生态服务价值区转移，主要原因为近些年退耕还林政策下大量农田转化为林地。

从时间尺度上来说，1990—2015 年，研究区内较低、较高、高等级生态服务价

表 4 四明山生态功能区 1990—2015 年生态服务价值转移矩阵

土地类型	低覆盖草地	中覆盖草地	高覆盖草地	灌木林	疏林地	有林地	其他林地	农田	水域	未利用地	城镇用地	总计
低覆盖草地	0	63.6	−11.9	0	0	0	0	0	0	0	0	−491.7
中覆盖草地	0	0	0	0	0	0	0	−22.3	0	0	0	−397.6
高覆盖草地	0	128.6	0	13.1	0	0.3	45.2	−0.1	0	0	−67.9	−2104.9
灌木林	0	0	0	0	0	0	22	−201.7	0	0	0	−4039.9
疏林地	0	0	0	0	0	−3863.8	0.7	−282.4	0	−103.5	−931.6	−46296.4
有林地	−14.4	0	−319	−45.9	226.7	0	1384.1	−587.4	1.1	0	−7292.8	−640736.1
其他林地	0	0	0	0	−0.3	−766.9	0	−0.2	0	0	−642.3	−6656.9
农田	9.5	30.9	24.6	0	867.9	4096.1	143.9	0	12717.3	0	−7767.2	−42895.9
水域	0	0	0	0	0	−1.8	0	−0.1	0	0	−826.1	−94427.2
未利用地	0	0	0	6.8	55.9	90.6	0	5.1	0	0	−0.5	−18.1
城镇用地	0	0	0	0	0	6	0	4.9	547.6	0	0	0
总计	423.6	733.2	2217.6	3438.3	30555.7	647034.8	8936.9	33566.4	107271.6	21.4	0	−3865.2

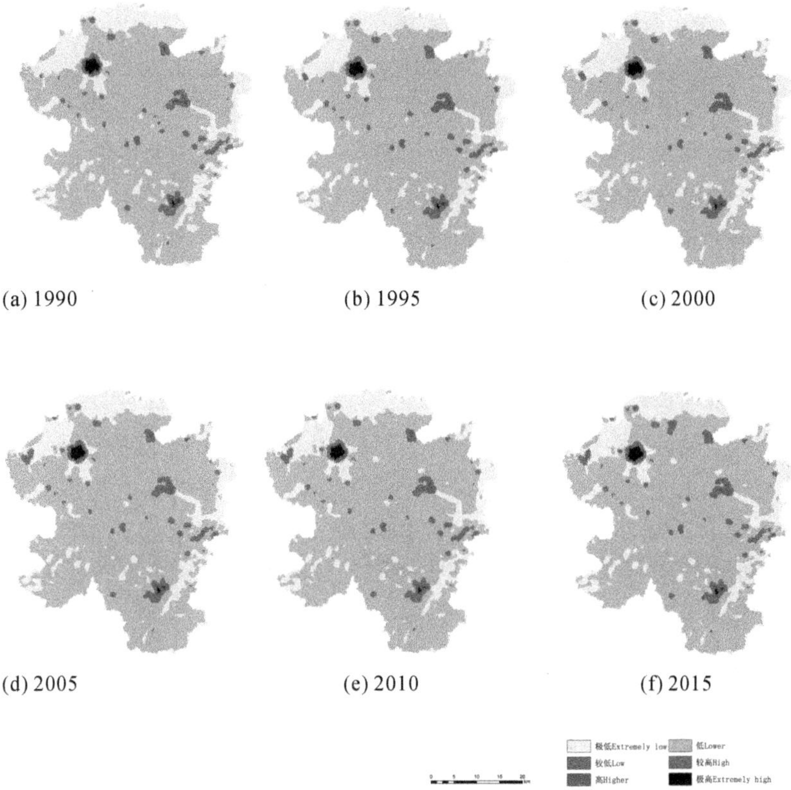

图 1　1990—2015 年四明山生态系统服务价值空间分布

值区面积有较大增长，分别为 470.26 公顷、307.96 公顷、104.04 公顷，增长率为 9.29%、17.75%、10.16%，极高生态服务价值区面积占研究区总面积比重较小且基本不变，到 2015 年为 753.25 公顷，占总面积的 0.42%。较高、高等级生态服务价值区面积有所增加，极低生态服务价值区面积逐渐减少。可见环境保护政策下的四明山生态功能区生态环境效益较高。

4　结　论

(1)1990—2015 年，四明山生态功能区林地和农田未发生明显变化。中部主要为林地，向四周多样化发展，农田分布于研究区外围，主要集中在外围的北部地区，南部地区农田较为分散。其中面积占比较小的建设用地、水域、未利用地呈上升趋势，建设用地主要由最北部的农田转化而来，但面积占研究区总面积比重较小，因此对四明山生态服务价值影响不大；湿地和未利用地占比很小且 25 年间无明显变化；水域主要分布在研究区的西北部、中部和东南部，其中西北部水域所占面积最大，到 2015 年为 968.54 公顷。

(2)25 年间，由于四明山生态功能区对于生态保护措施的贯彻落实，研究区的主要土地类型有林地生态服务价值未发生明显变化，在 6 个时间断面内变化率均小于 5%；高生态服务价值的土地利用类型如水域，也未发生明显变化，在 6 个时间断面内变化值最大为 5.71%。各生态服务类型的价值变化呈现出不同的趋势，供给服务功能在 25 年中的变化速度先增加后降低，生态服务价值量先减少后增加，调节服务功能、支持服务功能、文化服务功能的变化速率先减小后增加，生态服务价值量先增加后减少。

(3)25 年间，生态服务价值变化主要出现在极低生态服务价值区，共减少 2268.07 公顷，其分布的主要土地利用类型为有林地。除极低生态服务价值区面积减少外，其他等级生态服务价值区面积均发生不同程度的增加。较低、较高、高生态服务价值区面积变化较小，极高生态服务价值区面积未发生明显变化，生态保护措施完善。

参考文献

[1] 李娟伟，任保平. 协调中国环境污染与经济增长冲突的路径研究 *——基于环境退化成本的分析[J]. 中国人口·资源与环境，2011，21(05)：132-139.

[2] 张克锋，李宪文，张定祥，等. 中国土地资源退化时空变化分析[J]. 环境科学，2006，27(06)：1244-1251.

[3] 何改丽，史小丽. 快速城市化背景下宁波北仑绿地系统演化及生态服务响应. [J]. 宁波大学学报，2017，30(05)：89-96.

[4] 周丽. 珠三角限制开发区域生态发展路径研究[J]. 生态经济(学术版)，2011(01)：46-48.

[5] 王昱. 区域生态补偿的基础理论与实践问题研究[D]. 东北师范大学，2009.

[6] 尹贻梅，刘志高，戴俊骋，等. 生态文明理念下的区域空间规划研究——以宁波北仑区为例[J]. 经济地理，2012，32(03)：29-35.

[7] 何立平. 四明山国家森林公园景观改造与开发[D]. 浙江农林大学，2012.

[8] 许锐，戴雪荣，师育新，等. 基于 ASTER-GDEM 数据的浙东四明山地貌特征研究[J]. 华东师范大学学报(自然科学版)，2018(01)：154-162.

[9] 鲍迪尔，莫金文，侯勃，等. 宁波四明山土地利用变化特征[J]. 浙江农业科

学,2017,58(09):1626-1628+1632.

[10] 陈丽花.宁波四明山区域林业产业发展探析[D].宁波大学,2010.

[11] 王秀兰,包玉海.土地利用动态变化研究方法探讨[J].地理科学进展,1999,18(1):81-87.

[12] 李秀芬,刘利民,齐鑫,等.晋西北生态脆弱区土地利用动态变化及驱动力[J].应用生态学报,2014,25(10):2959-2967.

[13]周增荣,黄金良,周培.土地利用系统转移分析方法及其应用[J].亚热带资源与环境学报,2012,7(04):28-38.

[14] 张祎,李玉凤,高鸿,等.基于土地转移矩阵的生态服务功能研究——以南京市仙林新市区为例[J].生态与农村环境学报,2014,30(06):800-805.

[15]马松增,史明昌,杨贵森,等.基于 GIS 的土地利用时空动态变化分析——以塔里木盆地农垦区为例[J].水土保持研究,2013,20(01):177-181.

[16] 谢高地,张彩霞.基于单位面积价值当量因子的生态系统服务价值化方法改进[J].自然资源学报,2015,30(08):1243-1254.

[17] 刘永强,廖柳文,龙花楼,等.土地利用转型的生态系统服务价值效应分析——以湖南省为例[J].地理研究,2015,34(04):691-700.

[18] Costanza R, d'Arge R, de Groot R S, et al. The value of the world's ecosystem services and natural capital [J]. Nature,1997.387:253-260.

[19] 谢高地,甄霖,鲁春霞,等.一个基于专家知识的生态系统服务价值化方法[J].自然资源学报,2008,23(05):911-919.

[20] Bolund P, Hunhammar S. Ecosystem services in urban areas[J]. Ecological Economics, 1999, 29(2):293-301.

[21] Holmund C M, Hammer M. Ecosystem services generated by fish populations[J]. Ecological Economics,1999, 29(2):253-268.

[22] Bjorklund J, Limburg E, Rydberg T. Impact of production intensity on the ability of the agricultural landscape to generate ecosystem services: An example from Sweden[J]. Ecological Economics, 1999, 29(2):269-291.

[23]欧阳志云,朱春全,杨广斌,等.生态系统生产总值核算:概念、核算方法与案例研究[J].生态学报,2013,33(21):6747-6761.

[24] 欧阳志云,郑华.生态系统服务的生态学机制研究进展[J].生态学报,2009,29(11):6183-6188.

[25] 吴蒙,车越,杨凯.基于生态系统服务价值的城市土地空间分区优化研

究——以上海市宝山区为例[J]. 资源科学,2013,35(12):2390-2396.

[26] 王航,秦奋,朱筠,等. 土地利用及景观格局演变对生态系统服务价值的影响[J]. 生态学报,2017,37(4):881-862.

[27] 郭荣中,杨敏华. 长株潭地区生态系统服务价值分析及趋势预测[J]. 农业工程学报,2014,30(5):239-240.

[28] 彭文甫,周介铭,杨存建,等. 基于土地利用变化的四川省生态系统服务价值研究[J]. 长江流域资源与环境,2014,23(7):1055-1056

[29] 谢高地,张彩霞,张昌顺,等. 中国生态系统服务的价值[J]. 资源科学,2015,37(09):1740-1746.

[30] 谢高地,鲁春霞,冷允法,等. 青藏高原生态资产的价值评估[J]. 自然资源学报,2003,18(02):189-196.

案例 7　宁波四明山土地利用变化特征①

人类追求生存和发展的同时，不断地改变着陆地表层环境，呈现出不同土地利用方式。土地利用变化是人类活动作用于陆地表层环境的一种响应[1]，是自然环境和人类活动综合作用的结果[2]。土地利用变化可反映区域内土地资源的特点和优劣势，诊断土地利用是否合理[3]，可为土地利用结构调整提供依据。土地利用变化分析中，土地变化发生的空间位置、土地变化的类型、土地变化剧烈程度是土地变化研究的重要内容[4]，建立模型是解析土地利用变化成因、过程的重要途径和手段[5]。近年，土地利用变化分析广泛采用生态位、模糊数学和数据挖掘、人工神经网络等方法，并利用遥感影像 GIS 分析朝定量化和实用化方向发展。四明山是浙江省乃至全国重要的生态保护区，相关研究集中在生态旅游上，鲜见土地变化研究[6-7]。针对四明山区域经济发展与生态保护之间存在的矛盾，分析四明山区域土地利用变化的特点和方向，有助于顺利实现四明山区域脱贫并全面建成绿色与和谐发展区域。

1　区域概况与数据处理

1.1　区域概况

四明山区域位于浙江省宁波市西南部，区域范围为鄞州区的章水镇、龙观乡、横街镇、鄞江镇，奉化市的溪口镇，余姚市的梁弄镇、大岚镇、四明山镇、鹿亭乡和姚江以南以西的梨洲街道茭湖、黄明、燕窝片的 8 个行政村、陆埠镇洪山片的 9 个行政村以及兰山片的 3 个行政村、大隐镇的芝林、云旱、章山 3 个行政村、河姆渡镇的车厩村、五联村、东澄村、河姆渡村 4 个行政村等以山地为主的 13 个乡镇（街道），共 207 个行政村，总面积 1337.93km^2。四明山区域火热发展旅游的同时，一定程度上放松了对生态环境的保护，致使该区域出现了水土流失、山体石漠化、库区水

---

① 据鲍迪尔、莫金文、候勃、刘礼成、姚雪燕等（本科生）载于 2017 年 58 卷第 9 期《浙江农业科学》的《宁波四明山土地利用变化特征》修改。

体富营养化等问题。土地利用上，表现为林地与耕地被城乡工矿用地大量占用，不利于四明山可持续发展。

1.2 数据来源

本文2000、2010年土地矢量数据源于地球系统科学数据共享平台——长三角分平台，矢量数据处理过程为各种遥感数据融合增强处理、目视解译与精度检验、图幅拼接，并将土地利用类型分为城乡建设(含工矿、居民用地)、林地、水域、耕地、草地、未利用土地等共6类(表1)，比例尺为1∶10万[8]。

1.3 研究方法

基于土地利用类型的多样化、优势类和利用强度，分别采用GM指数、区位指数、利用程度综合指数衡量并对比2000年和2010年四明山区域土地利用总体特征，评判2000—2010年间该区域土地利用类型变化情况。

(1)土地数量结构多样化用于表征区域内各种地类的齐全程度，其主要的分析方法是运用吉布斯·马丁指数(GM)模型来衡量多样化程度[9]，计算公式为：

$$\mathrm{GM} = 1 - \sum_{i=1}^{n} f_i^2 / \left(\sum_{i=1}^{n} f_i\right)^2。\tag{1}$$

式中：f_i 是区内第 i 种土地利用类型的土地面积，GM 的取值范围是(0,1)。当 $GM \propto 1$ 时，表明该类型土地利用的集中化程度高；反之，当 $GM \propto 0$ 时则表明集中化程度低。

(2) 区位指数。土地利用区位指数衡量一个地区各种土地利用类型在更高一层的区域空间内相对集聚的程度。通过计算并对比2000年和2010年各土地利用类型的区位指数，能够获悉各乡镇在四明山全域内的优势土地利用类型及优势土地利用类型更迭情况，计算公式[9]为：

$$Q_i = (f_i / \sum f_i) / (F_i / \sum F_i)。\tag{2}$$

式中：f_i 是区内第 i 种土地利用类型的土地面积、F_i 是高一层次区域内对应土地利用类型的总面积、$\sum f_i$—— 区域内对应土地面积总和、$\sum F_i$—— 高一层次区域内对应土地面积总和。若 $Q_i > 1$，则说明区域内该类土地利用类型的区位意义比较明显，Q_i 越大则区位意义越大。

(3)土地利用程度。土地利用综合指数衡量选定区域内土地利用强度，在一定程度上显示自然和人类社会驱动因子对土地利用的影响。选取土地利用分级指数为：耕地1；林地、水域、草地2；城乡、工矿、居住地3；未利用地4，计算公式[10]为

表 1 四明山宁波片区各乡镇 2000、2010 土地利用状况

乡镇	城乡、工矿、居民用地/km^2		林地/km^2		草地/km^2		水域/km^2		耕地/km^2		未利用土地/km^2	
	2000 年	2010 年	2000 年	2010 年	2000 年	2010 年	2000 年	2010 年	2000 年	2010 年	2000 年	2010 年
鹿亭乡	0.1523	1.0258	67.7864	66.8463	0.6127	0.2353	0.0330	0.0853	2.1925	2.6042	0	0
陆埠镇	3.5077	7.3953	92.4581	91.3752	0.1379	0.138	1.5416	1.5674	21.7719	18.979	0	0
梨洲街道	7.3754	22.6022	74.1244	69.7292	0.1383	0.2856	0.5883	0.5897	27.1899	16.2394	0	0
梁弄镇	2.2406	6.5067	61.7065	59.5345	0.1473	0.147	10.4823	10.2569	21.44	19.5938	0	0
大隐镇	1.2822	3.3202	24.0539	22.8893	0.1994	0.1729	0.1003	0.4573	5.1555	3.9635	0	0
大岚镇	0.1024	1.1468	59.8756	58.8473	0.1564	0.1557	0.1408	0.5402	3.6677	3.2697	0	0
四明山镇	0.4256	0.9346	102.4206	97.7068	0.6676	2.375	0.0665	0.1547	22.0659	24.5052	0.1492	0.1493
龙观乡	0.9052	1.3104	60.4733	60.4129	0.7042	0.7044	0.5346	0.6282	9.0274	8.6132	0	0
鄞江镇	2.8164	6.1185	36.2153	35.002	0.925	0.9247	1.2648	0.6369	18.8534	17.4161	0.1160	0.116
章水镇	1.4424	2.5725	115.657	111.7372	1.219	1.2207	3.658	5.9403	8.1316	8.6782	0	0
横街镇	3.6594	8.2201	75.6917	73.1149	0.7665	0.8218	0.2161	1.8119	18.1661	14.5683	0	0
溪口镇	4.301	11.1712	287.6016	286.4073	8.0288	7.9534	5.7835	6.1233	61.4663	55.6335	0.4075	0.4076

$$L_0 = 100 \times \sum_{i=1}^{n} A_i \times C_i \quad L_a = \in [100,400]。 \tag{3}$$

式中 A_i 为一个区域中某一类土地利用类型程度分级指数，C_i 为该类土地利用类型的面积百分比。

2　四明山2000—2010年土地利用变化多维度解析

2.1　四明山区域土地利用类型多样化程度变化

利用表1数据和式1计算四明山各乡镇2000、2010年土地利用现状多样化指数如表2，可知2000年除鄞江镇、梁弄镇、梨洲街道土地利用多样化指数相对较高，土地利用类型较为丰富且不同类型的土地面积比较均衡外，四明山区域其余各乡镇多样化土地利用指数普遍偏小(全域平均多样化指数仅为0.33)，表明该区域整体上土地利用类型较为单一，尤以鹿亭乡、大岚镇、章水镇最甚(GM≤0.20)；至2010年，四明山区域各乡镇土地利用多样化指数普遍提高(全域平均多样化指数达到0.37，且超过半数的乡镇高于平均值)，表明各乡镇土地利用多样化水平有所提升，土地利用类型逐渐丰富，但以鹿亭乡、大岚镇为代表的少数乡镇土地利用多样化指数仍远低于全域平均水平，存在土地利用类型过于单一的土地利用特征。

2.2　四明山区域土地利用区位指数变化

利用表1、式2计算出四明山区域各乡镇2000、2010年度土地利用区位指数(表3)，可知梨洲街道的城乡、工矿、居民用地区位指数最高(2000年：3.2114；2010年：3.8337)，表明梨洲街道建设利用程度在四明山区域为最强，而大岚镇、四明山镇、鹿亭乡建设利用程度较弱；2000年度，水域区位优势集中在梁弄镇、鄞江镇和章水镇，而在2010年度，梁弄镇和鄞江镇水域区位优势指数迅速下降，(其中：梁弄镇水域区位优势指数由6.0111下降至4.9855，仍保持四明山区域水域区位优势最强的地位；鄞江镇水域区位优势指数由1.1570下降至0.4938，水域区位优势不保)，章水镇水域区位优势指数则由1.5480上升至2.1306，称为该区域水域区位优势仅次于梁弄镇的乡镇；而林地在四明山区域内多数乡镇区位指数均较高(均大于0.76)，区位优势明显。

表 2　四明山各乡镇 2000、2010 年度土地利用多样化指数

区域	多样化指数(2000)	多样化指数(2010)	多样化指数变化量
鹿亭乡	0.08	0.11	0.03
陆埠镇	0.37	0.39	0.02
梨洲街道	0.47	0.53	0.06
梁弄镇	0.52	0.56	0.04
大隐镇	0.36	0.42	0.06
大岚镇	0.12	0.15	0.03
四明山镇	0.31	0.36	0.05
龙观乡	0.27	0.27	0.00
鄞江镇	0.54	0.57	0.03
章水镇	0.20	0.26	0.06
横街镇	0.37	0.42	0.05
溪口镇	0.36	0.37	0.01

2.3　四明山区域土地利用程度变化

利用表 1、式 3 计算得四明山区域各乡镇 2000、2010 年度土地利用程度综合指数(表 4),可知 2000 年,鄞江镇土地利用程度最低;鹿亭乡、大岚镇、章水镇土地利用程度均远高于平均水平,土地利用程度较强;而陆埠镇、梨洲街道、梁弄镇、四明山镇、横街镇、溪口镇低于平均土地利用综合指数,土地利用强度相对较低。2010 年,梨洲街道土地利用强度为最强,四明山镇土地利用强度最弱;陆埠镇、梁弄镇、四明山镇、龙观乡、鄞江镇、溪口镇等土地利用综合指数低于平均水平,土地利用强度相对较低。总体看,从 2000 年到 2010 年,除四明山镇土地利用强度略有下降外,四明山区域土地利用强度平均水平和区域内各乡镇土地利用强度均有提升。

表 3 四明山区域各乡镇 2000、2010 年度土地利用区位指数

乡镇	城乡、工矿、居民用地/km²		林地/km²		草地/km²		水域/km²		耕地/km²		未利用土地/km²	
	2000 年	2010 年	2000 年	2010 年	2000 年	2010 年	2000 年	2010 年	2000 年	2010 年	2000 年	2010 年
鹿亭乡	0.1025	0.2693	1.2166	1.2278	0.8491	0.2952	0.0257	0.0562	0.1900	0.2548	0	0
陆埠镇	1.3994	1.1505	0.9835	0.9947	0.1133	0.1026	0.7108	0.6125	1.1183	1.1004	0	0
梨洲街道	3.2114	3.8377	0.8605	0.8285	0.1240	0.2317	0.2960	0.2515	1.5242	1.0276	0	0
梁弄镇	1.1118	1.2590	0.8164	0.8061	0.1505	0.1359	6.0111	4.9855	1.3696	1.4130	0	0
大隐镇	1.9839	2.0031	0.9923	0.9663	0.6352	0.4985	0.1794	0.6930	1.0270	0.8911	0	0
大岚镇	0.0763	0.3332	1.1895	1.1964	0.2399	0.2162	0.1212	0.3943	0.3518	0.3541	0	0
四明山镇	0.1612	0.1380	1.0342	1.0097	0.5205	1.6762	0.0291	0.0574	1.0759	1.3488	2.3697	2.3700
龙观乡	0.6019	0.3398	1.0722	1.0961	0.9641	0.8728	0.4109	0.4092	0.7728	0.8323	0	0
鄞江镇	2.2293	1.8883	0.7643	0.7559	1.5073	1.3638	1.1570	0.4938	1.9212	2.0032	3.8505	3.8478
章水镇	0.5282	0.3673	1.1292	1.1164	0.9189	0.8329	1.5480	2.1306	0.3833	0.4618	0	0
横街镇	1.7700	1.5503	0.9761	0.9649	0.7632	0.7406	0.1208	0.8584	1.1312	1.0239	0	0
溪口镇	0.5574	0.5646	0.9939	1.0129	2.1423	1.9209	0.8663	0.7774	1.0256	1.0479	2.2149	0

表4　四明山区域各乡镇2000、2010年土地利用程度综合指数

区域	土地利用综合指数（2000年）	土地利用综合指数（2010）	土地利用综合指数变化量
鹿亭乡	197.12	197.77	0.65
陆埠镇	184.71	190.30	5.60
梨洲街道	181.89	205.81	23.92
梁弄镇	180.00	186.37	6.37
大隐镇	187.42	197.91	10.49
大岚镇	194.42	196.68	2.26
四明山镇	183.03	181.50	−1.53
龙观乡	188.66	189.81	1.15
鄞江镇	173.74	181.62	7.88
章水镇	194.86	195.31	0.45
横街镇	185.27	193.56	8.29
溪口镇	184.67	188.13	3.46

3　结论与讨论

基于2000、2010年浙江省1∶10万土地利用数据，采用了GM指数、区位指数、土地利用程度综合指数等模型，分析了四明山区域土地利用类型多样度、优势度、强度的变化，研究发现：四明山区域各乡镇土地利用多样化水平普遍都有所提升，土地利用类型逐渐丰富，林地在多数乡镇仍具有明显的区位优势。利用强度上，除四明山镇土地利用强度略有下降外，四明山区域土地利用强度平均水平和区域内各乡镇土地利用强度均有提升。

整体看，区内乡镇土地资源充裕，但利用多样化水平和强度仍比较低，利用类型单一。这和四明山区域林业主导、生态脆弱不宜城镇化以及旅游资源未能有效开发利用等问题有密切的关系。土地利用仍有很大的潜力，未来在确保生态环境可持续发展前提下注重城镇土地合理使用，提升各乡镇土地利用集约度，促进山区经济全方位发展。

参考文献

[1] Goldewijk K, Ramankutty N. Land cover change over the last three centuries due to human activities: The availability of new global data

sets. GeoJournal, 2004, 61(4): 335-344.

[2]韩会然,杨成凤,宋金平.北京市土地利用空间格局演化模拟及预测[J].地理科学进展,2015,34(8):976-986.

[3]朱丹武,彭补拙,丁建中,等.温州市土地利用空间格局研究[J].经济地理,2001,21(1):101-104.

[4] Lambin E F, Geist H J, Lepers E. Dynamics of Land-use and land-cover change in tropical regions. Annual Review of Environment and Resources, 2003, 28: 205-241.

[5] 王秀兰,包玉海.土地利用动态变化研究方法探讨[J].地理科学进展,1999,18(1):81-87.

[6] 朱晓芸.低丘缓坡土地资源开发利用评价研究[D].浙江大学,2008.

[7] 王先鹏,赵艳莉,谢晖.宁波鄞州四明山地区城乡发展的新常态与规划对策[A].贵阳:中国城市规划学会2015年论文集,2015.

[8] 浙江省1∶10万土地利用数据集(2000年),地球系统科学数据共享平台—长三角分平台,2012.

[9] 张树文.东北地区土地利用/覆被时空特征分析[M].科学出版社,2006.

[10] 刘盛和,何书金.土地利用动态变化的空间分析测算模型[J].自然资源学报,2002,17(5):33-40.

案例8 四明山区小城镇城乡建设用地变化及驱动力研究—以奉化溪口镇为例①

城乡建设用地是极为重要的土地利用类型，是人类活动影响自然环境最直观的表现，也是社会、经济协调发展的空间投影，其变化反映着城市发展的进程，城乡建设用地的统筹规划与利用是实现城乡统筹的关键内容之一。随着我国城市化进程的加快，城乡建设用地和土地资源之间的矛盾日益突出，建设用地的增加导致农田、林地、滩涂等土地资源减少，我国粮食安全、生态安全正不断遭受威胁；城市增速过快也导致资源分配不合理，人口密集，交通拥堵等城市病的产生[1]。当前我国正经历着规模最大、最为深刻的生态文明建设，节约资源则是保护生态环境的根本之策。从建国初期提出的节约用地原则到改革开放后将节约集约用地作为一项方针政策，再到党的十七大后对节约集约用地提出的新要求，集约、高效地利用土地成了新型城镇化的战略选择[2]。研究城乡建设用地变化过程与特征，找出驱动因子并定量揭示驱动机制，对提高土地利用效率，明确农田、生态地区保护内容以及促进城市经济社会可持续发展具有重要意义[3-4]。

城乡建设用地变化已经成为LUCC(Land-Use and Land-Cover Change)的重点研究课题，国内外学者对此已取得了丰硕成果[5-6]。相关研究主要涉及用地变化特征的提取、建设用地扩展模式与规律、土地利用变化的驱动力分析、城乡建设用地变化的预测及优化研究等。在用地变化特征提取方面，赵鹏军等通过统计2016年住房和城乡建设部统计的121个小城镇镇区数据，将建设用地分为七类，利用对比分析法、定量综合分析法来探讨中国小城镇镇区土地利用结构特征[7]。方创琳、李广东、张蔷等通过统计不同时段全国各地各类建设用地面积和人口数据，总结了1981—2004年中国城市建设用地的时空演变规律[8]。ZuliyaerKuerban通过对博乐市2006、2011、2016年遥感影像进行解译与分析，得到了博乐市各类用地变化情况[9]。在建设用地扩展模式与规律方面，Liu Jiyuan[10]、姚世谋[11]、张杭杭[12]等人将研究区间分为几个时段，利用土地利用转移矩阵、土地利用动态度等方法分别对全国尺度、大城市、小城镇的城乡建设用地变化规律进行了探讨。在土地利用驱动力分析方面，李陈[13]、曾铁瑛[14]、黄天能[15]等人分别利用Logistic回归模型、灰色关联法以及GIS空间分析技术探讨小城镇土地利用变化的主要驱动力。在建设

① 注：作者杨凯杰(本科生)，李加林(教授)、曹罗丹(讲师)指导。

用地预测方面，多元回归模型、组合预测模型[16]、Logistic 模型、灰色系统模型[17]、CA-Markov 模型[18]等都被充分利用，且结果均显示预测效果良好。

由于小尺度区域数据难以获取，现有研究多选取大尺度区域如全国[3,8]、流域[19]、省[20]、市[21-23]等作为研究对象，而对小尺度区域的研究寥寥无几，导致小城镇的土地政策制定缺乏科学依据。本文拟选取具有一定代表性的旅游小镇——奉化市溪口镇作为研究对象，探究不同时期溪口镇城乡建设用地变化特征，并在此基础上找出驱动因子，借以为溪口镇的持续健康发展提供决策参考，也可为揭示我国小城镇城市建设用地驱动机制积累研究案例。

1 研究区概况

溪口镇位于浙江省宁波市奉化区西北部，中心位置处于北纬 29°41′31″，东经 121°16′41″，东连萧王庙街道，南接大堰镇，西临嵊州市，北与余姚市、鄞州区接壤。溪口镇的行政区域面积为 381.6km^2，总人口超过十万，文化悠久、风光秀丽，是浙江省级中心镇、宁波市重点开发区域。溪口镇地形以山地、丘陵为主，总体呈西北高，东南低的地势。镇内有剡溪、筠溪等多条河流，河网密布；年均降水量为 1350～1600mm，降水充沛。

奉化溪口镇共辖 55 个行政村、6 个村委会，是浙江省行政区域面积最大的建制镇。溪口镇由于自然、旅游资源得天独厚，农业和旅游业的发展潜力巨大。自推广精品化农业生产以来，溪口镇先后荣膺中国水蜜桃之乡、全国水蜜桃特色基地乡镇、中国雷笋之乡等称号；同时大力发展全域旅游，持续推进民国体验、弥勒祈福、山水度假、乡村休闲等多层次产品，获评全国十佳文化生态景区。2017 年溪口镇地区生产总值达 599 亿元，财政总收入 68 亿元，城乡居民人均可支配收入分别为 44876 元和 25330 元。现有规模以上企业 52 家，年产值超亿元企业 10 家。2018 年，溪口入选全国综合实力千强镇。总体来说，溪口镇是一个集观光游览、娱乐休憩、文化欣赏于一体的综合型旅游小镇。自 1990 年以来，溪口镇建设用地总量逐年增加，目前城镇建设用地所占比例最大，其次是农村居民点和其他建设用地。

2 数据来源与研究方法

2.1 数据来源与处理

本研究的土地利用类型数据来自地理国情监测云平台（http://www.dsac.

cn/)，主要包括奉化溪口镇 1990 年、1995 年、2000 年、2005 年、2010 年、2015 年共 6 期 1∶100000 土地利用数据，根据全国土地资源分类系统和研究需要的标准，把研究区的土地利用类型分为六个大类，并提取城乡建设用地作为研究对象。高程和坡度信息来源于 SRTMDEM-UTM 90M 分辨率的数字高程产品，在本研究中将其重分类为 5 个等级。人口与地均 GDP 公里网格数据来自于中国科学院地理科学与资源研究所资源环境科学数据中心（http://www.resdc.cn/），分辨率为 1km×1km。

2.2　研究方法

本研究采用土地利用转移矩阵、城乡建设用地扩展速度、土地利用动态度、土地利用结构信息熵和核密度等方法对溪口镇 1990—2015 年的城乡建设用地变化进行分析，并利用 Logistic 回归模型对城乡建设用地变化的驱动力进行探究。

2.2.1　土地利用转移矩阵

土地利用转移矩阵能够直观、定量地表明 1990 年至 2015 年奉化溪口镇城乡建设用地与其他土地利用类型间的转化情况以及转移的方向和速率。其通式为：

$$S_{ij}=\begin{bmatrix} S_{11} & S_{12} & \cdots & S_{1n} \\ S_{21} & S_{22} & \cdots & S_{2n} \\ \cdots & \cdots & \cdots & \cdots \\ S_{n1} & S_{n2} & \cdots & S_{nn} \end{bmatrix} \tag{1}$$

式(1)中：S_{ij} 表示转移前的 i 地类转换成转移后的 j 地类的面积($i,j=1,2,\cdots n$)；n 表示发生了土地转移的土地利用类型总数；矩阵中每一行元素代表转移前 i 地类土地的流向信息，每一列元素代表转移后 j 地类土地的来源信息[23]。

2.2.2　城乡建设用地扩展速度

城乡建设用地扩展速度用来衡量某一时间范围内城乡建设用地面积变化情况，可以反映城乡建设用地扩展的趋势与快慢，其公式为：

$$R=\frac{M_{n+i}-M_i}{n} \tag{2}$$

式(2)中：R 为城乡建设用地扩展速度；M_{n+i}、M_iM_{n+i}、M_iM_i、M_{i+n}分别是第 i 年和第 $i+n$ 年的城乡建设用地面积；n 为研究时间年段。

2.2.3　土地利用动态度

土地利用动态度是指研究期内土地类型变化率，可用于反映城乡建设用地扩展的程度，公式为：

$$K=(U_b-U_a)/U_a/T\times 100\% \tag{3}$$

式(3)中：K 为研究期内单一动态度；U_a、U_b 分别是研究期起始和末尾城乡建设用地面积；T 为研究时段长。

2.2.4 土地利用结构信息熵

土地利用结构信息熵反映某区域土地利用结构的特点，可用于分析城乡建设用地利用结构的特征及合理性，公式为：

$$H = -\sum_{i-1}^{n} P_i \ln P_i \tag{4}$$

式(4)中：H 表示土地利用结构信息熵；P_i 为各类建设用地占建设用地总面积的比例，n 为建设用地分类总数。

2.2.5 核密度分析

核密度可用来表现奉化溪口镇城乡建设用地斑块的密度，其值越大，密度越高。本研究利用 ArcGIS 10.2 中的 KernelDentisty 工具，设置搜索半径为 4km，得到研究区较为光滑的核密度分布图。其公式为：

$$f(x,y) = \frac{1}{nh^2}\sum_{i=1p}^{n} k\left(\frac{d_i}{n}\right) \tag{5}$$

式(5)中：$f(x,y)$ 为 (x,y) 处的密度值；n 为观测数量；h 为带宽；k 为核函数；d_i 为某位置与第 i 个位置的距离。

2.2.6 Logistic 回归模型

Logistic 回归模型能够很好地应用于因变量为离散型变量且分布规律不明显的土地利用变化研究，由于土地利用变化的是离散型变量且分布规律不明显，本研究采用 Logistic 回归模型探究奉化溪口镇城乡建设用地变化的驱动力。

设 P 为事件发生的概率，取值范围为 0～1，那么 $1-P$ 表示事件不发生的概率，其表达式为：

$$P=\frac{\exp(\alpha+\beta_9+\beta_1 x_1+\beta_2 x_2+\cdots\beta_k x_k)}{1+\exp(\alpha+\beta_0+\beta_1 x_1+\beta_2 x_2+\cdots\beta_k x_k)} \tag{6}$$

对该式进行 logit 变换，得到一个线性公式：

$$\ln\left(\frac{P}{1-P}\right)=\alpha+\beta_0+\beta_1 x_1+\beta_2 x_2+\cdots+\beta_k x_k \tag{7}$$

式(6)和(7)中，P 为研究区用地发生变化的概率；x_1、$x_2\cdots x_k$ 为影响用地变化的驱动因子；α 为常数项；β_1、$\beta_2\cdots\beta_k$ 为各影响因子的回归系数，取值为正，表示该回归系数对应的自变量能增加事件的发生概率，取值为负则反之。

采用 Wald 统计量检验模型的回归系数。Wald 是回归系数的显著性检验统计量，可以用来评价每个自变量对因变量的解释程度。如果概率 P 值小于给定的显著性水平 α(α=0.05)，则应拒绝零假设，认为解释变量与概率之间的线性关系显著，应保留在方程中；反之，不能通过显著性检验则被去除。对 Logistic 回归方程拟合度的检验选用 Homsmer-Lemeshow 指标(HL)，检验结果包括 sig 值和 AUC 值，sig 值大于 0.05 时，表示拟合效果良好；AUC 值取值区间为(0,1)，越接近 1，表示拟合程度越高[24]。

影响因素选取了自然因素、社会经济因素和可达性因素。其中自然因素包括高程和坡度；社会经济因素包括人口和地均GDP；可达性因素包括距城镇、道路和河流的距离三个因素（表1）。

表1　建设用地变化驱动力模型涉及的变量类型

	类型	
因变量	1990—2015年城乡建设用地变化	二分类
自变量	高程	连续型
	坡度	连续型
	人口	连续型
	地均GDP	连续型
	距城镇距离	连续型
	距道路距离	连续型
	距河流距离	连续型

3　结果与讨论

3.1　奉化溪口镇城乡建设用地变化特征

3.1.1　城乡建设用地规模变化

1990—2015年，溪口镇建设用地面积不断变化，呈增长趋势（表2），城乡建设用地总面积共增加871.95 ha。其中城镇建设用地面积持续增加，25年间共增加499.58 ha，在2000—2005年期间增速最快，高达74.23ha/a，在面积持续不断增长的同时，所占建设用地的比例也不断增大；农村居民点建设用地共增加259.62 ha，虽然面积不断增加，所占比例却呈减少趋势；其他建设用地经历了从无到有的过程，面积共增长了112.75 ha，所占比例也从0%增加到10.22%，逐渐成为建设用地中不可或缺的部分。

表2　1990—2015年奉化溪口镇各类建设用地利用构成

年份	城镇用地		农村居民点		其他建设用地	
	面积(ha)	比例(%)	面积(ha)	比例(%)	面积(ha)	比例(%)
1990	73.64	31.91%	157.14	68.09%	0	0.00%
1995	95.21	21.36%	337.34	75.70%	13.1	2.94%

续表

年份	城镇用地		农村居民点		其他建设用地	
	面积(ha)	比例(%)	面积(ha)	比例(%)	面积(ha)	比例(%)
2000	95.67	22.35%	315.92	73.80%	16.5	3.85%
2005	466.82	53.68%	393.38	45.23%	9.48	1.09%
2010	479.41	52.20%	400.35	43.59%	38.63	4.21%
2015	573.22	51.98%	416.76	37.79%	112.75	10.22%

3.1.2 城乡建设用地利用变化速度

随着城市的发展,溪口镇城乡建设用地不断扩展,扩展速度却起伏较大(表3)。1990—1995年,城乡建设用地总面积增长了214.87ha,扩展速度为42.97ha/a,增长速度较快。1995—2000年城乡建设用地总面积有所减小,呈负增长。近十五年来,城乡建设用地总面积从2000年的428.08ha变为2015年的1102.72ha,其中扩展速度在2000—2005年这段时间达到最大,为88.32ha/a;而在2005—2010年扩展速度最小,为9.74ha/a;2010—2015年扩展速度又增大到36.87 ha/a。

表3 1990—2015年奉化溪口镇城乡建设用地总量表

年份	面积(ha)	变化量(ha)	扩展速度(ha/a)
1990	230.78	——	——
1995	445.65	214.87	42.97
2000	428.08	−17.57	−3.51
2005	869.68	441.60	88.32
2010	918.40	48.71	9.74
2015	1102.72	184.33	36.87

通过公式(3)计算信息熵得到奉化溪口镇1990—1995年、1995—2000年、2000—2005年、2005—2010年、2010—2015年5个时间段的单一动态度值分别为18.62%、−0.79%、20.63%、1.12%、4.01%。可见1990—1995年间的动态度较高,而后1995—2000年,建设用地面积有所减小,其动态度也呈负值,之后的十五年面积持续增加,动态度呈现先增加后减少再增加的趋势,并在2000—2005年达到最大,与城乡建设用地面积的大幅增长相对应。

3.1.3 城乡建设用地利用结构变化

通过公式(4)计算信息熵得到奉化溪口镇1990—1995年、1995—2000年、2000—2005年、2005—2010年、2010—2015年5个时间段的建设用地信息熵,分别为0.63、0.64、0.68、0.74、0.88、0.94。奉化溪口镇城乡建设用地信息熵呈持续增长的趋势，二十五年间信息熵从0.63增加到0.94，这表明溪口镇越来越多的土地被开发成建设用地，土地类型逐渐复杂化，各类土地逐渐有序化。相对而言，溪口镇城乡建设用地信息熵偏低，还需不断改善其城乡建设用地结构以提高城市综合功能。

基于1990—2015年溪口镇城乡建设用地变化图(图1)，在ArcGIS 10.2中进行叠加得到研究区城乡建设用地的转移矩阵(表4)，分析溪口镇城乡建设用地利用结构的变化情况。总体看来，25年间奉化溪口镇城乡建设用地转入面积远大于转出面积，主要由耕地、林地、草地和未利用地转入，其中又以耕地和林地转入数量为最多；每个时期都有用地转为城乡建设用地，转入速率不稳定，在2000—2005年期间共转入443.5 ha，是转入城乡建设用地数量最多的五年；城乡建设用地仅在1990—2005年期间有所转出，2005年后不再转出；1995—2000年是唯一一个转出数量大于转入数量的期间。

表4　1990—2015年奉化溪口镇城乡建设用地转移矩阵(ha)

研究时期	转换类型	耕地	林地	草地	水域	未利用地	总计
1990—1995	转出	0.85	0.01	0	0	0	0.86
	转入	197.05	6.23	12.36	0	0.1	215.74
1995—2000	转出	25.79	0.57	0	0	0	26.36
	转入	3.53	5.26	0	0	0	8.79
2000—2005	转出	1.89	0	0	0	0	1.89
	转入	378.89	64.61	0	0	0	443.5
2005—2010	转出	0*	0	0	0	0	0
	转入	10.46	38.26	0	0	0	48.72
2010—2015	转出	0*	0	0	0	0	0
	转入	125.55	50.02	8.76	0	0	184.33
1990—2015	转出	28.53	0.58	0	0	0	29.11
	转入	715.48	164.38	21.12	0	0.10	901.08

3.1.4　城乡建设用地空间变化

本研究利用ArcGIS 10.2软件中的KernelDentisty工具分析得到1990—2015年奉化溪口镇建设用地密度变化图(图2)。可见25年间城乡建设用地的核密度最高值逐渐增加，与1990年相比，2015年核密度最高值增加了0.543，表明研究区斑块内城乡建设用地的斑块面积扩大、数量增加。核密度空间分布特征随时间的变化较小，1990—2015年核密度在空间上都呈现东北部较高的特征。而核密度在空间分布差异较大，表现为东北部地区有多个高值区，集聚特征明显，其余区域核密度较低，西南部核密度略高于西北、东南部。

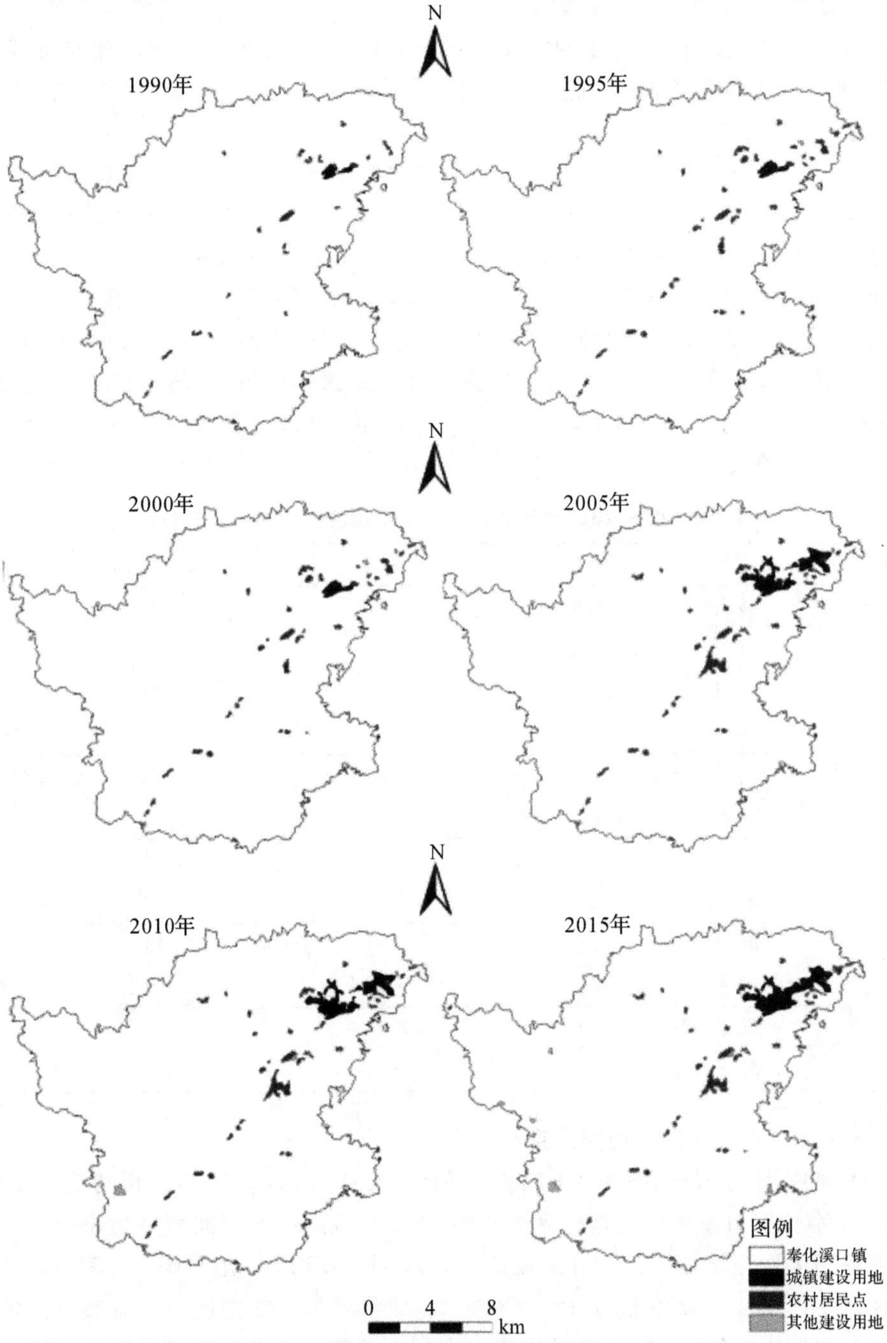

图 1　1990—2015 年奉化溪口镇各类建设用地变化

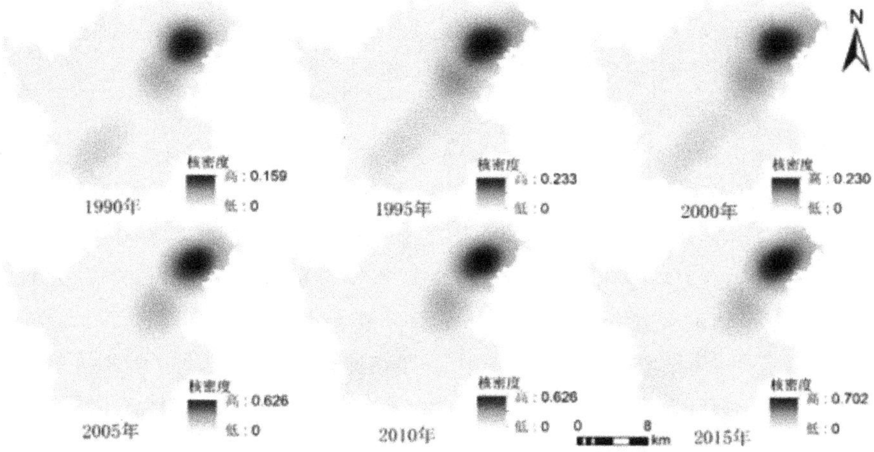

图 2　1990—2015 年奉化溪口镇建设用地密度变化

其中高值区主要位于溪口—滕头旅游景区及周围地区。该区的雪窦山风景区、蒋氏故居等国家级景区吸引了大量人口、资金流入。随着溪口镇乡村旅游路网的完善和旅游特色的宣传，基础设施的不断健全，景区的知名度得到提高，从而吸引了更多游客前往，形成集聚效应，并带动周围各村旅游业发展。低值区如西部地区，这里海拔较高，坡度较大，不利的地形因素限制了城乡建设用地的扩张。如西部的石门村，村庄分散，缺少发展机会，劳动力多到村外务工，人口大量流失，难以形成城镇，导致该地既没有建设城市的需求，也缺乏建设的经济基础，故而建设用地数量少。

3.2　溪口镇城乡建设用地变化驱动力分析

3.2.1　城乡建设用地驱动因子数据准备

将从 SRTMDEMUTM 90M 分辨率的 DEM 产品中提取出的高程和坡度信息导入 ArcGIS 10.2 软件，通过 ArcGIS 10.2 软件中的空间分析功能进行处理。其中，以 100m 作为临界点，得到高程的 5 个分类级别，分别是 DEM＜100m(级别 1)、100m≤DEM＜200m(级别 2)、200m≤DEM＜300m(级别 3)、300m≤DEM＜500m(级别 4)、DEM＞500m(级别 5)；坡度则主要分为：SLOPE＜2°、2°≤SLOPE＜6°、6°≤SLOPE＜15°、15°≤SLOPE＜25°、SLOPE＞25°五级，将分析结果出图，得到图 3 中的(a)(b)两图。

将人口和地均 GDP 公里网格数据导入 ArcGIS 10.2 软件，得到地均 GDP 与人口的比值，再转化为 30×30m 的栅格数据，得到图(c)和图(d)。将城镇、水系和交通分布图也导入 ArcGIS 10.2 软件，进行缓冲区分析，得到图(e)、图(f)和图(g)。其中,溪口镇主要有两个城镇,分别是溪口和班溪。河流则有剡溪、革溪江、茗山江、东岙江、�溪江、茶坑溪、左溪、石门溪、泉溪等。研究区道路分为三级,包括一条国道、两条省道及一些县乡道。

3.2.2 城乡建设用地变化驱动力分析

将城乡建设用地变化提取的所有因变量和自变量带入到 Logistic 回归模型中,进行城乡建设用地变化驱动力分析,从而得到表 5。其中该回归模型中 HL 指标检验中的 sig 值为 0.693,远大于 0.05,各影响因素之间差异不明显,表明模型拟合效果良好;AUC 值为 0.83,表明模型拟合程度较高。由表 5 中 Wald 统计量可知,奉化溪口镇城乡建设用地空间分布解释量大小依次为地均 GDP、人口密度、DEM、距河流距离、坡度、距道路距离和距城镇距离。其中地均 GDP 对奉化溪口镇城乡建设用地空间分布影响最大。地均 GDP 的变量参数估计(β)为正数,表明随区域地均 GDP 的增加,城乡建设用地面积增加,两者呈正相关关系。可见地均 GDP 作为影响奉化溪口镇城乡建设用地空间布局最重要的社会经济因素,其大小对城乡建设用地的建立和扩张影响最为显著。

表 5 1995—2015 年奉化溪口镇城乡建设用地变化影响因子模型估计结果

驱动因子	参数估计(β)	标准误差(SE)	Wald 统计量	自由度(df)	显著性水平(sig)	发生比率(OR)
地均 GDP	2.129	0.327	42.354	1	0.000	8.407
人口密度	1.045	0.276	14.384	1	0.000	2.844
高程	−0.475	0.139	11.676	1	0.001	0.622
坡度	−0.287	0.178	2.598	1	0.107	0.750
距道路距离	−0.251	0.192	1.702	1	0.192	0.778
距河流距离	−0.429	0.196	4.812	1	0.028	0.651
距城镇距离	0.062	0.096	0.412	1	0.521	1.064
常量	3.408	0.965	12.473	1	0.000	30.217

其次为人口密度因子,变量参数估计(β)为 1.045,其对奉化溪口镇城乡建设用地的分布影响较大,表明随着人口增加,地区城乡建设用地面积上升。人口集聚是城市化的重要特征,在溪口镇的发展过程中,旅游业带动了当地经济的发展,相关产业应运而生,吸引了大量劳动力。如溪口镇主要景点溪口—滕头风景区及附近地区有大量就业机会,吸引了大量人口、资金在该地集聚,从而使城乡建设用地以此地为中心不断向外围扩张。

此外,高程和距河流距离因子也影响着奉化溪口镇城乡建设用地的分布,二者的 Wald 统计量分别为 11.676、4.812,变量参数估计(β)都为负数,表明高程越大,建设用地面积越少;距河流越远,建设用地越少。高程作为对奉化溪口镇城乡建设

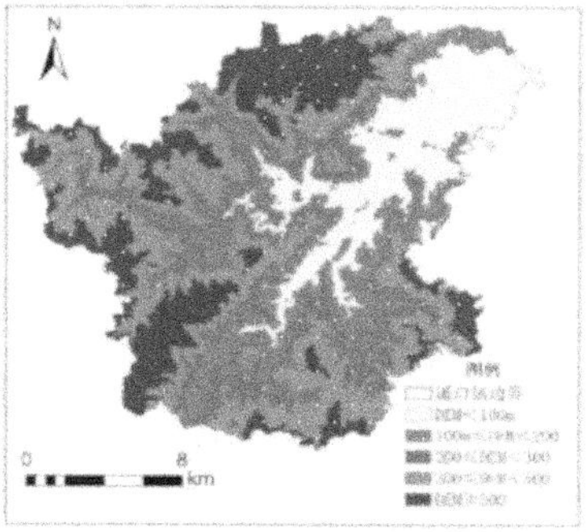

(a) DEM变化

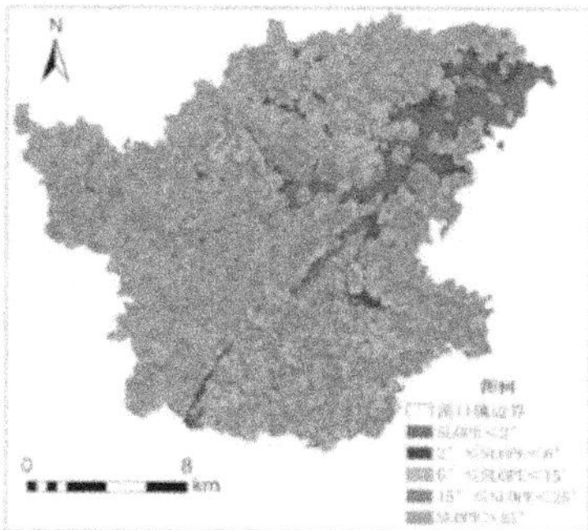

(b) SLOPE变化

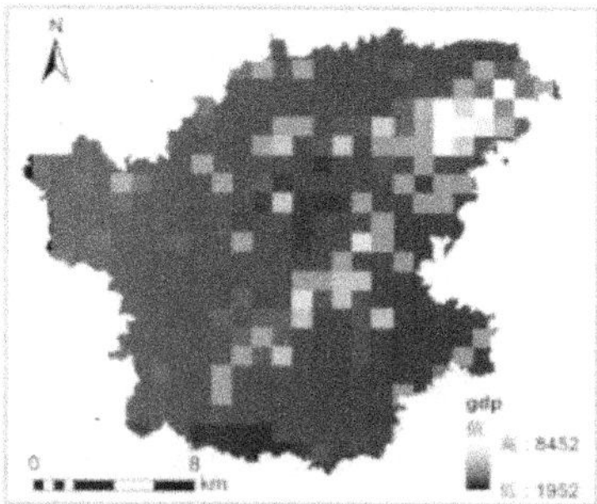

(c) 地均GDP栅格分布

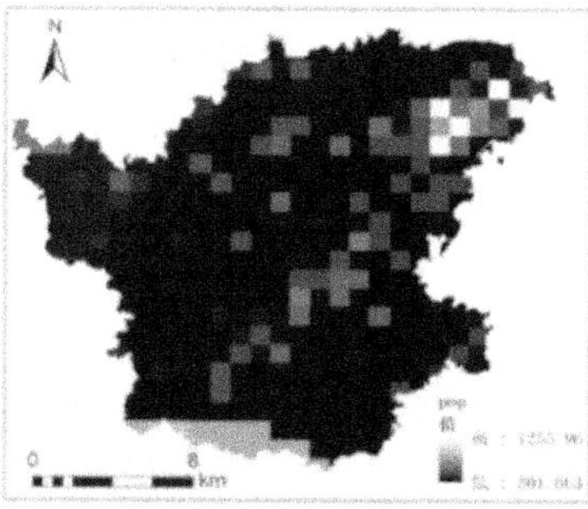

(d) 人口密度变化

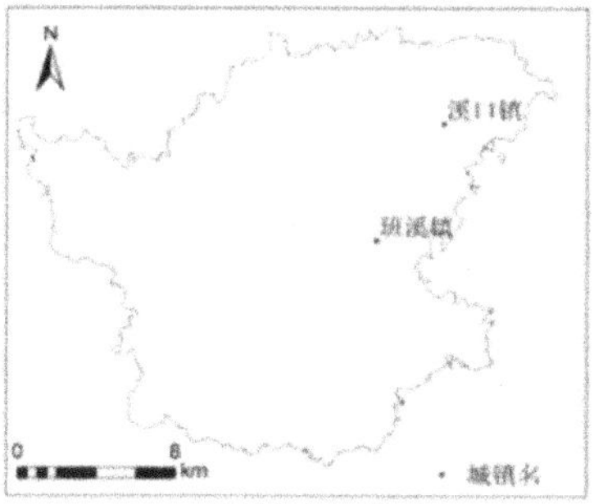

(e) 城镇分布情况

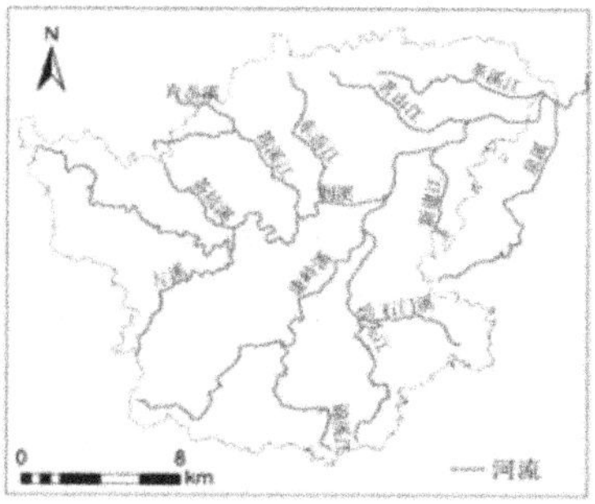

(f) 河流分布情况

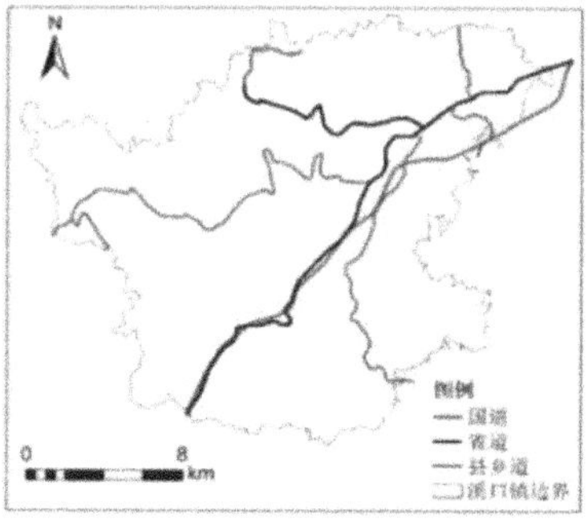

(g) 道路分布情况

图 3　奉化溪口镇城乡建设用地变化驱动因子分布图

用地布局影响最大的自然因素，反映了溪口镇的城乡建设用地大多集中在高程较小，平坦而和缓的平原和低缓丘陵、山地地区，这些地区方便人们进行生产、生活与沟通，而高程较大的山地地区各方面开发难度较大，且相对闭塞，不利于居民与外界交流。距河流距离是对奉化溪口镇城乡建设用地布局影响最大的可达性因素，尤其体现了水源的重要性，靠近河流的地区生活、灌溉用水丰富，且能为工业提供用水，还能够发展水运，因此城乡建设用地大多靠近河流。

坡度和距道路距离也对城乡建设用地布局产生一定影响，但相比于前四个因子影响较弱，距城镇距离因子对奉化溪口镇城乡建设用地分布的影响则最小。坡度和距道路距离的变量参数估计(β)均为负数，表明坡度越大或距道路越远，城乡建设用地布局就越少。陡峭的地形不利于住房、道路和其他基础设施的建设，城市发展困难。此外，道路是居民与外界发生物质资料交换的重要通道，地区的经济发展越来越依赖道路。经济发展使人民生活水平提高，居民、工厂、农户等与外界进行交流的需求随之增多，包括购买生活用品、运输工业原料、贩卖种植的农作物和饲养的家畜、外出务工等，道路对人们的重要程度不断提高。

综上所述，奉化溪口镇城乡建设用地空间布局受社会经济因素影响最大，受可达性因素和自然因素的影响相对较小。溪口镇作为旅游特色小镇，经济发展很大程度上依靠旅游业，各旅游景区收入较高，带动周边多种产业综合发展，城市发展带来用地需求，城乡建设用地不断扩张，从而吸引更多劳动力和资金，这种效应可以解释社会经济因素对城乡建设用地的巨大影响。同时，溪口镇旅游景区地处平坦、靠近河流的地方，自然条件优越，可见良好的自然因素是城市产生和发展的前提。基础设施建设是城乡发展的重要条件，在奉化溪口镇经济快速发展的背景下，可达性因素对城乡建设用地扩张的促进作用将不断加强。然而各个因素之间始终是相互作用、彼此联系的，自然条件会影响某地区的可达性程度，也会影响该地社会经济发展，同样社会经济的发展也会改变自然条件及可达性程度。

4 结论与展望

本研究主要基于奉化溪口镇土地利用数据，借助土地利用转移矩阵、城乡建设用地扩展速度、土地利用动态度、土地利用结构信息熵、核密度和 Logistic 回归分析等方法，得到城乡建设用地变化特征，并对其驱动力进行了分析，得到如下结论：

(1)1990—2015 年奉化溪口镇城乡建设用地规模不断扩展，且扩展速度较快。1990—2015 年间城乡建设用地总面积增加了 871.94ha，增长率为 377.82%。城镇用地面积不断扩张，增加了 499.58ha，农村居民点用地和未利用地面积呈现波动状增长，分别增长了 259.62ha 和 112.75ha。另外，城乡建设用地的扩展速度持续波动变化，2000 年到 2005 年扩展速度最快，为 88.32ha/a。其中，城镇用地增长速度最快，其次是农村居民点，其他建设用地增速最慢。

(2)1990—2015 年，奉化溪口镇城乡建设用地信息熵从 0.63 增加到 0.94，呈持续增长趋势，这表明溪口镇被开发的土地逐渐增多，土地类型复杂化，各类土地有序化。城乡建设用地转出面积远小于转入面积，25 年内共转入 901.08ha，转出 29.11ha。其中，耕地是最主要的转入类型，其次是林地、草地和未利用地。城乡建设用地总转入面积不断增长，增长速率不稳定。

(3)1990—2015 年，核密度空间分布随时间变化较小，空间分布差异较大，表现为东北部地区有多个高值区，集聚特征明显，其余区域核密度较低，西南部核密度略高于西北、东南部。城乡建设用地的核密度最高值上升，增加了 0.543。核密度高值、低值区的分布分别与 DEM 变化图、SLOPE 变化图的低值、高值区相一致，说明地形可能是城乡建设用地核密度差异的主要影响因子。

(4)城乡建设用地分布受地均 GDP、人口密度、高程和距河流距离影响较大，其中影响最大的是地均 GDP；受自然因素和可达性因素的作用较小。城乡建设用地大多分布在地均 GDP 较高、人口密度较大、DEM 较小，靠近河流、地形平坦、交通便捷、公路联通的区域。

城乡建设用地的扩张是一个复杂的、动态的、阶段性的过程，涉及经济、自然、政策等方面。本研究所选取的驱动力指标虽然涉及面较广，但缺乏政策制度方面的指标。此外，由于时间和能力的限制，本研究仅单方面探讨了各驱动因子对城乡建设用地的作用，而没有对城乡建设用地与各驱动因子之间的相互作用关系进行研究，故未来需进一步对小城镇城乡建设用地变化的反馈机制进行研究。

参考文献

[1] 张利，雷军，李雪梅，等. 1997—2007 年中国城市用地扩张特征及其影响因素分析[J]. 地理科学进展，2011，30(5)：607-614.

[2] 王建庆，冯秀丽，李加林，等. 浙江省耕地利用集约度时空变化及其影响因素[J]. 水土保持通报，2014，34(6)：270-276＋371.

[3] 刘纪远，张增祥，徐新良，等. 21 世纪初中国土地利用变化的空间格局与驱动力分析[J]. 地理学报，2009，64(12)：1411-1420.

[4] 张乐勤，陈素平，王文琴，等. 快速城镇化背景下建设用地扩展驱动力研究述评与展望[J]. 干旱区地理，2013，36(1)：164-175.

[5] 李秀彬. 全球环境变化研究的核心领域——土地利用/土地覆被变化的国际研究动向[J]. 地理学报，1996(6)：553-558.

[6] Turner B L, Skole D L, Sanderson S, et al. LandUse and LandCover Change: Science/Research Plan [R]. IGBP Report, No. 35 and IHDR

Report,No. 7. StockholmandGenev,IGBP,1995.

[7] 赵鹏军,吕迪.中国小城镇镇区土地利用结构特征[J].地理学报,2019,74(05):1011-1024.

[8] 方创琳,李广东,张蔷.中国城市建设用地的动态变化态势与调控[J].自然资源学报,2017,32(3):363-376.

[9] Maying Z K, Zulifeiya M, et al. Analysis of Land Use Change and Driving Force of Bole City Based on Remote Sensing Image[J]. Agricultural Biotechnology, 2018, 7(4): 229-235.

[10] Liu Jiyuan, Zhang Qian, Hu Yunfeng. Regional differences of China's urban expansion from late 20th to early 21st century based on remote sensing information[J]. Chinese Geographical Science, 2012, 22(1): 1-14.

[11] 姚士谋,陈爽,吴建楠,等.中国大城市用地空间扩展若干规律的探索——以苏州市为例[J].地理科学,2009,29(1):15-21.

[12] 张杭杭,邢颖,乐立.都匀市城乡建设用地时空变化特征分析[J].中国资源综合利用,2019,37(10):91-97.

[13] 李陈,程久苗,罗遥.小城镇用地扩张驱动力分析及预测[J].新疆农垦经济,2011(12):23-27.

[14] 曾铁瑛.小城镇土地利用变化及驱动力研究[D].重庆大学,2011.

[15] 黄天能,严志强,李月连.典型石山地区小城镇用地扩展特征及驱动力分析——以广西都安瑶族自治县县城为例[J].广西师范学院学报(自然科学版),2012,29(02):61-67.

[16] 顾海燕.城市建设用地总规模预测研究[D].南京师范大学,2014.

[17] 曾敏.基于驱动力分析的建设用地规模预测及布局研究[D].湖南农业大学,2010.

[18] 杨成乐.拜城县土地利用动态变化及预测研究[D].新疆大学,2017.

[19] 邵姝遥,曹罗丹,田鹏,等.甬江流域土地利用时空格局变化特征分析[J].浙江农业科学,2019,60(8):1324-1329.

[20] 李进涛,刘彦随,杨园园,等.1985——2015年京津冀地区城市建设用地时空演变特征及驱动因素研究[J].地理研究,2018,37(1):37-52.

[21] 李加林,朱晓华,张殿发.群组型港口城市用地时空扩展特征及外部形态演变——以宁波为例[J].地理研究,2008(2):275-284+483.

[22] 罗媞,刘耀林,孔雪松.武汉市城乡建设用地时空演变及驱动机制研究——基于城乡统筹视角[J].长江流域资源与环境,2014,23(4):461-467.

[23] Hue S W, Korom A, Seng Y W, et al. Land use and land cover change in Vientiane area, Lao PDR using object-oriented classification on multi-temporal Landsat data[J]. Advanced Science Letters, 2017, 23(11): 340-344.

[24] 乔伟峰，盛业华，方斌，等. 基于转移矩阵的高度城市化区域土地利用演变信息挖掘——以江苏省苏州市为例[J]. 地理研究，2013，32(8)：1497-1507.

[25] 孙才志，闫晓露. 基于GIS-Logistic耦合模型的下辽河平原景观格局变化驱动机制分析[J]. 生态学报，2014，34(24)：7280-7292.

案例9　四明山区域农村居民点景观格局变化及特征研究①

三农问题是关系国计民生的根本性问题，是党和国家工作的重中之重。近年来，随着中国社会经济的发展，人民生活水平的提高，一些农村问题日益凸显，农村居民点的研究引起了各方重视。农村居民点作为农村居民生产和生活的聚落场所，其空间布局是乡村地理学研究的领域之一[1-2]。当前农村土地利用存在的一个问题——在农村人口非农化的过程中，农村居民点用地的规模并没有随着城市化的发展而减小，反而有增加的势头，加之农村居民点周围常是优质耕地，故农村居民点的扩张对耕地资源的威胁显著[3-5]。党的十九大报告指出，要坚持农业农村优先发展，加快推进农业农村现代化。因此，研究农村居民点空间格局变化对于理解人类活动与农村土地结构变化之间的关系，分析农村景观格局的形成与演化机制[6-8]，保护农村自然资源，制定农村建设规划以及促进土地集约利用具有重要的意义[9]。

四明山区域是浙东地区水源涵养和水土保持的重点区域，镶嵌其间的农村居民点景观格局与空间分布是影响自然生态环境的重要因素，农村居民点空间分布及其布局的合理性对促进区域生态环境整体协调发展具有重要意义。文章以景观生态学方法为主，利用遥感和GIS技术，对四明山区1990—2015年农村居民点空间格局动态变化进行分析，以期为四明山区域生态环境保护提供科学基础。

1　研究区域概况

四明山区域位于浙江省东南沿海，宁波市西南部，地理位置介于东经120°98′～121°42′，北纬29°51′～30°05′。四明山域研究区范围包括地属宁波市海曙区的章水镇、龙观乡、横街镇、鄞江镇，奉化区的溪口镇；余姚市的梁弄镇、大岚镇、四明山镇、鹿亭乡、陆埠镇、大隐镇、梨洲街道、兰江街道；绍兴市上虞区的永和镇、丰惠镇、丁宅乡、下管镇、岭南乡、陈溪乡，嵊州市的下王镇共20个乡镇，研究区域总面

① 注：据邵姝遥（本科生）、李加林（教授）载于2018年39卷第1期《上海国土资源》的《四明山区域农村居民点景观格局变化及特征研究》修改。

积 1809.53km^2。截至2015年末，四明山区域人口城镇化率约在45%左右，人均生产总值52048元，三次产业增加值比重为11.8∶59.7∶28.5。四明山区资源丰富，林地面积925.33km^2，森林覆盖率高达72.1%。区域内河流湖库密布，是甬江水系的主要发源地。地貌类型多低山丘陵，山脉纵横，平均海拔700m。气候微冷湿润，四季分明，冬夏季风交替明显，光照充足，雨量充沛，年降水量一般在2000mm以上。

2　研究方法

2.1　数据来源与数据处理

本研究以美国地质调查局(USGS)官方网站提供的1990年、1995年、2000年、2005年、2010年、2015年6期空间分辨率30m的Landsat TM /OLI遥感影像为数据基础，经几何校正与配准、假彩色合成、图像拼接、研究区裁剪等预处理步骤，得到四明山区域遥感影像图。后借助ENVI 5.1和ArcGIS 10.2软件，采用监督分类及目视解译方法提取地物信息，经检验识别精度达81.6%，满足研究需要。参照LUCC分类体系和研究区实际情况，将土地利用类型划分为耕地、林地、草地、水域、农村居民点、城镇及其他建设用地、未利用地7类(表1)。利用ArcGIS制作了四明山区域1990—2015年6期农村居民点用地分布图(图1)。再将6期农村居民点用地矢量图转换成GRID格式，运用Fragstats软件计算农村居民点的景观格局指数，对四明山区域农村居民点的景观格局演变特征进行系统研究。

表1　四明山区域景观分类系统

编号	类型	基本含义
1	耕地	指种植农作物的土地，包括熟耕地、新开荒地、轮歇地、田埂、沟渠等
2	林地	指生长乔木、灌木、竹类等林业用地，及各类园林地
3	草地	指以生长草本植物为主，覆盖度在5%以上的各类草地
4	水域	指天然陆地水域和水利设施用地
5	农村居民点	指独立于城镇以外的农村居民点
6	城镇及其他建设用地	指大、中、小城市及县镇以上的居民点及其以外的工矿、交通等用地
7	未利用地	目前还未利用的土地，包括难利用的土地

2.2.1　Markov转移矩阵

景观类型状态转移矩阵是对一固定地理区域在某时间段内，从两方面直观表述土地利用类型相互转化关系的二维表。一是某种土地利用类型向哪些土地利用

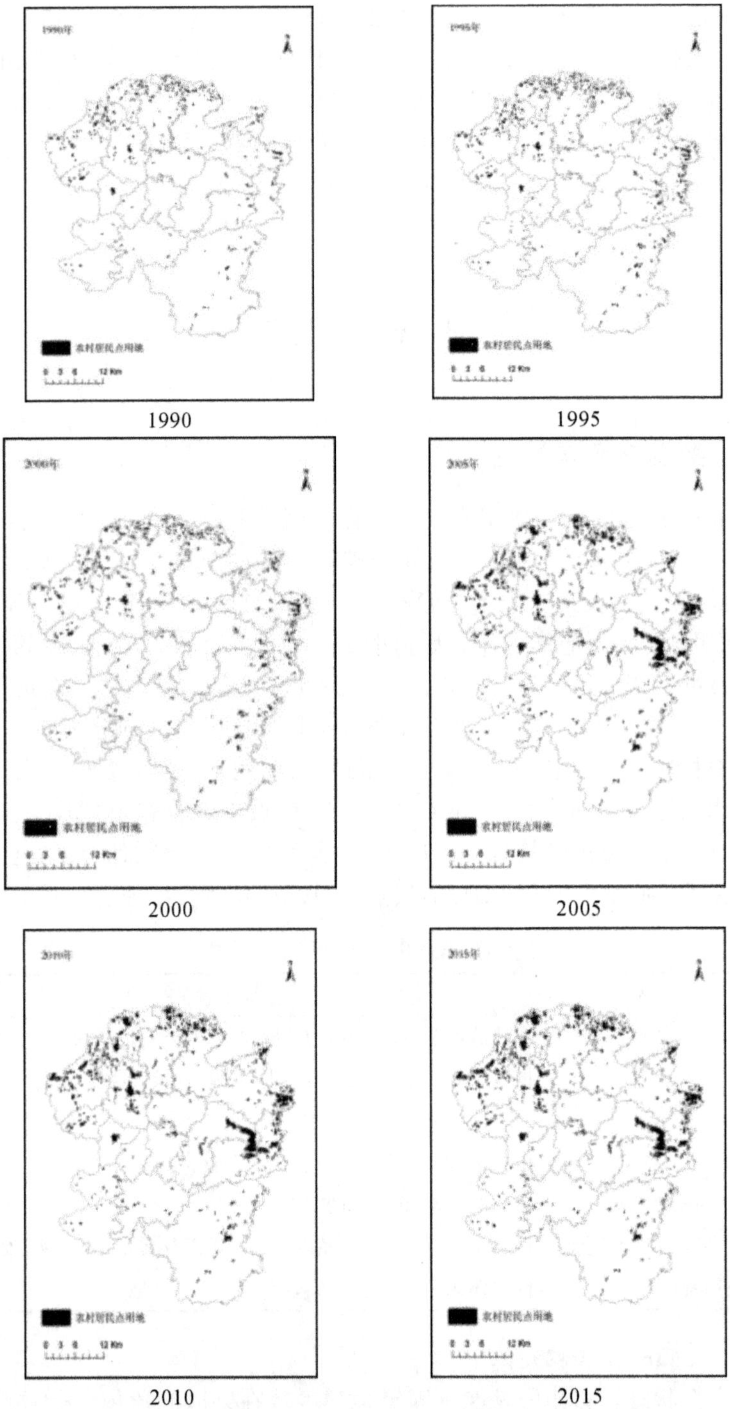

图 1　四明山不同时期农村居民点空间分布

类型转变，二是哪些土地利用类型转变为该土地利用类型[10]。它能比较全面具体地勾画出四明山区域的农村居民点景观类型转移情况，反映人类活动对景观结构变化的影响，有助于揭示景观格局动态变化[11-12]。Markov 转移矩阵其数学表达形式为：

$$S_{ij}=\begin{bmatrix} S_{11} & \cdots & S_{1n} \\ \vdots & \cdots & \vdots \\ S_{n1} & \cdots & S_{nn} \end{bmatrix}$$

式中：S_{ij} 为研究期初与期末的土地利用状态，n 为土地利用类型数目。

2.2.2　景观格局分析

景观指数是指能够高度浓缩景观格局信息，反映其结构组成和空间配置某方面特征的简单定义指标[13-14]。本文运用景观格局分析方法，选取斑块个数(NP)、斑块占景观面积比(PLAND)、平均斑块面积(MPS)、最大斑块指数(LPI)、斑块密度(PD)、平均形状指数(MSI)、平均斑块分维度(MPFD)等指标直观、有效地描述农村居民点的规模、形状、布局等基本特征及变化规律[15-16]。

2.2.3　土地利用变化区域差异模型

土地利用变化存在着显著的地区差异，可以用各区域某种土地利用类型相对变化率及各区域土地利用动态度来反映土地利用变化的区域差异[17-18]。某研究区某一特定土地利用类型相对变化率可表示为：

$$R=\left[\frac{K_b}{K_a}\right]\Big/\left[\frac{C_b}{C_a}\right]$$

式中：K_a、K_b 分别代表某区域某一特定土地利用类型研究期初和研究期末的面积；C_a、C_b 分别代表全研究区某一特定土地利用类型研究期初和研究期末的面积。若某区域某土地利用类型的相对变化率 $R>1$，则表示该区域这种土地利用变化类型变化较全区域大。

3　结果分析

3.1　景观面积总体变化特征分析

研究区内，林地景观面积占比最大，其次是耕地和农村居民点(图 2)，四明山区域农村居民点景观格局变化结果显示(表 2)：从耕地景观来看，1990 年以来，耕地面积不断减少，总减少量达 8305ha。随着耕地资源保护力度加大，缩减速度由快变缓，年均减少量由 1990—2005 的 506.69ha 降低至 2005—2015 年间的 70.41ha，耕地流转速度变缓。从农村居民点景观来看，研究期间，用地面积虽发生小幅下降，但总体增长明显，特别是2000—2005年，年均增长量达654.67ha，与同期耕地面积大幅缩减现象有明显的负相关关系。受村镇整治政策影响，1995—2000期间大量分散农村居民点得到整合，使得总面积减少了131.61ha。

城镇及其他建设用地面积一直保持增长态势，先快速后渐渐变缓，总面积由1990年的858.79ha增长至2015年的5157.50ha，年均增长171.95ha，2000—2005年的年均增长551.97ha，建设用地高速扩展，与同期农村居民点扩张趋势一致。林地面积先增加后减少，因占地面积基数极大，整体变化幅度较小。自1995年起，林地面积发生较小幅度的缩减，年均减少量100.23ha，表明四明山区域林地资源保护有力。草地、水域面积小幅度波动增加，而未利用地景观面积则变化较小。

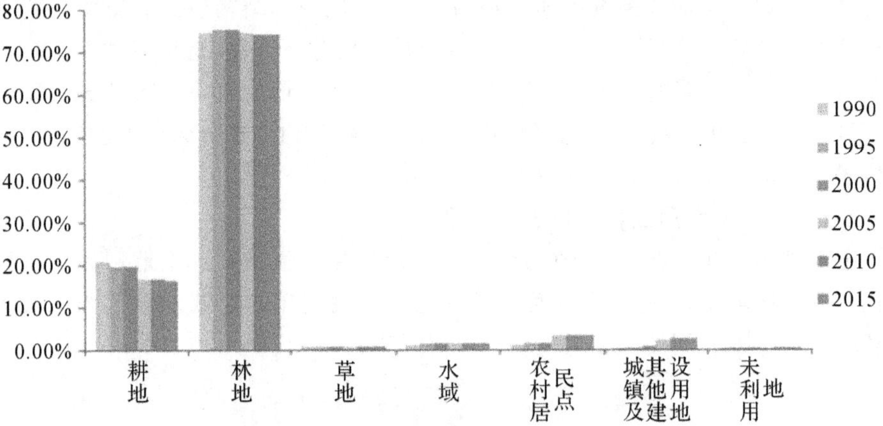

图2 1990—2015年四明山各种景观类型占比

3.2 农村居民点景观类型转移分析

由四明山区域景观类型转移矩阵结果可知(表3)，各景观类型之间的转变呈现多样性特征，既有单方向转变，也有多方向的相互转化。本文主要对农村居民点土地类型转移进行分析，总体来说，耕地是农村居民点的主要转化来源，耕地和城镇及其他建设用地是农村居民点的主要转移方向。

3.2.1 农村居民点转入特征分析

从整个研究区域的变化区间来看，农村居民点的转化来源中，耕地转入的面积达4232.17ha，转移概率83.07%，林地转入的面积为815.48ha，转移概率16.01%。25年内，在所有转入农村居民点的土地类型中，耕地一直占有较高比例，但转入面积数量不定，存在波动的情况，具体表现为：1990—1995年，耕地转入农村居民点的面积为875.08ha；1995—2000年下降至149.41ha，虽然转移面积大幅减少，但耕地所占的转移面积概率呈现上升趋势；2000—2005年，有2913.69ha

的耕地转至农村居民点，是历史最大转移量，致使农村居民点规模在这五年中获得急剧扩张；2005—2010 年，仅有 19.44ha 耕地转入，但其占所有转移土地类型总面积的 99.91%，几乎成为农村居民点土地面积增长的所有转入来源。2010—2015 年，耕地转入面积上升至 274.55ha，再次发生较大幅度增长。

表 2　1990—2015 年四明山各种景观类型面积变化

年份	耕地		林地		草地		水域		农村居民点		城镇及其他建设用地		未利用地	
	面积/ha	比重/%	面积/ha	比重/%	面积/ha	比重/%	面积/ha	比重/%	面积/ha	比重/%	面积/ha	比重/%	面积/ha	比重/%
1990	38183	21.10	135464	74.86	1656	0.92	2636	1.46	2096	1.16	858	0.47	57	0.03
1995	36036	19.91	136544	75.46	1342	0.74	2689	1.49	3040	1.68	1235	0.68	67	0.04
2000	35615	19.68	136436	75.40	1777	0.98	2700	1.49	2902	1.60	1454	0.80	67	0.04
2005	30582	16.90	135285	74.76	1775	0.98	2853	1.58	6176	3.41	4214	2.33	67	0.04
2010	30470	16.84	134776	74.48	1775	0.98	2853	1.58	6195	3.42	4817	2.66	67	0.04
2015	29878	16.51	134539	74.35	1772	0.98	2990	1.65	6548	3.62	5158	2.85	67	0.04

表 3　四明山区域景观类型面积转移矩阵

2015 年 \ 1990 年	草地	城镇及其他建设用地	耕地	林地	农村居民点	水域	未利用地
草地	1591.63	0	83.39	96.82	0	0	0
城镇及其他建设用地	10.29	842.84	3068.10	1048.94	185.54	0.29	1.50
耕地	5.15	4.33	29600.78	262.10	0.01	0.00	6.36
林地	13.26	0	1223.44	133271.58	1.18	0.06	29.62
农村居民点	36.11	0.08	3845.78	737.68	1906.33	22.49	0
水域	0	11.53	361.78	0.04	3.56	2613.45	0

3.2.1　农村居民点转出特征分析

在全区域农村居民点转出类型中，转为耕地 306.51ha，转为城镇及其他建设用地 257.77ha，转为林地 72.68ha，转移概率分别为 47.67%、40.09%、11.30%。农村居民点用地类型转出没有特别明显的规律，时期不同，类型和数量各异。总体来说，耕地在农村居民点转出类型中常年保持较高的转出量，仅在 2000—2005 年间出现较大幅度下降，与上一个 5 年相比减少了 244.28ha。农村居民点对城镇及其他建设用地最大转化发生在 2000—2005 年间，面积总量达 249.80ha。其后转移量骤降。而居民点转入林地的面积与前两者相比，波动较小，特别是2005—2015年间几乎没有农村居民点转移变为林地，一直保持较稳定的状态。

3.3 农村居民点景观格局指数

农村居民点景观类型是人类活动和自然条件相互作用下组成的不同大小、形状的镶嵌体[6]。所以它的分布情况会受到多种自然及人文因素影响，农村居民点的规模、形态和分布情况等变化规律能反映出各因素综合作用的结果(表4)。

表4 四明山农村居民点分布景观格局指数动态变化

	PLAND(%)	NP(个)	PD(个/ha)	LPI	MPS(ha)	MSI	FRAC-MN
1990	1.16	281	0.16	0.03	7.45	1.54	1.0792
1995	1.68	449	0.25	0.04	6.77	1.45	1.0695
2000	1.60	375	0.21	0.05	7.74	1.48	1.0725
2005	3.41	417	0.23	0.34	14.81	1.57	1.0780
2010	3.42	417	0.23	0.34	14.86	1.57	1.0780
2015	3.62	435	0.24	0.34	15.05	1.56	1.0777

3.3.1 农村居民点规模变化

从农村居民点的规模来看，25年来农村居民点斑块所占景观面积比例迅速上升，从1990年的1.16%提高到2015年的3.62%，斑块数量从281个增加到435个，平均斑块面积由7.45ha增加到15.05ha，最大斑块面积指数由0.03增加大到0.34，农村居民点的平均规模呈增加趋势。这表明，四明山区域农村居民点面积扩张明显，数量大幅度增加且不断由分散向聚集演变。一方面在于农村居民点在原有基础上不断扩大；另一方面，随着经济发展和农村居民生活水平的提高，新的住房需求也刺激了新的居民点建设，使得居民点规模不断扩大。

3.3.2 农村居民点形状变化

平均形状指数数值从1990年的1.54上升到2015年的1.56，表明研究期间四明山农村居民点的斑块复杂程度没有发生较明显的变化。1990—1995年间小幅度下降约0.1，但总体呈现较稳定的水平，主要在1.55左右浮动。与此同时，四明山区农村居民点的平均斑块分维数(FRAC-AM)较小，均不超过1.1，主要在1.07和1.08之间上下波动。这是因为农村居民点属于人工斑块，受人类行为影响较大，所以农村居民点形状近似于方形，一直以来保持较为完整和规则的状态，有一定的稳定性。说明农村居民点的规模在不断扩张的过程中，有着较好的规划引导和控制，没有呈现无序蔓延的态势。

3.3.3 农村居民点分布变化

通过斑块的分布特征和斑块密度分析，可得知斑块在空间分布上的集散趋势，以此可探究其背后蕴藏的自然或人为影响因素。由表5可知，四明山区域农村居民点的斑块密度历经增减后又有所回升。斑块密度从1990年的0.16增加至1995年的0.25，在2000年又降至0.21，之后15年保持增长态势，最终在2015年增长到0.24。通过25年来农村居民点分布动态变化，可以看出农村居民点景观的聚集程度不断提高。这是因为在节地政策的正确引导下，村民由分散居住向集中居住发展转变，区域内农村居民点布局也更加密集，居民点土地利用效益大大提高。

3.4 农村居民点变化区域差异

农村居民点在不同时期不同区域内的变化存在差异，通过对土地利用相对变化率的计算，得到不同村镇的农村居民点较之整个区域的变化结果(图3)。

1990—1995年，农村居民点变化比较明显的乡镇是横街镇、龙观乡、鄞江镇，相对变化率分别达到了1.64、1.81、2.61；岭南乡、溪口镇和章水镇的变化率数值也均大于1。这主要是因为横街镇、龙观乡、鄞江镇、章水镇位于四明山区域东部，地形主要是山区、半山区和平原的混合带，靠近宁波城区，交通便利。溪口镇位于宁波市奉化区，是目前浙江省行政区域面积最大的建制镇，作为首批国家重点风景名胜区，较早取得区域发展优势。这些乡镇由于发展较早，现今农村居民点分布相对密集，且城镇化水平较高。

1995—2000年，农村居民点景观格局变化的区域差异度不明显，基本上各乡镇的相对变化率都比较相近，基本上都是呈现减少的情况，岭南乡的农村居民点在这5年内减少的幅度较大。

2000—2005年，相对变化率较大的有岭南乡1.71，鄞江镇1.88，大岚镇2.60，龙观乡3.03，尤其是章水镇达到了4.46。岭南乡位于绍兴市上虞区，属于低山丘陵地带，森林覆盖率高；大岚镇位于四明山腹地，是姚江、曹娥江、奉化江三大水系的发源地之一；而章水镇地属宁波市海曙区，是连通鄞西平原与四明山腹地的枢纽地区。这三个乡镇自2000年起便开始大力开发旅游产业，同时带动农家乐产业，从而使得农村居民的收入得到了增长。随着旅游产业开发的成熟，需求也随之增高，农村居民点的规模不断扩充。

2005—2015年，这10年间农村居民点相对变化率较为稳定，各乡镇相对变化率数值也比较接近。2010—2015年，与全区域相比，变化比较明显的有兰江街道、下王镇和永和镇。兰江街道和永和镇位于四明山区域的北部，分属余姚市和绍兴市上虞区，两地毗邻，地理位置优越，交通十分便捷。两地的个体、私营经济发达，工业化程度高，乡镇范围内的中小型企业星罗棋布，经济的发展吸引大量人口、资金、产业等生产要素的聚集。在一定区域范围内不断产生的新增人口必然会刺激住房需求，从而导致农村居民点的扩张。

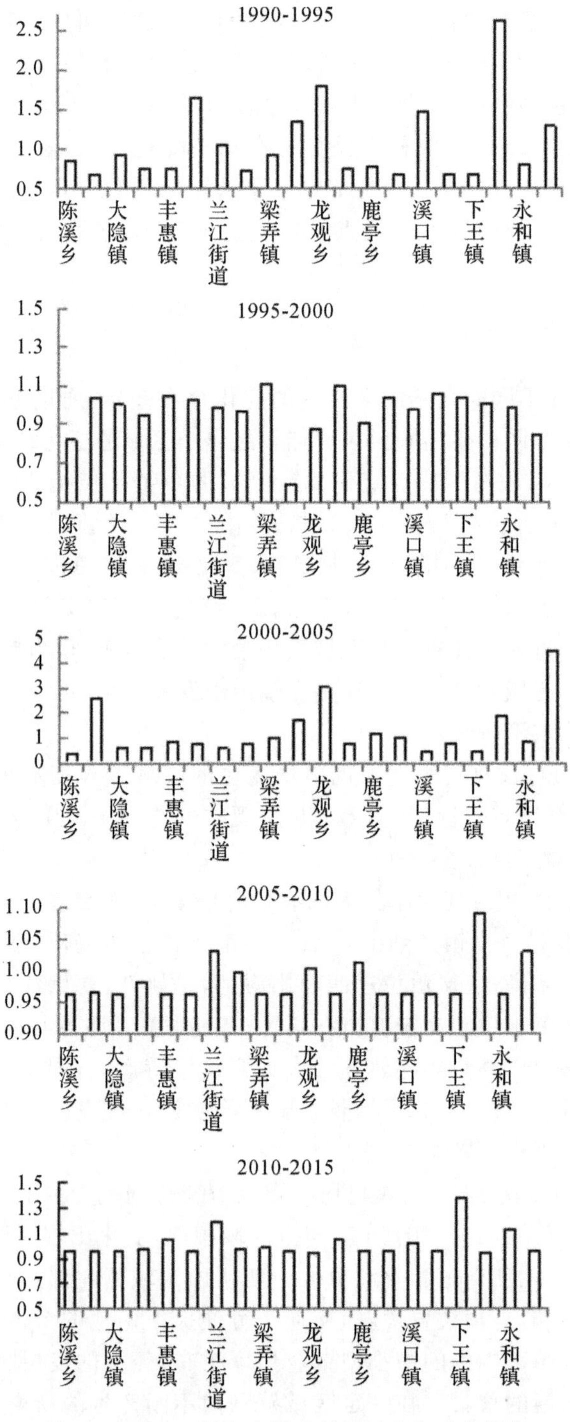

图 3　四明山区域各乡镇农村居民点相对变化率

3.5　农村居民点景观格局的影响因素分析

通过景观格局面积转移矩阵、景观格局指数和不同区域相对变化率等方法对四明山区域的农村居民点景观格局特征进行分析，可以看出，农村居民点景观格局与区域自然、人文条件之间存在着密切联系，其影响因素主要包括以下几点：

（1）区域经济发展和乡镇工业发展。四明山区域地处宁波市，民营经济发展程度很高，中小型企业密布。随着经济快速发展，人口、产业、资金等生产要素也迅速在此集聚。区域内增长的人口刺激了更多的住房建设需求，从而推动农村居民点数量和规模的扩张。

（2）旅游经济的兴起和兴盛。四明山区域因其自然风光，使得以运动休闲度假、农家特色体验等为主题的特色旅游产业快速发展，2015 年四明山区域的旅客接待量达到了 1073 万人次，有力地推动了区域经济的发展。与此同时，为了应对提升的旅客需求，农村居民点的建设得到开发，基础设施和公共服务质量也不断得到升级。

（3）居民人均收入和生活水平。据统计 2015 年四明山区域农民人均可支配收入达到 16988 元，增速明显高于宁波市水平。伴随社会经济的发展，人民对生活质量的要求也逐渐增加，期望拥有更好的居住条件，农民收入的增长使得农民拥有盖房的经济基础，于是大大刺激和推动了农村盖房的热潮。

4　结　论

因地制宜对美丽乡村建设和人民居住环境进行合理规划与开发，引导农村居民点朝着集约化的方向发展，对显示村镇特色、提高城镇化水平、推动城乡一体化进程有十分重要的意义。本研究利用景观生态学相关方法，通过对四明山农村居民点景观格局演变及特征分析，得到以下结论：

（1）1990—2015 年间，四明山区农村居民点用地面积总体呈增长趋势。共增加了 4451.84ha，年均扩展 178.07ha。5 个时段中，2000—2005 年扩展速度最快，而比较特殊的是 1995—2000 年，农村居民点总面积减少了 137.61ha。

（2）耕地是农村居民点的主要转化来源，耕地和城镇及其他建设用地是农村居民点的主要转移方向。25 年内，耕地转入农村居民点的面积达 4232.17ha，转移概率 83.07%。农村居民点转为耕地 306.51ha，转为城镇及其他建设用地257.77ha，转为林地 72.68ha，转移概率分别为 47.67%、40.09%、11.30%。

（3）四明山村镇整体建设受到较好的规划和控制，农村居民点景观格局速度适宜变化有序。25 年来四明山区农村居民点用地面积、平均斑块面积、最大面积指数、斑块密度等呈增加趋势，平均形状指数和分维数基本保持不变。区域内农村居民点斑块规模不断扩大，空间布局趋向集中和密集，而斑块形状一直较规则，没有出现明显的无序蔓延。

(4)四明山区域农村居民点演变有明显的区域差异。通过农村居民点相对变化率的区域分异可知，1990—2005 年，农村居民点用地的变化主要集中在四明山区域的东部地区；2005—2015 年，大部分东部地区已达到较高的城镇化水平，农村居民点用地变化的活跃地带逐渐转移至四明山区域的西北部地区。

(5)区域经济和乡镇工业发展、旅游经济的兴起和兴盛、居民人均收入和生活水平等因素是影响农村居民点空间布局变化的主要原因。经济快速发展吸引人口、产业、资金要素的迅速集聚，刺激了新的住房建设需求，加上特色旅游产业的推动、人均收入和生活水平的提高、基础设施和公共服务质量的升级，使得农村居民点数量和规模不断扩张，并趋于集中。

参考文献

[1] 顾朝林. 转型中的中国人文地理学[J]. 地理学报，2009，64(10)：1175-1183.

[2] 蔡为民，唐华俊，陈佑启. 近 20 年黄河三角洲典型地区农村居民点景观格局[J]. 资源科学，2004，26(5)：89-97.

[3] 胡贤辉，杨钢桥，张霞，等. 农村居民点用地数量变化及驱动机制研究—基于湖北仙桃市的实证[J]. 资源科学，2007，29(3)：191-197.

[4] 田光进，刘纪远，张增祥，等. 基于遥感与 GIS 的中国农村居民点规模分布特征[J]. 遥感学报，2002，6(4)：307-312.

[5] 谭雪兰，周国华，朱苏晖，等. 长沙市农村居民点景观格局变化及地域分异特征研究[J]. 地理科学，2015，35(2)：204-210.

[6] 邓南荣，张金前，冯秋扬，等. 东南沿海经济发达地区农村居民点景观格局变化研究[J]. 生态环境学报，2009，18(3)：984-989.

[7] 冯佰香，李加林，何改丽，等. 农村居民点时空变化特征及驱动力分析——以宁波市北仑区为例[J/OL]. 生态学杂志，2018，37(2)：523-533.

[8]李小迎. 镇域尺度土地景观格局变化及影响因素分析——以南京市东坝镇为例[J]. 上海国土资源，2016，37(01)：24-27+43.

[9] 于淼，边振兴，李建东. RS 与 GIS 支持下的桓仁县农村居民点景观格局与空间分布特征分析[J]. 西南师范大学学报(自然科学版)，2009，34(4)：106-114.

[10] 王大伟，程红光，郝芳华，等. 长江上游典型山区土地利用覆盖和景观格局变化分析[J]. 资源与环境，2010，20(3)：63-67.

[11] 程磊，徐宗学，罗睿，等. 渭河流域 1980—2000 年 LUCC 时空变化特征及

其驱动力分析[J]. 水土保持研究,2009,16(5):1-6.

[12] 吴琳娜,杨胜天,刘晓燕,等. 1976 年以来北洛河流域土地利用变化对人类活动程度的响应[J]. 地理学报,2014,69(1):54-63.

[13] 肖笃宁. 景观生态学理论、方法及应用[M]. 北京:中国林业出版社,1999:207-245.

[14] 王继夏,孙虎,彭鸿. 秦岭中低山区山地景观格局变化及驱动力分析[J]. 农业系统科学与综合研究,2008,24(4):458-462.

[15]石诗源,鲍志良,张小林. 村域农村居民点景观格局及其影响因素分析[J]. 中国农学通报,2010,26(8):290-293.

[16] 谢萌秋. 上海市郊区农村居民点空间布局演变特征分析——以松江区为例[J]. 上海国土资源,2015,36(01):26-30.

[17] 王秀兰,包玉海. 土地利用动态变化研究方法探讨[J]. 地理科学进展,1999,18(1):81-87.

[18] 史利江,王圣云,姚晓军,等. 1994—2006 年上海市土地利用时空变化特征及驱动力分析[J]. 长江流域资源与环境,2012,21(12):1468-1479.

案例10　四明山地区古村落旅游合作发展研究①

1 前 言

余姚四明山山川毓秀，文史深厚，是七千多年前的河姆渡文化的发祥地，也是世界水稻的主要发源地之一。与此同时，这里星星点点坐落着十几座古村落，这些古村落历史悠久、民风淳朴、建筑古雅，是浙东古村落的典型代表。柿林村、横坎头村、芝林村、中村等村落这些年随着旅游业的迅速发展也渐渐成了宁波市内外知名的景点。目前，学术界对它们的研究主要还是集中在建筑和景观特色上，对整体古村落如何统筹协同发展的研究笔者尚未见到，本文试图从区域联动发展的角度，对四明山地区的古村落发展进行探讨，以期对其长远发展有所裨益。

2 四明山周边古村落旅游发展状况

2.1 区域位置与交通条件

四明山的主体山脉位于浙江省宁波市西南部的余姚市内，四明山最高峰在绍兴，小部分在奉化，本文所要研究的余姚四明山指的是余姚市内的四明山镇、大岚镇、梁弄镇、鹿亭乡、大隐镇和陆埠镇的政区范围，此外，河姆渡镇、东南街道、西南街道也有部分区域属于四明山地[1]。

在这一区域内，据不完全统计，坐落着柿林村、横坎头村、金冠村、芝林村、中村、晓云村、宋岙村、四丰村、坪头村、裘岙村等十几个古村落。多年来，由于地处偏远、交通不便，这些古村落得以保存。近几年，四明山的交通也渐渐趋于便利，主要进山通道为四明山的南北两个主通道，其中北部主通道进口为梁弄古镇，南部主通

① 注：据宋宋（研究生）、邱枫（副教授）载于2013年5卷第5期《南阳理工学院学报》的《四明山地区古村落合作发展研究》修改。

道进口为溪口镇。辅助通道有三个，东北部辅助通道由鹿亭乡方向至大隐镇，东部辅助通道由鄞州区章水至鹿亭乡，西部辅助通道由四明山镇至嵊州的下王镇。至此，四明山地区形成了以省道 33 公路为轴线的整体交通网络体系。

近年来，余姚市公交系统也日趋完善，很多古村落都有直达的公交车，这为古村落的发展和游客的游览提供了极大的便利。

2.2　旅游发展现状分析

目前，四明山地区古村落中的柿林村、横坎头村、金冠村、中村等古村落相继进行了旅游开发，由此产生的经济效益也越来越受到周边古村落的重视。以柿林村为例，该村 2002 年正式进行旅游开发，政府积极鼓励村民开发"农家乐"基地，全村现有农家乐饭店 30 多家，农家旅社 10 多家[2]。从 2003 起，每年成功举办柿子节，吸引了大量游客上山。几年来，柿林村农家乐收入超过 1200 万元，旅游收入人均每月超过 700 元。经过近十年的发展，柿林村已经成为远近闻名的著名景点(表 1)。

表 1　四明山地区古村落旅游发展现状

古村落	人口(人)	交通状况	特色旅游资源	建筑特色	整体优势	劣势
柿林村	713	距余姚城区 50 公里	盛产柿子(吊红)	山居原貌保持完好	开发较早，知名度高，有自己的特色品牌。	旅游形式以观光为主，缺少柿子采摘等参与性活动。
横坎头村	2782	距梁弄镇 2 公里	红色旅游	红色革命遗迹	红色遗迹保存丰富完整，旅游资源有独特性。	旅游资源单一，游客参与性的活动少，不能形成旅游产业链。
金冠村	1700	距余姚城区约 10 公里	古桥、古道、古庙	块石砌墙的古屋	古村落风貌保存完整，民风淳朴，毛竹资源丰富。	资源有点分散，金岙到冠佩村的距离较远。古建筑需进一步修缮。
中村	1935	距宁波城区 40 公里	古庙、古戏台、古民居	自然、原真	建筑天然，气息淳朴。	旅游基础设施不完备。
芝林村	1656	距大隐镇 7.5 公里	白岩寺、香积寺、芝林庙	文化气息浓厚	自然景观优美，有"浙东九寨沟"之誉。	知名度较低，对游客的吸引力不足。

与此同时，四明山地区的古村落旅游发展也面临着一个不争的事实：由于缺少

必要的引导措施和良好的合作机制，古村内部的不科学开发和相互竞争导致其整体吸引力较弱，对四明山地区古村落的整体发展十分不利。因此，如何扭转和引导这种无序发展的局面，在区域联动合作发展中，提升古村落的整体发展水平，是四明山地区古村发展面临的重要问题。

3 区域联动合作发展的依据分析

3.1 必要性分析

3.1.1 面临极大的外部竞争压力

四明山地区古村落位于浙东这个文史、自然资源都极其丰富的区域，任何一个古村落想要脱颖而出都绝非易事。光宁波就有 40 个 A 级景区，溪口雪窦山、天一阁、天童寺、九龙湖、五龙潭、滕头村等景区无论从历史人文还是从自然资源上都远远比四明山地区单一的古村落要强许多。此外，鄞州走马塘村、蜜岩村、奉化岩头村、宁海清潭村、江北半浦村、象山儒雅洋村、黄埠村、东钱湖韩岭村，都是宁波境内著名的古村，它们或交通条件较好，或人文资源独特，都争相吸引着游客，给四明山地区古村落造成了极大的竞争压力[3]。

3.1.2 内部旅游发展同质竞争激烈

四明山地区有十几个古村落，古村落之间的同质竞争非常激烈，由于古村落的单一性，其旅游资源大都以古建筑、自然环境为主，往往游客游玩过一个古村落就不愿意再游玩下一个。四明山地区十几个古村落挤在一个狭小的区域内竞争，其结果必然是大多数古村落得不到较好的旅游发展。

3.1.3 发展水平参差不齐

四明山地区的古村落发展水平参差不齐，古村落的知名度有很大差距。柿林村的旅游发展相对其他古村落而言有较大的优势。而其他几个古村落相对较弱，同时，各村的建筑相似，特色差别小，游客游览了一个古村落后就对另外的古村落兴趣不是很大，因此发展较好的古村落其形势会越来越好，而发展不好的古村落就越发无人问津。

3.1.4 古村落整体发展水平需要提升

首先，四明山地区古村落的开发主要还是以观光型旅游产品为主，文化体验、生态体验的产品基本没有。以发展较好的柿林村为例，它的主要旅游产品是农家乐和柿子，全村有 30 多家农家乐，柿子树遍布整个村，但是柿林村却没有开发摘柿子等参与性的民俗文化体验。其他古村落所能提供的旅游产品只是让游客随意走走看看，旅游产品体系很不成熟。其次，旅游基础设施很不完善，除柿林等少数古村外，其他古村的道路、厕所、停车场等都没有做过规划。再次，旅游产品的开发、旅游资源的保护和旅游市场的开拓等都比较缺乏。

3.1.5　游客意愿调查

笔者在四明山森林公园和四明山地质公园，发放了 100 份关于《游客参与四明山地区古村落旅游意愿的调查》问卷，收回有效问卷 93 份，根据调查问卷数据显示，其中 81％的游客表示在游玩四明山以后还愿意花点时间感受一下古村落的古朴韵味，84％的游客游玩过古村落，这其中 90％的游客会再次去古村落游玩，92％的游客更愿意在古村落住宿和餐饮，大部分的游客表示只知道柿林、金冠、宋岙等个别村。

从调查结果可知，依托四明山旅游大环境，四明山地区古村落的加速发展是非常必要的，也是完全可能的。四明山地区的游客如果能大量被吸引到古村落来旅游，同时所有的古村落如果都能参与到旅游中，一定会为四明山地区的古村落旅游增加一分特色。

3.2　可行性分析

3.2.1　旅游资源相似性和差异性并存

四明山地区的古村落虽然都以古建筑、自然风光为主要旅游资源，旅游资源有很大的相似性，但同时各村的旅游资源也有很大的差异性，例如柿林村除了老房子外，还可以把柿子作为自己最重要的特色来吸引游客，而横坎头村可以主要打造红色旅游品牌，金冠村的毛竹也很具特色。因此各古村落之间并不仅仅是竞争的关系，还完全可以依托四明山旅游这个大背景，借船出海，将自己融入四明山旅游当中，发挥自己的特色，找准自己的定位。在整条旅游线上，各古村落之间可以相互交流游客，替代目前相互争夺游客的局面。因此四明山古村落依托四明山旅游大背景，在竞争中合作协同发展是可行的。

3.2.2　目标市场趋同

根据笔者调查，喜欢古村落旅游的游客往往都比较喜欢历史文化和恬静的田园生活，因而古村落所面对的市场是相同的，它们在做市场营销宣传的时候完全可以凝聚在一起，作为一个整体推出，避免一个古村单独营销而产生的财力匮乏局面，从而也使旅游产品更丰富，对游客更具吸引力。

3.2.3　地域临近，交通方便

四明山古村落之间地域临近，交通比较方便，自驾游的游客一天可以玩几个古村落，市内公交也给背包客带来了方便。以省道 S231 为轴，古村落大致分布在省道沿线，各村落之间公路通畅，四明山森林公园和四明山地质公园在省道 S231 末端，恰好给游客提供了沿途观光的好机会。这也为古村落依托四明山旅游合作发展奠定了坚实的基础。

3.2.4 合作意愿强烈

笔者向古村落当地居民，发放了100份关于《四明山周边古村落旅游发展意愿》的调查问卷，收回有效问卷98份。对于是否同意本村依托四明山旅游大区域，与周围古村落互补合作发展，96％的居民表示支持进一步合作开发；91％的居民觉得依托四明山搞旅游开发能使本村游客增多，知名度增加；93％的居民觉得依托四明山旅游区打造本村，能使本村旅游越来越好。从调查结果看来，古村落居民是非常支持做进一步的旅游开发的。

4 四明山地区古村落旅游发展思路

4.1 打造四明山地区古村落整体品牌

政府牵头，做一个四明山地区古村落旅游营销策划，对所有古村落进行合理有效安排，对外一致推广营销，打造一个四明山古村落旅游的整体品牌，并对各村的旅游形象进行差异化设计，使每个古村都突出自己的特点，将这些古村依托四明山旅游打造成为一个可以与宁波其他景区竞争的大品牌。各古村落不再以自身有限的资源条件直接参与市场竞争，而是在与其他古村落的合作中相辅相成，打造一个四明山地区古村落的整体知名品牌，吸引更多的游客。

4.2 合理定位，优化空间布局

四明山地区的每个古村落都要对自己的特色资源有一个准确的定位，不能盲目跟风，觉得周边哪个古村落好就全盘照搬。要根据自己的特色，从吃、住、行、游、购、娱中寻找一个最适合自己的契机，将自己打造成为四明山地区古村落中某个旅游产品最出色的小品牌，例如横坎头村以红色旅游为特色，柿林村以农家乐为特色（目前柿林村有农家乐30多家），金冠村以手工艺为特色等，使整个四明山地区古村落的布局紧凑互补，不会造成同质竞争的消极局面，形成一个科学、合理、有吸引力的旅游空间体系。

合理的定位对一个古村落的旅游发展至关重要，只有对自身合理定位，才能实现可持续发展，也才能更好地服务于四明山地区古村落旅游的长远发展。

4.3 挖掘文化内涵，提升旅游的参与性

当下很多人对古村落旅游的认识都还局限在观光、农家乐、采摘园上，而对民俗文化体验旅游、生态旅游的认识较弱，因此我们要深度挖掘古村落的文化内涵。每一个古村落都是有自身特色的，应该根据自身的文化内涵，开发出更多的让游客

切身体验的旅游活动，提升古村落旅游的参与性，这是每个古村落值得思考的问题。比如，柿林村和横坎头村的文化内涵是柿子文化和红色文化，金冠村可以挖掘竹子文化，芝林、中村则是古建筑和古戏曲文化，只有更好地将文化融入旅游发展中，才能打造古村落旅游活的灵魂。

4.4　合理设计古村落旅游线路

四明山地区的古村落虽然较为集中，但是有些村落较为偏远，从目前状况来看还很难形成所有古村落的连接，这就需要合理设计古村落旅游线路，最大限度地让游客游玩更多的古村落，同时，较小的古村落要积极主动地向四明山古村落品牌靠拢。这样，虽然游客不能一次全部游览完毕，却能够体验到足够的古村落旅游资源，为下一次游客的出行埋好伏笔。要根据不同的旅游方式，不同的旅游时节设计不同的旅游线路。徒步旅游可以穿山越岭，打通几条著名的古道；自驾车旅游可以打造多个自驾车营地，为旅游更合理地安排时间和路线。这样才能吸引更多的回头客。

参考文献

[1] 潘运伟，杨明. 京西地区古村落旅游合作发展研究[J]. 北京社会科学，2010(3)：24-28.
[2] 王炎松，周芳. 丹山赤水柿林村[M]. 武汉：湖北人民出版社，2009.
[3] 孙克勤. 解读京西古村落的文化遗产[J]. 北京规划建设，2007(1)：46-50.

参考文献

[1] 毕晓佳.高光谱遥感岩矿填图应用研究[D].成都理工大学,2009,5

[2] 蔡一鸣.多维空间资源学[M].北京:海洋出版社,2014.

[3] 柴宗新.中国地理学会.地貌研究文集[M].北京:科学出版社,1998.

[4] 陈博.基于RS、GIS技术的厦门港岸线自然特性分析与评价[D].东南大学,2009.

[5] 陈鑫矗.浅谈GPS原理,野外作业流程及注意事项[J].城市建设理论研究,2014,4(24).

[6] 丁炳扬,潘承文.天目山植物学实习手册[M].杭州:浙江大学出版社,2003.

[7] 丁亮.基于GIS的滑坡灾害危险性评价研究——以连云港市郊区为例[D].南京师范大学,2008.

[8] 杜晴洲,杨淑贞.天目山[M].杭州:浙江大学出版社,2009.

[9] 方维.普陀山景区旅游实证研究[J].全国商情(理论研究),2011,15:62-64.

[10] 奉化市亭下水库志编纂委员会.亭下水库志[M].中华书局,2006.

[11] 高抒,张捷.现代地貌学[M].北京:高等教育学,2006.

[12] 郭春影,张文钊,葛良胜,等.氢氧同位素体系成矿流体示踪若干问题[J].矿物岩石,2011,31 (3): 41-47.

[13] 郭慧,王兵,牛香.国家级自然保护区信息管理系统设计与实现——以小五台山为例[J].中国水土保持科学,2014,12(4):57-61.

[14] 杭州市地方志编纂委员会.杭州市志[M].中华书局出版,2006.

[15] 洪阿实.同位素海洋学的发展:回顾与展望[J].海洋环境科学,1994,13(1):53-56.

[16] 胡元福.奉化市志[M].北京:中华书局,1994.

[17] 湖南省测绘学会.地理信息专辑[M].湖南地图出版社,2006.

[18] 霍亚贞,李天然.土壤地理实验实习[M].北京:高等教育出版社,1999.

[19] 蓝士斌.基于遥感与GIS的水土保持应用研究[D].中国人民解放军信息工程大学,2005,4.

[20] 黎良财,杨为民.GIS在自然保护区管理中的应用[J].西南林学院学报,

2014,24(3):68-71.
[21] 李双成.自然地理学研究范式[M].北京:科学出版社,2013.
[22] 刘南威,郭有立.综合自然地理学[M].北京:科学出版社,2004.
[23] 刘鹏.海岸线影像特征提取方法与实证研究[D].福建师范大学,2008,4.
[24] 刘玉杰.基于GIS技术的陕南地区高速公路滑坡灾害危险性评价研究[D].长安大学,2009.
[25] 马小峰,赵冬至等.海岸线卫星遥感提取方法研究进展[J].遥感技术与应用,2007,22(4).
[26] 毛赞猷,朱良,周占鳌,等.新编地图学教程[M].北京:高等教育出版社,2008.
[27] 宁波气象志编纂委员会.宁波气象志[M].北京:气象出版社,2001.
[28] 宁波市水利志编纂委员会.宁波水利志[M].北京:中华书局,2006.
[29] 宁波市土壤普查办公室.土壤断面图.杭州:浙江省区域地质调查大队制图印刷厂,1987.
[30] 彭补拙,陈浮.中国山地垂直自然带研究的进展[J].地理学报,1999,19(4):303-308.
[31] 彭桥梁、王伟、蒋惠俏、李天虎、王磊.手持GPS与GPSMapGIS在1:5万水系沉积物测量的应用[J].黄金科学技术,2012,20(6):90-93.
[32] 齐梅兰,陈启刚.工程水文学[M].北京交通大学出版社,2016.
[33] 齐岩,张岩,陈美君,等.浙江海岛区地质遗迹资源及其价值[J].地质调查与研究,2013,04.
[34] 沈文周.中国近海空间地理[M].北京:海洋出版社,2006.
[35] 师长兴,许炯心,蔡强国,等.地貌过程研究回顾与展望[J].地理研究,2010,09:1546-1560.
[36] 淑蕙,斯成,志超.稳定同位素地球化学分析[M].北京:北京大学出版社,1986.
[37] 舒展,邸雪颖.水文与水资源学概论[M].东北林业大学出版社,2012.
[38] 苏祝成,姚武,马莉.普陀山茶文化[M].上海:上海文化出版社,2009.
[39] 孙美仙,张伟.福建省海岸线遥感调查方法及其应用研究[J].台湾海峡,2004,23(2).
[40] 汪岱华.浙江西天目山三十年来苔藓植物物种多样性变化及生态系统多样性比较[D].上海:华东师范大学,2013.
[41] 汪品先.1989.古海洋学概论[M].同济大学出版社.
[42] 王浩,严登华.水文学方法研究[M].科学出版社,2012.
[43] 王建.现代自然地理学[M].北京:高等教育出版社,2010.

[44] 王建. 现代自然地理学实习教程[M],北京:高等教育出版社,2006.
[45] 王进,罗修岳,崔承禹. 土壤侵蚀遥感监测管理系统[C]. 第十届全国遥感技术学术交流会论文集,1995.
[46] 王景明,卢志红,吴建富,等. 庐山土壤类型的特点与分布规律[J]. 江西农业大学学报,2010,06:1284-1290.
[47] 王晓玲,韩冰,宋铁红. 水文学及水文地质[M]. 北京:中国建筑工业出版社,2015.
[48] 魏从玲. 基于 GIS 的巫山县滑坡地质灾害危险性评价[D]. 西南大学,2008.
[49] 吴嘉平,荆长伟,支俊俊,等. 浙江省土壤数据库及其应用[M]. 北京:浙江大学出版社,2014.
[50] 吴泰然,何国琦. 普通地质学[M]. 北京:北京大学出版社,2003.
[51] 伍光和,王乃昂,胡双熙,等. 自然地理学. 第四版. 北京:高等教育出版社,2008.
[52] 伍光和. 蔡运龙. 综合自然地理学[M]. 北京:高等教育出版社,2003.
[53] 熊黑刚,陈西玫. 自然地理学野外实习指导——方法与实践能力[M]. 北京:科学出版社,2010.
[54] 徐丹丹,伍水珍. 探究地理信息技术在自然保护区管理中的应用方法[J]. 城市建设理论研究,2014,4(24).
[55] 徐新艳. 基于 GIS 的滑坡灾害危险性评价研究——以镇江市区为例[D]. 南京师范大学,2007.
[56] 严钦尚. 曾昭璇. 地貌学[M]. 北京:高等教育出版社,1985.
[57] 杨景春,李有利. 地貌学原理[M]. 北京:北京大学出版社,2001.
[58] 杨景春. 中国地貌特征与演化[M]. 北京:海洋出版社,1993.
[59] 杨士弘. 自然地理学实验与实习[M]. 北京:科学出版社,2002.
[60] 杨士弘. 自然地理学实验与实习[M]. 北京:科学出版社,2002.
[61] 杨晓佩. 基于 GIS 的石人山自然保护区环境管理信息系统的设计与开发[D]. 江西理工大学,2008.
[62] 杨晓平. 基于 TM 遥感图像的流域地貌研究[J]. 科技通报,2003(2).
[63] 余景,陈丕茂,贾晓平,等. 基于遥感和 GIS 技术的水边线提取方法研究进展[J]. 安徽农业科学,2012,40(32).
[64] 余姚市地方志编纂委员会编. 余姚市志. 第一版[M]. 杭州:浙江人民出版社,1993.
[65] 袁宝印,李容全,张虎男,等. 地貌研究方法与实习指南[M]. 北京:高等教育出版社,1991.

[66] 袁德宝,崔希民,金晶晶,等."GPS 原理与应用"课程教学实践与探讨[J].测绘工程,2012,21(6):86-88.

[67] 张百平,周成虎,陈述彭.中国山地垂直带信息图谱的探讨[J].地理学报,2003,58(2):163-171.

[68] 张福祥.杭州的山水[M].北京:地质出版社,1982.

[69] 张根寿,林爱文,王新生,等.庐山地理调查[M].武汉:武汉大学出版社,2004.

[70] 张根寿.现代地貌学[M].北京:科学出版社,2005.

[71] 张坚.普陀山史话[M].兰州:甘肃民族出版社,2004.

[72] 张金泉.庐山植被的垂直分带[J].华南师院学报(自然科学版),1982,01:1-14.

[73] 张敏.GPS 原理及其在地籍测量中的应用[J].城市建设理论研究,2012(33).

[74] 张权.析山地垂直自然带的分布规律[J].潍坊教育学院学报,2011,24(5):73-75.

[75] 张希聪,杨晓平,童亿勤.四明山南区自然地理概况[R].宁波师范学院地理系,1987.

[76] 张翔,肖益民,张利平,等.工程水文学[M].高等教育出版社,2016.

[77] 张晓琳,邱检生,王德滋,等.浙江普陀山黑云母钾长花岗岩及其岩石包体的地球化学与岩浆混合作用.岩石矿物学杂志,2005,24(2):81-92.

[78] 张雪梅、宋微.浅谈 GPS 原理应用与发展[J].城市建设理论研究,2014,4(23).

[79] 张志军,甘甫平等.基于 ASTER 数据的蚀变矿物信息提取——以哈密黄山铜镍矿区为例[J].国土资源遥感,2012(2).

[80] 章明奎,魏孝孚,厉仁安.浙江省土系概论[J].北京:中国农业科学技术出版社,2000.

[81] 赵文举,樊新建,范严伟.工程水文学与水利计算[M].中国水利水电出版社,2016.

[82] 赵文举,樊新建,范严伟.工程水文学与水利计算[M].中国水利水电出版社,2016.

[83] 浙江省地质局区域地质调查大队.中华人民共和国区域地质调查报告(1∶20 万,宁波幅、余姚幅)[R].浙江省地质局,1980.

[84] 浙江省地质局区域地质调查大队.中华人民共和国区域地质调查报告(1∶20 万,杭州幅)[R].浙江省地质局,1973.

[85] 浙江省地质局水文地质工程地质大队.浙江省地貌图说明书(1∶50 万)

[Z]. 浙江省地质局,1980.
[86] 浙江省地质矿产局. 浙江省区域地质志[M]. 北京:地质出版社,1989.
[87] 郑祥民. 浙江自然地理野外实习教程[M]. 北京:科学出版社,2012.
[88] 郑祥民. 自然地理学东北野外实践教学指导书[M],北京:科学出版社,2012.
[89] 中国科学院地理研究所. 中国 1:1000000 地貌图制图规范[M]. 北京:科学出版社,1987.
[90] 中国科学院自然区划委员会. 中国地貌区划[M]. 北京:科学出版社,1959.
[91] 中国农业百科全书总编辑委员会水利卷编辑委员会. 中国农业百科全书·水利卷下[M]. 北京:农业出版社,1986.
[92] 周成虎. 程维明,钱金凯. 数字地貌遥感解析与制图[M]. 北京:科学出版社,2009.
[93] 周龄. 基于 GIS 的自然保护区管理信息系统开发研究[J]. 城市建设理论研究,2015.
[94] 周茂成,王真乐,周品国. 宁波市山水与地质构造[J]. 宁波师范学院学报(自然科学版),1993(5).
[95] 周茂成,杨晓平. 杭州地质概要[R]. 宁波师范学院地理系,1984.
[96] 周万蓬,张群喜,姜勇彪. 杭州野外地质实习指导书[R]. 东华理工大学地球科学学院,2013.
[97] 周月敏. 面向小流域管理的水土保持遥感监测方法研究[D]. 中国科学院遥感应用研究所,2005,6.
[98] 朱新镁,译. 普通地貌学[M]. 北京:人民教育出版社,1982.27-35.
[99] 方碧真,徐国良,杨木壮. 土壤与植物地理学实验与实习指导书[M]. 中国地质大学出版社,2016.
[100] 马丹炜. 植物地理学实验与实习教程[M]. 科学出版社,2016.

图书在版编目（CIP）数据

四明山南区地学野外调查及案例研究／李加林等编著. —杭州：浙江大学出版社，2020.11
ISBN 978-7-308-20359-3

Ⅰ. ①四… Ⅱ. ①李… Ⅲ. ①区域地理—调查研究—宁波 Ⅳ. ①K925.53

中国版本图书馆 CIP 数据核字（2020）第 120041 号

四明山南区地学野外调查及案例研究

李加林　马仁锋　徐　皓　高　超　等编著

责任编辑　杜希武
责任校对　蔡晓欢
封面设计　刘依群
出版发行　浙江大学出版社
（杭州市天目山路 148 号　邮政编码 310007）
（网址：http://www.zjupress.com）
排　　版　杭州好友排版工作室
印　　刷　广东虎彩云印刷有限公司绍兴分公司
开　　本　710mm×1000mm　1/16
印　　张　21.25
字　　数　428 千
版 印 次　2020 年 11 月第 1 版　2020 年 11 月第 1 次印刷
书　　号　ISBN 978-7-308-20359-3
定　　价　69.00 元
